U0040101

中華文化復興運動推行委員會
國立編譯館中華叢書編審委員會 主編

史記今註 第五冊

馬持盈註

臺灣商務印書館發行

史記今註　第五冊

目錄

卷六十七　仲尼弟子列傳第七

孔子曰「受業身通者七十有七人（一）」，皆異能之士也。德行：顏淵，閔子騫，冉伯牛，仲弓。政事：冉有，季路。言語：宰我，子貢。文學：子游，子夏。師也辟（二），參也魯（三），柴也愚（四），由也喭（五），回也屢空（六）。賜不受命而貨殖焉，億則屢中（七）。

【註】（一）受教育而身通六藝者。（二）師：子張。辟即「僻」，偏僻。（三）參：曾子。魯：遲鈍。（四）柴：姓高，字子羔。（五）由：子路。喭：粗率。（六）顏回常常窮乏。（七）子貢不接受命運的安排而經營貨殖，不過，他的推斷常常幸中（準確）。

孔子之所嚴事：於周則老子；於衞，蘧伯玉；於齊，晏平仲；於楚，老萊子；於鄭，子產；於魯，孟公綽。數稱臧文仲、柳下惠、銅鞮伯華（一）、介山子然，孔子皆後之，不並世（二）。

【註】（一）銅鞮：在山西省沁縣西南，晉大夫羊舌赤之邑，故稱赤曰銅鞮伯華。（二）言孔子生身後於臧文仲、柳下惠、銅鞮伯華、介山子然諸人，不與之同時代。

顏回者，魯人也，字子淵。少孔子三十歲（一）。

顏淵問仁，孔子曰：「克己復禮（二），天下歸仁焉（三）。」

孔子曰：「賢哉回也！一簞食（四），一瓢飲，在陋巷，人不堪其憂，回也不改其樂。」「回也如愚；退而省其私（五），亦足以發（六），回也不愚。」「用之則行，捨之則藏，唯我與爾有是夫！」

回年二十九，髮盡白，蚤死。孔子哭之慟，曰：「自吾有回，門人益親。」魯哀公問：「弟子孰爲好學？」孔子對曰：「有顏回者好學，不遷怒，不貳過。不幸短命死矣，今也則亡。」

【註】（一）少：小也。（二）克己：戰勝自我的一切私欲。復禮：歸依於合理的生活規範。（三）天下的仁，自然就會結集於你的身上了。（四）簞：盛飯之竹器。食：讀「飼」，飯。（五）退後而觀察其私下研讀。（六）對於眞理（道），也有發明。

閔損字子騫。少孔子十五歲。

孔子曰：「孝哉閔子騫！人不閒於其父母昆弟之言（一）。」不仕大夫，不食汙君之祿（二）。「如有復我者（三），必在汶上矣（四）。」

【註】（一）人們對於他的父母兄弟所稱道他的話，都毫無異議。（二）不作大夫的官，不食汙君的祿。（三）復我：再來請我。（四）汶上，汶水之上，指齊國而言。

冉耕字伯牛。孔子以爲有德行。

伯牛有惡疾，孔子往問之，自牖執其手，曰：「命也夫！斯人也而有斯疾，命也夫！（一）」

【註】（一）孔子在無可如何之時，也常常提到「命運」。

冉雍字仲弓。

仲弓問政，孔子曰：「出門如見大賓，使民如承大祭（一）。在邦無怨（二），在家無怨（三）。」

孔子以仲弓爲有德行，曰：「雍也可使南面（四）。」

仲弓父，賤人（五）。孔子曰：「犂牛之子騂且角，雖欲勿用，山川其舍諸？」（六）

【註】（一）使用人民如同舉辦大祭祀一樣。言不可以輕易勞役人民。（二）邦：諸侯之邦。（三）家：大夫之家。無怨：不可以結怨於人。（四）南面：主持政治。（五）賤人：低級職業之人。（六）犁牛：雜色之牛。騂：純赤的顏色。角：體態周正。山川：指山川之神而言。此形容其父雖無才，而其子則可大用。不可以其父輕視其子。

冉求字子有，少孔子二十九歲。爲季氏宰。

季康子問孔子曰：「冉求仁乎？」曰：「千室之邑，百乘之家，求也可使治其賦（一）。仁則吾不知也。」復問：「子路仁乎？」孔子對曰：「如求。」

求問曰：「聞斯行諸？」子曰：「行之。」子路問：「聞斯行諸？」子曰：「有父兄在，如之何其聞斯行之！」子華怪之，「敢問問同而答異？」孔子曰：「求也退（二），故進之。由也兼人（三），故退之。」

【註】（一）賦：兵役之事。古時以田賦出兵，故謂兵爲賦。（二）退：保守性大。（三）兼人：冒險性大，進取性大，有兼人之勇。孔子對於保守性大者，則教之以有聞卽行；對於冒險性大者，則教之以稟於父母，可見聖人教人是因其個性而教之。因才施教，因事施教，因時施教，因地施教，不泥滯於呆板之公式也。

仲由字子路，卞人也（一）。少孔子九歲。

子路性鄙，好勇力，志伉直（二），冠雄雞，佩豭豚（三），陵暴孔子（四）。孔子設禮稍誘子路，子路後儒服委質（五），因門人請爲弟子（六）。

子路問政，孔子曰：「先之，勞之（七）。」請益（八）。曰：「無倦。（九）」

子路問：「君子尚勇乎？」孔子曰：「義之爲上（一〇）。君子好勇而無義則亂，小人好勇而無義則盜。」

子路有聞，未之能行，唯恐有聞（一一）。

孔子曰：「片言可以折獄者，其由也與（一二）！」「由也好勇過我，無所取材（一三）。」「若由也，不得其死然。」「衣敝縕袍與衣狐貉者立而不恥者，其由也與！（一四）」「由也升堂矣，未入於室也（一五）。」

季康子問：「仲由仁乎？」孔子曰：「千乘之國可使治其賦，不知其仁。」

子路喜從游，遇長沮、桀溺、荷蓧丈人。

子路爲季氏宰，季孫問曰：「子路可謂大臣與？」孔子曰：「可謂具臣矣（一六）。」

子路爲蒲大夫（一七），辭孔子。孔子曰：「蒲多壯士，又難治。然吾語汝：恭以敬，可以執勇（一八）；寬以正，可以比衆（一九）；恭正以靜，可以報上。」

初，衞靈公有寵姬曰南子。靈公太子蕢聵得過南子，懼誅出奔。及靈公卒而夫人欲立公子郢。郢不肯，曰：「亡人太子之子輒在。」於是衞立輒爲君，是爲出公。出公立十二年，其父蕢聵居外，不得入。子路爲衞大夫孔悝之邑宰。蕢聵乃與孔悝作亂，謀入孔悝家，遂與其徒襲攻出公。出公奔魯，而蕢聵入立，是爲莊公。方孔悝作亂，子路在外，聞之而馳往。遇子羔出衞城門，謂子路曰：「出公去矣，而門已閉，子可還矣，毋空受其禍（二〇）。」子路曰：「食其食者不避其難。」子羔卒去。有使者入城，城門開，子路隨而入。造蕢聵（二一），蕢聵與孔悝登臺。子路曰：「君焉用孔悝？請得而殺之。」蕢聵弗聽。於是子路欲燔臺，蕢聵懼，乃下石乞、壺黶攻子路，擊斷子路之纓。子路曰：「君子死而冠不免（二二）。」遂結纓而死。

孔子聞衞亂，曰：「嗟乎，由死矣！」已而果死。故孔子曰：「自吾得由，惡言不聞於耳（二三）。」是時子貢爲魯使於齊。

【註】（一）卞：在山東泗水縣東南。（二）伉直：剛強而直率。（三）佩帶以猳豚之皮爲飾的

劍。（四）陵暴：欺侮施暴。（五）委質：同「委贄」，弟子初次拜見老師之禮物。（六）因：請託門人之介紹。（七）先之：以身作則，工作在他人之先。勞之：以同情之心，撫慰人民。（八）請益：請示還有其他的條件沒有。（九）照着這兩個條件，不斷的努力就夠了。（一〇）義：合理。（一一）子路只要一聽說什麼事情應該作，就趕快去作。在這一件事情未作完之前，惟恐怕再聽說有什麼應該作的事情，沒有時間去作。（一二）簡單的片言片語，就能夠判定獄案者，就是子路啊！（這句話的意思，並不是說子路能力強，只是描寫他性子急，辦事好乾脆利落）。（一三）子路過於勇，而不能裁之以義理。（材：通「裁」）。（一四）穿着破爛的袍子，和那些穿着狐皮大衣的人，並肩而立，氣貌堂堂，毫無自卑之感者，只有子路了。（一五）不要輕看子路啊，他的修養已經升入於庭堂了，只差一點點未入於內室罷了（一入於室，就成爲爐火純青，完圓人格了）。（一六）具臣：備數之臣。（一七）蒲：地名，在河北省長垣縣西南。（一八）執：控制。（一九）比：團結，集結。（二〇）空：徒徒。（二一）造：往。（二二）免：脫去。（二三）因爲子路有勇，誰要敢對孔子有惡言，子路就要揍人，所以自從孔門有了子路以後，就沒有人敢對孔子出惡言了。

宰予字子我。利口辯辭。既受業，問：「三年之喪不已久乎（一）？君子三年不爲禮，禮必壞；三年不爲樂，樂必崩。舊穀既沒，新穀既升，鑽燧改火，期可已矣（二）。」子曰：「於汝安乎？」曰：「安。」「汝安則爲之。君子居喪，食旨不甘，聞樂不樂，故弗爲也。」宰我出，子曰：「予之不仁也！子生三年然後免於父母之懷（三）。夫三年之喪，天下之通義也（四）。」

宰予晝寢。子曰：「朽木不可雕也，糞土之牆不可圬也（五）。」

宰我問五帝之德，子曰：「予非其人也（六）。」

宰我爲臨菑大夫（七），與田常作亂，以夷其族，孔子恥之。

【註】（一）已：太，甚，過於。（二）期：一年。（三）免：脫離。（四）自天子以至於庶人，皆須守三年之喪的禮。（五）圬：墁也，塗飾也。（六）你不是宜於問五帝之德的人。（七）臨菑：齊都。

端沐（一）賜，衞人，字子貢。少孔子三十一歲。

子貢利口巧辭，孔子常黜其辯（二）。問曰：「汝與回也孰愈？（三）」對曰：「賜也何敢望回！回也聞一以知十，賜也聞一以知二。」

子貢既已受業，問曰：「賜何人也？」孔子曰：「汝器也（四）。」曰：「何器也？」曰：「瑚璉也（五）。」

陳子禽問子貢曰：「仲尼焉學？」子貢曰：「文武之道未墜於地（六），在人，賢者識其大者，不賢者識其小者，莫不有文武之道。夫子焉不學，而亦何常師之有！」又問曰：「孔子適是國必聞其政。求之與？抑與之與（七）？」子貢曰：「夫子溫良恭儉讓以得之（八）。夫子之求之也，其諸異乎人之求之也。」

子貢問曰：「富而無驕，貧而無諂，何如？」孔子曰：「可也；不如貧而樂道，富而好禮。（九）」

田常欲作亂於齊，憚高、國、鮑、晏（一〇），故移其兵欲以伐魯。孔子聞之，謂門弟子曰：「夫魯，墳墓所處，父母之國，國危如此，二三子何為莫出（一一）？」子路請出，孔子止之。子張、子石請行，孔子弗許。子貢請行，孔子許之（一二）。

遂行，至齊，說田常曰：「君之伐魯過矣。夫魯，難伐之國，其城薄以卑，其地狹以泄，其君愚而不仁，大臣偽而無用，其士民又惡甲兵之事，此不可與戰。君不如伐吳。夫吳，城高以厚，地廣以深，甲堅以新，士選以飽，重器精兵盡在其中，又使明大夫守之，此易伐也。」田常忿然作色曰：「子之所難，人之所易；子之所易，人之所難：而以教常，何也？」子貢曰：「臣聞之，憂在內者攻彊，憂在外者攻弱。今君憂在內。吾聞君三封而三不成者，大臣有不聽者也（一三）。今君破魯以廣齊，戰勝以驕主，破國以尊臣，而君之功不與焉，則交日疏於主。是君上驕主心，下恣群臣，求以成大事，難矣。夫上驕則恣，臣驕則爭，是君上與主有郤，下與大臣交爭也。如此，則君之立於齊危矣。故曰不如伐吳。伐吳不勝，民人外死，大臣內空，是君上無彊臣之敵，下無民人之過，孤主制齊者唯君也。」田常曰：「善。雖然，吾兵業已加魯矣，去而之吳，大臣疑我，柰何？」子貢曰：「君按兵無伐，臣請往使吳王，令之救魯而伐齊，君因以兵迎之。」田常許之，使子貢南見吳王。

說曰：「臣聞之，王者不絕世，霸者無彊敵，千鈞之重加銖兩而移。今以萬乘之齊而私（一四）千乘之魯，與吳爭彊，竊爲王危之。且夫救魯，顯名也；伐齊，大利也。以撫泗上諸侯，誅暴齊以服彊晉，利莫大焉。名存亡魯，實困彊齊（一五），智者不疑也。」吳王曰：「善。雖然，吾嘗與越戰，棲之會稽。越王苦身養士，有報我心。子待我伐越而聽子。」子貢曰：「越之勁不過魯，吳之彊不過齊，王置齊而伐越，則齊已平魯矣。且王方以存亡繼絕爲名，夫伐小越而畏彊齊，非勇也。夫勇者不避難，仁者不窮約，智者不失時，王者不絕世，以立其義。今存越示諸侯以仁，救魯伐齊，威加晉國，諸侯必相率而朝吳，霸業成矣。且王必惡越，（一六）臣請東見越王，令出兵以從，此實空越，名從諸侯以伐也（一七）。」吳王大說，乃使子貢之越。

越王除道郊迎（一八），身御至舍（一九）而問曰：「此蠻夷之國，大夫何以儼然辱而臨之？（二〇）」子貢曰：「今者吾說吳王以救魯伐齊，其志欲之而畏越，曰『待我伐越乃可』。如此，破越必矣。且夫無報人之志而令人疑之，拙也；有報人之志，使人知之，殆也；事未發而先聞，危也。三者舉事之大患。」句踐頓首再拜曰：「孤嘗不料力，乃與吳戰，困於會稽，痛入於骨髓，日夜焦脣乾舌，徒欲與吳王接踵而死（二一），孤之願也。」遂問子貢。子貢曰：「吳王爲人猛暴，群臣不堪（二二）；國家敝以數戰（二三），士卒弗忍；百姓怨上，大臣內變；子胥以諫死，太宰嚭用事，順君之過以安其私（二四）：是殘國之治也（二五）。今王誠發士卒佐之以徼其志（二六），重寶以說其心，卑辭以尊其禮，其伐齊必也。彼戰不勝，王之福矣。戰勝，必以兵臨晉，臣請北見晉君，令共攻之，弱吳必矣。其銳兵盡於齊，重甲困於晉，而王制其敝，此滅吳必矣。」越王大說，許諾。送子貢金百鎰，劍一，良矛二。子貢不受，遂行。

報吳王曰：「臣敬以大王之言告越王，越王大恐，曰：『孤不幸，少失先人，內不自量，抵罪於吳（二七），軍敗身辱，棲于會稽，國爲虛莽（二八），賴大王之賜，使得奉俎豆而修祭祀，死不敢忘，何謀之敢慮！』」後五日，越使大夫種頓首言於吳王曰：「東海役臣孤句踐使者臣種，敢修下吏問於左右。今竊聞大王將興大義，誅彊救弱，困暴齊而撫周室，請悉起境內士卒三千人，孤請自被堅執銳，以先受矢石（二九）。因越賤臣種奉先人藏器，甲二十領，鈇屈盧之矛，步光之劍（三〇），以賀軍吏。」吳王大說，以告子貢曰：「越王欲身從寡人伐齊，可乎？」子貢曰：「不可。夫空人之國，悉人之衆，又從其君，不義。君受其幣，許其師，而辭其君。」吳王許諾，乃謝越王。於是吳王乃遂發九郡兵伐齊。

子貢因去之晉，謂晉君曰：「臣聞之，慮不先定不可以應卒（三一），兵不先辨（三二）不可以勝敵。今夫齊與吳將戰，彼戰而不勝，越亂之必矣；與齊戰而勝，必以其兵臨晉。」晉君大恐，曰：「爲之柰何？」子貢曰：「修兵休卒以待之。」晉君許諾。

子貢去而之魯。吳王果與齊人戰於艾陵（三三），大破齊師，獲七將軍之兵而不歸，果以兵臨晉，與晉人相遇黃池（三四）之上。吳晉爭彊。晉人擊之，大敗吳師。越王聞之，涉江襲吳，去城七里而軍。吳王聞之，去晉而歸，與越戰於五湖（三五）。三戰不勝，城門不守，越遂圍王宮，殺夫差而戮其相。破吳三年，東向而霸。

故子貢一出，存魯，亂齊，破吳，彊晉而霸越。子貢一使，使勢相破（三六），十年之中，五國各有變。

子貢好廢舉（三七），與時轉貨貲（三八）。喜揚人之美，不能匿人之過。常相魯衞，家累千金，卒終于齊。

【註】（一）端沐：卽端木。（二）黜：挫折，壓制。（三）誰勝過誰。（四）器：器材。（五）瑚璉：宗廟祭祀時盛黍稷之貴重的器具，夏曰瑚，殷曰璉。（六）墜：失落。在人：文武之道，還記憶在人們的心理之中。（七）是孔子向別人去求教的嗎？或是別人自動的告訴給他聽呢？（八）就孔子「溫良恭儉讓以得之」的故事，可見聖人對事是如何的虛心！（九）富而無驕，已經不錯，但不如富而好禮。貧而無諂，已經難能，但不如貧而樂道。（一〇）高、國、鮑、晏，齊國政治上有勢力之四大家族。（一一）「父母之國，國危如此，二三子何爲莫出」，由此可見孔子之愛國觀念之重且勇。（一二）爲了救國，子路、子張、子石等都報奮勇要作國際活動，孔子皆不許其出，單單允許子貢出國活動。孔子眞是深切認識了只有子貢的才智，纔可以達成任務。（一三）三次被封而三次都被大臣反對，以致失敗。（一四）私：佔爲私有。（一五）名義上是保存了將亡之魯，實際上是困苦了強大之齊。（一五）不虧欠信約。（一六）厭惡越國。（一七）實際上是空虛越國，名義上是隨從諸侯以伐齊。（一八）清掃道路。（一九）親自駕着車到子貢所住的官舍。（二〇）儼然：特別客氣的。（二一）拚命一鬥，同歸於盡。（二二）不堪：受不住

他的虐待。（二三）被屢次的戰爭所疲敝。（二四）順迎君上的錯誤以穩固其私利。（二五）是苟延殘喘即將滅亡的國家之政治表現。（二六）以投合（徼）其志願。（二七）因抵抗而得罪於吳。（二八）國家變爲荒草野地。（二九）衝鋒冒險。（三〇）鈇：此字在此句中無用，想係衍文。屈盧：矛名。步光：劍名。（三一）慮不先定，不可以應付猝然（卒）的變化。（三二）辨：同「辦」，準備齊全。軍隊不先準備，不足以戰勝敵人。（三三）艾陵：在山東泰安縣。（三四）黃池：在河南封丘縣西南。（三五）五湖：太湖也。（三六）使國際勢力互相破壞。（三七）子貢好貨殖，作賣買（賣出，曰廢。買進，曰擧），爭取時機以轉貨逐利，增加財富。

言偃，吳人，字子游。少孔子四十五歲。

子游既已受業，爲武城宰（一）。孔子過，聞弦歌之聲。孔子莞爾而笑（二）曰：「割雞焉用牛刀（三）？」子游曰：「昔者偃聞諸夫子曰，君子學道則愛人，小人學道則易使。」孔子曰：「二三子，偃之言是也。前言戲之耳。」孔子以爲子游習於文學。

【註】（一）武城：今山東武城縣。（二）莞爾：小笑的樣子。（三）「割雞焉用牛刀」：形容治小邑，何須用大道。

卜商字子夏（一）。少孔子四十四歲。

子夏問：「『巧笑倩兮（二），美目盼兮（三），素以為絢兮（四）』，何謂也？」子曰：「繪事後素（五）。」曰：「禮後乎？（六）」孔子曰：「商始可與言詩已矣（七）。」

子貢問：「師與商孰賢？」子曰：「師也過，商也不及。」「然則師愈與？」曰：「過猶不及（八）。」

子謂子夏曰：「汝為君子儒，無為小人儒（九）。」

孔子既沒，子夏居西河（一〇）教授，為魏文侯師。其子死，哭之失明。

【註】（一）子夏：河南溫縣人。（二）倩：音欠（ㄑㄧㄢˋ），美麗的樣子。（三）盼：音判（ㄆㄢˋ），眼睛黑白分明的樣子。（四）絢：音炫（ㄒㄩㄢˋ），彩色耀人眼目的樣子。（五）凡畫繪先塗上各種顏色，然後以素色分布其間，以成其文。比喻美女雖有天生麗質，亦須禮以成之。（六）子夏聞孔子之言而有所悟，就說：「那麼，就是禮在其後嗎？」（七）孔子以子夏能發明其意，就說：「像子夏者，才可以和他談詩了。」（八）孔子以為子張與子夏都不得其中道。（九）你要作一個光明正大的讀書人，不要作那害人利己的讀書人。（一〇）西河：即今陝西舊同州府地，在黃河之西。宋儒洪邁云：「孔子弟子惟子夏獨有書，雖傳記雜言未可盡信，然要與他人不同矣。於易則有傳，於詩則有序，而毛詩之學，一云子夏授高行子，四傳而至小毛公。一云子夏傳曾申，五傳而至大毛公。於禮則有儀禮喪服一篇，馬融、王肅諸儒為之訓說。於春秋所謂『不能贊一辭』，蓋

亦嘗從事於此矣。」後漢徐防上書曰：「詩書禮樂，定自孔子，發明章句，始於子夏」，可見子夏在發揚聖道工作上之重要性。

顓孫師，陳人（一），字子張。少孔子四十八歲。

子張問干祿（二），孔子曰：「多聞闕疑，愼言其餘，則寡尤（三）；多見闕殆，愼行其餘，則寡悔（四）。言寡尤，行寡悔，祿在其中矣。」

他日從在陳蔡閒，困，問行。孔子曰：「言忠信，行篤敬，雖蠻貊之國行也；言不忠信，行不篤敬，雖州里行乎哉！立則見其參於前也（五），在輿則見其倚於衡（六），夫然後行（七）。」子張書諸紳（八）。

子張問：「士何如斯可謂之達矣（九）？」孔子曰：「何哉，爾所謂達者？」子張對曰：「在國必聞，在家必聞。」孔子曰：「是聞也，非達也。夫達者，質直而好義（一〇），察言而觀色（一一），慮以下人（一二），在國及家必達。夫聞也者，色取仁而行違（一三），居之不疑（一四），在國及家必聞。」

【註】（一）子張：陽城人，當時屬陳郡。（二）干求祿位。（三）多聞而愼言，自信爲合於眞理者，則言之，有疑義而不敢自信者，則闕而不言。這樣子，就可以很少錯失了。（四）多見而愼

行，自信爲合於眞理者則行之，有疑義（殆，亦疑也）而不敢自信者，則闕而不行，這樣子，就可以很少後悔了。（五）站立的時候，好像是有什麼可敬之人與可敬之事，參於面前。（六）在車上的時候，好像是有什麼可敬之人與可敬之事，倚於軛前。這就是無一事一時一地之不敬。（七）然後可以通行內外遠近而無阻。（八）紳：大帶。（九）達：顯達，有名聲。（一〇）眞正的有聲望的人，應當是樸實直正而有正義感。（一一）觀察他人的言論與表情。（一二）思慮深刻，謙恭虛心，降己而尊人。（一三）表面好像很仁慈，而其實際行爲完全相反。（一四）習慣於詐言騙語而行之不疑，好像是家常便飯似的。

曾參，南武城人（一），字子輿。少孔子四十六歲。孔子以爲能通孝道（二），故授之業。作孝經。死於魯。

【註】（一）武城：在山東費縣西南，所謂南武城是也。（二）曾子是一位孝子，他曾說：「我作小官的時候，俸祿雖少，但內心欣欣而喜，因其可以養親也。以後當了尊官，俸祿甚多，但猶北向而泣者，悲不得見吾親也。」

澹臺滅明，武城人，字子羽。少孔子三十九歲。狀貌甚惡（一）。欲事孔子，孔子以爲材薄。既已受業，退而修行，行不由徑（二），非公事不見卿大夫。

南游至江，從弟子三百人，設取予去就（三），名施乎諸侯（四）。孔子聞之，曰：「吾以言取人，失之宰予（五）；以貌取人，失之子羽。」

【註】（一）惡：醜陋，其貌不揚。（二）徑：小路。（三）設：大，完善，言其取、予、去、就，都很光明正大，完善無缺。（四）施：傳播。（五）宰予能言而不能行。

宓不齊字子賤。少孔子三十歲。

孔子謂「子賤君子哉！魯無君子，斯焉取斯（一）？」

子賤爲單父宰（二），反命於孔子（三），曰：「此國有賢不齊者五人（四），教不齊所以治者。」孔子曰：「惜哉不齊所治者小，所治者大則庶幾矣。」

【註】（一）如果說魯國沒有君子，怎麼樣能找到這樣的人呢？（二）單父：在山東單縣。（三）反命：回去報告。（四）此國有賢於不齊者，五人。

原憲字子思。

子思問恥。孔子曰：「國有道，穀。國無道，穀，恥也（一）。」

子思曰：「克伐怨欲不行焉（二），可以爲仁乎？」孔子曰：「可以爲難矣，仁則吾弗知也。」

孔子卒，原憲遂亡在草澤中（三）。子貢相衞，而結駟連騎，排藜藿入窮閻（四），過謝原憲。憲攝敝衣冠見子貢。子貢恥之，曰：「夫子豈病乎？」原憲曰：「吾聞之，無財者謂之貧，學道而不能行者謂之病。若憲，貧也，非病也。」子貢慙，不懌而去（五），終身恥其言之過也。

【註】（一）穀：古時待遇公務人員，以穀物爲報酬，穀即代表薪俸之意。國有道，作官而拿薪俸是可以的。如果國無道，你再去作官拿薪俸，那便是可恥的了。（二）克：好勝。伐：自誇。怨：忌恨。欲：貪心於酒、色、財、氣、榮華富貴，都算是欲。（三）隱藏在草澤之中，表示不願追求塵世之樂。（四）以藜藿之草物，編爲門。（五）懌：樂、喜。

公冶長，齊人，字子長。

孔子曰：「長可妻也，雖在累紲之中（一），非其罪也。」以其子妻之（二）。

【註】（一）累紲：繩索所以拘繫罪人，在累紲之中，表示在牢獄之中。（二）子：女兒。

南宮括字子容。

問孔子曰：「羿善射，奡盪舟（一），俱不得其死然；禹稷躬稼而有天下？」孔子弗答。容出，孔子曰：「君子哉若人！上德哉若人！（二）」「國有道，不廢；國無道，免於刑戮（三）。」三復「白珪之玷（四）」，以其兄之子妻之。

【註】（一）羿：有窮國之君，篡夏帝位，其徒寒浞殺之，娶其妻而生奡，奡力大，能在陸地上行舟。爲夏帝少康所殺。羿，音義（一丶）。奡，音傲（ㄠ丶）。（二）這樣的人眞是君子啊！這樣的人眞是尊重德行啊！（上，同「尙」）。（三）國有道，不被廢棄，而見用於朝；國無道，愼言遜行，而不被刑殺。（四）詩云：「白珪之玷，尙可磨也；斯言之玷，不可爲也。」就是說，白珪有了汚點，還可以磨去；但是，如果說話有了錯失，那就無法更正了。這是教人愼言之意。南容每次讀到這首詩，便三番兩次的在那裡仔細玩味其中的啓示，可見他是在愼言上很注重。

公晳哀字季次。

孔子曰：「天下無行，多爲家臣，仕於都；唯季次未嘗仕（一）。」

【註】（一）天下的知識分子不講究德行，多半爲大夫們的家臣，仕於都邑。惟有季次，志節高尙，不曾屈身爲官，低首事人。

曾蒧字晳（一）。

侍孔子，孔子曰：「言爾志（二）。」蒧曰：「春服旣成，冠者五六人，童子六七人，浴乎沂，風乎無雩，詠而歸（三）。」孔子喟爾歎曰：「吾與蒧也（四）！」

【註】（一）蒧：音點（ㄉㄧㄢˇ），即「曾點」。曾參之父。（二）談談你的志願。（三）蒧說：「春間三月的時候，大家都換上了很輕鬆的單衣，我想找到五六個成年的人，帶着六七個天眞無邪的兒童，到那沂水之上洗洗澡，在那舞雩之下吹吹風，然後歌歌唱唱的盡興而歸。」（四）孔子聽了他這種構想，不由得欣然嘆賞的說：「我很贊成你的意見！」

顏無繇字路。路者，顏回父，父子嘗各異時事孔子。

顏回死，顏路貧，請孔子車以葬。孔子曰：「材不材，亦各言其子也。鯉也死（一），有棺而無椁，吾不徒行以爲之椁，以吾從大夫之後，不可以徒行。」

【註】（一）鯉：孔子之子，字伯魚。

商瞿，魯人，字子木。少孔子二十九歲。

孔子傳易於瞿，瞿傳楚人馯臂子弘（一），弘傳江東人矯子庸疵，疵傳燕人周子家豎，豎傳淳于人光子乘羽（二），羽傳齊人田子莊何，何傳東武人王子中同，同傳菑川人楊何。何元朔中以治易爲漢中大夫。

【註】（一）馯：音汗（ㄏㄢˋ）。子弘：作子弓，子夏之門人。（二）淳于：古國名，在山東安邱縣。

高柴字子羔。少孔子三十歲。

子羔長不盈五尺，受業孔子，孔子以爲愚。

子路使子羔爲費郈宰（一），孔子曰：「賊夫人之子（二）！」子路曰：「有民人焉，有社稷焉，何必讀書然後爲學（三）！」孔子曰：「是故惡夫佞者（四）。」

【註】（一）費：讀「必」（ㄅㄧˋ）。山東費縣。郈：音后（ㄏㄡˋ）。在山東東平縣。費，郈兩字，在此句不能並用，必有一字係衍文。（二）賊：害也，言子羔不學無術，爲政必有害於人。（三）子路說：「有人民與社稷的實際工作可學習，何必讀書，才算是學習？」（四）佞者：巧言奪理的人。

漆彫開字子開。

孔子使開仕，對曰：「吾斯之未能信（一）。」孔子說（二）。

【註】（一）我對於出仕治事，還不敢自信，即自覺還沒有把握之意。（二）說：同「悅」。

公伯繚字子周。

周愬子路於季孫（一），子服景伯以告孔子，曰：「夫子固有惑志繚也（二），吾力猶能肆諸市朝（三）。」孔子曰：「道之將行，命也；道之將廢，命也。公伯繚其如命何！」

【註】（一）愬：音素（ㄙㄨˋ），譭毀。言子周在季孫面前說子路的壞話。（二）如果季孫（夫子）聽子周的話而疑惑子路。（三）市朝：衆人聚集之場所。言我有力量還能把他殺了陳列於稠人廣衆之場所。

司馬耕字子牛。

牛多言而躁。問仁於孔子，孔子曰：「仁者其言也訒。（一）」曰：「其言也訒，斯可謂之仁乎？」子曰：「爲之難，言之得無訒乎（二）！」問君子，子曰：「君子不憂不懼（三）。」曰：「不憂不懼，斯可謂之君子乎？」子曰：「內省不疚，夫何憂何懼！（四）」

【註】（一）訒：音刄（ㄖㄣˋ），難也，不輕易發言。（二）作到「仁」字是很難的，那麼，怎可以輕易發言呢！（可見孔子教人，處處是要言行一致）。（三）不憂心於衣食溫飽，不懼怕於武力權勢。（四）只要問心不愧，憂什麼？怕什麼？

樊須字子遲。少孔子三十六歲。

樊遲請學稼，孔子曰：「吾不如老農。」請學圃，曰：「吾不如老圃。」樊遲出，孔子曰：「小人哉樊須也！上好禮，則民莫敢不敬；上好義，則民莫敢不服；上好信，則民莫敢不用情（一）。夫如是，則四方之民襁負其子而至矣，焉用稼（二）！」

樊遲問仁，子曰：「愛人。」問智，曰：「知人。」

【註】（一）這一段話，是啓示爲政者要以身作則，爲政不在多言，在於實際的事實表現。如果爲政者能以身作則，則政治風氣良好，政風良好而社會風氣自必隨之而良好。所以孔子發爲「上好禮，則民莫敢不敬；上好義，則民莫敢不服；上好信，則民莫敢不用情」之教。此意與孔子在另些地方所講的「政者，正也，子率以正，孰敢不正」之言，完全一貫。（二）襁負：襁音強（ㄑㄧㄤˇ），背負嬰兒的包袱。言民衆將背負其子女而來歸。

有若少孔子四十三歲。有若曰：「禮之用，和爲貴，先王之道斯爲美。小大由之，有所不行；知和而和，不以禮節之，亦不可行也（一）。」「信近於義，言可復也（二）；恭近於禮，遠恥辱也；因不失其親，亦可宗也（三）。」

孔子既沒，弟子思慕，有若狀似孔子，弟子相與共立爲師，師之如夫子時也。他日，弟子進問曰：「昔夫子當行，使弟子持雨具，已而果雨。弟子問曰：『夫子何以知之？』夫子曰：『詩不云乎？「月離于畢，俾滂沱矣（四）。」昨暮月不宿畢乎？』他日，月宿畢，竟不雨。商瞿年長無子，其母爲取室（五）。孔子使之齊，瞿母請之。孔子曰：『無憂，瞿年四十後當有五丈夫子（六）。』已而果然。敢問夫子何以知此？」有若默然無以應。弟子起曰：「有子避之，此非子之座也！」

【註】（一）一切行爲都要以「禮」作適中的控制，即所謂「以禮節之」。如果沒有適中的控制，則「和」的過度，即成爲不分是非的「和事佬」，或「以順爲正」的妾婦之道。（二）守信用而近於義理，每一句話都可以復案。（三）互相依存（因）而不失和睦，也是可尊敬的。（四）離：同「罹」，陷入也。畢：星宿名，二十八宿之一，言月入於畢星，便下大雨。（五）取室：娶太太。（六）五丈夫子：五個男孩子。

公西赤字子華。少孔子四十二歲。

子華使於齊，冉有爲其母請粟（一）。孔子曰：「與之釜（二）。」請益，曰：「與之庾（三）。」冉子與之粟五秉（四）。孔子曰：「赤之適齊也，乘肥馬，衣輕裘。吾聞君子周急不繼富（五）。」

【註】（一）冉有替公子華之母請粟。（二）釜：容器，盛六斗四升。（三）庾：容器，盛十六斗。（四）秉：十六斛爲一秉，五秉合計爲八十斛。（五）周濟特別窮苦之人，不必替那些富人擔心。（可以雪中送炭，不必錦上添花）。

巫馬施字子旗。少孔子三十歲。

陳司敗（一）問孔子曰：「魯昭公知禮乎？」孔子曰：「知禮。」退而揖巫馬旗曰：「吾聞君子不黨（二），君子亦黨乎？魯君娶吳女為夫人，命之為孟子。孟子姓姬，諱稱同姓，故謂之孟子。魯君而知禮，孰不知禮（三）！」施以告孔子，孔子曰：「丘也幸，苟有過，人必知之（四）。臣不可言君親之惡，為諱者，禮也。」

【註】（一）司敗：官名，陳國之大夫。（二）孔安國曰：「相助匿非，曰黨」，偏袒自己的一羣，曰：「黨同伐異」。（三）禮亦「同姓不婚」，今魯君結同姓之女為婚，故被陳國大夫譏之為不知禮。（四）孔子以有人知其過為幸，可見聖人度量之大。

梁鱣字叔魚。少孔子二十九歲。

顏幸字子柳。少孔子四十六歲。

冉孺字子魯，少孔子五十歲。

曹卹字子循。少孔子五十歲。

伯虔字子析，少孔子五十歲。

公孫龍字子石。少孔子五十三歲。

自子石已右三十五人，顯有年名及受業聞見于書傳。其四十有二人，無年及不見書傳者紀于左：

冉季字子產。

公祖句茲字子之。

秦祖字子南。

漆雕哆字子斂。

顏高字子驕。

漆雕徒父。

壤駟赤字子徒。

商澤。

石作蜀字子明。

任不齊字選。

公良孺字子正。

后處字子里。

秦冄字開。

公夏首字乘。

奚容蒧字子晳。

公肩定字子中。

顏祖字襄。

鄡單字子家。

句井疆。

罕父黑字子索。

秦商字子丕。

申黨字周。

顏之僕字叔。

榮旂字子祈。

縣成字子祺。

左人郢字行。

燕伋字思。

鄭國字子徒。

秦非字子之。

施之常字子恒。

顏噲字子聲。

步叔乘字子車。

原亢籍。

樂欬字子聲。

廉絜字庸。

叔仲會字子期。

顏何字冉。

狄黑字皙。

邦巽字子斂。

孔忠。

公西輿如字子上。

公西葴字子上。

太史公曰：學者多稱七十子之徒，譽者或過其實，毀者或損其眞，鈞之未覩厥容貌，則論言弟子籍，出孔氏古文近是。余以弟子名姓文字悉取論語弟子問幷次爲篇（一），疑者闕焉。

【註】（一）鈞：同「均」，大家都是沒有看到七十子之徒的眞相貌，而談論他們的事跡，恭維的人，言過其實；毀謗的人，損失其眞，這都是不合情理的。比較起來，以論語所記者，爲可根據。

卷六十八　商君列傳第八

商君者，衞之諸庶孽公子也（一），名鞅，姓公孫氏，其祖本姬姓也。鞅少好刑名之學，事魏相公叔座爲中庶子（二）。公叔座知其賢，未及進。會座病，魏惠王親往問病，曰：「公叔病有如不可諱，將奈社稷何？」公叔曰：「座之中庶子公孫鞅，年雖少，有奇才，願王舉國而聽之（三）。」王嘿然。王且去，座屏人言曰：「王即不聽用鞅（四），必殺之，無令出境。」王許諾而去。公孫座召鞅謝曰：「今者王問可以爲相者，我言若（五），王色不許我。我方先君後臣，因謂王即弗用鞅，當殺之。王許我。汝可疾去矣，且見禽（六）。」鞅曰：「彼王不能用君之言任臣，又安能用君之言殺臣乎？」卒不去。惠王既去，而謂左右曰：「公叔病甚，悲乎，欲令寡人以國聽公孫鞅也，豈不悖哉！」

【註】　（一）秦封鞅於商地，故曰商君。王念孫曰：「諸庶孽公子」之「公」字，爲後人所加。

（二）姓公孫，名座。中庶子：官名，舍人之稍貴者。（三）把國事交給他而聽其治理。（四）即：如果。（五）若：你。（六）你可速去，即刻就要被擒了。

公叔既死，公孫鞅聞秦孝公下令國中求賢者，將修繆公之業，東復侵地，迺遂西入秦，因孝公寵臣景監以求見孝公。孝公既見衞鞅，語事良久（一），孝公時時睡，弗聽。罷而孝公怒景監曰：「子之客妄人耳，安足用邪（二）！」景監以讓衞鞅（三）。衞鞅曰：「吾說公以帝道，其志不開悟矣。」後五日，復求見鞅。鞅復見孝公，益愈，然而未中旨（四）。罷而孝公復讓景監，景監亦讓鞅。鞅曰：「吾說公以王道而未入也。請復見鞅。」鞅復見孝公，孝公善之而未用也。罷而去。孝公謂景監曰：「汝客善，可與語矣。」鞅曰：「吾說公以霸道，其意欲用之矣。誠復見我，我知之矣。」衞鞅復見孝公。公與語，不自知郄之前於席也（五）。語數日不厭。景監曰：「子何以中吾君？吾君之驩甚也（六）。」鞅曰：「吾說君以帝王之道比三代（七），而君曰：『久遠，吾不能待。且賢君者，各及其身顯名天下，安能邑邑待數十百年以成帝王乎（八）？』故吾以彊國之術說君，君大說（九）之耳。然亦難以比德於殷周矣。」

【註】（一）良久：甚久。（二）你的客是一個胡說八道的人啊，怎麼可以用呢？（三）讓：責

備。（四）比上一次談話的印象稍微好了一點，然而並沒有完全合乎秦王的心意。（五）秦孝公聽商鞅的講話，越聽越發生興趣，不自覺的越坐離商鞅越近。（六）驩：即「歡」。（七）我建議秦君以帝王之道比美於三代之君。（八）邑邑：即「悒悒」，「鬱鬱」。悶悶不樂的。（九）說：即「悅」。

孝公既用衞鞅，鞅欲變法，恐天下議己（一）。衞鞅曰：「疑行無名（二），疑事無功（三）。且夫有高人之行者，固見非於世（四）；有獨知之慮者，必見敖於民（五）。愚者闇於成事（六），知者見於未萌（七）。民不可與慮始而可與樂成（八）。論至德者不和於俗（九），成大功者不謀於衆（十）。是以聖人苟可以彊國，不法其故（一一）；苟可以利民，不循其禮（一二）。」孝公曰：「善。」甘龍曰：「不然。聖人不易民而教，知者不變法而治。因民而教，不勞而成功；緣法而治者，吏習而民安之。」衞鞅曰：「龍之所言，世俗之言也。常人安於故俗，學者溺於所聞（一三）。以此兩者居官守法可也（一四），非所與論於法之外也（一五）。三代不同禮而王，五伯不同法而霸。智者作法，愚者制焉（十六）；賢者更禮，不肖者拘焉（十七）。」杜摯曰：「利不百，不變法（一八），功不十，不易器（一九）。法古無過，循禮無邪。」衞鞅曰：「治世不一道，便國不法古。故湯武不循古而王，夏殷不易禮而亡。反古者不可非（二〇），而循禮者不足多（二一）。」孝公曰：「善。」以衞鞅爲左庶長（二二），卒定變法之令。

【註】（一）「鞅欲變法」之「鞅」字，係一多餘之字，本文應爲「孝公既用衞鞅，欲變法」，此言孝公之欲變法，而恐天下議己，於是衞鞅勸他要毫無疑慮的斷然變法。（二）懷疑不定的行爲，不能成名。（三）懷疑不定的事情，不能成功。（四）有高人的行爲者，原本就要被世俗所譏議。（五）有獨到的智慮者，必然就要被凡人所傲慢。（六）愚昧的人不知道如何成事。（七）聰明的人能預看未發生之事。（八）一般人民不能夠在事業開始之初和他們討論，只可以在事業成功之後，和他們在一塊快樂的享受。（九）談論至德者，不附和於世俗。（一〇）成就大功者，不計謀於庶衆。（一一）聖人只要可以強國，就不效法過去。（一二）只要可以利民，就不遵循虛文。（一三）學者沉溺於他們所聽到的舊聞，而不能創立新的見解。（一四）這些常人與學者，叫他們居官守法，辦些「等因奉此」的事情，還可以。（一五）至於破除現狀，開拓新的局面，這兩種人根本談不到。（一六）聰明的人創作法律，愚拙的人被法律所控制。（一七）賢能的人更改禮儀，不肖的人被禮儀所拘束。（一八）沒有百分之百的利益，就不變法。（一九）沒有十分之十的功效，就不更器。（二〇）反乎古道者不可以非議。（二一）遵循舊禮者，不值得稱贊。（二二）左庶長：秦官名，衆列之長。

令民爲什伍（一），而相牧司連坐（二）。不告姦者腰斬，告姦者與斬敵首同賞，匿姦者與降敵同罰。民有二男以上不分異者，倍其賦（三）。有軍功者，各以率受上爵；爲私鬬者，各以輕重被刑大小。僇力本業（四），耕織致粟帛多者復其身。事末利及怠而貧者，舉以爲收孥（五）。宗室非有軍功論，不得爲屬籍（六）。明尊卑爵秩等級（七），各以差次名田宅，臣妾衣服以家次（八）。有功者顯榮（九），無功者雖富無所芬華。

【註】（一）五家爲「伍」，十家爲「什」，伍爲鄰，什爲保。（二）互相糾舉監視。司同「伺」，偵察、監視。一家犯法，十家連坐。（三）強迫分異，目的在於增加人口。（四）僇力：努力。（五）從事工商業者，沒入爲奴隸。因工商業者生活流動，不如農民之固定住居，有戰爭，非保衞其家鄉不可。（六）宗室沒有作戰功勞，則取消其宗室的屬籍，卽取消其貴族之特權。（七）明白規定尊卑的爵號俸秩，各有差別的次序。（八）明白規定田宅、臣妾、衣服的等級，各以其家之爵秩爲次序。（九）有軍功者，予以光榮的表揚。（一〇）沒有軍功者，雖富有，亦不能得到光榮的表揚。

令既具，未布，恐民之不信，已乃立三丈之木於國都市南門，募民有能徙置北門者予十金。民怪之，莫敢徙。復曰「能徙者予五十金」。有一人徙之，輒予五十金，以明不欺（一）。卒下令。

【註】（一）商鞅立木示信，作爲變法之準備條件。

令行於民朞年，秦民之國都言初令之不便者以千數（一）。於是太子犯法。衞鞅曰：「法之不行，自上犯之。」將法太子。太子，君嗣也，不可施刑，刑其傅公子虔，黥其師公孫賈。明日，秦人皆趨令（二）。行之十年，秦民大說（三），道不拾遺，山無盜賊，家給人足。民勇於公戰，怯於私鬭，鄉邑大治。秦民初言令不便者有來言令便者，衞鞅曰「此皆亂化之民也」，盡遷之於邊城。其後民莫敢議令。

【註】（一）秦民往京都訴說初令之不便者以千數。（二）奉行法令如奔跑一樣。（三）說：同「悅」。

於是以鞅爲大良造（一）。將兵圍魏安邑，降之。居三年，作爲築冀闕（二）宮庭於咸陽，秦自雍徙都之（三）。而令民父子兄弟同室內息者爲禁。而集小（都）鄉邑聚爲縣，置令、丞，凡三十一縣。爲田開阡陌封疆（三），而賦稅平。平斗桶權衡丈尺。行之四年，公子虔復犯約，劓之。居五年，秦人富彊，天子致胙（四）於孝公，諸侯畢賀。

【註】（一）大良造：卽大上造，秦之第十六爵名。冀闕：同「魏闕」，巍然高大之闕，佈告敎令，當記於此門闕。冀：記也。（二）秦自雍（陝西鳳翔）徙都於咸陽。（三）阡陌：田間小路，以區界田畝者，商鞅令開墾之以增加土地生產面積。（四）致胙：致送祭物。

其明年，齊敗魏兵於馬陵（一），虜其太子申，殺將軍龐涓。其明年，衞鞅說孝公曰：「秦之與魏，譬若人之有腹心疾，非魏幷秦，秦卽幷魏。何者？魏居嶺阨之西（二），都安邑，與秦界河而獨擅山東之利。利則西侵秦，病則東收地。今以君之賢聖，國賴以盛。而魏往年大破於齊，諸侯畔之（三），可因此時伐魏。魏不支秦，必東徙。東徙，秦據河山之固，東鄉以制諸侯（四），此帝王之業也。」孝公以爲然，使衞鞅將而伐魏。魏使公子卬將而擊之。軍旣相距（五），衞鞅遺魏將公子卬書曰：「吾始與公子驩（六），今俱爲兩國將，不忍相攻，可與公子面相見，盟，樂飮而罷兵，以安秦魏。」魏公子卬以爲然。會盟已，飮，而衞鞅伏甲士而襲虜魏公子卬，因攻其軍，盡破之以歸秦。魏惠王兵數破於齊秦，國內空，日以削，恐，乃使使割河西之地獻於秦以和。而魏遂去安邑，徙都大梁。梁惠王曰：「寡人恨不用公叔痤之言也。」衞鞅旣破魏還，秦封之於商（七）十五邑，號爲商君。

【註】（一）馬陵：在河北大名縣。（二）巖阨之西：卽指中條山一帶之關阨巖險。（三）畔：同「叛」。（四）鄉：卽「向」。（五）距：對抗的陣勢擺開。（六）驩：卽「歡」。（七）商：商洛縣，在商州東八十九里，本商邑，周之商國。

商君相秦十年，宗室貴戚多怨望者。趙良見商君。商君曰：「鞅之得見也，從孟蘭皋，（一），今鞅請得交，可乎？」趙良曰：「僕弗敢願也。孔丘有言曰：『推賢而戴者進（二），聚不肖而王者退（三）。』僕不肖，故不敢受命。僕聞之曰：『非其位而居之曰貪位，非其名而有之曰貪名。』僕聽君之義，則恐僕貪位貪名也。故不敢聞命。」商君曰：「子不說吾治秦與（四）？」趙良曰：「反聽之謂聰（五），內視之謂明（六），自勝之謂彊（七）。虞舜有言曰：『自卑也尚矣（八）。』君不若道虞舜之道（九），無爲問僕矣（一〇）。」商君曰：「始秦戎翟之敎（一一），父子無別，同室而居。今我更制其敎，而爲其男女之別，大築冀闕，營如魯衞矣。子觀我治秦也，孰與五羖大夫賢（一二）？」趙良曰：「千羊之皮，不如一狐之腋，千人之諾諾，不如一士之諤諤（一三）。武王諤諤以昌（一四），殷紂墨墨以亡（一五）。君若不非武王乎，則僕請終日正言而無誅，可乎？」商君曰：「語有之矣，貌言華也（一六），至言實也

（一七），苦言藥也（一八），甘言疾也（一九）。夫子果肯終日正言，鞅之藥也。鞅將事子，子又何辭焉！」趙良曰：「夫五羖大夫，荆之鄙人也（二〇）。聞秦繆公之賢而願望見，行而無資，自粥於秦客（二一），被褐食牛（二二）。期年，繆公知之，舉之牛口之下，而加之百姓之上，秦國莫敢望焉。相秦六七年，而東伐鄭，三置晉國之君（二三），一救荆國之禍（二四）。發教封內（二五），而巴人致貢；施德諸侯，而八戎來服（二六）。由余聞之，款關請見（二七）。五羖大夫之相秦也，勞不坐乘，暑不張蓋，行於國中，不從車乘，不操干戈，功名藏於府庫，德行施於後世。五羖大夫死，秦國男女流涕，童子不歌謠，舂者不相杵（二八）。此五羖大夫之德也。今君之見秦王也，因嬖人景監以爲主，非所以爲名也。相秦不以百姓爲事，而大築冀闕，非所以爲功也。刑黥太子之師傅，殘傷民以駿刑（二九），是積怨畜禍也。教之化民也深於命（三十），民之效上也捷於令（三一）。今君又左建外易（三二），非所以爲教也。君又南面而稱寡人，日繩秦之貴公子（三三）。詩曰：「相鼠有體，人而無禮；人而無禮，何不遄死。』以詩觀之，非所以爲壽也。公子虔杜門不出，已八年矣（三四），君又殺祝懽而黥公孫賈。詩曰：『得人者興，失人者崩。』此數事者，非所以得人也。君之出也，後車十數，從車載甲，多力而騈脅者爲驂乘（三五），持矛而操闟戟者（三六）旁車而趨。此一物不具，君固不出（三七）。書曰：『恃德者昌，恃力者亡。』君之危若朝露，尚將欲延年益壽乎？則何不歸十五都（三八），灌園於鄙（三九），勸秦王顯巖穴之士，養老存孤，敬父兄，序有功，尊有德，可以少安。君尚將貪商於之富，寵秦國之敎，畜百姓之怨，秦王一旦捐賓客而不立朝（四〇），秦國之所以收君者（四一），豈其微哉（四二）？亡可翹足而待。」商君弗從。

【註】（一）姓孟，名蘭皋。鞅自言前因蘭皋之紹介得與趙良相見。（二）推薦賢能而擁戴之，這種推賢的人，可以與之相交（進）。（三）結合一些不肖之人而自居爲王，這種自王的人，不可以與之相交（退，避而不交）。（四）說：通「悅」。（五）自己反身以聽自己內心的批評，就叫作「聰」。（六）自己反身以聽自己內心的檢討，就叫作「明」。（七）自己能戰勝自己的一切私心成見敗德惰性，就叫作「強」。（這三句話，很少有人能講得如此深刻透澈的）。（八）謙虛自卑的人，纔是眞正高尙的人。（九）道：同「導」，遵從，宣揚。（一〇）用不着問我了。（一一）戎翟：卽「戎狄」。（一二）五羖大夫：指百里奚而言。百里奚自賣以五羖羊之皮，爲人養牛，秦穆公擧以爲相，秦人謂之五羖大夫。羖：音古，黑色羊也。（一三）一千個唯唯諾諾之人，不如一個直言極諫之士。（一四）武王因爲有直言極諫之士，所以能昌盛。（一五）紂王的臣

下都是些墨墨（同「默默」）無言，苟且偷生的人，所以就亡國。（一六）貌言：不是出於內心的話，而是表面應酬的話。貌言好比是一朵好看的花子（華）而不能結實。（一七）出於內心深處的至言，纔能結出有用的果實。（一八）苦口之言，纔是治病的藥石（良藥苦口利於病，忠言逆耳利於行）。（一九）甜言蜜語乃是加重疾病的毒藥。（二〇）百里奚南陽人，屬於楚，楚卽荊州。（二一）粥：卽「鬻」，賣身也。（二二）被褐：穿着賤人的衣服。食：通「飼」，爲人養牛。（二三）置：立也，立晉惠公，懷公，文公。（二四）救了宋國免於楚國侵滅之禍。（二五）發政令（教）於封疆之內。（二六）秦穆公用由余之計，拓地千里，遂霸西戎。（二七）款關：叩關而來。（二八）相杵：舂者相互歌唱以助杵，如引重物者之呼邪許也。彼此呼應歌唱可以減少勞作之苦。（二九）駿刑：卽「峻刑」，嚴刑峻法也。（三〇）以教育的方法感化人民，其效力深於命令。（三一）人民之效法主上，其動作速於命令。（導之以德，齊之以禮，有恥且格；導之以政，齊之以刑，民免而無恥）。（三二）左：邪道，旁門左道。外：外於眞理，違背眞理。易：變更，變法。言其所建立者是邪道，而其所變之法又違背眞理。（三三）繩：束縛，整制。（三四）杜門：閉門。（三五）駢脅：言其人身體健壯，肌肉豐滿，看不見肋骨之條痕。（三六）闟戟：古兵器。闟，音夕（ㄒㄧˋ）。（三七）固：必然。（三八）商鞅封於商於之地十五邑，故曰十五都。（三九）鄙：田野。（四〇）卽言如果秦王一旦死了。（四一）收：捕。（四二）豈肯輕微，卽言必重重加罪。

後五月而秦孝公卒，太子立。公子虔之徒告商君欲反，發吏捕商君。商君亡至關下，欲舍客舍。客人不知其是商君也，曰：「商君之法，舍人無驗者坐之（一）。」商君喟然歎曰：「嗟乎，爲法之敝一至此哉（二）！」去之魏。魏人怨其欺公子卬而破魏師，弗受。商君欲之他國。魏人曰：「商君，秦之賊。秦彊而賊入魏，弗歸，不可。」遂內秦（三）。商君既復入秦，走商邑，與其徒屬發邑兵北出擊鄭。秦發兵攻商君，殺之於鄭黽池（四）。秦惠王車裂商君以徇，曰：「莫如商鞅反者（五）！」遂滅商君之家。

【註】（一）留住客人，而客人無戶籍或其他證明身分之文件者，要治之以罪。（二）一、竟然。竟然到了這種地步啊！（三）內：卽「納」，獻於秦國。（四）黽池：在河南澠池縣。（五）不要再像商君那樣反叛的人。

太史公曰：商君，其天資刻薄人也（一）。跡其欲干孝公以帝王術（二），挾持浮說，非其質矣（三）。且所因由嬖臣，及得用，刑公子虔，欺魏將卬，不師趙良之言，亦足發明商君之少恩矣。余嘗讀商君開塞耕戰書（四），與其人行事相類。卒受惡名於秦，有以也夫！

【註】（一）天資：天性，天生之本質。（二）跡：研索，研究，研判。（二）浮說：游虛飄忽之言語。（三）非其本心所要說的話。（四）開塞篇謂：「道塞久矣，今欲開之，必刑允而賞一，刑用於將過，則大邪不生；賞施於告姦，則細過不失。大邪不生，細過不失，則國治矣」。由此可見商鞅是堅決主張嚴刑峻法的，尤其獎勵告訐，不告姦者與降敵同罰，告姦者與殺敵同賞。因此，好事生非之人，常挾故以傾陷安分自守之人，而秦之風俗，日以敗壞，至於父子相夷，而商鞅亦不能自脫，暴秦終於短命。耕戰書則主張開阡陌以增農殖，重賞賜以勵戰士。劉歆新序謂：「衞鞅內刻刀鋸之刑，外深鈇鉞之誅，步過六尺者有罰，棄灰於道者被刑，一日臨渭而論囚七百餘人，渭水盡赤，號哭之聲，動於天地，畜怨積仇，比於丘山；所逃莫之隱，所歸莫之容，身死車裂，滅族無姓，其去霸王之佐亦遠矣」。

卷六十九　蘇秦列傳第九

蘇秦者，東周雒陽人也。東事師於齊，而習之於鬼谷先生（一）。出游數歲，大困而歸。兄弟嫂妹妻妾竊皆笑之，曰：「周人之俗，治產業，力工商，逐什二以爲務（二）。今子釋本而事口舌，困，不亦宜乎！」蘇秦聞之而慚，自傷，乃閉室不出，出其書徧觀（三）之。曰：「夫士業已屈首受書（四），而不能以取尊榮，雖多亦奚以爲！」於是得周書陰符（五），伏而讀之。期年，以出揣摩（六），曰：「此可以說當世之君矣。」求說周顯王。顯王左右素習知蘇秦，皆少之（七）。弗信。

【註】（一）鬼谷：地名，在河南登封縣東南，六國時，鬼谷先生所居之地。（二）周人的風俗，治產業，努力工商經營，追求十分之二的利益以爲生活。由此可見當時洛陽一帶的民生經濟與社會風俗。（三）徧觀：全部的研讀。（四）業已：已經。屈首低頭而受書於師。（五）陰符：經名，列代史志皆以周書陰符入兵家，黃帝陰符入道家。黃帝陰符有太公、范蠡、鬼谷子、張良、諸葛亮、李筌，六家注，經文三百八十四字，計一卷，蓋道家之書，非所謂陰符兵法，太公陰符也。其書之

眞僞不可考。朱子謂其時有精語，非深於道者不能作。因爲之考定其文，作考異一卷。（六）揣摩：遊說其對象，揣摩其對象之心理而加以操縱利用，使之爲自己的見解所左右而跟着走。（七）少：輕視，嗤笑。

乃西至秦。秦孝公卒。說惠王曰：「秦四塞之國，被山帶渭（一），東有關河（二），西有漢中，南有巴蜀，北有代馬（三），此天府也（四）。以秦士民之衆，兵法之教，可以吞天下，稱帝而治。」秦王曰：「毛羽未成，不可以高蜚（五）；文理未明，不可以幷兼（六）。」方誅商鞅，疾辯士（七），弗用。

【註】（一）以南山爲被，以渭河爲帶。（二）東有函谷關，東南有荊紫關、武關。河：黃河。（三）代郡、馬邑。在河北懷安縣北。（四）天府：天造之府，上天特別安排之地區，非人力所能建造之地區。其地區是天然的物產豐富，形勢險固，既享溫飽，又得安全。（五）蜚：卽「飛」字。（六）文教與義理還沒有昌明，不可以幷兼天下。（這是秦惠王針鋒相對的反對蘇秦之言，蘇秦以爲兵法之敎可以吞天下。秦王以爲文理未明不可以併天下。）。（七）疾，同「嫉」，厭惡。

乃東之趙（一）。趙肅侯令其弟成爲相，號奉陽君。奉陽君弗說之（二）。

去游燕，歲餘而後得見。說燕文侯曰：「燕東有朝鮮、遼東，北有林胡、樓煩（三）

，西有雲中、九原（四），南有嘑沱、易水（五），地方二千餘里，帶甲數十萬，車六百乘，騎六千匹，粟支數年。南有碣石、鴈門之饒（六），北有棗栗之利，民雖不佃作而足於棗栗矣。此所謂天府者也。

【註】（一）之：往也。（二）說：卽「悅」。（三）林胡：胡國名，在舊時朔州嵐州以北。樓煩：古國名，在山西舊保德州寧武府及岢嵐縣等地。此兩胡國，當時屬於燕。（四）雲中：今自山西之懷仁、左雲、右玉以北，綏遠綏遠道各縣，蒙古鄂爾多斯左翼、喀爾喀右翼、四子部落各旗，皆其地。九原：今蒙古烏喇特、茂明安二旗之地，郡治故城在烏喇特旗東南境。漢朔方之東北，雲中之西，套北黃河東流處，卽今綏遠五原縣也。（五）滹沱：源出山西繁峙縣東大戲山，西南流經代縣、崞縣、忻縣、定襄、折東至五台縣。又東南經盂縣，入河北境。經平山、靈壽、正定，至藁城縣。折東北流經無極、深澤、安平、深縣、饒陽、獻縣，合滏陽河，爲子牙河。又東北經河間、大城、靜海縣獨流鎭。又東北注於沽河。易水：源出河北省易縣西，東流至定興縣西南，合於拒馬河，卽古武水。（六）碣石：在河北省昌黎縣一帶之地。海中之貨，自此入河。雁門：在山西代縣，居於燕之西南，沙漠之貨，自此內流。故曰南有碣石、雁門之饒。

「夫安樂無事，不見覆軍殺將，無過燕者。大王知其所以然乎？夫燕之所以不犯寇被甲兵者，以趙之爲蔽其南也。秦趙五戰，秦再勝而趙三勝。秦趙相斃，而王以全燕制其後，此燕之所以不犯寇也。且夫秦之攻燕也，踰雲中、九原、過代、上谷，彌地數千里，雖得燕城，秦計固不能守也。秦之不能害燕亦明矣。今趙之攻燕也，發號出令，不至十日而數十萬之軍軍於東垣矣（一）。渡嘑沱，涉易水，不至四五日而距國都矣。故曰秦之攻燕也，戰於千里之外；趙之攻燕也，戰於百里之內。夫不憂百里之患而重千里之外，計無過於此者。是故願大王與趙從親，天下為一，則燕國必無患矣。」

【註】（一）東垣：河北省正定縣。

文侯曰：「子言則可，然吾國小，西迫彊趙（一），南近齊（二），齊、趙彊國也。子必欲合從以安燕，寡人請以國從。」

【註】（一）七國時，貝、冀、深、趙，四州，屬於趙，即燕之西界。（二）河北博、滄、德三州，屬於齊，與燕相接，隔黃河。

於是資蘇秦車馬金帛以至趙。而奉陽君已死，即因說趙肅侯曰：「天下卿相人臣及布衣之士，皆高賢君之行義，皆願奉教陳忠於前之日久矣。雖然，奉陽君妬而君不任事，是以賓客游士莫敢自盡於前者。今奉陽君捐館舍（一），君乃今復與士民相親也，臣故敢進其愚慮。

【註】（一）捐館舍：死也。

「竊爲君計者，莫若安民無事，且無庸有事於民也（一）。安民之本，在於擇交，擇交而得則民安，擇交而不得則民終身不安。請言外患：齊秦爲兩敵而民不得安，倚秦攻齊而民不得安，倚齊攻秦而民不得安。故夫謀人之主，伐人之國，常苦出辭斷絕人之交也（二）。願君愼勿出於口。請別白黑所以異，陰陽而已矣。君誠能聽臣，燕必致旃裘狗馬之地，齊必致魚鹽之海，楚必致橘柚之園，韓、魏、中山皆可使致湯沐之奉（三），而貴戚父兄皆可以受封侯。夫割地包利，五伯之所以覆軍禽將而求也（四）；封侯貴戚，湯武之所以放弑而爭也。今君高拱而兩有之，此臣之所以爲君願也。

【註】（一）並且用不着麻煩人民。（二）常常害怕話說出來斷絕了和人家的交情。（三）送致湯沐之地，表示敬意，卽言貢獻土地。本來是天子賜諸侯以湯沐之邑，使之藉邑之收入以爲參加祭神時住宿及其他需用之費。此處則只言其貢獻土地之意，不是以上賜下也。（四）禽：卽「擒」字。

「今大王與秦（一），則秦必弱韓、魏；與齊，則齊必弱楚、魏。魏弱則割河外（二），韓弱則效宜陽（三），宜陽效則上郡絕（四），河外割則道不通，楚弱則無援。此三策者，不可不孰計也。

【註】（一）與秦相聯合。（二）河外：魏地之在黃河以南者。（三）韓弱，則貢獻宜陽之地以與秦。（宜陽在洛陽之西，爲韓之大郡）。（四）上郡，在陝西膚施縣等地，與宜陽絕遠，恐係錯誤，如以上郡爲上黨，則距宜陽隔一黃河，相離較近，尚可通。

「夫秦下軹道，則南陽危；劫韓包周（三），則趙氏自操兵（四）據衞取卷（五），則齊必入朝秦。秦欲已得乎山東（六），則必舉兵而嚮趙矣（七）。秦甲渡河踰漳，據番吾（八），則兵必戰於邯鄲之下矣。此臣之所爲君患也。

【註】（一）軹道：在河南濟源縣。（二）南陽：在河南沁陽縣。（三）脅迫了韓國，包圍了周室。（周在洛陽）。（四）則趙國感受威脅，自然要訓練軍隊，拿起武器（兵）以準備對抗。（五）如果秦國佔據了衞地（河南汲縣一帶之地），奪取了卷城（在河南原武縣），則齊國必然入朝於秦。（六）秦國的欲望如果已經在山東（華山以東各國之地，不限於齊國一國之山東省）各國得到了滿足。（七）那麼，秦國必然舉起兵力而指向趙國了。（八）秦國的甲兵，渡了黃河，越了漳水（在河南臨漳縣境內之地），佔據了番吾（河北平山縣，大概在邯鄲縣以南之地，但有謂在邯鄲縣以北之地）。，則戰爭必發生於邯鄲之下（趙都）。

「當今之時，山東之建國莫彊於趙。趙地方二千餘里，帶甲數十萬，車千乘，騎萬四，粟支數年。西有常山（一），南有河漳（二），東有清河（三），北有燕國。燕固弱國，不足畏也。秦之所害於天下者莫如趙，然而秦不敢舉兵伐趙者，何也？畏韓、魏之議其後也。然則韓、魏，趙之南蔽也。秦之攻韓、魏也，無有名山大川之限，稍蠶食之，傅國都而止（四）。韓、魏不能支秦（五），必入臣於秦。秦無韓、魏之規，則禍必中於趙矣（六）。此臣之所爲君患也。

【註】（一）常山：亦曰恒山，在河北省曲陽縣西北，亘舊保定府西境及山西舊大同府東境。（二）南有黃河、漳水。（三）清河：在河北省清河縣。（四）傅：附也，逼近。（五）支：抵抗。（六）禍必打中在趙國的身上。

「臣聞堯無三夫之分，舜無咫尺之地，以有天下；禹無百人之聚，以王諸侯；湯武之士不過三千，車不過三百乘，卒不過三萬，立爲天子：誠得其道也。是故明主外料其敵之彊弱，內度其士卒賢不肖。不待兩軍相當而勝敗存亡之機固已形於胸中矣，豈揜於衆人之言而以冥冥決事哉（一）！

「臣竊以天下之地圖案之，諸侯之地五倍於秦，料度諸侯之卒十倍於秦，六國爲一，并力西鄉而攻秦（二），秦必破矣。今西面而事之，見臣於秦。夫破人之與破於人也

（三），臣人之與臣於人也（四），豈可同日而論哉。

【註】（一）揜：蒙蔽。冥冥：昏昧不明。（二）鄉：通「向」。（三）打破敵人與被敵人所打破。（四）使他人爲臣與爲他人之臣。（五）兩者是絕對不同的。

「夫衡人者（一），皆欲割諸侯之地以予秦。秦成，則高臺榭，美宮室，聽竽瑟之音，前有樓闕軒轅（二），後有長姣美人，國被秦患而不與其憂。是故夫衡人日夜務以秦權恐愒諸侯（三）以求割地，故願大王孰計之也（四）。

【註】（一）六國之時，游說之士，分爲兩派，主張六國合力以抗秦者，謂之「合縱」，蘇秦是也。主張六國連合以事秦者，謂之「連橫」，張儀是也。衡人：主張連衡以事秦之人。（二）軒轅：有謂館臺樓閣一類之建築物，有謂車輿之物，有謂樂器之物。（三）連橫的游說之士，日夜以秦國之強權，恐嚇各國諸侯。愒：音赫（ㄏㄜˋ）。（四）孰：即「熟」字。

「臣聞明主絕疑去讒，屏流言之迹，塞朋黨之門，故尊主廣地彊兵之計臣得陳忠於前矣。故竊爲大王計，莫如一（一）韓、魏、齊、楚、燕、趙以從親，以畔秦。令天下之將相會於洹水之上（二），通質（三），刳白馬而盟。要約曰：『秦攻楚，齊、魏各出銳師以佐之，韓絕其糧道（四），趙涉河漳，燕守常山之北。秦攻韓魏，則楚絕其後

（五），齊出銳師而佐之，趙涉河漳，燕守雲中。秦攻齊，則楚絕其後，韓守城皋（六），魏塞其道（七）趙涉河漳、博關（八），燕出銳師以佐之。秦攻燕，則趙守常山，楚軍武關，齊涉勃海，韓、魏皆出銳師以佐之。秦攻趙，則韓軍宜陽，楚軍武關，魏軍河外，齊涉清河，燕出銳師以佐之。諸侯有不如約者，以五國之兵共伐之。』六國從親以賓秦（九），則秦甲必不敢出於函谷以害山東矣。如此，則霸王之業成矣。」

【註】（一）一：統一，齊一，團結一致，合力抗秦。（二）洹水：亦曰安陽河，源出山西黎城縣，伏流至河南林縣隆慮山復出東流，又伏流至安陽縣西善應山復出，逕安陽至內黃，入於衞水。（三）通質：交換派遣人質以保信約。卽彼此以親人爲抵押品而確保團結之信誓。（四）河南西南部之要地，如宜陽，如南陽，皆可以斷絕秦之糧道。（五）楚兵出武關，攻秦兵之後，可以解韓魏之急。（六）城皋：在河南汜水縣。（七）魏塞其河內之道。（八）博關：在山東博州（山東聊平縣）。（九）合縱親善以排斥（擯）秦國。（賓，卽擯）。

趙王曰：「寡人年少，立國日淺，未嘗得聞社稷之長計也。今上客有意存天下，安諸侯，寡人敬以國從。」乃飾車百乘，黃金千溢，（一）白璧百雙，錦繡千純，（二）以約諸侯。

【註】（一）二十兩金子爲一溢。（二）純：匹端名，布泉一端，曰純。

是時周天子致文武之胙於秦惠王。（一）惠王使犀首攻魏，禽將龍賈，（二）取魏之雕陰，且欲東兵。蘇秦恐秦兵之至趙也，乃激怒張儀，入之于秦。

【註】（一）餽賜祭肉。（二）禽：即「擒」。（三）雕陰：在今陝西鄜縣之北。（四）東兵：舉兵而向東。

於是說韓宣王（一）曰：「韓北有鞏、成皋（二）之固，西有宜陽、商阪之塞，（三）東有宛、穰、洧水，（四）南有陘山，（五）地方九百餘里，帶甲數十萬，天下之彊弓勁弩皆從韓出。谿子、（六）少府時力、距來者，（七）皆射六百步之外。韓卒超足而射，（八）百發不暇止，遠者括蔽洞胸，（九）近者鏑弇心。（一〇）韓卒之劍戟，皆出於冥山、（一一）棠谿、（一二）墨陽、（一三）合膊、（一四）鄧師、（一五）宛馮、（一六）龍淵、太阿（一七），皆陸斷牛馬，水截鵠鴈，當敵則斬堅甲鐵幕，（一八）革抉㕮芮（一九）無不畢具。以韓卒之勇，被堅甲，蹠勁弩（二〇）帶利劍，一人當百，不足言也。夫以韓之勁與大王之賢，乃西面事秦，交臂而服，（二一）羞社稷而爲天下笑，無大於此者矣。是故願大王孰計之。

【註】（一）宣王：昭侯之子。（二）鞏：河南鞏縣。成皋：河南汜水縣。（三）商阪：陝西商

縣。（四）宛：河南、南陽縣。穰：河南鄧縣東南。洧水：源於河南登封縣東陽城山，東流至新鄭縣，會溱水爲雙泊河，入於賈魯河。（五）陘山：在河南密縣。（六）谿子：南方蠻夷之名，出柘弩及竹弩，皆勁弩，因其地出善弩，故以其地名代表善弩。（七）少府所造之時力、距來，皆良弩之名。這些弩都能射達六百步之外。（八）超足：齊足也，欲放弩，皆坐舉足踏弩，兩手引揍機，然後發之。（九）括蔽：括，同「銛」，鋒利而可以穿破敵人蔽體之物。洞胸：洞，穿透其胸膛。（一〇）鏑：矢鋒也。弇：同「掩」。襲擊也。言矢鋒之利可以襲擊敵人之心。（一一）冥山：山名，在河南信陽縣東南。一名石城山，又名固城山。（一二）棠谿：地名在河南西平縣。又利劍名。（一三）墨陽：利劍名。（一四）合膊：利劍名。（一五）鄧師：利劍名。河南鄧縣出鉅鐵，有善鑄劍之師，因以名其所鑄之利劍云。（一六）宛馮：滎陽有馮池，宛人於馮池鑄劍。故號宛馮。又利劍名。（一七）龍淵：利劍名。太阿：利劍名。吳越春秋曰：「楚王召風胡子而告之曰：「寡人聞吳有干將，越有歐冶，寡人欲因子請此二人作劍，可乎？風胡子曰：可。乃往見二人作劍，一曰龍淵；一曰太阿。（一八）鐵幕：以鐵所製之臂衣。幕者：護臂之衣也。（一九）革抉：以革爲射抉。抉者；射韝也。射韝以革爲之，射者著於左臂。韝者：臂衣也。吠芮：吠，音伐（ㄈㄚ）楯也。芮：音瑞（ㄖㄨㄟ），繫楯後之帶也。（二〇）蹠：音直（ㄓ）蹈踐也。（二一）交臂：交手、拱手。

大王事秦，秦必求宜陽、成皋。今茲效之，（一）明年又復求割地。（二）與則無地以給之，（三）不與則弃前功而受後禍。（四）且大王之地有盡，而秦之求無已，（五）以有盡之地而逆無已之求，此所謂市怨結禍者也，（六）不戰而地已削矣。（七）臣聞鄙諺曰：『寧爲鷄口，無爲牛後。』（八）今西面交臂而臣事秦，何異於牛後乎？夫以大王之賢，挾彊韓之兵，而有牛後之名，臣竊爲大王羞之。」

【註】（一）今年把宜陽、成皋奉獻（效）於秦。（二）明年牠又要求割地。（三）如果不斷地給牠，以後就沒有地可給。（四）如果不給牠，那麼，以前的功就算完全取消，而以後的大禍就受不了了。（五）大王的土地是有限度的，而秦國的貪心是沒有限度的。（六）以有限度的土地而應付（逆）無限的貪心，這就叫做「買怨而結禍」。（七）這樣下去，用不着打仗而國土已經完了。（八）俗話說：「寧爲鷄口，勿爲牛後」，（言鷄口雖小，猶處於可以進食的高貴部位。而牛後（缸門）雖大，不過是處於出糞的骯髒部位而已）。

於是韓王勃然作色，（一）攘臂瞋目，（二）按劍仰天太息（三）曰：「寡人雖不肖，必不能事秦，今主君詔以趙王之教，敬奉社稷以從。」

【註】（一）忽然變了顏色。（二）攘臂：奮然而起。瞋目：瞋，音琛（ㄔㄣ），怒目而視的樣子。（三）太息：卽「歎息」。

又說魏襄王（一）曰：「大王之地，南有鴻溝，（二）陳、汝南、許、郾、昆陽、召陵、舞陽、新都、新郪，（三）東有淮、潁、煑棗、無胥、（四）西有長城之界，北有河外、卷、衍、酸棗（五），地方千里，地名雖小，然而田舍廬廡之數，曾無所芻牧。（六）人民之衆，車馬之多，日夜行不絕，輷輷殷殷，（七）若有三軍之衆。臣竊量大王之國不下楚。然衡人怵王（八）交彊虎狼之秦以侵天下，卒有秦患，不顧其禍。（九）夫挾彊秦之勢以內劫其主，罪無過此者。魏，天下之彊國也；王，天下之賢王也。今乃有意西面而事秦，稱東藩，築帝宮，（一〇）受冠帶，（一一）祠春秋，（一二）臣竊爲大王恥之。

【註】（一）魏襄王乃惠王之子。（二）鴻溝：在河南滎陽縣。（三）郾：河南郾城縣。昆陽：河南葉縣。召陵：在河南郾城縣東。新都：河南新野縣。新郪：在河南汝南。（四）煑棗：地名，在山東荷澤縣西南。無胥：不詳。（五）河外：黃河以南之地。卷：河南原武縣。衍：地名，大約在河南鄭縣之北。酸棗：河南延津縣。（六）言人口稠密，土地用於住宅，而無空地作芻牧之用。（七）輷輷：車聲轟轟之狀。輷，音轟（ㄏㄨㄥ），車聲盛大也。殷殷：車聲頻繁也。（八）衡人：以連衡事秦爲主張之人。怵：恐嚇。（九）最後受到秦國的禍患，也不管那麼多了。（一〇）爲秦國建築帝宮。（一一）接受了秦國所賜的冠帶。（一二）每年春秋貢物於秦以助祭祀。

臣聞越王句踐戰敝卒三千人，（一）禽（二）夫差於干遂；（三）武王卒三千人，革車三百乘，制紂於牧野：（四）豈其士卒衆哉，誠能奮其威也。今竊聞大王之卒，武士二十萬，（五）蒼頭二十萬，（六）奮擊二十萬（七），廝徒十萬，（八）車六百乘，騎五千匹。此其過越王句踐、武王遠矣，今乃聽於羣臣之說而欲臣事秦。夫事秦必割地以效實，（九）故兵未用而國已虧矣。凡羣臣之言事秦者，皆姦人，非忠臣也。夫爲人臣，割其主之地以求外交，偸取一時之功而不顧其後，破公家而成私門，外挾彊秦之勢以內刼其主，以求割地，願大王孰察之。

【註】（一）以疲敝之卒三千人與吳國作戰。（二）禽：即「擒」。（三）干遂：地名，在蘇州吳縣西北四十餘里萬安山西南一里地太湖。夫差敗於姑蘇，被擒於干遂，相距四十餘里。（四）牧野：在河南淇縣南。（五）魏國武卒之力量甚强，據漢書刑法志所載謂：「魏氏武卒衣三屬之甲，操十二石之弩，負矢五十，置戈其上，冠冑帶劍，贏三日之糧，日中而趨百里。中試則復其戶，利其田宅」。可見戰國之時，各國爭强，武力整備，極爲重視，而武卒之待遇亦極優越，免除其家之賦稅勞役，賜之以上等甲宅。（六）蒼頭：以靑色之巾裹頭，表示與衆不同。（七）奮擊：衝鋒陷陣之先鋒隊。（八）廝徒：在軍中作雜役者，如養馬、炊事等。（九）效實：效：貢獻。實：實物、財貨。

「周書曰：『緜緜不絕，蔓蔓柰何？（一）豪氂不伐，將用斧柯。』（二）前慮不定，後有大患，將柰之何？大王誠能聽臣，六國從親，（三）專心并力壹意，則必無彊秦之患。故敝邑趙王使臣效愚計，奉明約，在大王之詔詔之。」

【註】（一）細微的時候不把牠根絕，蔓延長大的時候，還有什麼辦法呢？（二）剛剛萌芽，小如毫毛的時候，不把牠除掉，到了長大的時候，費大力氣。非動用斧柯不可了。（三）從親：合縱而親善。

魏王曰：「寡人不肖，未嘗得聞明教。今主君以趙王之詔詔之，敬以國從。」

因東說齊宣王曰：「齊南有泰山，東有琅邪，西有清河（一），北有勃海，此所謂四塞之國也。齊地方二千餘里，帶甲數十萬，粟如丘山。三軍之良，五家之兵（二），進如鋒矢（三），戰如雷霆（四），解如風雨（五），卽有軍役（六），未嘗倍泰山（七），絕清河（八），涉勃海也。臨菑之中七萬戶（九），臣竊度之，不下戶三男子，三七二十一萬，不待發於遠縣，而臨菑之卒固已二十一萬矣。臨菑甚富而實，其民無不吹竽鼓瑟，彈琴擊筑（一〇），鬭鷄走狗，六博（一一），蹋鞠（一二）者。臨菑之塗，車轂擊，人肩摩，連衽成帷，舉袂成幕，揮汗成雨，家殷人足，志高氣揚。夫以大王之賢與齊之彊，天下莫能當。今乃西面而事秦，臣竊爲大王羞之。

【註】（一）清河：即濟水。濟水通得清水之名，以水道清深也。（二）五家之兵，管仲之制也。國語齊語云：「五家爲軌，故五人爲伍，軌長帥之；十軌爲里，故五十人爲小戎，里有司帥之；四里爲連，故二百人爲卒，連長帥之；十連爲鄉，故二千人爲旅，鄉良人帥之；五鄉一帥，故萬人爲一軍，五鄉之帥帥之。三軍故有中軍之鼓，有國子之鼓，有高氏之鼓。」此曰三軍，曰五家，皆管仲之制。雖呂氏滅，田氏代，遺法猶存也。（三）鋒矢：鋒利的箭。戰國策鋒矢作「錐矢」，言其應聲而至，軍隊進行，與聲同速。（四）戰如雷霆：比喻其戰鬥威力之强大。（五）解如風雨：比喻其掃蕩動作之迅速。（六）即：如果。（七）倍：翻越。（八）絕：橫渡，曰絕。（九）臨菑：齊之國都，當時可出壯丁二十一萬，則其全部人口總計，當在四十萬以上。可稱爲大都會了。（一〇）筑：音竹（ㄓㄨˊ），古樂器，今已失傳。其形如琴，十三弦，項細肩圓。其擊法，以左手扼之，右手以竹尺擊之。隨調應律。（一一）六博：古遊戲之事。博，箸也，行六棊，故云。（一二）蹋鞠：習武之戲也。即今之蹋球。亦作「蹴鞠」。

「且夫韓、魏之所以重畏秦者（一），爲與秦接境壤界也。兵出而相當，不出十日而戰勝存亡之機決矣。韓、魏戰而勝秦，則兵半折，四境不守；戰而不勝，則國已危亡隨其後。是故韓、魏之所以重與秦戰，而輕爲之臣也（二）。今秦之攻齊則不然。倍韓、魏之地（三），過衞陽晉之道（四），徑乎亢父之險（五），車不得方軌（六），騎不得比行，百人守險，千人不敢過也。秦雖欲深入，則狼顧（七），恐韓、魏之議其後也。是故恫疑虛猲（八），驕矜而不敢進，則秦之不能害齊亦明矣。

【註】（一）重畏：害怕而又害怕，加倍的害怕。（二）難於對秦國作戰，而易於對秦國稱臣。（三）倍：超越。（四）陽晉：在山東鄆城縣。（五）亢父：在山東濟寧縣南。（六）兩車並行，曰方軌。兩物相並，曰「方」。（七）狼顧：狼性多疑怯，故行時常回顧。（八）虛猲：即虛喝：虛作恐怖他人之辭以爲威脅，其實不敢動。

「夫不深料秦之無柰齊何，而欲西面而事之，是羣臣之計過也。今無臣事秦之名而有彊國之實，臣是故願大王少留意計之。

齊王曰：「寡人不敏，僻遠守海，窮道東境之國也，未嘗得聞餘教。今足下以趙王詔詔之，敬以國從。」

乃西南說楚威王曰：「楚，天下之彊國也；王，天下之賢王也。西有黔中、巫郡，（一）東有夏州、海陽（二），南有洞庭、蒼梧（三），北有陘塞、郇陽（四），地方五千餘里，帶甲百萬，車千乘，騎萬匹，粟支十年，此霸王之資也。夫以楚之彊與王之賢，天下莫能當也。今乃欲西面而事秦，則諸侯莫不西面而朝於章臺之下矣（五）。

【註】（一）黔中：舊時之湖南辰沅道及武陵道皆是，故城在今湖南沅陵縣西。巫郡：四川巫山縣。（二）夏州：在湖北夏口縣北。海陽：不詳，想在楚之東境。決非山東之海陽。（三）洞庭：在湖南岳陽縣西南。蒼梧：湖南零陵縣及廣西全縣等地。（四）陘塞：陘山之要塞，陘山在河南新鄭縣西南。羣山綿亘，達於鄧襄，爲南北隘道。山海經所謂「少陘之山」是也。郇陽：當在汝南潁川之界，不知其名，但決非晉之郇陽。（五）章臺：在咸陽。

秦之所害莫如楚，楚彊則秦弱，秦彊則楚弱，其勢不兩立，故爲大王計，莫如從親以孤秦。大王不從（親），秦必起兩軍，一軍出武關，一軍下黔中，則鄢郢動矣（一）。「臣聞治之其未亂也，爲之其未有也。患至而后憂之，則無及已。故願大王蚤孰計之。

「大王誠能聽臣，臣請令山東之國奉四時之獻，以承大王之明詔，委社稷，奉宗廟，練士厲兵，在大王之所用之。大王誠能用臣之愚計，則韓、魏、齊、燕、趙、衞之妙音美人必充後宮，燕、代槖駝良馬必實外廄。故從合則楚王，衡成則秦帝。今釋霸王之業，而有事人之名，臣竊爲大王不取也。

「夫秦，虎狼之國也，有吞天下之心，秦，天下之仇讎也。衡人（二）皆欲割諸侯之地以事秦，此所謂養仇而奉讎者也。夫爲人臣，割其主之地以外交彊虎狼之秦，以侵天下，卒有秦患，不顧其禍。夫外挾彊秦之威以內刼其主，以求割地，大逆不忠，無過此者，故從親則諸侯割地以事楚，衡合則楚割地以事秦，此兩策者相去遠矣，二者大王何居焉（三）？故敝邑趙王使臣效愚計，奉明約，在大王詔之。」

楚王曰：「寡人之國，西與秦接境，秦有舉巴蜀幷漢中之心。秦，虎狼之國，不可親也。而韓、魏迫於秦患，不可與深謀，與深謀恐反人以入於秦（四），故謀未發而國已危矣。寡人自料以楚當秦，不見勝也；內與羣臣謀，不足恃也。寡人臥不安席，食不甘味，心搖搖然如縣旌而無所終薄（五）。今主君欲一天下，收諸侯，存危國，寡人謹奉社稷以從。」

於是六國從合而幷力焉。蘇秦爲從約長，幷相六國（六）。

【註】（一）鄢：在湖北宜城縣境。郢：湖北江陵縣。（二）衡人：主張連橫以事秦之人。（三）何所選擇？何以自處？站在那一邊？（四）恐怕反對之人以我之謀，密告於秦國。（五）心中搖蕩不定好像是在空中懸掛的旗子一樣沒有歸依沒有附託。薄：附着。（六）同時爲六國之相。

北報趙王，乃行過雒陽，車騎輜重，諸侯各發使送之甚衆，疑於王者（一）。周顯王聞之恐懼，除道，使人郊勞（二）。蘇秦之昆弟妻嫂側目不敢仰視，俯伏侍取食。蘇秦笑謂其嫂曰：「何前倨而後恭也？」嫂委蛇蒲服（三），以面掩地而謝曰：「見季子位高金多也。」蘇秦喟然歎曰：「此一人之身，富貴則親戚畏懼之，貧賤則輕易之，況衆人乎！且使我有雒陽負郭田二頃（四），吾豈能佩六國相印乎！」於是散千金以賜宗族朋友。初，蘇秦之燕，貸人百錢爲資，及得富貴，以百金償之。徧報諸所嘗見德者。其從者有一人獨未得報，乃前自言。蘇秦曰：「我非忘子。子之與我至燕，再三欲去我易水之上，方是時，我困，故望子深（五），是以後子，子今亦得矣（六）」。

【註】（一）疑：錯字，應爲「擬」字，相比也。（二）郊勞：派人到郊外去迎接以表示慰問之意。（三）委蛇：讀「委移」，委曲而行，不敢直立，如蛇之行進。言其畏懼之意。（四）負郭田：近城郊之田地。（五）望：怨望，怨恨。（六）你現在也可得金矣。

蘇秦既約六國從親，歸趙，趙肅侯封爲武安君，乃投從約書於秦（一）。秦兵不敢闚函谷關十五年。

其後秦使犀首欺齊、魏，與共伐趙，欲敗從約。齊、魏伐趙，趙王讓蘇秦。蘇秦恐，請使燕，必報齊，蘇秦去趙而從約皆解（二）。

【註】（一）致書於秦，言六國聯合抗秦之約書，以警告秦國。（二）大聯合之盟約解散。

秦惠王以其女爲燕太子婦。是歲，文侯卒，太子立，是爲燕易王。易王初立，齊宣王因燕喪伐燕，取十城。易王謂蘇秦曰：「往日先生至燕，而先王資先生見趙，遂約六國從，今齊先伐趙，次至燕，以先生之故爲天下笑，先生能爲燕得侵地乎？」蘇秦大慙，曰：「請爲王取之。」

蘇秦見齊王，再拜，俯而慶，仰而弔。齊王曰：「是何慶弔相隨之速也？」蘇秦曰：「臣聞飢人所以飢而不食烏喙者（一），爲其愈充腹而與餓死同患也（二）。今燕雖弱小，卽秦王之少壻也。大王利其十城而長與彊秦爲仇。今使弱燕爲鴈行（三）而彊秦敝其後（四），以招天下之精兵，是食烏喙之類也。」齊王愀然變色曰：「然則奈何？」蘇秦曰：「臣聞古之善制事者，轉禍爲福，因敗爲功。大王誠能聽臣計，卽歸燕之十城。燕無故而得十城，必喜；秦王知以己之故而歸燕之十城，亦必喜。此所謂弃仇讎而得石交者也（五）。夫燕、秦俱事齊，則大王號令天下，莫敢不聽。是王以虛辭附秦，以十城取天下。此霸王之業也。」王曰：「善。」於是乃歸燕之十城。

【註】（一）烏喙：毒藥名。廣雅云：「蘇奥，毒附子也，一歲爲烏喙，三歲爲附子，四歲爲烏頭，五歲爲天雄。」（二）愈：同「偷」，暫時。（三）雁行：相次而行，如雁之有行列似的。（四）敝：同「蔽」，屏障。（五）石交：金石之交，言其友誼之堅固不移。

人有毀蘇秦者曰：「左右賣國反覆之臣也，將作亂。」蘇秦恐得罪歸，而燕王不復官也。蘇秦見燕王曰：「臣，東周之鄙人也，無有分寸之功，而王親拜之於廟而禮之於廷。今臣爲王卻齊之兵而得十城，宜以益親。今來而王不官臣者，人必有以不信傷臣於王者。臣之不信，王之福也。臣聞忠信者，所以自爲也；進取者，所以爲人也。且臣之說齊王，曾非欺之也。臣弃老母於東周，固去自爲而行進取也。今有孝如曾參，廉如伯夷，信如尾生。得此三人者以事大王，何若？」王曰：「足矣。」蘇秦曰：「孝如曾參，義不離其親一宿於外，王又安能使之步行千里而事弱燕之危王哉？廉如伯夷，義不爲孤竹君之嗣，不肯爲武王臣，不受封侯而餓死首陽山下。有廉如此，王又安能使之步行千里而行進取於齊哉？信如尾生，與女子期於梁下，女子不來，水至不去，抱柱而死，有信如此，王又安能使之步行千里卻齊之彊兵哉？臣所謂以忠信得罪於上者也。」燕王曰：「若不忠信耳（一），豈有以忠信而得罪者乎？」蘇秦曰：「不然。臣聞客有遠爲吏而其妻私於人者（二），其夫將來（三），其私者憂之，妻曰『勿憂，吾已作藥酒待之矣』。居三日，其夫果至，妻使妾擧藥酒進之。妾欲言酒之有藥，則恐其逐主母也；欲勿言乎，則恐其殺主父也。於是乎詳僵而弃酒（四）。主父大怒，笞之五十。故妾一僵而覆酒，上存主父，下存主母，然而不免於笞，惡在乎忠信之無罪也？夫臣之過，不幸而類是乎！」燕王曰：「先生復就故官。」益厚遇之。

【註】（一）若：汝，你。（二）私：私通。（三）來：回家。（四）詳：佯也。僞裝。

易王母，文侯夫人也，與蘇秦私通。燕王知之，而事之加厚。蘇秦恐誅，乃說燕王曰：「臣居燕不能使燕重，而在齊則燕必重。」燕王曰：「唯先生之所爲。」於是蘇秦詳（一）爲得罪於燕而亡走齊，齊宣王以爲客卿。

【註】（一）詳：卽「佯」，僞裝。

齊宣王卒，湣王卽位，說湣王厚葬以明孝，高宮室大苑囿以明得意，欲破敝齊而爲燕（一）。燕易王卒，燕噲立爲王。其後齊大夫多與蘇秦爭寵者，而使人刺蘇秦，不死，殊而走（二）。齊王使人求賊，不得。蘇秦且死（三），乃謂齊王曰：「臣卽死，車裂臣以徇於市，曰『蘇秦為燕作亂於齊』，如此則臣之賊必得矣。」於是如其言，而殺蘇秦者果自出，齊王因而誅之。燕聞之曰：「甚矣，齊之為蘇生報仇也！」

【註】（一）使齊國陷於疲敝虛耗而有利於燕國。（二）不曾立刻死，但已陷於必死的絕境。走：刺客逃走。（三）且：將也。

蘇秦既死，其事大泄。齊後聞之，乃恨怒燕。燕甚恐。蘇秦之弟曰代，代弟蘇厲，見兄遂（一），亦皆學。及蘇秦死，代乃求見燕王，欲襲故事。曰：「臣，東周之鄙人也。竊聞大王義甚高，鄙人不敏，釋鉏耨而干大王，至於邯鄲，所見者絀於所聞於東周（二），臣竊負其志（三），及至燕廷，觀王之羣臣下吏，王，天下之明王也。」燕王曰：「子所謂明王者何如也？」對曰：「臣聞明王務聞其過，不欲聞其善，臣請謁王之過（四）。夫齊、趙者，燕之仇讎也；楚、魏者，燕之援國也。今王奉仇讎以伐援國，非所以利燕也。王自慮之，此則計過，無以聞者（五），非忠臣也。」王曰：「夫齊者固寡人之讎，所欲伐也，直患國敝力不足也。（六）子能以燕伐齊，則寡人舉國委子。」對曰：「凡天下戰國七，燕處弱焉。獨戰則不能，有所附則無不重。南附楚，楚重；西附秦，秦重；中附韓、魏，韓、魏重。且苟所附之國重，此必使王重矣。今夫齊，長主（七），而自用也。南攻楚五年，畜聚竭；西困秦三年，士卒罷敝；此與燕人戰，覆三軍，得二將。然而以其餘兵南面舉五千乘之大宋（八），而包十二諸侯（九）。此其君欲得，其民力竭，惡足取乎！且臣聞之，數戰則民勞（一〇），久師則兵敝矣。」燕王曰：「吾聞齊有清濟濁河，可以爲固，長城、鉅防（一一），足以爲塞，誠有之乎？」對曰：「天時不與，雖有清濟、濁河，惡足以爲固！民力罷敝，雖有長城、鉅防，惡足以爲塞！且異日濟西不師（一二），所以備趙也；河北不師（一三）所以備燕也。今濟西河北盡已役矣（一四），封內敝矣。夫驕君必好利，而亡國之臣必貪於財。王誠能無羞從子母弟以爲質（一五），寶珠玉帛以事左右，彼將有德燕而輕亡宋（一六），則齊可亡已。」燕王曰：「吾終以子受命於天矣。」燕乃使一子質於齊。而蘇厲因燕質子而求見齊王。齊王怨蘇秦，欲囚蘇厲。燕質子爲謝（一七），已遂委質爲齊臣（一八）。

【註】（一）遂：得志。（二）不如我在東周所聽說的燕國之好。（三）私下以爲與自己的期望大不相合。（四）謁：告也。（五）不以王計之錯誤而告於王。（六）直：但也。但患國家疲敝而力量不足。（七）長主：言齊王乃年長之主。（八）舉：戰而克之。（九）包：囊括而有之。（一〇）數戰：屢次作戰。（一一）長城：齊國境內亦有長城是很大的防禦工事。（一二）濟西：指山東聊城高唐等地而言。師：動員。言濟西的軍隊不動員。（一三）河北：山東在黃河

以北之地。指滄州、博州等地而言。言河北的軍隊不動員。（一四）役：動員，加入戰鬥。（一五）不以兒子或母弟作人質於齊國爲羞。（一六）齊將有好感於燕國而以滅亡宋國爲容易。（一七）燕國的質子替蘇厲請求諒解。（一八）既而遂委身爲齊國之臣。

燕相子之與蘇代婚，而欲得燕權，乃使蘇代侍質子於齊。齊使代報燕，燕王噲問曰：「齊王其覇乎？」曰：「不能」。曰：「何也」曰：「不信其臣。」於是燕王專任子之，已而讓位，燕大亂。齊伐燕，殺王噲、子之。燕立昭王，而蘇代、蘇厲遂不敢入燕，皆終歸齊，齊善待之。

蘇代過魏，魏爲燕執代。齊使人謂魏王曰：「齊請以宋地封涇陽君（一），秦必不受。秦非不利有齊而得宋地也，不信齊王與蘇子也。今齊魏不和如此其甚，則齊不欺秦。秦信齊，齊秦合，涇陽君有宋地，非魏之利也。故王不如東蘇子（二），秦必疑齊而不信蘇子矣。齊秦不合，天下無變，伐齊之形成矣。」於是出蘇代。代之宋，宋善待之。

【註】（一）涇陽君：秦王之弟，名悝。（二）把蘇子送到東方。

齊伐宋，宋急，蘇代乃遺燕昭王書曰：

夫列在萬乘而寄質於齊（一），名卑而權輕；奉萬乘助齊伐宋，民勞而實費；夫破宋，殘楚淮北，肥大齊，讎彊而國害（二），此三者皆國之大敗也。然且王行之者（三），將以取信於齊也。齊加不信於王，而忌燕愈甚，是王之計過矣。夫以宋加之淮北，强萬乘之國也，而齊幷之，是益一齊也（四），北夷方七百里（五），加之以魯、衞，彊萬乘之國也，而齊幷之，是益二齊也。夫一齊之彊，燕猶狼顧而不能支（六），今以三齊臨燕，其禍必大矣。

【註】（一）列名於萬乘之國而寄押其質子於齊國。（二）破滅宋國，殘破楚國淮北之地，使齊國肥大。仇敵强大而本國受害。（三）然而，王猶行之者（且，猶也）。（四）宋地與淮北之地加起來，比萬乘之國還要大，而被齊國併吞了，這等於又添加了一個齊國。（五）北夷：王念孫曰：「北夷，當作九夷，燕策作北夷，亦後人依史改之。秦策云：「楚包九夷，方千里」。魏策云：「楚破南陽九夷」。李斯上始皇書云：「包九夷，制鄢郢」是九夷之地，南與楚接。故又云：齊併九夷也。秦策言：「楚包九夷方千里」，此言「九夷方七百里」，七百里卽在千里之中，故言「楚包九夷」也。淮南齊俗篇云：「越王勾踐霸天下，泗上十二諸侯，皆率九夷以朝」。是九夷之地，東與十二諸侯接，而魯爲十二諸侯之一，故此言「齊併九夷與魯衞也」。上文言齊舉宋而包十二諸侯。田完世家言齊南割楚之淮北，泗上諸侯鄒魯之君，皆稱臣。此言齊併宋與淮北，又言併九夷與魯衞。以上諸文，彼此可以互證，是今本之北夷，乃九夷之誤，而不得以山戎北狄當之也。」（六）燕國好像怯疑後顧的狼似的而不能抵抗。

雖然，智者舉事，因禍為福，轉敗為功。齊紫，敗素也，而賈十倍（一）；越王句踐棲於會稽，復殘彊吳而霸天下（二），此皆因禍為福。轉敗為功者也。（三）

【註】（一）齊國所喜好的紫色之帛，本來是敗朽的素帛，但是染成了紫色之後，反而價貴十倍。（二）越王勾踐失敗之後，棲身於會稽，但是經過了臥薪嘗膽之後，終於摧殘了强大的吳國而稱霸於天下。（三）這都是因禍為福，轉敗為勝的例證。

今王若欲因禍為福，轉敗為功，則莫若挑霸齊而尊之（一），使使盟於周室，焚秦符，曰「其大上計，破秦；其次，必長賓之」。（二）秦挾賓以待破，秦王必患之（三）。秦五世伐諸侯，今為齊下（四），秦王之志苟得窮齊，不憚以國為功（五）。然則王何不使辯士以此言說秦王曰：「燕、趙破宋肥齊，尊之為之下者，燕、趙非利之也（六）。燕、趙不利而勢為之者，以不信秦王也（七）。然則王何不使可信者接收燕、趙，令涇陽君、高陵君先於燕、趙？秦有變，因以為質，則燕、趙信秦（八）。秦為西帝，燕為北帝，趙為中帝，立三帝以令於天下。韓、魏不聽則秦伐之，齊不聽則燕、趙伐之，天下孰敢不聽（九）？天下服聽，因驅韓、魏以伐齊，曰『必反宋地，歸楚淮北』（一〇）。反宋地，歸楚淮北，燕、趙之所利也；並立三帝，燕、趙之所願也（一一）。夫實得所利，尊得所願，燕、趙弃齊如脫躧矣（一二）。今不收燕、趙，齊霸必成。諸侯贊齊而王不從，是國伐也；諸侯贊齊而王從之，是名卑也（一三）。今收燕、趙、國安而名尊；不收燕、趙，國危而名卑。夫去尊安而取危卑，智者不為也（一四）」秦王聞若說，必若刺心然（一五）。則王何不使辯士以此若言說秦？秦必取，齊必伐矣（一六）

夫取秦，厚交也；伐齊，正利也。尊厚交，務正利，聖王之事也（一七）。

【註】（一）現在大王如果想着因禍為福，轉敗而為功，再沒有比誘逗（挑）着齊國稱霸而高捧（尊）齊國這個方法更好的了。（二）要誘逗齊國，教齊國派使臣到周天子那裡去盟誓，再叫齊國焚燬了與秦國有邦交來往的符節。並且誘逗齊國說：「最大最高上的計策，是要消滅秦國；其次的計策，是要長期的排斥（擯）秦國。」（這是蘇代站在宋國燕國的立場，要挑撥齊國與秦國相鬥爭，叫燕國派代表到齊國去，誘逗齊國自驕自大，劫迫周天子而盟，要承認牠為霸主，使秦國對於齊國之氣勢陵人，越加痛憤，而激起非對齊國作戰不可的決心。）（三）秦國如果被各國所長期排斥，必有坐而待斃之虞，這是秦王所苦惱的。（四）秦國五世繼續討伐諸侯，現在竟然居於齊國之下風，這是牠絕對不甘心的。（五）秦王的決心是只要能困斃齊國，就不惜傾全國之力以完成功業。（六）到了齊秦之衝突已經尖銳化的階段，大王就要派遣能說善道的代表，到秦國去告訴秦王說：「燕、趙之所以尊事齊國而甘心服從者，並不是對於燕、趙有什麼利益。（七）燕、趙既然沒有什麼利益，而其勢又不得不走這一條路者，乃是因為不敢相信秦國。（八）既然如此，大王（秦王）為什麼不派遣可

信的人到燕、趙去拉攏（接收）關係呢？可以派遣涇陽君、高陵君（二人皆秦王母弟）分別先到燕、趙，如果秦國有什麼變心，他兩個就是人質（抵押品），這樣一來，則燕、趙自然信託秦國了。（九）再對秦王建議，以秦國爲西帝，以燕國爲北帝，以趙國爲中帝，建立三個帝國，以號令於天下，如果韓、魏不聽，則秦國可以就近討伐；如果齊國不聽，則燕、趙可以就近討伐，天下還有那一個敢不聽話呢？（一〇）天下既然服從而聽命，就可以指使韓、魏以討伐齊國，強迫齊國一定要使牠歸還所侵奪宋國的土地，以及牠所侵奪楚國淮北之地。（一一）歸還宋國與楚國淮北之土地，是燕、趙的實際利益；建立三個帝國，是燕、趙的內心希望。（一二）得到了實際的利益，完成了內心的希望，那麼，燕、趙兩國之離棄齊國，簡直是如同扔掉了一雙草鞋（脫躧，脫棄草鞋。躧音蓰（ㄒㄧˇ））那樣的容易了。（一三）秦國現在如果不拉攏燕、趙，那麼，齊國的霸業，一定就會成功的。到了各國諸侯都贊助齊國，而大王不服從，那就是自取被討伐之禍；如果各國諸侯都贊助齊國，而大王也跟着服從，那就是自己降低了聲名。（一四）現在如果拉攏燕、趙，那麼，國家就可以安定，而聲名就可以提高；如果不拉攏燕、趙，那麼，國家就要危險，而聲名就要降低。捨棄了尊貴安定而採取低賤危險的路線，聰明的人，絕對不會這樣去做。」（一五）秦王一聽到大王（燕王）的代表這一番分析之後，一定會發生一種好像是利箭穿心似的陣痛，而接受你的意見。（一六）那麼，大王（燕王）爲什麼不派遣能說善道的辯士，以這種道理去勸說秦國呢？如果以這種道理去勸說秦國，我敢相信秦國必然會採納，而齊國就必然被討伐了。（一七）結納秦國是一項優厚的外交，討伐齊國是一件正當的利益，注重優厚的外交，從事正當的利益，乃是聖王的事業。

燕昭王善其書，曰：「先人嘗有德蘇氏，子之之亂而蘇氏去燕。燕欲報仇於齊，非蘇氏莫可。」乃召蘇代，復善待之，與謀伐齊。竟破齊，湣王出走。久之，秦召燕王，燕王欲往，蘇代約燕王曰：「楚得枳（一）而國亡，齊得宋而國亡，齊、楚不得以有枳、宋而事秦者，何也？則有功者，秦之深讎也。秦取天下，非行義也，暴也。秦之行暴，正告天下。（二）

【註】（一）枳：四川涪陵縣。（二）秦王以暴力政治，公開的警告於天下。

「告楚曰：『蜀地之甲，乘船浮於汶（一），乘夏水（二）而下江，五日而至郢。漢中之甲，乘船出於巴（三），乘夏水而下漢，四日而至五渚（四），寡人積甲宛東下隨（五），智者不及謀，勇士不及怒，寡人如射隼矣（六），王乃欲待天下之攻函谷，不亦遠乎！』楚王為是故，十七年事秦。

【註】（一）汶：卽岷江。（二）夏天的時候，水盛漲，故行船乘夏水。（三）巴：巴嶺，山名，亦曰大巴山，在陝西西鄉縣西南，支峰綿亘數百里。旁臨漢江，東接三峽，山南卽古之巴國，地理學家稱漢水，揚子江之間諸山為巴嶺山脈。或云：巴，水名，與漢水近。（四）五渚：據戰國策所云：「秦與荆人戰，大破荆，襲郢，取洞庭、五渚」，則五渚當在洞庭附近。或謂五渚者，五處洲渚

也。（五）宛：河南南陽。隨：湖北隨縣。（六）隼：音準（ㄓㄨㄣˇ），與鷹同屬猛禽類而較小的鳥。

秦正告韓曰：『我起乎少曲（一），一日而斷大行（二）。我起乎宜陽（三）而觸平陽（四），二日而莫不盡繇（五），我離兩周而觸鄭，五日而國舉。（六）』韓氏以爲然，故事秦。

【註】（一）少曲：在河南孟縣。（二）大行：卽太行山，羊腸阪道，北過韓之上黨。（三）宜陽：在河南洛陽之西。（四）平陽：山西臨汾縣。（五）繇：同「搖」，動蕩也。（六）離：歷也，經過二周而東擊韓之首都新鄭，則五日之內可以把韓國拿到手。

秦正告魏曰：『我舉安邑，塞女戟（一），韓氏太原卷（二）。我下軹道、南陽，封冀（三），包兩周（四）。乘夏水，浮輕舟，彊弩在前，錟（五）戈在後，決滎口，魏無大梁；（六）決白馬之口，魏無外黃、濟陽（七）；決宿胥之口（八），魏無虛、頓丘（九）陸攻則擊河內，水攻則滅大梁。』魏氏以爲然，故事秦。

【註】（一）女戟：地名，不詳，大概在太行山之西。（二）卷：同「捲」，退縮。言秦舉安邑，塞女戟，則韓氏與太原都要捲縮，而魏國難望韓趙之助。（三）軹道：在河南濟源縣。南陽：河南

黃河以北修武縣一帶之地，亦曰南陽。此一南陽不是河南黃河以南之南陽十三縣也。　封：封陵。冀：冀邑。此二地皆在魏境。（四）兩周：在洛陽。（五）錟：音談（ㄊㄢˊ），鋒利的。（六）決開了滎澤之口，則洪水可以湮沒大梁（開封）。（七）決開了白馬津之口，則洪水可以湮沒外黃、濟陽。白馬津：在河南滑縣之北，舊為黃河分流之處。外黃：在河南考城縣東。濟陽：在河南蘭封縣東。（八）宿胥口：地名，在河南濬縣之西，周定王時，黃河曾決口於此。虛：即殷墟，在河南安陽縣一帶之地。頓丘：在河北清豐縣。

秦欲攻安邑，恐齊救之，則以宋委於齊（一）。曰『宋王無道，為木人以象寡人，射其面。寡人地絕兵遠，不能攻也。王苟能破宋有之，寡人如自得之。』已得安邑（二），塞女戟，因以破宋為齊罪。

【註】（一）委：交付。（二）已：即「既」，之後。

秦欲攻韓，恐天下救之，則以齊委於天下。曰：『齊王四與寡人約，四欺寡人，必率天下以攻寡人者三。有齊無秦，有秦無齊，必伐之，必亡之。』已得宜陽、少曲，致藺、（離）石（一），因以破齊為天下罪。

秦欲攻魏重楚（二），則以南陽委於楚。曰：『寡人固與韓且絕矣。殘均陵，塞鄳阸（三），苟利於楚，寡人如自有之。』魏弃與國而合於秦，因以塞鄳阸為楚罪。

【註】（一）致：獲致，得到。藺石：不詳。（二）重：尊重。（三）固：原本。（三）楚國殘破了均陵，堵塞了鄳阸。均陵：在湖北隨縣西南五十里。鄳阸：在河南羅山縣境。

兵困於林中（一），重燕、趙（二）以膠東委於燕，以濟西委於趙（三）。已得講於魏（四），至公子延（五），因犀首屬行（六）而攻趙。

【註】（一）林中：在河南新鄭縣東。（二）秦被困於魏之林中，恐燕趙來攻，故表示尊重燕趙。（三）誘惑燕國攻膠東，趙國攻濟西。（四）既而，與魏國講和。（五）就以公子延爲質於魏。至：即「質」，人質。（六）利用魏將公孫衍率領大軍浩浩蕩蕩而攻趙。因：利用也。犀首：魏將公孫衍也。屬行：大軍連續不斷的行進。屬，讀「主」（ㄓㄨˇ）。

兵傷於譙石（一），而遇敗於陽馬（二），而重魏，則以葉、蔡委於魏（三）。已得講於趙，則劫魏，（魏）不爲割。困則使太后弟穰侯爲和，羸則兼欺舅與母（四）。

【註】（一）譙石：地名，不詳，有謂係「離石」之說。（二）陽馬：地名，不詳，有謂係「馬陵」之誤。（三）葉：河南葉縣。蔡：河南上蔡縣。（四）羸：即「贏」，勝利。舅指穰侯魏冉。母：太后。

適燕者曰『以膠東』，適趙者曰『以濟西』，適魏者曰『以葉、蔡』，適楚者曰『

以塞鄳阨』，適齊者曰『以宋』（一）。此必令言如循環（二），用兵如刺蜚（三），母不能制，舅不能約（四）。

【註】（一）適：通「謫」，責，加之以罪名而責之，責燕國的罪名，是牠侵略齊之膠東。責趙國的罪名，是牠侵略齊之濟西。責魏國的罪名，是牠侵略楚之葉蔡。責楚國的罪名，是牠堵塞鄳阨。責齊國的罪名，是牠滅亡宋國。但如就「適」字之本義來用，適者，往也，派往燕國的使者，以膠東委之於燕。派往趙國的使者，以濟西委之於趙。派往魏國的使者，以葉蔡委之於魏。派往楚國的使者，以鄳阨委之於楚。派往齊國的使者，以宋國委之於齊。則此種解釋亦極爲通順。（二）言其辭令，周轉圓通，無可攻詰，如循環然，環環相扣，以乙攻甲，以丙攻乙，使之互相攻而互相斃。（三）蜚：卽「飛」，飛鳥飛虫之類，言其用兵奮迅，如攻殺飛鳥一樣。鳥之飛行，已爲迅速，而猶能攻殺之，則其用兵之迅速可以想見。（四）母不能控制，舅不能約束，雖至親之人，亦不能使其遵守信約，則其對於他人，更是撕信約如撕廢紙了。

龍賈之戰（一），岸門之戰（二），封陵之戰（三），高商之戰，趙莊之戰（五），秦之所殺三晉之民數百萬，今其生者皆死秦之孤也。西河之外（六），上雒之地（七），三川晉國之禍（八），三晉之半（九），秦禍如此其大也。而燕、趙之秦者（一〇），皆以爭事秦說其主，此臣之所大患也。

【註】（一）龍賈：周顯王三十九年事。（二）岸門：在山西河津縣。周赧王元年事。（三）封陵：周赧王十二年事。（四）高商：不詳。（五）趙莊：人名，趙將。周顯王四十一年，趙莊與秦戰敗，被殺於河西。（六）西河之外：指舊時之同州華州等地而言。（七）上雒之地：指舊時商州之地而言。（八）三川：指周都洛州一帶之地而言。（九）韓、趙、魏之地，被秦國亡去有半數，其禍極大。（一〇）之：往也。言到秦國去過的燕趙遊說之士。

燕昭王不行，蘇代復重於燕。

燕使約諸侯從親如蘇秦時，或從或不，而天下由此宗蘇氏之從約（一）。代、厲皆以壽死，名顯諸侯。

【註】（一）宗：歸向。奉信。

太史公曰：蘇秦兄弟三人皆游說諸侯以顯名，其術長於權變（一）。而蘇秦被反閒以死，天下共笑之，諱學其術（二），然世言蘇秦多異，異時事有類之者皆附之蘇秦。夫蘇秦起閭閻，連六國從親，此其智有過人者。吾故列其行事，次其時序，毋令獨蒙惡聲焉（三）。

【註】（一）權變：把握機要，通權達變。（二）忌諱研究其術略。（三）惡聲：惡劣的名聲。

卷七十　張儀列傳第十

張儀者，魏人也。始嘗與蘇秦俱事鬼谷先生學術，蘇秦自以不及張儀。

張儀已學而游說（一）諸侯。嘗從楚相飲，已而楚相亡璧（二），門下意張儀（三），曰：「儀貧無行，必此盜相君之璧。」共執張儀，掠笞數百，不服，醳（四）之。其妻曰：「嘻！子毋讀書游說（五），安得此辱乎？」張儀謂其妻曰：「視吾舌尚在不？」其妻笑曰：「舌在也。」儀曰：「足矣。」（六）

【註】（一）說：讀「稅」。（二）失掉了玉璧。（三）意：懷疑。（四）醳：古「釋」字，釋放。（五）毋：不。（六）只要有舌在，就夠了。

蘇秦已說趙王而得相約從親（一），然恐秦之攻諸侯，敗約後負，念莫可使用於秦者（二），乃使人微感張儀曰（三）：「子始與蘇秦善，今秦已當路，子何不往游，以求通子之願？」張儀於是之趙，上謁求見蘇秦。蘇秦乃誡門下人不爲通，又使不得去者數日。已而見之（四），坐之堂下，賜僕妾之食。因而數讓之（五）曰：「以子之材能，乃自令困辱至此。吾寧不能言而富貴子，子不足收也。」謝去之。張儀之來也，自以為故人，求益，反見辱，怒，念諸侯莫可事，獨秦能苦趙，乃遂入秦。

【註】（一）約從：即「約縱」，與「連橫」相對。主張南北結合以抗秦者，為「約縱」。主張東西聯合以事秦者，為「連橫」。（二）念：考慮。（三）感：刺激，慫恿。（四）已而：即「既而」，之後。（五）數讓：責備。

蘇秦已而告其舍人曰：「張儀，天下賢士，吾殆弗如也。今吾幸先用，而能用秦柄者，獨張儀可耳。然貧，無因以進（一），吾恐其樂小利而不遂，故召辱之，以激其意。子為我陰奉之。」（二）乃言趙王，發金幣車馬，使人微隨張儀，與同宿舍，稍稍近就之，奉以車馬金錢，所欲用，為取給，而弗告。張儀遂得以見秦惠王。惠王以為客卿（三），與謀伐諸侯。

蘇秦之舍人乃辭去，張儀曰：「賴子得顯，方且報德，何故去也？」舍人曰：「臣非知君，知君乃蘇君。蘇君憂秦伐趙敗從約，以為非君莫能得秦柄，故感怒君，使臣陰奉給君資，盡蘇君之計謀。今君已用，請歸報。」張儀曰：「嗟乎，此在吾術中而不悟

（四），吾不及蘇君明矣！吾又新用，安能謀趙乎？為吾謝蘇君，蘇君之時，儀何敢言。且蘇君在，儀寧渠能乎！」（五）張儀既相秦，為文檄（六）告楚相曰：「始吾從若飲（七），我不盜而璧，若笞我，若善守汝國，我顧且盜而城！」（八）

【註】（一）沒有憑藉可以進身。（二）暗地照顧他。（三）客卿：非本國之人而為本國之卿。（四）在我所學的術略之中而我不覺悟。（五）渠：他，第三身之人稱。言我怎能有他的本領大？又有將渠字解為「詎」字的，詎，豈也，言有他在，我怎能這樣作？（六）檄：音息（ㄒㄧ）文書，長二尺。（七）若：汝，你。（八）而：同「爾」，汝，你。言我並沒有偷你的玉璧，你打我！我現在警告你，我要偷你的國家。

苴蜀相攻擊（一），各來告急於秦。秦惠王欲發兵以伐蜀，以為道險狹難至（二）而韓又來侵秦，秦惠王欲先伐韓，後伐蜀，恐不利，欲先伐蜀，恐韓襲秦之敝，猶豫未能決。司馬錯與張儀爭論於惠王之前，司馬錯欲伐蜀，張儀曰：「不如伐韓」。王曰：「請聞其說。」

【註】（一）苴：卽「巴」。譙周曰：「益州讀『天苴』為『包黎』之『包』，音與『巴』相近，以為今之巴郡。」華陽國志云：「昔蜀王封其弟於漢中，號曰苴侯，因命之邑，曰葭萌。苴侯與巴王為好，巴與蜀為仇，故蜀王怒，伐苴，苴奔巴，求救於秦，秦遣張儀從子午道伐蜀，蜀王自葭萌禦之，敗績

，走至武陽，爲秦軍所害，秦遂滅蜀，因取苴與巴焉」。括地志云：「苴侯都葭萌今利州益昌縣五十里葭萌故城是。蜀侯都益州巴子城，在合州石鏡縣南五里，故墊江縣也。巴子都江州，在都之北，又峽州界也。」（二）狹：即「陿」窄險也。

儀曰：「親魏善楚，下兵三川（一），塞什谷之口（二），當屯留之道（三），魏絕南陽（四），楚臨南鄭（五），秦攻新城（六）、宜陽，以臨二周之郊，誅周王之罪，侵楚、魏之地。周自知不能救，九鼎寶器必出。據九鼎，案圖籍（七），挾天子以令於天下，天下莫敢不聽，此王業也。今夫蜀，西僻之國而戎翟之倫也（八），敝兵勞衆不足以成名，得其地不足以爲利。臣聞爭名者於朝，爭利者於市。今三川、周室，天下之朝市也，而王不爭焉，顧爭於戎翟，去王業遠矣。」（九）

【註】（一）東周時以黃河、伊水、洛水爲三川。（二）什谷：一作尋谷，在河南鞏縣、登封一帶之地。（三）屯留：在山西屯留縣，按即太行羊腸阪道也。（四）南陽：乃黃河以北河南懷慶府之南陽，可以截斷韓國上黨之路。（五）南鄭：想係鄭南之誤，在新鄭縣附近之地。（六）新城：河南新安縣城。（七）圖籍：土地、人口之登記簿。（八）戎翟：即「戎狄」。倫：種類。（九）去：距離。

司馬錯曰：「不然，臣聞之，欲富國者務廣其地，欲彊兵者務富其民，欲王者務博其德，三資者備而王隨之矣（一），今王地小民貧，故臣願先從事於易。夫蜀，西僻之國也，而戎翟之長也，有桀紂之亂。以秦攻之，譬如使豺狼逐羣羊。得其地足以廣國，取其財足以富民繕兵，不傷衆而彼已服焉。拔一國而天下不以爲暴，利盡西海（二）而天下不以爲貪，是我一舉而名實附也（三），而又有禁暴止亂之名。今攻韓，劫天子，惡名也，而未必利也，又有不義之名，而攻天下所不欲，危矣。臣請謁其故（四）：周，天下之宗室也；齊、韓之與國也。周自知失九鼎，韓自知亡三川，將二國并力合謀，以因乎齊、趙而求解乎楚、魏，以鼎與楚，以地與魏，王弗能止也。此臣之所謂危也。不如伐蜀完。」（六）

【註】（一）資：憑藉條件。（二）西海：想係「四海」之誤。言得蜀之利，等於盡有四海之利。極言其得利之大也。（三）名與實皆歸之。（四）謁：論說也。（五）以伐蜀爲完善之計。

惠王曰：「善，寡人請聽子。」卒起兵伐蜀，十月，取之，遂定蜀（一），貶蜀王更號爲侯，而使陳莊相蜀。蜀既屬秦，秦以益彊，富厚，輕諸侯。

【註】（一）按六國年表謂，秦惠王二十二年伐蜀。而秦本紀謂：伐蜀乃惠王後九年事。

秦惠王十年，使公子華與張儀圍蒲陽（一），降之。儀因言秦復與魏，而使公子繇質於魏。儀因說魏王曰：「秦王之遇魏甚厚，魏不可以無禮。」魏因入上郡（二）、少梁（三），謝秦惠王。惠王乃以張儀爲相，更名少梁曰夏陽。

【註】（一）蒲陽：即蒲阪，在山西永濟縣。（二）上郡：舊陝西榆林道及內蒙古鄂爾多斯左翼之地，治膚施，在陝西綏德縣。（三）少梁：即秦之夏陽，在陝西韓城縣南。

儀相秦四歲，立惠王爲王。居一歲，爲秦將，取陝。築上郡塞。

其後二年，使與齊、楚之相會齧桑（一）。東還而免相，相魏以爲秦，欲令魏先事秦而諸侯效之。魏王不肯聽儀。秦王怒，伐取魏之曲沃、平周（二），復陰厚張儀益甚。張儀慙，無以歸報。留魏四歲而魏襄王卒，哀王立。張儀復說哀王，哀王不聽。於是張儀陰令秦伐魏。魏與秦戰，敗。

明年，齊又來敗魏於觀津（三）。秦復欲攻魏，先敗韓申差軍，斬首八萬，諸侯震恐。而張儀復說魏王曰：「魏地方不至千里，卒不過三十萬。地四平，諸侯四通輻湊，無名山大川之限。從鄭至梁二百餘里，車馳人走，不待力而至（四）。梁南與楚境，西與韓境，北與趙境，東與齊境，卒戍四方，守亭鄣者不下十萬（五）。梁之地勢，固戰場也。梁南與楚而不與齊，則齊攻其東；東與齊而不與趙，則趙攻其北；不合於韓，則韓攻其西；不親於楚，則楚攻其南：此所謂四分五裂之道也。

【註】（一）酸棗：地名，大概在河南安徽之間的亳縣附近。酸：音臬（ㄋㄧㄝ）。（二）曲沃：魏地，在河南陝縣曲沃鎮。平周：山西介休縣。（三）觀津：當作「觀澤」，在河南濬縣。（四）不須費力，卽可以到。（五）因大梁四面平原，無天險可守，故築亭障以戍衞。

「且夫諸侯之爲從者，將以安社稷尊主彊兵顯名也。今從者一天下，約爲昆弟，刑白馬以盟洹水之上（一）以相堅也。而親昆弟同父母，尚有爭錢財，而欲恃詐僞反覆蘇秦之餘謀，其不可成亦明矣。

【註】（一）洹水：源出河南林縣隆慮山，經安陽至內黃，入衞水。

大王不事秦，秦下兵攻河外（一），據卷、衍（燕）、酸棗（二），劫衞取陽晉（三）則趙不南，趙不南而梁不北（四），梁不北則從道絕（五），從道絕則大王之國，欲毋危不可得也。秦折韓而攻梁，韓怯於秦，秦韓爲一，梁之亡可立而須也（六）。此臣之所爲大王患也。

【註】（一）河南之地在黃河以北者爲河內，在黃河以南者爲河外。（二）卷：在河南原武縣。

衍：在河南鄭縣之北。酸棗：在河南延津縣。（三）衞：河南汲縣淇縣一帶之地。陽晉：在山東鄆城縣。（四）隔絕了趙、魏的聯絡線。（五）從道：即「縱道」，南北大聯合之交通線。（六）須：等待。

為大王計，莫如事秦，事秦則楚、韓必不敢動；無楚、韓之患，則大王高枕而臥，國必無憂矣。

「且夫秦之所欲弱者莫如楚，而能弱楚者莫如梁。楚雖有富大之名而實空虛；其卒雖多，然而輕走易北（一），不能堅戰。悉梁之兵南面而伐楚，勝之必矣。割楚而益梁，虧楚而適秦，嫁禍安國，此善事也。大王不聽臣，秦下甲士而東伐，雖欲事秦，不可得矣。

「且夫從人（二）多奮辭而少可信（三），說一諸侯而成封侯，是故天下之游談士莫不日夜搤腕（四）瞋目切齒（五）以言從之便，以說人主。人主賢其辯而牽其說（六），豈得無眩哉（七）。

【註】（一）北：敗北。（二）從人：主張合縱以反秦之人。（三）奮辭：激昂慷慨的說話而缺少可信的價值。（四）搤腕：緊握拳頭。搤：音厄（ㄜˋ）。（五）怒目咬牙（六）被其言論所牽掣。（七）怎麼樣能不昏迷呢？

「臣聞之，積羽沈舟（一），羣輕折軸（二），衆口鑠金（三），積毀銷骨（四），故願大王審定計議，且賜骸骨辟魏（五）。」哀王於是乃倍從約而因儀請成於秦（六）。張儀歸，復相秦。三歲而魏復背秦爲從。秦攻魏，取曲沃。明年，魏復事秦。

【註】（一）羽毛雖是至輕之物，但是積累的多了，也可以把船壓沈。（二）很輕的東西，結成大堆，也可以把車軸弄斷。（三）衆多的謬論可以變亂是非，搖動人心，好像至堅的金子亦會被其所溶化似的。（四）經常的毀謗攻擊，可以把一個很清白正直的人逼得無以自存，好像連他的骨頭也要被消毀似的。（五）辟：同「避」，離開魏國。（六）請成：講和。

秦欲伐齊，齊楚從親，於是張儀往相楚（一），楚懷王聞張儀來，虛上舍而自館之（二）。曰：「此僻陋之國，子何以敎之？」儀說楚王曰：「大王誠能聽臣（三），閉關絕約於齊，臣請獻商於之地六百里（四），使秦女得爲大王箕帚之妾（五），秦楚娶婦嫁女，長爲兄弟之國。此北弱齊而西益秦也，計無便此者。」楚王大說而許之（六）。羣臣皆賀，陳軫獨弔之。楚王怒曰：「寡人不興師發兵得六百里地，羣臣皆賀，子獨弔，何也？」陳軫對曰：「不然，以臣觀之，商於之地不可得而齊秦合，齊秦合則患必至矣。」楚王曰：「有說乎？」陳軫對曰：「夫秦之所以重楚者，以其有齊也。今閉關絕約於齊，則楚孤。秦奚貪夫孤國，而與之商於之地六百里？張儀至秦，必負王（七），是北絕齊交，西生患於秦也，而兩國之兵必俱至。善爲王計者，不若陰合而陽絕於齊（八），使人隨張儀。苟與吾地，絕齊未晚也；不與吾地，陰合謀計也。」楚王曰：「願陳子閉口毋復言，以待寡人得地。」乃以相印授張儀，厚賂之。於是遂閉關絕約於齊，使一將軍隨張儀。

【註】（一）相：視也，察觀楚國的態度。（二）楚王以上等官舍親自款待張儀。（三）誠：如果。（四）商於之地：兩地名，在河南陝西邊區，卽河南淅川縣以西之地。（五）箕帚之妾：謙辭，卽言以秦王之女爲楚王服灑掃之役。（六）說：悅。（七）負：背約。（八）暗地結合而表面絕交。

張儀至秦，詳失綏墮車（一），不朝三月。楚王聞之，曰：「儀以寡人絕齊未甚邪？」乃使勇士至宋，借宋之符，北罵齊王（二）。齊王大怒，折節而下秦（三）。秦齊之交合，張儀乃朝，謂楚使者曰：「臣有奉邑六里，願以獻大王左右。」楚使者曰：「臣受令於王，以商於之地六百里，不聞六里。」還報楚王，楚王大怒，發兵而攻秦。陳軫曰：「軫可發口言乎？攻之不如割地反以賂秦，與之幷兵而攻齊，是我出地於秦，取償於齊也，王國尚可存。」楚王不聽，卒發兵而使將軍屈匄擊秦（四）。秦齊共攻楚，斬首八萬，殺屈匄，遂取丹陽（五）、漢中之地（六）。楚又復益發兵而襲秦，至藍田（七），大戰，楚大敗，於是楚割兩城以與秦平。

【註】（一）詳：即「佯」，僞裝。綏：絲繩，車旁之飾物，用以挽之而上車。（二）挑撥齊國與宋國之關係，使齊國忙於對付宋國。（三）折節：低首屈身。（四）匄：音蓋（ㄍㄞˋ）。（五）丹陽：河南內鄉縣。（六）漢中之地：自陝西之沔縣至湖北之竹山一帶之地。（七）藍田：在陝西長安東南八十里。可見楚軍深入秦境。

秦要楚（一）欲得黔中地（二），欲以武關外易之（三）。楚王曰：「不願易地，願得張儀而獻黔中地。」秦王欲遣之，口弗忍言。張儀乃請行。惠王曰：「彼楚王怒子之負以商於之地，是且甘心於子。」張儀曰：「秦彊楚弱，臣善靳尚，尚得事楚夫人鄭袖，袖所言皆從。且臣奉王之節使楚，楚何敢加誅？假令誅臣而爲秦得黔中之地，臣之上願。」遂使楚。楚懷王至則囚張儀，將殺之。靳尚謂鄭袖曰：「子亦知子之賤於王乎？」鄭袖曰：「何也？」靳尚曰：「秦王甚愛張儀而不欲出之（四），今將以上庸之地六縣（五）賂楚，以美人聘楚，以宮中善歌謳者為媵。楚王重地尊秦，秦女必貴而夫人斥矣。不若為言而出之。」於是鄭袖日夜言懷王曰：「人臣各為其主用。今地未入秦，秦使張儀來，至重王。王未有禮而殺張儀，秦必大怒攻楚。妾請子母俱遷江南，毋為秦所魚肉也。」懷王後悔，赦張儀，厚禮之如故。

【註】（一）要：讀「腰」，求也。（二）黔中：湖南沅陵縣西。（三）武關：在河南陝西邊界之處，即商於之地。（四）「不」字想係「必」字之說，言秦王必欲出張儀也。（五）上庸：在湖北竹山縣東南。

張儀既出，未去，聞蘇秦死（一），乃說楚王曰：「秦地半天下，兵敵四國，被險帶河，四塞以為固。虎賁之士百餘萬（二），車千乘，騎萬匹，積粟如丘山。法令既明，士卒安難樂死，主明以嚴，將智以武，雖無出甲，席卷常山之險，必折天下之脊（三），天下有後服者先亡。且夫為從者，無以異於驅羣羊而攻猛虎，虎之與羊不格明矣（四）。今王不與猛虎而與羣羊，臣竊以為大王之計過也。

【註】（一）此時，蘇秦之死已十年，張儀何至於十年之後而始聞之。史記記事之年月，有時與事實不合。（二）虎賁：勇戰之兵士。（三）常山在天下之北，有若人之背脊。（四）不格：不敵，無力抵抗。

「凡天下彊國，非秦而楚，非楚而秦，兩國交爭，其勢不兩立。大王不與秦，秦下甲據宜陽，韓之上地不通。下河東，取成皋，韓必入臣，梁則從風而動。秦攻楚之西，韓、梁攻其北，社稷安得毋危？

「且夫從者聚羣弱而攻至彊（一），不料敵而輕戰，國貧而數擧兵，危亡之術也。臣聞之，兵不如者勿與挑戰，粟不如者勿與持久。夫從人（二）飾辯虛辭，高主之節（三），言其利不言其害，卒有秦禍（四），無及爲已（五）。是故願大王之孰計之（六）。

【註】（一）從者：主張合縱以抗秦之人。（二）從人：同「從者」。（三）高抬主人的力量與名聲。（四）卒：同「猝」，猛然之間。（五）就來不及了。（六）孰：同「熟」。

「秦西有巴蜀，大船積粟，起於汶山（一），浮江已下，至楚三千餘里。舫船載卒（二），一舫載五十人與三月之食，下水而浮，一日行三百餘里，里數雖多，然而不費牛馬之力，不至十日而距扞關（三）。扞關驚，則從境以東盡城守矣（四），黔中、巫郡非王之有（五）。秦擧甲出武關，南面而伐，則北地絕（六）。秦兵之攻楚也，危難在三月之內，而楚待諸侯之救，在半歲之外，此其勢不相及也。夫待弱國之救，忘彊秦之禍，此臣所以爲大王患也。

【註】（一）汶山：即岷山，在四川茂縣西。（二）舫船：兩船相併之船。（三）扞關：在湖北長陽縣西。（四）戰國策：「境」字下有「陵」字，則爲竟陵、湖北天門縣。但「境以東」亦可解，卽楚之東境由於秦兵之壓境而動員守城。（五）黔中：湖南沅陵縣一帶之地，包括永順、常德各地。巫郡：四川巫山縣一帶之地，包括巴東恩施各地。（六）北地：楚國北部之地，包括河南信陽以北之地。

「大王嘗與吳人戰，五戰而三勝，陳卒盡矣；偏守新城（一），存民苦矣（二）。臣聞功大者易危，而民敝者怨上。夫守易危之功而逆彊秦之心，臣竊爲大王危之。

【註】（一）新城：在河南商邱縣以南之地，大概爲吳楚鄰界之地。（二）幸未戰死而生存之人民。

「且夫秦之所以不出兵函谷十五年以攻齊、趙者，陰謀有合天下之心。楚嘗與秦構難，戰於漢中（一），楚人不勝，列侯執珪死者七十餘人（二），遂亡漢中。楚王大怒，興兵襲秦，戰於藍田。此所謂兩虎相搏者也。夫秦楚相敝而韓魏以全制其後，計無危於此者矣。願大王孰計之。

【註】（一）漢中：其地在秦之南山之南，楚之西北，漢水之北。（二）列侯及其執珪官階之人，死者七十餘人。

「秦下甲攻衞陽晉（一），必大關天下之匈（二）。大王悉起兵以攻宋，不至數月而宋可舉，舉宋而東指，則泗上十二諸侯（三）盡王之有也。

【註】（一）陽晉：山東鄆城縣。（二）以常山爲天下之脊，則衞及陽晉當天下之胸。其地係秦、晉、齊、楚之交通要道，如以秦兵攻據陽晉，等於封鎖了天下之胸，他國皆不敢亂動了。（三）邊近泗水之側，當戰國之時有十二諸侯，如宋、魯、邾、呂之類是也。

「凡天下而以信約從親相堅者蘇秦（一），封武安君，相燕，即陰與燕王謀伐破齊而分其地；乃詳有罪出走入齊（二），齊王因受而相之；居二年而覺，齊王大怒，車裂蘇秦於市。夫以一詐僞之蘇秦，而欲經營天下（三），混一諸侯，其不可成亦明矣。

【註】（一）約從：以合縱相親爲約會。（二）詳：即「佯」。（三）經營：設計建造。

今秦與楚接境壤界，固形親之國也（一）。大王誠能聽臣，臣請使秦太子入質於楚，楚太子入質於秦，請以秦女爲大王箕帚之妾，效萬室之都（二）以爲湯沐之邑，長爲昆弟之國，終身無相攻伐。臣以爲計無便於此者。」

於是楚王已得張儀而重出黔中地與秦（二），欲許之。屈原曰：「前大王見欺於張儀，張儀至，臣以爲大王烹之；今縱弗忍殺之，又聽其邪說，不可。」懷王曰：「許儀而得黔中，美利也。後而倍之，不可。」故卒許張儀，與秦親。

【註】（一）形勢上必須要親善的國家。（二）效：呈獻。（三）重：難也，惜吝不忍棄也。即難於割愛黔中之地以與秦。

張儀去楚，因遂之韓，說韓王曰：「韓地險惡山居，五穀所生，非菽而麥，民之食大抵（飯）菽（飯）藿羹。一歲不收，民不饜糟糠（一）。地不過九百里，無二歲之食。料大王之卒，悉之不過三十萬，而廝徒負養（二）在其中矣。除守徼亭鄣塞，見卒（三）不過二十萬而已矣。秦帶甲百餘萬，車千乘，騎萬匹，虎賁之士跿跔科頭（四）貫頤奮戟者（五），至不可勝計。秦馬之良，戎兵之衆，探前趹後（六）蹄閒三尋騰者（七），不可勝數。山東之士被甲蒙冑以會戰，秦人捐甲徒裼（八）以趨敵，左挈人頭，右挾生虜。夫秦卒與山東之卒，猶孟賁之與怯夫；以重力相壓，猶烏獲之與嬰兒。夫戰孟賁、烏獲之士以攻不服之弱國，無異垂千鈞之重於鳥卵之上，必無幸矣（九）。

【註】（一）雖吃糟糠亦不能吃飽。（二）廝徒：雜役之人。負：擔運之人。養：炊事及養馬之人。（三）見：即「現」。（四）跿跔：跳躍也。又可作「徒距」解，即光着足趾而踴踊作戰。言其勇敢也。跿：音徒（ㄊㄨˊ）。跔，音居（ㄐㄩ）足趾也。科頭：頭上不着盔鍪。亦可作「裸頭」解，言頭上不着東西。且「徒距」與「裸頭」正相對。又比解跳躍爲「科頭」者更具體。（五）貫頤

：以兩手捧面，不顧生死而直入敵陣，言其勇也。又解爲「貫」者，彎也。「頣」者，弓也，言引滿弓而射敵也。奮戟：奮怒執戟而戰。彎弓之解似比兩手捧面而勇進爲妥，且彎弓與奮戟正相對。（六）探前：馬足探向前，言其儘力向前。趹後：後足抉地，形容馬之走勢疾速。趹，音抉（ㄐㄩㄝˊ），挖地。 （七）七尺曰尋，言馬之一騰可達三尋之遠。 （八）山東之兵，必須被着甲，蒙着冑而後會戰；秦國的兵，赤着脚，袒着胸，卽敢作戰。由此「徒裼」一辭，卽可知前處之「跿跔」必爲「徒距」也。解「跿跔」爲跳躍，乃曲解也。 （八）垂下千鈞之重，壓於鳥卵之上，必然粉碎無餘。

「夫羣臣諸侯不料地之寡，而聽從人（一）之甘言好辭，比周以相飾也（二），皆奮曰『聽吾計可以彊霸天下』。夫不顧社稷之長利而聽須臾之說，詿誤人主，無過此者。

「大王不事秦，秦下甲據宜陽，斷韓之上地（三），東取成皋、滎陽，則鴻臺之宮、桑林之苑非王之有也。夫塞成皋，絕上地，則王之國分矣。先事秦則安，不事秦則危。夫造禍而求其福報，計淺而怨深，逆秦而順楚，雖欲毋亡，不可得也。

「故爲大王計，莫如爲秦。秦之所欲莫如弱楚，而能弱楚者莫如韓。非以韓能彊於楚也，其地勢然也。今王西面而事秦以攻楚，秦王必喜。夫攻楚以利其地，轉禍而說（四）秦，計無便於此者。」

韓王聽儀計。張儀歸報，秦惠王封儀五邑，號曰武信君。使張儀東說齊湣王曰：「天下彊國無過齊者，大臣父兄殷衆富樂。然而爲大王計者，皆爲一時之說，不顧百世之利。從人說大王者，必曰『齊西有彊趙，南有韓與梁。齊，負海之國也（五），地廣民衆，兵彊士勇，雖有百秦，將無奈齊何』。大王賢其說而不計其實。夫從人朋黨比周，莫不以從（六）爲可。臣聞之，齊與魯三戰而魯三勝，國以危亡隨其後，雖有戰勝之名，而有亡國之實。是何也？齊大而魯小也。今秦之與齊也，猶齊之與魯也。秦趙戰於河漳之上，再戰而趙再勝秦；戰於番吾（七）之下，再戰又勝秦。四戰之後，趙之亡卒數十萬，邯鄲僅存，雖有戰勝之名而國已破矣，是何也？秦彊而趙弱。

【註】（一）從人：主張合縱以拒秦之人。（二）比周：同惡相親。（三）上地：地勢高上之地，即河南西部之地，如宜陽等地，皆高山險嶺，向東進兵，如居高臨下，此在作戰地形上爲有利之條件。（四）說：即「悅」。（五）負海：以海爲背，以海爲靠山。（六）從：即合縱。（七）番吾：在河北平山縣東。

「今秦楚嫁女娶婦，爲昆弟之國。韓獻宜陽；梁效（一）河外（二）；趙入朝澠池（三），割河閒（四）以事秦。大王不事秦，秦驅韓梁攻齊之南地，悉趙兵渡清河，指博關（五），臨菑、卽墨非王之有也。國一日見攻，雖欲事秦，不可得也。是故願大王孰計之也。」

【註】（一）效：呈獻。（二）河外：黃河以南的河南之地。（三）澠池：河南澠池縣。（四）河間：河北河間縣。（五）博關：在山東博山縣一帶之地。距離臨淄、卽墨甚近。

齊王曰：「齊僻陋，隱居東海之上，未嘗聞社稷之長利也。」乃許張儀。

張儀去，西說趙王曰：「敝邑秦王使使臣效（一）愚計於大王。大王收率天下以賓秦（二），秦兵不敢出函谷關十五年。大王之威行於山東，敝邑恐懼懾伏，繕甲厲兵，飾車騎，習馳射，力田積粟，守四封之內，愁居懾處（三），不敢動搖，唯大王有意督過之也（四）。

「今以大王之力，舉巴蜀，幷漢中，包兩周，遷九鼎，守白馬之津。秦雖僻遠，然而心忿含怒之日久矣。今秦有敝甲凋兵，軍於澠池（五），願渡河踰漳（六），據番吾（七），會邯鄲之下，願以甲子合戰，以正殷紂之事，敬使使臣先聞左右。

「凡大王之所信爲從者恃蘇秦。蘇秦熒惑諸侯，以是爲非，以非爲是，欲反齊國，而自令車裂於市。夫天下之不可一亦明矣。今楚與秦爲昆弟之國，而韓梁稱爲東藩之臣，齊獻魚鹽之地，此斷趙之右臂也。夫斷右臂而與人鬭，失其黨而孤居，求欲毋危，豈可得乎？

「今秦發三將軍：其一軍塞午道（八），告齊使興師渡清河，軍於邯鄲之東；一軍軍成皋，驅韓梁軍於河外；一軍軍於澠池。約四國為一以攻趙，趙(服)〔破〕，必四分其地。是故不敢匿意隱情，先以聞於左右。臣竊為大王計，莫如與秦王遇於澠池，面相見而口相結，請案兵（九）無攻。願大王之定計。」

【註】（一）效：貢獻。（二）賓：即「擯」，排斥。（三）懾處：處於恐怖之中。（四）督過：督察而糾正其過失。（五）澠池：在河南洛陽以西百餘里之地。（六）渡黃河，過漳水。（七）番吾：河北平山縣。（八）午道：此地大概在趙之東，齊之西。鄭玄曰：「一縱一橫為午」，即交通縱橫之十字口也。（九）案兵：同「按兵」，即止兵不使動也。

趙王曰：「先王之時，奉陽君專權擅勢，蔽欺先王，獨擅綰事（一），寡人居屬師傅（二），不與國謀計。先王弃羣臣，寡人年幼，奉祀之日新（三），心固竊疑焉，以為一從不事秦（四），非國之長利也。乃且願變心易慮，割地謝前過以事秦。方將約車趨行（五），適聞使者之明詔（六）。」趙王許張儀，張儀乃去。

【註】（一）綰：管理。言奉陽君獨自專權管理國事。（二）居於宮中受師傅的教導。（三）繼承君位還沒有多久。（四）一味的合縱以抗秦。（五）正在準備車輛往秦國去。（六）恰好你來了給我以高明的指教。

北之燕，說燕昭王曰：「大王之所親莫如趙。昔趙襄子嘗以其姊爲代王妻，欲并代，約與代王遇於句注之塞（一）。乃令工人作爲金斗（二），長其尾（三）令可以擊人。與代王飲，陰告廚人曰：『卽酒酣樂（四），進熱啜（五），反斗以擊之（六）。』於是酒酣樂，進熱啜，廚人進斟（七），因反斗以擊代王，殺之，王腦塗地（八）。其姊聞之，因摩笄以自刺（九），故至今有摩笄之山（一〇）。代王之亡，天下莫不聞。

【註】（一）句注：山名，在代州。（二）金斗：斗，盛酒之器，其形如斗，以銅製之。（三）尾：斗器之柄也，其形如刀。（四）卽：如也。如果喝酒喝到熱鬧昏醉的時候。（五）端上熱的湯羹。啜，音綽（ㄔㄨㄛˋ），嘗味也。（六）倒斗柄以擊殺之。（七）廚人上前加羹。（八）於是廚人倒斗柄以擊代王，把代王的腦子都打出來，流得滿地。（九）笄：頭上的銀簪，婦人的首飾，磨之甚銳利，可以自殺。（一〇）摩笄山在河北涿鹿縣西北。

「夫趙王之很戾無親（一），大王之所明見，且以趙王爲可親乎？趙興兵攻燕，再圍燕都而刼大王，大王割十城以謝。今趙王已入朝澠池，效河閒以事秦。今大王不事秦，秦下甲雲中、九原（二）；驅趙而攻燕，則易水、長城（三）非大王之有也。

「且今時趙之於秦猶郡縣也，不敢妄舉師以攻伐。今王事秦，秦王必喜，趙不敢妄動，是西有彊秦之援，而南無齊趙之患，是故願大王孰計之。」

燕王曰：「寡人蠻夷僻處，雖大男子裁（四）如嬰兒，言不足以采正計。今上客幸教之，請西面而事秦，獻恒山之尾五城（五）。」燕王聽儀。儀歸報，未至咸陽而秦惠王卒，武王立。武王自為太子時不說張儀（六），及卽位，羣臣多讒張儀曰：「無信，左右賣國以取容。秦必復用之，恐為天下笑。」諸侯聞張儀有郤武王（七），皆畔衡，復合從（八）。

【註】（一）很戾：殘忍暴戾。（二）雲中：郡名，今自山西之懷仁、左雲、右玉以北綏遠道各縣，蒙古鄂爾多斯左翼，喀爾喀右翼，四子部落各旗，皆其地。九原：在今綏遠五原縣一帶之地。（三）易水：源自河北易縣。其自定興西南合拒馬河者，曰中易，今之白澗河，卽武水。在定興西為沙河入於中易者，曰北易，卽濡水。逕徐水歷安新為雹河者，曰南易。（四）裁：卽「纔」剛剛像一個無知無識的嬰兒一樣。（五）獻納恒山的尾部五個城邑。在易縣附近。（六）說：卽「悅」。（七）郤：同「隙」，怨恨。（八）背叛連橫事秦之謀，而恢復以前合縱以抗秦的局勢。

秦武王元年，羣臣日夜惡張儀未已（一），而齊讓又至（二）。張儀懼誅，乃因謂秦武王曰：「儀有愚計，願效之。」王曰：「柰何？」對曰：「為秦社稷計者，東方有大變，然後王可以多割得地也。今聞齊王甚憎儀，儀之所在，必興師伐之。故儀願乞其不肖之身之梁，齊必興師而伐梁。梁齊之兵連於城下而不能相去，王以其閒伐韓，入三川，出兵函谷而毋伐，以臨周，祭器必出。挾天子，按圖籍，此王業也。」秦王以為然，乃具革車三十乘，入儀之梁（三）。齊果興師伐之。梁哀王恐。張儀曰：「王勿患也，請令罷齊兵。」乃使其舍人馮喜之楚，借使之齊（四），謂齊王曰：「王甚憎張儀；雖然，亦厚矣王之託儀於秦也（五）！」齊王曰：「寡人憎儀，儀之所在，必興師伐之，何以託儀？」對曰：「是乃王之託儀也。夫儀之出也，固與秦王約曰：『為王計者，東方有大變，然後王可以多割得地，今齊王甚憎儀，儀之所在，必興師伐之。故儀願乞其不肖之身之梁，齊必興師伐之。齊梁之兵連於城下而不能相去，王以其閒伐韓，入三川，出兵函谷而無伐，以臨周，祭器必出，挾天子，案圖籍，此王業也。』秦王以為然，故具革車三十乘而入之梁也。今儀入梁，王果伐之，是王內罷國而外伐與國（六），廣鄰敵以內自臨（七），而信儀於秦王也。此臣之所謂『託儀』也。」齊王曰：「善。」乃使解兵（八）。

【註】（一）羣臣日夜說張儀的壞話，排擠張儀。（二）齊王又派遣使臣責備秦國之用張儀。（三）送張儀入於梁國。（四）借楚人以爲使。（五）卽謂王之託儀於秦也亦厚矣。（六）與國：有良好邦交的國家，指梁國。（七）增大敵人的勢力而內部自相火併。（八）解除伐梁之兵。

張儀相魏一歲，卒（一）於魏也。

【註】（一）史記年表謂張儀死於梁安僖王十年，而紀年則云儀死於梁安僖王九年五月。

陳軫者，游說之士。與張儀俱事秦惠王，皆貴重，爭寵。張儀惡陳軫於秦王曰（一）：「軫重幣輕使秦楚之閒，將爲國交也，今楚不加善於秦而善軫者，軫自爲厚而爲王薄也。且軫欲去秦而之楚，王胡不聽乎（二）？」王謂陳軫曰：「吾聞子欲去秦之楚，有之乎？」軫曰：「然。」王曰：「儀之言果信矣。」軫曰：「非獨儀知之也，行道之士盡知之矣。昔子胥忠於其君而天下爭以爲臣，曾參孝於其親而天下願以爲子。故賣僕妾不出閭巷而售者，良僕妾也；出婦嫁於鄉曲者，良婦也。今軫不忠其君，楚亦何以軫爲忠乎？忠且見弃，軫不之楚何歸乎？」王以其言爲然，遂善待之。

居秦期年，秦惠王終相張儀，而陳軫奔楚。楚未之重也，而使陳軫使於秦。過梁，欲見犀首。犀首謝弗見。軫曰：「吾爲事來（三），公不見軫，軫將行，不得待異日（四）。」犀首見之。陳軫曰：「公何好飲也？」犀首曰：「無事也（五）。」曰：「吾請令公厭事可乎（六）？」曰：「柰何？」曰：「田需（七）約諸侯從親，楚王疑之，未信也。公謂於王曰：『臣與燕、趙之王有故，數使人來，曰「無事何不相見」，願謁行於王（八）。』王雖許公，公請毋多車，以車三十乘，可陳之於庭（九），明言之燕、趙。」燕、趙客聞之，馳車告其王，使人迎犀首。楚王聞之大怒，曰：「田需與寡人約，而犀首之燕、趙，是欺我也。」怒而不聽其事。齊聞犀首之北，使人以事委焉。犀首遂行，三國相事皆斷於犀首。軫遂至秦。

【註】（一）張儀在秦王面前說陳軫的壞話。（二）胡不：何不也，言王何不聽任陳軫離秦而赴楚呢？（三）我爲你之事而來。（四）我要走了，不能等到明天。（五）閒着無事，借酒以消磨時間。（六）我可不可以使你每天忙於多事呢？厭，同「饜」，飽也，言爲多事所飽也。（七）田需：魏相。（八）我想替王到燕、趙走一趟。（九）以三十輛車擺在門前，明白宣佈說是要到燕、趙去。

韓魏相攻，期年不解。秦惠王欲救之，問於左右。左右或曰救之便，或曰勿救便，惠王未能爲之決。陳軫適至秦，惠王曰：「子去寡人之楚，亦思寡人不？」陳軫對曰：「王聞夫越人莊舃乎？」王曰：「不聞。」曰：「越人莊舃仕楚執珪，有頃而病。楚王曰：『舃故越之鄙細人也，今仕楚執珪，貴富矣，亦思越不？』中謝對曰：『凡人之思故，在其病也。彼思越則越聲，不思越則楚聲。』使人往聽之，猶尚越聲也。今臣雖弃逐之楚，豈能無秦聲哉！」惠王曰：「善。今韓魏相攻，期年不解，或謂寡人救之便，或曰勿救便，寡人不能決，願子爲子主計（一）之餘，爲寡人計之。」陳軫對曰：「亦嘗有以夫卞莊子刺虎聞於王者乎？莊子欲刺虎，館豎子止之，曰：『兩虎方且食牛，食甘必爭，爭則必鬬，鬬則大者傷，小者死，從傷而刺之，一舉必有雙虎之名。』卞莊子以爲然，立須之（二）。有頃，兩虎果鬬，大者傷，小者死。莊子從傷者而刺之，一舉果有雙虎之功。今韓魏相攻，期年不解，是必大國傷，小國亡，從傷而伐之，一舉必有兩實。此猶莊子刺虎之類也。臣主與王何異也。」惠王曰：「善。」卒弗救。大國果傷，小國亡，秦興兵而伐，大剋之。此陳軫之計也。

【註】（一）子主：謂楚王。（二）須：等待。

犀首者，魏之陰晉人也（一），名衍，姓公孫氏，與張儀不善。

張儀爲秦之魏，魏王相張儀。犀首弗利，故令人謂韓公叔曰：「張儀已合秦魏矣，其言曰『魏攻南陽，秦攻三川』。魏王所以貴張子者，欲得韓地也。且韓之南陽已擧矣，子何不少委焉以爲衍功（二），則秦魏之交可錯矣（三）。然則魏必圖秦而弃儀，收韓而相衍。」公叔以爲便，因委之犀首以爲功，果相魏。張儀去。

【註】（一）犀首：魏官名，如虎牙將軍。孟子所謂公孫衍是也。因稱其官而代表其人。（二）少委：稍稍以事委託衍辦。（三）錯：通「措」，停止。

義渠君朝於魏（一），犀首聞張儀復相秦，害之。犀首乃謂義渠君曰：「道遠不得復過（二），請謁事情（三）。」曰：「中國無事（四），秦得燒掇焚杅君之國（五）；有事，秦將輕使重幣事君之國。」其後五國伐秦。會陳軫謂秦王曰：「義渠君者，蠻夷之賢君也，不如賂之以撫其志。」秦王曰：「善。」乃以文繡千純（六），婦女百人遺義渠君。義渠君致（七）羣臣而謀曰：「此公孫衍所謂邪？」乃起兵襲秦，大敗秦人李伯之下（八）。

【註】（一）義渠：諸戎之國，爲秦所滅，今甘肅舊慶陽府及涇州之地。故城在甘肅寧縣西北。（二）

言義渠道遠，今日以後，不復得更過相見。（三）謂欲以秦之緩急情況相告也。（四）中國：指關東六國而言。無事：不進攻秦國。（五）焚燒而侵略。掇，音奪：（ㄉㄨㄛˊ），抄掠。杅音音于（ㄩˊ），割也。（六）純：凡絲緜布帛等物，一段爲一純。純，音屯。（七）致：召集。（八）李伯：地名。不詳其所在。

張儀已卒之後，犀首入相秦。嘗佩五國之相印，爲約長。

太史公曰：三晉多權變之士，夫言從衡彊秦者大抵皆三晉之人也（一）。夫張儀之行事甚於蘇秦，然世惡蘇秦者，以其先死，而儀振暴其短以扶其說（二），成其衡道（三）。要之，此兩人眞傾危之士哉（四）！

【註】（一）或言縱，或言橫，皆韓、趙、魏之人。（二）振：揭發。暴：即「曝」暴露。謂張儀揭發曝露蘇秦之短，以圓成其自己的主張。（三）完成其連橫事秦的道理。（四）心術不正，傾邪而險惡。

卷七十一　樗里子甘茂列傳第十一

樗里子者（一），名疾，秦惠王之弟也，與惠王異母。母，韓女也。樗里子滑稽多智（二），秦人號曰「智囊」（三）。

秦惠王八年，爵樗里子右更（四），使將而伐曲沃（五），盡出其人，取其城，地入秦。秦惠王二十五年，使樗里子爲將伐趙，虜趙將軍莊豹，拔藺（六）。明年，助魏章攻楚，敗楚將屈丐，取漢中地。秦封樗里子，號爲嚴君（七）。

【註】（一）因其居於渭南陰鄉之樗里，故號曰「樗里子」。（二）滑稽：詼諧幽默。（三）智囊：聰明的袋子，言其滿肚子盡是聰明智計，永遠無窮盡也。（四）右更：秦之第十四等爵名也。（五）曲沃：在今河南陝縣曲沃鎮。（六）藺：山西離石縣。（七）嚴君：爵邑之號，當是封於嚴道，在蜀郡。

秦惠王卒，太子武王立，逐張儀、魏章，而以樗里子、甘茂爲左右丞相。秦使甘茂攻韓，拔宜陽。使樗里子以車百乘入周。周以卒迎之，意甚敬。楚王怒，讓周，以其重秦客。游騰爲周說楚王曰：「知伯之伐仇猶（一），遺之廣車，因隨之以兵，仇猶遂亡。何則？無備故也。齊桓公伐蔡，號曰誅楚，其實襲蔡。今秦，虎狼之國，使樗里子以車百乘入周，周以仇猶、蔡觀焉，故使長戟居前，彊弩在後，名曰衞疾，而實囚之。且夫周豈能無憂其社稷哉？恐一旦亡國以憂大王。」楚王乃悅。

【註】（一）仇猶：夷狄之國。智伯欲伐仇猶，道險阻不通，乃鑄大鐘遺之，載以廣車，仇猶大悅修治道路以納之。智伯之軍疾進，十九日而滅仇猶。

秦武王卒，昭王立，樗里子又益尊重。

昭王元年，樗里子將伐蒲（一）。蒲守恐，請胡衍（二）。胡衍爲蒲謂樗里子曰：「公之攻蒲，爲秦乎？爲魏乎？爲魏則善矣，爲秦則不爲賴矣（三）。夫衞之所以爲衞者，以蒲也（四）。今伐蒲入於魏，衞必折而從之（五）。魏亡西河之外（六）而無以取者（七），兵弱也。今并衞於魏，魏必彊。魏彊之日，西河之外必危矣。且秦王將觀公之事，害秦而利魏，王必罪公。」樗里子曰：「柰何？」胡衍曰：「公釋蒲（八）勿攻，臣試爲公入言之，以德衞君（九）。」樗里子曰：「善。」胡衍入蒲，謂其守曰：

「樗里子知蒲之病矣（一〇），其言曰必拔蒲。衍能令釋蒲勿攻。」蒲守恐，因再拜曰：「願以請。」因效金三百斤，曰：「秦兵苟退，請必言子於衞君，使子爲南面。」故胡衍受金於蒲以自貴於衞。於是遂解蒲而去。還擊皮氏（一一），皮氏未降，又去。

【註】（一）蒲：衞邑，在河北長垣縣。（二）胡衍：人姓名。（三）賴：有利益。（四）衞國之所以能存在而成爲衞國者，因爲有蒲邑的屏障。（五）現在伐蒲邑，等於逼着它向魏國靠攏（入於魏），衞國受挫，也必跟着順從魏國。（六）西河之外，謂同、華等州。秦惠王八年，魏納黃河以南之地。後二年，魏納上郡於秦，而河西濱洛之地失。（七）無力收復。（八）釋：舍棄。（九）以示德於衞君。（一〇）知道蒲地的弱點，所以決心取蒲。（一一）皮氏：在山西河津縣西。

昭王七年，樗里子卒，葬于渭南章臺之東（一）。曰：「後百歲，是當有天子之宮夾我墓。」樗里子疾室在於昭王廟西渭南陰鄉樗里，故俗謂之樗里子，至漢興，長樂宮在其東，未央宮在其西，武庫正直其墓（二）。秦人諺曰：「力則任鄙，智則樗里。」

【註】（一）章臺：在陝西咸陽縣。（二）直：即「値」，當也。按樗里子生前即知其所葬之地。百歲後，當有天子之宮夾其墓墳之兩旁。大似後世所謂風水先生之言。中國人對於死人之葬地，非常重視，以爲葬地風水好者，後世必出大富大貴之人，反之必大凶大禍。史記有日者傳，漢書藝文志有

堪輿金匱十四卷、官宅地形二十卷，論衡有圖宅術。可見堪輿風水之學，中國人歷代均有研究。當今日科學時代，咸嗤之爲迷信，但相信科學之人，於其死時，其後人必爲之相風水而葬，可謂令人發噱之甚矣。

甘茂者，下蔡人也（一），事下蔡史舉先生，學百家之術。因張儀、樗里子而求見秦惠王。王見而說之（二），使將，而佐魏章略定漢中地。

【註】（一）下蔡：地名，春秋時代爲楚之州來邑。故城在今安徽鳳臺縣北三十里，今爲下蔡鎮。

（二）說：即「悅」。

惠王卒，武王立。張儀、魏章去，東之魏。蜀侯煇、相壯反（一），秦使甘茂定蜀。還，而以甘茂爲左丞相，以樗里子爲右丞相。

【註】（一）據張儀傳謂：惠王之時，伐取蜀，貶蜀王爲侯，以陳莊爲蜀相。

秦武王三年，謂甘茂曰：「寡人欲容車通三川（一），以窺周室，而寡人死不朽矣。」甘茂曰：「請之魏，約以伐韓，而令向壽（二）輔行。」甘茂至，謂向壽曰：「子歸，言之於王曰『魏聽臣矣，然願王勿伐』。事成，盡以爲子功。」向壽歸，以告王，王迎甘茂於息壤（三）。甘茂至，王問其故。對曰：「宜陽（四），大縣也，上黨、南陽積之久矣（五）。名曰縣，其實郡也。今王倍數險（六），行千里攻之，難。昔曾參之處費（七），魯人有與曾參同姓名者殺人，人告其母曰『曾參殺人』，其母織自若也。頃之，一人又告之曰『曾參殺人』，其母尚織自若也。頃又一人告之曰『曾參殺人』，其母投杼下機（八），踰牆而走。夫以曾參之賢與其母信之也，三人疑之，其母懼焉，今臣之賢不若曾參，王之信臣又不如曾參之母信曾參也，疑臣者非特三人，臣恐大王之投杼也。始張儀西幷巴蜀之地，北開西河之外，南取上庸，天下不以多張子而以賢先王。魏文侯令樂羊將而攻中山，三年而拔之。樂羊返而論功，文侯示之謗書一篋。樂羊再拜稽首曰：『此非臣之功也，主君之力也。』今臣，羈旅之臣也（九）。樗里子、公孫奭（一〇）二人者挾韓而議之，王必聽之，是王欺魏王而臣受公仲侈之怨也。」王曰：「寡人不聽也，請與子盟（一一）」卒使丞相甘茂將兵伐宜陽。五月而不拔，樗里子、公孫奭果爭之。武王召甘茂，欲罷兵。甘茂曰：「息壤在彼（一二）。」王曰：「有之。」因大悉起兵（一三），使甘茂擊之。斬首六萬，遂拔宜陽。韓襄王使公仲侈入謝，與秦平（一四）。

【註】（一）容車：開廣車路，使之可以進軍方便。（二）向壽：宣太后外族，與甘茂不友善，故甘茂請其爲副使以同行，免得在宮中阻撓其計劃。（三）息壤：秦地，但不知其所在。（四）宜陽：在河南洛陽之西七十里。（五）韓國把上黨、南陽（河南黃河以北之南陽，今沁陽一帶之地）的資源儲備於宜陽之日，久矣。（六）倍：超越、翻越、越過。（七）費：讀「蜜」。（八）投杼：扔掉織布之工具。杼：音註（ㄓㄨˋ）。（九）羈旅之臣：不是本國土生土長之臣，而是旅客一般的臣。（一〇）公孫奭：公孫衍也。（一一）秦武王與甘茂盟於息壤。（一二）在息壤盟誓之言，還在那裡。意謂請武王尊重盟誓之言。（一三）大規模的全部出兵。（一四）平：講和。

武王竟至周，而卒於周。其弟立，爲昭王。王母宣太后，楚女也。楚懷王怨前秦敗楚於丹陽而韓不救，乃以兵圍韓雍氏（一）。韓使公仲侈告急於秦。秦昭王新立，太后楚人，不肯救。公仲因甘茂，茂爲韓言於秦昭王曰：「公仲方有得秦救，故敢扞楚也（二）。今雍氏圍，秦師不下殽（三），公仲且仰首而不朝，公叔且以國南合於楚。楚、韓爲一，魏氏不敢不聽，然則伐秦之形成矣。不識坐而待伐孰與伐人之利？」秦王曰：「善。」乃下師於殽以救韓。楚兵去。

【註】（一）雍氏：故城在洛陽東北二十里。（二）扞：抵抗。（三）殽：在河南洛寧縣。

秦使向壽平宜陽（一），而使樗里子、甘茂伐魏皮氏。向壽者，宣太后外族也，而與昭王少相長，故任用。向壽如楚（二），楚聞秦之貴向壽，而厚事向壽。向壽爲秦守宜陽，將以伐韓。韓公仲使蘇代謂向壽曰：「禽困覆車（三）。公破韓，辱公仲，公仲收國復事秦，自以爲必可以封。今公與楚解口地（四），封小令尹以杜陽（五）。秦楚合，復攻韓，韓必亡。韓亡，公仲且躬率其私徒以閼於秦（六）。願公孰慮之也。」向壽曰：「吾合秦楚非以當韓也，子爲壽謁之公仲（七），曰秦韓之交可合也。」蘇代對曰：「願有謁於公。人曰貴其所以貴者貴（八）。王之愛習公也，不如公孫奭（九）；其智能公也，不如甘茂（一〇）。今二人者皆不得親於秦事，而公獨與王主斷於國者何？彼有以失之也（一一）。公孫奭黨於韓，而甘茂黨於魏（一二），故王不信也。今秦楚爭彊而公黨於楚，是與公孫奭、甘茂同道也，公何以異之（一三）？人皆言楚之善變也（一四），而公必亡之（一五），是自爲責也（一六）。公不如與王謀其變也，善韓以備楚（一七），如此則無患矣。韓氏必先以國從公孫奭而後委國於甘茂。韓，公之讎也。今公言善韓以備楚，是外舉不僻讎也。」向壽曰：「然，吾甚欲韓合。」對曰：「甘茂許公仲以武遂，反宜陽之民（一八），今公徒收之，甚難。」向壽曰：「然則柰何？

武遂終不可得也？」對曰：「公奚不以秦爲韓求潁川於楚（一九）？此韓之寄地也。公求而得之，是令行於楚而以其地德韓也（二〇）。公求而不得（二一），是韓楚之怨不解而交走秦也（二二）。秦楚爭彊，而公徐過楚以收韓（二三），此利於秦。」向壽曰：「柰何？」對曰：「此善事也。甘茂欲以魏取齊，公孫奭欲以韓取齊。今公取宜陽以爲功，收楚韓以安之，而誅齊魏之罪，是以公孫奭、甘茂無事也。（二四）」

【註】（一）秦使向壽平定宜陽。（二）如楚：卽入楚，往楚也。（三）禽困：禽，卽「擒」，擒敵於其窮困之時。覆車：敗其車馬。另一種解釋，謂困極之禽鳥，猶可以覆車，與困獸猶鬥之語氣相似。此兩解皆通。（四）解口：地名。秦地之近於韓者。（五）杜陽：地名，在陝西麟遊縣西北。（六）且：將也。私徒：私人的徒衆，私人的武力。閼：塞也，堵塞，抵抗。（七）請你代表我告訴公仲。（八）貴重其所以被人貴重的條件者，纔能保持其貴重。（九）秦王對於你的愛習之深，不如公孫奭之深。（一〇）秦王對於你的智能之估價，不如甘茂之大。（一一）他們失掉了所以被王尊貴的條件。（一二）公孫奭因親韓而失其貴，甘茂因親魏而失其貴。（一三）現在你又親楚，這就是你與公孫奭、甘茂走上了同一的路線，你與他們有什麼分別呢？（一四）人們都說楚人善變不可信。（一五）而你却以爲楚人絕對不會變。（亡，卽「無」字，不也。）（一六）這就是你自己爲自己找麻煩。（責：擔保，包袱）。（一七）：韓國本來是你的讎人，現在你建議友善韓國以防備楚國，這證明你忠於國家，外擧不避忌讎人，辟：卽「避」也。（一八）武遂：韓地，

在山西臨汾縣西南。遺反宜陽之民。（可見秦拔宜陽時虜掠了許多人民離開本土，現在又遣反了。） （一九）你何不以秦國的名義替韓國請求楚國歸還韓國前時所有的潁川之地？ （二〇）你替韓國請求於楚國而得到韓國的失地，那就是你威令行於楚國而恩德及於韓國。 （二一）你如果替韓國請求而楚國不還潁川之地。 （二二）那就使得楚韓兩國的仇恨永遠解不開，而他們彼此爭着靠攏秦國。 （二三）而你慢慢的責備楚國的過失，以收買韓國的歡心。 （二四）公孫奭、甘茂不能得到秦王的信用，被置於閒散，所以無事可辦。

甘茂竟言秦昭王，以武遂復歸之韓。向壽、公孫奭爭之，不能得。向壽、公孫奭由此怨，讒甘茂。茂懼，輟伐魏蒲阪（一），亡去。樗里子與魏講，罷兵（二）。

【註】（一）放棄了伐魏蒲阪之計劃。 （二）講和而罷兵。

甘茂之亡秦奔齊，逢蘇代。代為齊使於秦。甘茂曰：「臣得罪於秦，懼而遯逃，無所容跡。臣聞貧人女與富人女會績，貧人女曰：『我無以買燭，而子之燭光幸有餘，子可分我餘光，無損子明而得一斯便焉。（一）』今臣困而君方使秦而當路矣（二）。茂之妻子在焉，願君以餘光振之（三）。」蘇代許諾。遂致使於秦。已（四），因說秦王曰：「甘茂，非常士也。其居於秦，累世重矣。自殽塞及至鬼谷（五），其地形險易皆明知之。彼以齊約韓魏反以圖秦，非秦之利也。」秦王曰：「然則柰何？」蘇代曰：「王不若重其贄，厚其祿以迎之，使彼來則置之鬼谷，終身勿出。」秦王曰：「善。」即賜之上卿，以相印迎之於齊。甘茂不往。蘇代謂齊湣王曰：「夫甘茂，賢人也。今秦賜之上卿，以相印迎之。甘茂德王之賜，好為王臣，故辭而不往。今王何以禮之？」齊王曰：「善。」即位之上卿而處之。秦因復甘茂之家（六）以市於齊（七）。

【註】（一）一：共也，共享其明。斯：此也。這就是對於我的便利了。（二）當路：居於要路而掌事。（三）振：救也。（四）已：既而，之後。（五）殽塞：在河南澠池境。鬼谷：在河南登封境。（六）復：免除其徭役租稅。（七）市：買好感。

齊使甘茂於楚，楚懷王新與秦合婚而驩（一）。而秦聞甘茂在楚，使人謂楚王曰：「願送甘茂於秦。」楚王問於范蜎（二）曰：「寡人欲置相於秦，孰可（三）？」對曰：「臣不足以識之（四）。」楚王曰：「寡人欲相甘茂，可乎？」對曰：「不可。夫史舉，下蔡之監門也，大不為事君（五），小不為家室（六），以苟賤不廉聞於世，甘茂事之順焉。故惠王之明，武王之察，張儀之辯，而甘茂事之，取十官而無罪。茂誠賢者也，然不可相於秦。夫秦之有賢相，非楚國之利也。且王前嘗用召滑於越（七），而內行章義之難（八），越國亂，故楚南塞厲門而郡江東（九）。計王之功所以能如此者，越國亂而楚治也。今王知用諸越而忘用諸秦（一〇），臣以王爲鉅過矣（一一）。然則王若欲置相於秦，則莫若向壽者可。夫向壽之於秦王，親也，少與之同衣，長與之同車，以聽事。王必相向壽於秦，則楚國之利也。」於是使使請秦相向壽於秦。秦卒相向壽。而甘茂竟不得復入秦，卒於魏。

【註】（一）秦昭王二年時，迎婦於楚，故曰楚與秦合婚而歡。（二）蜎：音涓（ㄐㄩㄢ）。（三）寡人想着爲秦國立宰相，誰可以幹呢？（四）我不能夠識別這個問題。（五）就大者而論，他不事奉君上。（六）就小者而言，他不照顧家室。（七）召滑：越人，利用越人召滑。（八）發動章義在越國內部作亂。章義，越人。（九）由於越國內部之亂，所以楚國才能南塞厲門，而以江東爲楚之郡縣。（一〇）厲門：地名，不詳其所在。大概是度嶺南的要道。（一一）現在王忘記了把亂越之計用之於亂秦，而竟欲推荐秦之賢士甘茂爲秦相，王的錯誤太大了。

甘茂有孫曰甘羅。

甘羅者，甘茂孫也。茂既死後，甘羅年十二，事秦相文信侯呂不韋（一）。

秦始皇帝使剛成君蔡澤於燕，三年而燕王喜使太子丹入質於秦。秦使張唐往相燕，欲與燕共伐趙以廣河閒之地（二）。張唐謂文信侯曰：「臣嘗爲秦昭王伐趙，趙怨臣，曰：『得唐者與百里之地。』今之燕必經趙，臣不可以行。」文信侯不快，未有以彊也（三）。甘羅曰：「君侯何不快之甚也？」文信侯曰：「吾令剛成君蔡澤事燕三年，燕太子丹已入質矣，吾自請張卿相燕而不肯行。」甘羅曰：「臣請行之。」文信侯叱曰：「去！我身自請之而不肯，女焉能行之（四）？」甘羅曰：「夫項橐生七歲爲孔子師。今臣生十二歲於茲矣，君其試臣，何遽叱乎（五）？」於是甘羅見張卿曰：「卿之功孰與武安君（六）？」卿曰：「武安君南挫彊楚，北威燕、趙，戰勝攻取，破城墮邑，不知其數，臣之功不如也。」甘羅曰：「應侯之用於秦也（七），孰與文信侯專？」張卿曰：「應侯不如文信侯專。」甘羅曰：「卿明知其不如文信侯專與？」曰：「知之。」甘羅曰：「應侯欲攻趙，武安君難之，去咸陽七里而立死於杜郵（八）。今文信侯自請卿相燕而不肯行，臣不知卿所死處矣。」張唐曰：「請因孺子行。」令裝治行。

【註】（一）甘羅事呂不韋爲庶子。（二）河間：今河北省河間縣西南。戰國時，爲燕、趙、齊三國之邊境地區。當時，秦已取楡次三十七城，置太原郡，遂欲取太行山以東之地以至於河。（三）呂不韋雖然不高興，但是並沒有過份勉强張唐使之必往燕。（四）呂不韋大聲責罵甘羅道：「滾你的！我親自請張唐到燕國去，而唐不答應，你怎能使他到燕國去？」（五）甘羅說道：「項橐生七

歲而爲孔子之師，我現在已經是十二歲了，你可以把我試試看，何必一開口就責罵呢？」（六）秦將白起封爲武安君。（七）應侯：范睢也。（八）杜郵：今陝西咸陽縣西有杜郵館，即白起伏劍處。

行有日（一），甘羅謂文信侯曰：「借臣車五乘，請爲張唐先報趙。」文信侯乃入言之於始皇曰：「昔甘茂之孫甘羅，年少耳，然名家之子孫，諸侯皆聞之。今者張唐欲稱疾不肯行，甘羅說而行之。今願先報趙，請許遣之。」始皇召見，使甘羅於趙，趙襄王郊迎甘羅。甘羅說趙王曰：「王聞燕太子丹入質秦歟？」曰：「聞之。」曰：「聞張唐相燕歟？」曰：「聞之。」「燕太子丹入秦者，燕不欺秦也。張唐相燕者，秦不欺燕也。燕、秦不相欺者，伐趙（二），危矣。燕、秦不相欺無異故，欲攻趙而廣河閒（三）。王不如齎臣五城以廣河閒（四），請歸燕太子，與彊趙攻弱燕（五）。」趙王立自割五城以廣河閒。秦歸燕太子。趙攻燕，得上谷三十城（六），令秦有十一（七）。甘羅還報秦，乃封甘羅以爲上卿，復以始甘茂田宅賜之。

【註】（一）行期已定。（二）燕國與秦國不相欺而和好，目的爲的是要伐趙國。（三）伐趙國的目的是要擴大佔領河間之地。（四）王不如送獻五個城邑以廣河間。（五）那麼，秦國可以不伐趙，可以不與燕國聯合。以強大的趙國攻弱小的燕國，所得者不只五城。（六）趙攻燕，得了上

谷一帶之地有三十個城邑。上谷：舊保定、易州、宣化、及順天河間之一部。（七）趙以得燕之地，給秦國十一個城邑。

太史公曰：樗里子以骨肉重，固其理（一），而秦人稱其智，故頗采焉。甘茂起下蔡閭閻，顯名諸侯，重彊齊楚，甘羅年少，然出一奇計，聲稱後世。雖非篤行之君子，然亦戰國之策士也（二）。方秦之彊時，天下尤趨謀詐哉。

【註】（一）樗里子以與秦王是骨肉之親而擔任重要位置，本來是情理之常。（二）甘羅雖然不能算是德行篤實的君子，但是也可以算是戰國時代足智多謀的策士了。

卷七十二　穰侯列傳第十二

穰侯魏冄者，秦昭王母宣太后弟也（一）。其先楚人，姓芈氏（二）。秦武王卒，無子，立其弟為昭王。昭王母故號為芈八子，及昭王卽位，芈八子號為宣太后。宣太后非武王母。武王母號曰惠文后，先武王死。宣太后二弟：其異父長弟曰穰侯，姓魏氏，名冄；同父弟曰芈戎，為華陽君（三）。而昭王同母弟曰高陵君、涇陽君（四）。而魏冄最賢，自惠王、武王時任職用事。武王卒，諸弟爭立，唯魏冄力為能立昭王。昭王卽位，以冄為將軍，衞咸陽。誅季君之亂（五），而逐武王后出之魏，昭王諸兄弟不善者皆滅之，威振秦國。昭王少，宣太后自治，任魏冄為政。

【註】（一）穰侯：宣太后之異父長弟，姓魏，名冉，封於穰地，故曰穰侯。穰：在河南鄧縣外城東南隅。（二）宣太后：惠王之妃，姓芈氏，楚人。芈：音弭（ㄇㄧˇ）。（三）華陽：陝西商州之地。（四）高陵君：名顯。涇陽君，名悝。（五）季君：卽公子壯，僭立而號曰季君。穰侯為將

軍，保衞咸陽，誅季君。

昭王七年，樗里子死，而使涇陽君質於齊。趙人樓緩來相秦，趙不利，乃使仇液（一）之秦，請以魏冄爲秦相。仇液將行，其客宋公謂液曰：「秦不聽公，樓緩必怨公。公不若謂樓緩曰『請爲公毋急秦』（二）。秦王見趙請相魏冄之不急，且不聽公。公言而事不成，以德樓子；事成，魏冄故德公矣。」於是仇液從之。而秦果免樓緩而魏冄相秦。

【註】（一）仇液：人名。（二）不要急於使秦王相魏冉。

欲誅呂禮，禮出奔齊。昭王十四年，魏冄舉白起，使代向壽將而攻韓、魏，敗之伊闕，斬首二十四萬，虜魏將公孫喜。明年，又取楚之宛、葉（一）。魏冄謝病免相，以客卿壽燭爲相。其明年，燭免，復相冄，乃封魏冄於穰，復益封陶（二），號曰穰侯。

【註】（一）宛：河南、南陽。葉：河南葉縣。（二）陶：山東定陶。

穰侯封四歲，爲秦將攻魏。魏獻河東方四百里。拔魏之河內，取城大小六十餘。昭王十九年，秦稱西帝，齊稱東帝。月餘，呂禮來，而齊、秦各復歸帝爲王。魏冄復相秦，六歲而免。免二歲，復相秦。四歲，而使白起拔楚之郢，秦置南郡。乃封白起爲武安君。白起者，穰侯之所任舉也，相善。於是穰侯之富，富於王室。

昭王三十二年，穰侯爲相國，將兵攻魏，走芒卯（一），入北宅（二），遂圍大梁（三）。梁大夫須賈說穰侯曰：「臣聞魏之長吏謂魏王曰：『昔梁惠王伐趙，戰勝三梁（四），拔邯鄲；趙氏不割，而邯鄲復歸。齊人攻衞，拔故國，殺子良；衞人不割，而故地復反。衞、趙之所以國全兵勁而地不幷於諸侯者，以其能忍難而重出地也（五）。宋、中山數伐割地，而國隨以亡。臣以爲衞、趙可法，而宋、中山可爲戒也。秦，貪戾之國也，而毋親（六）。蠶食魏氏，又盡晉國（七），戰勝暴子（八），割八縣，地未畢入，兵復出矣。夫秦何厭之有哉！今又走芒卯，入北宅，此非敢攻梁也，且劫王以求多割地。王必勿聽也。今王背楚、趙而講秦（九），楚、趙怒而去王，與王爭事秦，秦必受之。秦挾楚、趙之兵以復攻梁，則國求無亡不可得也。願王之必無講也。王若欲講，少割而有質；不然，必見欺。』此臣之所聞於魏也，願君之以是慮事也。周書曰『惟命不于常（一○）』，此言幸之不可數也（一一）。夫戰勝暴子，割八縣，此非兵力之精也，又非計之工也，天幸爲多矣（一二）。今又走芒卯，入北宅，以攻大梁，是以天幸自爲常也，智者不然（一三）。臣聞魏氏悉其百縣勝甲以上戍大梁，臣以爲不下三十萬。以三十萬之衆守梁七仞之城（一四），臣以爲湯、武復生，不易攻也。夫輕背楚、趙之兵，陵七仞之城（一五），戰三十萬之衆，而志必舉之，臣以爲自天地始分以至于今，未嘗有者也。攻而不拔，秦兵必罷，陶邑必亡（一六），則前功必弃矣。今魏氏方疑，可以少割收也（一七）。願君逮楚、趙之兵未至於梁，亟以少割收魏。魏方疑而得以少割爲利，必欲之，則君得所欲矣。楚、趙怒於魏之先己也，必爭事秦，從以此散（一八），而君後擇焉。且君之得地豈必以兵哉！割晉國，秦兵不攻，而魏必效絳安邑（一九）。又爲陶開兩道（二〇），幾盡故宋，衞必效單父。秦兵可全，而君制之，何索而不得，何爲而不成！願君孰慮之而無行危。」穰侯曰：「善。」乃罷梁圍。

【註】（一）芒卯：魏將。（二）北宅：在河南鄭州滎陽縣西南十七里。（三）大梁：開封。鄭州距開封百餘里，無險可守。（四）三梁：卽南梁，古蠻子邑。（五）能忍耐艱難而愛惜國土不肯割讓於人。（六）沒有感情。（七）河東、河西、河內，皆是魏國土地，卽舊晉國之地。今秦蠶食魏國，盡有舊晉國之地。（八）暴子：韓將暴鳶。（九）背棄楚、趙而與秦國講和。（一〇）上天所給予人們的命運，不是長久可靠的。（一一）僥倖不是可以屢次而有的，幸運不是可以經常得到的。（一二）秦國所以能戰勝暴子，割地八縣，並不是由於兵力的精強，也不是由於計謀

的高明，而其最大的因素，是由於天幸。（一三）秦國現在又進攻大梁，簡直是以天幸爲常理，聰明的人決不這樣去做。（一四）仞：四尺也。（一五）翻越。（一六）陶邑：山東之定陶縣。（一七）現在魏氏正處於疑慮之中，可以稍微割去其地而收攏其心。（一八）合縱抗秦的局面必然由此而解散。（一九）效：貢獻。（二〇）陶是穰侯的封地，今魏獻安邑及絳縣，是開了陶之北道；再有宋及單父，是開了陶之南道，故曰兩道。

明年，魏背秦，與齊從親（一）。秦使穰侯伐魏，斬首四萬，走魏將暴鳶，得魏三縣。穰侯益封。

明年，穰侯與白起客卿胡陽復攻趙、韓、魏，破芒卯於華陽下（二），斬首十萬，取魏之卷（三）、蔡陽、長社、趙氏觀津（四）。且與趙觀津，益趙以兵，伐齊。齊襄王懼，使蘇代爲齊陰遺穰侯書曰：「臣聞往來者言曰『秦將益趙甲四萬以伐齊』，臣竊必之敝邑之王曰『秦王明而熟於計，穰侯智而習於事，必不益趙甲四萬以伐齊（五）』。是何也？夫三晉之相與也，秦之深讎也（六）。百相背也，百相欺也（七），不爲不信，不爲無行（八）。今破齊以肥趙。趙，秦之深讎，不利於秦。此一也。秦之謀者，必曰『破齊，弊晉、楚而後制晉、楚之勝』。夫齊，罷國也，以天下攻齊，如以千鈞之弩決潰癰也，必死，安能弊晉、楚（九）？此二也。秦少出兵，則晉、楚不信也；多出兵，則晉、楚爲制於秦。齊恐，不走秦，必走晉、楚。此三也。秦割齊以啖晉、楚，晉、楚案之以兵，秦反受敵（一〇），此四也。是晉、楚以秦謀齊，以齊謀秦也，何晉、楚之智而秦、齊之愚（一一）？此五也。故得安邑以善事之，亦必無患矣。秦有安邑，韓氏必無上黨矣。取天下之腸胃，與出兵而懼其不反也，孰利（一二）？臣故曰秦王明而熟於計，穰侯智而習於事，必不益趙甲四萬以伐齊矣（一三）。」於是穰侯不行，引兵而歸（一四）。

【註】（一）魏與齊因聯合抗秦而親善。（二）華陽：在河南新鄭縣東南。（三）卷：河南原武縣。（四）蔡陽：湖北棗陽縣西南。此恐不確，此地並非魏地。長社：在河南長葛縣西。觀津：在河北武邑縣東南。（五）我在敝邑之王的面前預先判斷，認爲秦王聰明而熟於計謀，穰侯多智而富於經驗，所以決不會給趙國增甲四萬以伐齊。（六）什麼道理呢？因爲韓、趙、魏的結合，是秦國的深讎。（七）百次的背叛秦國，百次的欺騙秦國。（八）而他們不自以爲是不信，不自以爲是無行，可見他們是習慣於欺騙失信，天性惡劣。現在破齊國以肥趙國。對於秦國眞是大大的不利。（九）齊國已經是疲敝不堪的國家了。秦國率晉、楚以破齊，就如同以千鈞之弩，決腐敗之潰癰，齊國必然被一擊而即敗，怎麼樣能消耗晉、楚的力量？（一〇）秦國割齊之地以誘惑晉、楚，晉楚按兵不動，使秦國獨自受敵。（一一）晉楚利用秦國以攻齊，又利用齊國以攻秦，晉楚眞是太聰明了

。而秦齊眞是太糊塗了。（一二）安邑是天下的腸胃，秦國得了安邑，好好的加以經營，就可以萬全無患，而且使韓國等於沒有上黨了。這樣的不出兵而穩操勝算，比出兵而冒險不反，究竟是那一種有利呢？（一三）根據於此種分析，所以我預判秦國必不爲趙增兵以擊齊。（一四）於是穰侯就採取了蘇代的意見，引兵而歸。

昭王三十六年，相國穰侯言客卿竈，欲伐齊取剛、壽，以廣其陶邑（一）。於是魏人范睢自謂張祿先生，譏穰侯之伐齊，乃越三晉以攻齊也，以此時奸說秦昭王（二）。昭王於是用范睢。范睢言宣太后專制，穰侯擅權於諸侯，涇陽君、高陵君之屬太侈，富於王室。於是秦昭王悟，乃免相國，令涇陽之屬皆出關，就封邑。穰侯出關，輜車千乘有餘。

【註】（一）穰侯用客卿竈之言，欲伐齊，取剛、壽，以廣大其陶邑的境界。剛：在今山東寧陽縣東北三十五里。壽：在山東東平縣西南。（二）奸說：即干說，干求而遊說之。

穰侯卒於陶，而因葬焉。秦復收陶爲郡。

太史公曰：穰侯，昭王親舅也。而秦所以東益地，弱諸侯，嘗稱帝於天下，天下皆西鄉稽首者（一），穰侯之功也。及其貴極富溢，一夫開說，身折勢奪而以憂死，況於羈旅之臣乎（二）！

【註】（一）西鄉：即西向。稽首：叩首而服從。（二）由於一個人的遊說，而身被折退，勢被奪去，以至於憂鬱而死。穰侯是昭王的親舅，下場尚且如此悲慘，而況與秦王毫無淵源的漂泊投靠之臣嗎？

卷七十三　白起王翦列傳第十三

白起者，郿人也（一）。善用兵，事秦昭王。昭王十三年，而白起爲左庶長，將而擊韓之新城（二）。是歲，穰侯相秦，舉任鄙以爲漢中守。其明年，白起爲左更，攻韓、魏於伊闕（三），斬首二十四萬，又虜其將公孫喜，拔五城。起遷爲國尉（四）。涉河取韓安邑以東，到乾河（五）。明年，白起爲大良造。攻魏，拔之，取城小大六十一。明年，起與客卿錯攻垣城（六），拔之。後五年，白起攻趙，拔光狼城（七）。後七年，白起攻楚，拔鄢（八）、鄧五城。其明年，攻楚，拔郢，燒夷陵，遂東至竟陵（九）。楚王亡去郢，東走徙陳。秦以郢爲南郡。白起遷爲武安君。武安君因取楚，定巫、黔中郡。昭王三十四年，白起攻魏，拔華陽，走芒卯，而虜三晉將，斬首十三萬。與趙將賈偃戰，沈其卒二萬人於河中。昭王四十三年，白起攻韓陘城（一〇），拔五城，斬首五萬。四十四年，白起攻南陽太行道，絕之（一一）。

【註】（一）郿：陝西郿縣。（二）新城：大概是河南洛陽以西之新安城。（三）伊闕：在洛陽南十八里有龍門闕口，卽所謂伊水闕口是也。（四）國尉：太尉。（五）乾河：山西聞喜縣東北有乾河口，其水多乾夏流，故曰乾河。乾：音干（ㄍㄢ）。（六）垣城：在今山西垣曲縣西二十里。（七）光狼城：在山西高平縣西二十里。（八）鄢：湖北宜城縣。鄧：河南南陽府之鄧縣。（九）郢：湖北江陵縣。夷陵：在湖北天門縣，楚先王墓所在。竟陵在湖北天門縣西北。（一〇）陘城：在山西曲沃縣西北二十里。在絳州東北三十五里。（一一）南陽：河南黃河以北之南陽，在今河南修武縣一帶。

四十五年，伐韓之野王（一）。野王降秦，上黨道絕。其守馮亭與民謀曰：「鄭道已絕（二），韓必不可得爲民。秦兵日進，韓不能應，不如以上黨歸趙。趙若受我，秦怒，必攻趙。趙被兵，必親韓。韓趙爲一，則可以當秦。」因使人報趙。趙孝成王與平陽君（三）、平原君計之。平陽君曰：「不如勿受。受之，禍大於所得。」平原君曰：「無故得一郡，受之便。」趙受之，因封馮亭爲華陽君（四）。

【註】（一）野王：在今河南沁陽縣境，太行山在縣北二十五里。（二）上黨：韓地，其地有今山西之東南部，以其地極高，與天爲黨，故曰上黨，其郡治在今山西長子縣西。韓國都城在河南新鄭縣，由上黨至新鄭，必須由野王渡黃河而南，今野王被秦攻，則其交通線卽被打斷，無法聯繫。（三）

平陽：故城在河南臨漳縣西二十里。（四）華陽：此一華陽，大概在趙國之境內，常山一名華陽。

四十六年，秦攻韓緱氏、藺（一），拔之。

四十七年，秦使左庶長王齕（二）攻韓，取上黨。上黨民走趙。趙軍長平（三），以按據上黨民（四）。四月，齕因攻趙。趙使廉頗將。趙軍士卒犯秦斥兵（五），秦斥兵斬趙裨將茄（六）。六月，陷趙軍，取二鄣四尉（七）。七月，趙軍築壘壁（八）而守之。秦又攻其壘，取二尉，敗其陣，奪西壘壁。廉頗堅壁以待秦，秦數挑戰，趙兵不出。趙王數以爲讓（九）。而秦相應侯又使人行千金於趙爲反閒（一〇），曰：「秦之所惡，獨畏馬服子趙括將耳（一一），廉頗易與，且降矣。」趙王既怒廉頗軍多失亡，軍數敗，又反堅壁不敢戰，而又聞秦反閒之言，因使趙括代廉頗將以擊秦。秦聞馬服子將，乃陰使武安君白起爲上將軍，而王齕爲尉裨將，令軍中有敢泄武安君將者斬。趙括至，則出兵擊秦軍。秦軍詳敗而走（一二），張二奇兵以劫之（一三）。趙軍逐勝，追造秦壁。壁堅拒不得入，而秦奇兵二萬五千人絕趙軍後，又一軍五千騎絕趙壁閒，趙軍分而爲二，糧道絕。而秦出輕兵擊之（一四）。趙戰不利，因築壁堅守，以待救至。秦王聞趙食道絕，王自之河內（一五），賜民爵各一級，發年十五以上悉詣長平，遮絕趙救及糧食。

【註】（一）緱氏：河南偃師縣。藺：與「綸」音近，或卽綸氏，河南登封縣，兩縣相鄰。（二）齕：音合（ㄏㄜˊ）。（三）長平：在山西高平縣西二十一里。（四）按據：暫時安置，不使流離。（五）犯：衝擊。斥兵：斥候之兵，卽前哨之兵，巡邏之兵。（六）裨將：小隊之將。茄：小將之名。（七）鄣：堡寨，小村落有防禦工事以禦敵之處，非特定之名稱。（八）壁：堡壘。（九）讓：責備。（一〇）反間：散佈謠言，使敵人中計。（一一）馬服君之子趙括爲將。括父趙奢被封爲馬服君。（一二）詳：卽「佯」，僞裝。（一三）張：展開。展開兩路奇兵以包勦趙軍之後路。（一四）人馬不帶甲爲輕兵。（一五）秦王親自到河內前方。

至九月，趙卒不得食四十六日，皆內陰相殺食。來攻秦壘，欲出。爲四隊，四五復之，不能出（一）。其將軍趙括出銳卒自搏戰，秦軍射殺趙括。括軍敗，卒四十萬人降武安君。武安君計曰：「前秦已拔上黨，上黨民不樂爲秦而歸趙。趙卒反覆，非盡殺之，恐爲亂。」乃挾詐而盡阬殺之，遺其小者二百四十人歸趙。前後斬首虜四十五萬人（二）。趙人大震。

四十八年十月，秦復定上黨郡。秦分軍爲二：王齕攻皮牢（三），拔之；司馬梗定太原。韓、趙恐，使蘇代厚幣說秦相應侯曰：「武安君禽馬服子乎（四）？」曰：「然」。又曰：「卽圍邯鄲乎？」曰：「然。」「趙亡則秦王王矣，武安君爲三公。武安君所爲秦戰勝攻取者七十餘城，南定鄢、郢、漢中，北禽趙括之軍，雖周、召、呂望之功不益於此矣（五）。今趙亡，秦王王，則武安君必爲三公，君能爲之下乎？雖無欲爲之下，固不得已矣。秦嘗攻韓，圍邢丘（六），困上黨，上黨之民皆反爲趙，天下不樂爲秦民之日久矣。今亡趙，北地入燕，東地入齊，南地入韓、魏，則君之所得民亡幾何人（七）。故不如因而割之（八），無以爲武安君功也。」於是應侯言於秦王曰：「秦兵勞，請許韓、趙之割地以和，且休士卒。」王聽之，割韓垣雍（九）、趙六城以和。正月，皆罷兵。武安君聞之，由是與應侯有隙。

【註】（一）趙軍分四路以突圍，反覆四五次而衝不出。（二）斬殺四十五萬人，秦軍之殘暴可見。（三）皮牢：在山西翼城縣東。（四）禽：卽「擒」。（五）益：加多。（六）邢丘：在今河南溫縣。（七）亡幾何：卽無幾何。沒有多少人。（八）因而割取韓趙之地以講和。（九）垣雍：在河南原武縣境內。

其九月，秦復發兵，使五大夫王陵攻趙邯鄲。是時武安君病，不任行（一）。四十九年正月，陵攻邯鄲，少利，秦益發兵佐陵。陵兵亡五校。武安君病愈，秦王欲使武安君代陵將。武安君言曰：「邯鄲實未易攻也。且諸侯救日至，彼諸侯怨秦之日久矣。今秦雖破長平軍，而秦卒死者過半，國內空。遠絕河山而爭人國都，趙應其內，諸侯攻其外，破秦軍必矣。不可。」秦王自命，不行；乃使應侯請之（二），武安君終辭不肯行，遂稱病。

【註】（一）因病不能擔任大將工作。（二）秦王親自命令白起爲將，而白起堅辭不幹，乃使應侯再勸請。

秦王使王齕代陵將，八九月圍邯鄲，不能拔。楚使春申君及魏公子將兵數十萬攻秦軍，秦軍多失亡。武安君言曰：「秦不聽臣計，今如何矣！」秦王聞之，怒，彊起武安君（一），武安君遂稱病篤。應侯請之，不起。於是免武安君爲士伍，遷之陰密（二）。武安君病，未能行。居三月，諸侯攻秦軍急，秦軍數卻（三），使者日至。秦王乃使人遣白起，不得留咸陽中。武安君既行，出咸陽西門十里，至杜郵（四）。秦昭王與應侯羣臣議曰：「白起之遷，其意尙怏怏不服，有餘言（五）。」秦王乃使使者賜之劍，自裁（六）。武安君引劍將自剄，曰：「我何罪于天而至此哉？」良久，曰：「我固當死。長平之戰，趙卒降者數十萬人，我詐而盡阬之，是足以死。」遂自殺。武安君之死也，以秦昭王五十年十一月。死而非其罪，秦人憐之，鄉邑皆祭祀焉。

【註】（一）強迫白起爲將。（二）陰密：甘肅靈臺縣。免白起之職，由將軍降而爲士兵。（三）卻：敗退。（四）杜郵：郵者，境上行舍，道路所經過。杜郵在長安西北三十五里。（五）怏怏：忿懣不平，牢騷滿腹。有餘言：言外之意，反對現狀。（六）使之自殺。

王翦者，頻陽東鄉人也（一）。少而好兵，事秦始皇。始皇十一年，翦將攻趙閼與（二），破之，拔九城。十八年，翦將攻趙。歲餘，遂拔趙，趙王降，盡定趙地爲郡。明年，燕使荆軻爲賊於秦，秦王使王翦攻燕。燕王喜走遼東，翦遂定燕薊而還。秦使翦子王賁擊荆，荆兵敗。還擊魏，魏王降，遂定魏地。

【註】（一）頻陽：在陝西同官縣界。以其在頻水之陽也。（二）閼與：在今山西和順縣之西。

秦始皇既滅三晉，走燕王，而數破荆師。秦將李信者，年少壯勇，嘗以兵數千逐燕太子丹至於衍水中（一），卒破得丹，始皇以爲賢勇。於是始皇問李信：「吾欲攻取荆，於將軍度用幾何人而足（二）？」李信曰：「不過用二十萬人。」始皇問王翦，王翦曰：「非六十萬人不可。」始皇曰：「王將軍老矣，何怯也！李將軍果勢壯勇，其言是也。」遂使李信及蒙恬將二十萬南伐荆。王翦言不用，因謝病，歸老於頻陽。李信攻平與（三），蒙恬攻寢（四），大破荆軍。信又攻鄢郢，破之，於是引兵而西，與蒙恬會城父（五）。荆人因隨之，三日三夜不頓舍（六），大破李信軍，入兩壁，殺七都尉，秦軍走。

【註】（一）衍水：卽遼寧太子河。（二）度：估計。（三）平與：河南汝南縣。（四）寢：河南固始縣。（五）城父：在河南寶豐縣。（六）頓舍：停住而休息。

始皇聞之，大怒，自馳如頻陽（一），見謝王翦曰：「寡人以不用將軍計，李信果辱秦軍。今聞荆兵日進而西，將軍雖病，獨忍弃寡人乎！」王翦謝曰：「老臣罷病悖亂（二），唯大王更擇賢將。」始皇謝曰：「已矣，將軍勿復言！」王翦曰：「大王必不得已用臣，非六十萬人不可。」始皇曰：「爲聽將軍計耳。」於是王翦將兵六十萬人，始皇自送至灞上。王翦行，請美田宅園池甚衆。始皇曰：「將軍行矣，何憂貧乎？」王翦曰：「爲大王將，有功終不得封侯，故及大王之嚮臣（三），臣亦及時以請園池爲子孫業耳。」始皇大笑。王翦既至關，使使還請善田者五輩（四）。或曰：「將軍之乞貸，亦已甚矣。」王翦曰：「不然。夫秦王怚而不信人（五）。今空秦國甲士而專委於我，我不多請田宅爲子孫業以自堅，顧令秦王坐而疑我邪（六）？」

【註】（一）如：往也，入也。（二）罷：同「疲」。悖亂：昏亂不通事理。（三）鄉：即「向」。（四）派人囘京請求始皇賜給上等之田地，連續派人五次。輩：次第也。（五）怚：音粗（ㄘㄨ）粗暴。（六）難道說要叫秦王坐而疑我嗎？

王翦果代李信擊荊。荊聞王翦益軍而來，乃悉國中兵以拒秦。王翦至，堅壁而守之，不肯戰。荊兵數出挑戰，終不出。王翦日休士洗沐，而善飲食撫循之，親與士卒同食。久之，王翦使人問軍中戲乎？對曰：「方投石超距（一）。」於是王翦曰：「士卒可用矣。」荊數挑戰而秦不出，乃引而東。翦因舉兵追之，令壯士擊，大破荊軍。至蘄南（二），殺其將軍項燕，荊兵遂敗走。秦因乘勝略定荊地城邑。歲餘，虜荊王負芻，竟平荊地爲郡縣。因南征百越之君。而王翦子王賁，與李信破定燕、齊地。

【註】（一）投石：投擲石頭，以遠近定勝負。超距：跳遠也。（二）蘄南：在湖北蘄春縣之南。蘄，音其（ㄑㄧˊ）。

秦始皇二十六年，盡并天下，王氏、蒙氏功爲多，名施於後世。

秦二世之時，王翦及其子賁皆已死，而又滅蒙氏。陳勝之反秦，秦使王翦之孫王離擊趙，圍趙王及張耳鉅鹿城（一）。或曰：「王離，秦之名將也。今將彊秦之兵，攻新造之趙，舉之必矣。」客曰：「不然。夫爲將三世者必敗。必敗者何也？必其所殺伐多矣，其後受其不祥。今王離已三世將矣。」居無何，項羽救趙，擊秦軍，果虜王離，王離軍遂降諸侯。

【註】（一）鉅鹿：河北平鄉縣。

太史公曰：鄙語云「尺有所短，寸有所長。」白起料敵合變，出奇無窮，聲震天下，然不能救患於應侯（一）。王翦爲秦將，夷六國，當是時，翦爲宿將。始皇師之，然不能輔秦建德，固其根本，偷合取容，以至㱙身（二）。及孫王離爲項羽所虜，不亦宜乎！彼各有所短也。

【註】（一）白起不能自救於應侯之讒害。（二）㱙：即「刎」。

卷七十四　孟子荀卿列傳第十四

太史公曰：余讀孟子書，至梁惠王問「何以利吾國」，未嘗不廢書而歎也（一）。曰：嗟乎，利誠亂之始也（二）！夫子罕言利者，常防其原也（三）。故曰「放於利而行，多怨（四）」。自天子至於庶人，好利之獘何以異哉（五）！

【註】（一）廢書：把書本置之一旁。（二）利字實在是禍亂的開端。（三）孔子所以很少講「利」者，就是要常常防止其禍亂的根源。（四）放：依據。（五）好利的禍害有什麼分別啊！

孟軻，騶人也（一）。受業子思之門人（二）。道既通，游事齊宣王，宣王不能用。適梁，梁惠王不果所言（三），則見以為迂遠而闊於事情。當是之時，秦用商君，富國彊兵；楚、魏用吳起，戰勝弱敵；齊威王、宣王用孫子、田忌之徒，而諸侯東面朝齊。天下方務於合從連衡，以攻伐為賢，而孟軻乃述唐、虞、三代之德，是以所如者不合（四）。退而與萬章之徒（五）序詩書，述仲尼之意，作孟子七篇。

【註】（一）孟軻：字子輿，亦有稱子車，「輿」與「車」同字。騶：同鄒，山東鄒縣，春秋時爲邾國，戰國時稱鄒。（二）孟子是受敎於子思之門人，而非直接在子思生前受敎。因兩人相距百餘年，在時間上是不可能的。（三）果：滿意，如「果腹」，卽腹滿而飽。梁惠王不滿意於孟子之所言，以爲其高談仁義而不談利，不足以解決現實問題。（四）如：往也，所往之國，皆與時君之意不合。（五）萬章：姓萬，名章，受敎於孟子。

其後有騶子之屬。

齊有三騶子。其前騶忌，以鼓琴干威王，因及國政，封爲成侯而受相印，先孟子。其次騶衍，後孟子。騶衍睹有國者益淫侈，不能尙德，若大雅整之於身，施及黎庶矣（一）。乃深觀陰陽消息而作怪迂之變，終始、大聖之篇十餘萬言（二）。其語閎大不經，必先驗小物，推而大之，至於無垠（三）。先序今以上至黃帝，學者所共術（四），大並世盛衰（五），因載其禨祥度制（六），推而遠之，至天地未生，窈冥不可考而原也。先列中國名山大川，通谷禽獸，水土所殖，物類所珍，因而推之，及海外人之所不能睹。稱引天地剖判以來，五德轉移，治各有宜，而符應若茲（七）。以爲儒者所謂中國者，於天下乃八十一分居其一分耳。中國名曰赤縣神州。赤縣神州內自有九州，禹之序九州是也，不得爲州數。中國外如赤縣神州者九，乃所謂九州也。於是有裨海環之（八），人民禽獸莫能相通者，如一區中者，乃爲一州。如此者九，乃有大瀛海環其外，天地之際焉。其術皆此類也。然要其歸，必止乎仁義節儉，君臣上下六親之施，始也濫耳（九）。王公大人初見其術，懼然顧化（一〇），其後不能行之。

【註】（一）大雅：詩經篇名，其言謂：「刑於寡妻，至於兄弟，以御於家邦」，此即「整之於身，施及黎庶」之意。（二）終始：鄒子終始五十六篇。封禪書謂：「齊威、宣之時，鄒子之徒，論著終始五德之運，及秦帝，而齊人採之，故始皇採用之。」鹽鐵論論鄒篇謂：「大夫曰：『鄒子疾晚世之儒墨，不知天地之宏曠，守一隅而欲知萬方，於是推大聖終始之運，以喻王公列士。所謂中國者，天下八十分之一，名曰赤縣神州，而分爲九，川谷阻塞，陵陸不通，乃爲一州，有八瀛海環其外，此所謂八極。』」讀此，可知鄒子宇宙觀蓋超越於一般學人之上。（三）鄒子先驗小物，推而大之，至於無垠。即具有科學研究的精神。（四）術：通「述」字。（五）竝世：並世各國，擧世各國。言鄒子敘述今古歷史，大而至於擧世各國之盛衰。（六）禨：祈禱鬼神以求福。禨，音機（ㄐㄧ）。（七）五德：鄒子有終始五德，謂土德從所不勝，木德繼之，金德次之，火德次之，水德次之。（八）裨海：小海，輔佐之海。（九）鄒子之論，其開始雖然虛誕泛濫，但其歸本仍是仁義節儉。（一〇）懼然：即懼然，驚異而敬佩。顧化：神往而欲化。言其敬佩之餘願從其化也。

是以騶子重於齊。適梁，惠王郊迎，執賓主之禮。適趙，平原君側行撇席（一）。如燕（二），昭王擁彗先驅（三），請列弟子之座而受業，築碣石宮（四），身親往師之。作主運（五）。其游諸侯見尊禮如此，豈與仲尼菜色陳蔡，孟軻困於齊梁同乎哉（六）！故武王以仁義伐紂而王，伯夷餓不食周粟；衞靈公問陳，而孔子不答；梁惠王謀欲攻趙，孟軻稱大王去邠。此豈有意阿世俗苟合而已哉！持方枘欲內圜鑿，其能入乎（七）？或曰，伊尹負鼎而勉湯以王（八），百里奚飯牛車下而繆公用霸（九），作先合，然後引之大道（一〇）。騶衍其言雖不軌，儻亦有牛鼎之意乎（一一）？

【註】（一）側行：行於路之側旁，而讓鄒子行於路之正中。撇席：即「避席」，古者席地而坐，避席者，離席以致敬也。（二）如：往也，入也。（三）擁彗：彗，通「篲」，帚也。古人迎侯尊客，常擁彗致敬，意謂親執掃除以待客也。先驅：前導以引路也。（四）碣石宮：在河北薊縣西三十里寧臺之東。（五）主運篇：鄒子書篇名。（六）孔子困於陳、蔡，有菜色。（七）以方形之枘而納入於圓形之孔，必不相合。比喻孔孟之言不合於衞靈公滕文公之意也。枘：音瑞（ㄖㄨㄟˋ），木端。（八）伊尹負烹煮之器，先爲湯王服務，而後勉湯王以治國。（九）百里奚爲人養牛，而後有機會以事秦繆公，輔繆公成霸業。（一〇）先與之相合，而後引之以大道。「作」字，有解爲「詐」字，言起初以僞裝之手段而與之接近。但依「作」之本字解亦可，言先與之合作，而後勉以大道

。（一一）騶衍之言，雖然不合於正規（軌），但是，莫非是他有意於倣效伊尹負鼎要湯、百里奚飯牛事秦之心嗎？

自騶衍與齊之稷下先生（一）如淳于髡、慎到、環淵（二）、接子（三）、田駢（四）、騶奭之徒（五），各著書言治亂之事，以干世主，豈可勝道哉！

【註】（一）稷下：齊之城門也。或云，稷下，山名。謂齊之學士集於稷門之下。（二）環淵：姓環名淵。（三）接子：古著書人之名號，但不知為何許人。（四）田駢：道家，有田子二十五篇。七略云：「齊田駢好談論，故齊人為語曰：『天口駢』。天口者，言其談論之不可窮也。」（五）騶奭：陰陽家，有著作十二篇。

淳于髡（一），齊人也。博聞彊記，學無所主（二），其諫說，慕晏嬰之為人也，然而承意觀色為務。客有見髡於梁惠王（三），惠王屏左右，獨坐而再見之，終無言也（四）。惠王怪之，以讓（五）客曰：「子之稱淳于先生，管、晏不及，及見寡人，寡人未有得也。豈寡人不足為言邪（六）？何故哉？」客以謂髡。髡曰：「固也（七）。吾前見王，王志在驅逐；後復見王，王志在音聲：吾是以默然。」客具以報王，王大駭，曰：「嗟乎，淳于先生誠聖人也！前淳于先生之來，人有獻善馬者，寡人未及視，會先生至。後先生之來人有獻謳者（八），未及試，亦會先生來。寡人雖屏人，然私心在彼，有之。」後淳于髡見，壹語連三日三夜無倦（九）。惠王欲以卿相位待之，髡因謝去。於是送以安車駕駟（一〇），束帛加璧（一一），黃金百鎰。終身不仕。

【註】（一）淳于，姓。髡，名。髡，音坤（ㄎㄨㄣ）。（二）不主於一家之學。（三）有人介紹淳于髡去見梁惠王。（四）惠王屏退左右之人，單獨與淳于髡對坐。但是，兩次對坐而淳于髡一言不發。（五）讓：怪責。（六）難道是寡人值不得一談嗎？（七）固：實在的。（八）謳：歌唱。（九）後又與梁惠王見面，淳于髡一談連接三天三夜而無疲倦的樣子。（一〇）安車：坐乘之車。古時優待年高德劭之人用此車。（一一）束帛：古時聘問之禮物。束，五兩。古以帛兩端相向捲之，共成一兩，一兩卽一匹。五兩爲一束，故謂之束帛。

愼到，趙人。田駢、接子，齊人。環淵，楚人。皆學黃老道德之術，因發明序其指意。故愼到著十二論（一），環淵著上下篇（二），而田駢、接子皆有所論焉。

【註】（一）劉向所定愼子有四十一篇。（二）環淵：楚人，有蜎子十三篇。蜎，卽淵。老子弟子。莊子天下篇，謂田駢學於彭蒙。

騶奭者，齊諸騶子，亦頗采騶衍之術以紀文（一）。

於是齊王嘉之，自如淳于髡以下，皆命曰大夫，爲開第康莊之衢，高門大屋，尊寵之（二）。覽天下諸侯賓客（三），言齊能致天下賢士也（四）。

【註】（一）紀文：編撰文章，持之有故，言之有理。（二）建造高門大屋的住宅於四通八達之街市，以招攬學者而尊崇之。（三）展示（覽）於天下諸侯賓客。（四）使他們都稱讚齊國能招致天下賢士。

荀卿，趙人（一）。年五十始來游學於齊。騶衍之術迂大而閎辯（二）；奭也文具難施（三）；淳于髡久與處，時有得善言。故齊人頌曰：「談天衍（四），雕龍奭（五），炙轂過髡（六）。」田駢之屬皆已死齊襄王時，而荀卿最爲老師。齊尚脩列大夫之缺（七），而荀卿三爲祭酒焉（八）。齊人或讒荀卿，荀卿乃適楚，而春申君以爲蘭陵令（九）。春申君死而荀卿廢，因家蘭陵。李斯嘗爲弟子，已而相秦。荀卿嫉濁世之政，亡國亂君相屬（一〇），不遂大道（一一）而營於巫祝（一二），信禨祥（一三），鄙儒小拘（一四），如莊周等又猾稽亂俗（一五），於是推儒、墨、道德之行事興壞，序列著數萬言而卒（一六）。因葬蘭陵。

【註】（一）荀卿：名況，時人相尊而稱之曰卿。仕齊爲祭酒，仕楚爲蘭陵令。（二）騶衍的學術，渺冥高遠而談論宏富。（三）騶奭的文章，徒有其表（文具）而難於實現。（四）騶衍的談論，如天之高，空玄而不可捉摸，故齊人號之曰「談天衍」。（五）騶奭的談論，如雕飾之龍，華則

華矣，而無可用之價值。（六）淳于髡的談論，智慧無窮，如炙膏之餘澤不盡。轂：車也。過：作「輠」，車之盛膏器也。炙之雖盡，而餘澤不盡。（七）荀卿老時，齊國還設着「列大夫」的空位以待賢士。缺：空位，即「出缺」「候缺」之缺，就是說，還保存着那種名義和位置。（八）而荀卿三度担任祭酒之職。祭酒：古時會同饗讌，必尊長先用酒以祭，故凡同列中以齒德相推者，曰祭酒。後因以爲官名，如後之國子監祭酒，即爲教育界之領導人物。（九）蘭陵：在山東嶧縣東。（一〇）屬：連續不斷。（一一）遂：順隨，遵循。（一二）營：通「縈」，被迷惑，言其被巫祝所迷惑。（一三）迷信於祈禱鬼神以求福的勾當。（一四）而腐敗的儒生小氣拘泥。（一五）莊周等又是詼諧玩世，敗亂社會風氣。（一六）荀子對於儒家理論之闡述，其功有不可厚非，如禮論、樂論諸篇，持論均不離儒道。但其性惡論之主張，足以抵銷其推儒之功而有餘，如果眞是一個信奉孔子思想與正統學術之人，誰肯明目張膽而倡言性惡？李斯韓非等之肆意鼓吹極權專制，皆荀子爲之前導也。總之，荀子不足以語於純儒之列。

而趙亦有公孫龍爲堅白同異之辯（一），劇子之言（二）；魏有李悝，盡地力之教（三）；楚有尸子（四）、長盧（五）；阿之吁子焉（六）。自如孟子至于吁子，世多有其書，故不論其傳云。

【註】（一）堅白：堅石，非石；白馬，非馬。同異：使異者同，同者異。又謂堅白者，堅守其白也。自堅白之論起，辯者互執是非，公孫龍能合衆異而爲同，故謂之同異。（二）劇子：著書之人，

姓劇氏，而稱子也。應劭氏姓注，直云處子。漢書藝文志有處子九篇。（三）漢書藝文志有李子三十二篇。李悝相魏文侯富國強兵。所謂「盡地力」，當是發展農業之技術。李悝又行平糴法，歲熟則斂粟而糴之，歲饑則發粟而糶之。可見此人極注意於經濟開發及國計民生。行之魏國，魏以富國。（四）劉向別錄曰：「楚有尸子，疑謂其在蜀。今按尸子書，晉人也，名佼，秦相衞鞅客也。衞鞅謀事計劃，立法理民，未嘗不與佼規之也。商君被刑，佼恐幷誅，乃亡逃入蜀。自爲造此二十篇書，凡六萬餘言，卒乃葬蜀。（五）長盧：楚人，書有九篇。（五）阿：齊之東阿，今山東陽穀縣東北之阿城鎮。吁子有書十八篇，七十子之後。

蓋墨翟，宋之大夫，善守禦，爲節用。或曰並孔子時，或曰在其後（一）。

【註】（一）墨翟：戰國時，宋人，倡兼愛之說，信徒甚衆，當時與儒家並稱。孟子稱其「摩頂放踵，利天下爲之。」國策載其百舍重繭以救宋圍之事，蓋一操行堅卓而專以利民濟世爲主之人也。然孟子又謂「墨子兼愛，是無父也，」近於偏激之論。墨子曰：「公輸般爲雲梯之械成，將以攻宋。墨子聞之，至於郢，見公輸般。墨子解帶爲城，以牒爲械。公輸般九設攻城之機變，墨子九距之。公輸般之攻械盡，而墨子之守固有餘。公輸般詘，而言曰：「吾知所以距子矣，吾不言。」墨子亦曰：「吾知子之所以距我者，吾不言。」楚王問其故，墨子曰：「公輸子之意，不過欲殺臣，殺臣，宋莫能守，可攻也。然臣之弟子禽滑釐等三百人已持臣守國之器在宋城上而待楚寇矣，雖殺臣，不能絕也。」楚王曰：「善哉！吾請勿攻宋城矣。」

卷七十五　孟嘗君列傳第十五

孟嘗君名文，姓田氏。文之父曰靖郭君田嬰。田嬰者，齊威王少子而齊宣王庶弟也。田嬰自威王時任職用事，與成侯鄒忌及田忌將而救韓伐魏。成侯與田忌爭寵，成侯賣田忌。田忌懼，襲齊之邊邑，不勝，亡走。會威王卒，宣王立，知成侯賣田忌，乃復召田忌以為將。宣王二年，田忌與孫臏、田嬰俱伐魏，敗之馬陵（一），虜魏太子申而殺魏將龐涓。宣王七年，田嬰使於韓、魏，韓、魏服於齊。嬰與韓昭侯、魏惠王會齊宣王東阿南（二），盟而去。明年，復與梁惠王會甄（三）。是歲，梁惠王卒。宣王九年，田嬰相齊。齊宣王與魏襄王會徐州而相王也（四）。楚威王聞之，怒田嬰。明年，楚伐敗齊師於徐州，而使人逐田嬰。田嬰使張丑說楚威王，威王乃止。田嬰相齊十一年，宣王卒，湣王即位。即位三年，而封田嬰於薛（五）。

【註】（一）馬陵：在河北大名縣東南。（二）東阿：山東陽穀縣東北。（三）甄：音絹。

（四）彼此互相稱王。（五）薛：在山東滕縣南四十里。

初，田嬰有子四十餘人，其賤妾有子名文，文以五月五日生。嬰告其母曰：「勿舉也（一）。」其母竊舉生之（二）。及長，其母因兄弟而見其子文於田嬰。田嬰怒其母曰：「吾令若去此子（三），而敢生之，何也？」文頓首，因曰：「君所以不舉五月子者，何故（四）？」嬰曰：「五月子者，長與戶齊，將不利其父母（五）。」文曰：「人生受命於天乎？將受命於戶邪？」嬰默然。文曰：「必受命於天，君何憂焉。必受命於戶，則可高其戶耳，誰能至者（六）！」嬰曰：「子休矣（七）。」

【註】（一）舉：生育之。不舉，卽不生育之也。（二）其母偸偸的把他生養下來。（三）若：汝，你。（四）你所以不生養五月誕生的孩子，是什麼緣故？（五）因爲五月生出的孩子，長到和門戶一般高的時候，他就會妨害父母的生命。（六）那麼，只要把門戶建造的很高很高，誰還能夠長的和門戶一般的高呢？（七）你不要再說了。

久之，文承閒問其父嬰曰：「子之子爲何？」曰：「爲孫。」「孫之孫爲何？」曰：「爲玄孫。」「玄孫之孫爲何？」曰：「不能知也。」文曰：「君用事相齊，至今三王矣，齊不加廣而君私家富累萬金，門下不見一賢者。文聞將門必有將，相門必有相。今君後宮蹈綺縠而士不得(短)褐，僕妾餘粱肉而士不厭糟糠（一）。今君又尚厚積餘藏，欲以遺所不知何人，而忘公家之事日損，文竊怪之（二）。」於是嬰迺禮文（三），使主家待賓客。賓客日進，名聲聞於諸侯。諸侯皆使人請薛公田嬰以文爲太子，嬰許之。嬰卒，謚爲靖郭君（四）。而文果代立於薛，是爲孟嘗君。

【註】（一）雖食糟糠，亦食不飽。又可解爲不以糟糠爲厭而食之。（二）現在你又厚積財產，想着遺留於你所不知道其爲何許人之後代子孫，而忘記了國家的事情一天敗壞一天，眞是使我不勝驚異。（三）其父聽到他的這般議論，於是才特別看待他。（四）靖郭君冢在今山東滕縣西南隅。

孟嘗君在薛，招致諸侯賓客及亡人有罪者（一），皆歸孟嘗君。孟嘗君舍業厚遇之（二），以故傾天下之士（三）。食客數千人，無貴賤一與文等（四）。孟嘗君待客坐語，而屏風後常有侍史，主記君所與客語（五），問親戚居處。客去，孟嘗君已使使存問，獻遺其親戚。孟嘗君曾待客夜食，有一人蔽火光。客怒，以飯不等，輟食辭去。孟嘗君起，自持其飯比之。客慚，自剄。士以此多歸孟嘗君。孟嘗君客無所擇，皆善遇之（六）。人人各自以爲孟嘗君親己。

【註】（一）亡人：亡命之人。（二）破費其產業而厚待客人。（三）使天下之士傾心向往，爭

赴其門。（四）不分貴賤完全與文之生活條件相同。（五）屛風後面常有待從秘書，記錄他與客人談話的內容。（六）孟嘗君對於客人無所分別，一律善待之。

秦昭王聞其賢，乃先使涇陽君爲質於齊，以求見孟嘗君。孟嘗君將入秦，賓客莫欲其行，諫，不聽。蘇代謂曰：「今旦代從外來，見木禺人（一）與土禺人相與語。木禺人曰：『天雨，子將敗矣。』土禺人曰：『我生於土，敗則歸土。今天雨，流子而行，未知所止息也（二）。』今秦，虎狼之國也，而君欲往，如有不得還，君得無爲土禺人所笑乎（三）？」孟嘗君乃止。

【註】（一）木禺人：卽木偶人。（二）把你漂蕩流落，不知道何處是你停留之地。（三）你怎能不爲土偶人所譏笑嗎？

齊湣王二十五年，復卒使孟嘗君入秦，昭王卽以孟嘗君爲秦相。人或說秦昭王曰：「孟嘗君賢，而又齊族也（一），今相秦，必先齊而後秦，秦其危矣。」於是秦昭王乃止。囚孟嘗君，謀欲殺之。孟嘗君使人抵昭王幸姬求解（二）。幸姬曰：「妾願得君狐白裘。」此時孟嘗君有一狐白裘，直千金，天下無雙，入秦獻之昭王，更無他裘。孟嘗君患之，徧問客，莫能對。最下坐有能爲狗盜者，曰：「臣能得狐白裘。」乃夜爲狗，以入秦宮臧中，取所獻狐白裘至，以獻秦王幸姬。幸姬爲言昭王，昭王釋孟嘗君。孟嘗君得出，卽馳去，更封傳（三），變名姓以出關（四）。夜半至函谷關。秦昭王後悔出孟嘗君，求之已去，卽使人馳傳逐之（五）。孟嘗君至關，關法雞鳴而出客，孟嘗君恐追至，客之居下坐者有能爲雞鳴，而雞齊鳴，遂發傳出。出如食頃（六），秦追果至關，已後孟嘗君出，乃還。始孟嘗君列此二人於賓客，賓客盡羞之，及孟嘗君有秦難，卒此二人拔之（七）。自是之後，客皆服。

【註】（一）族：種類。（二）孟嘗君使人到秦昭王最寵愛的妃子那裡請求釋放。（三）更：改也。封：邊界。傳：通行證。卽謂改換了過邊境的通行證。（四）關：函谷關。（五）以快馬追之。傳：同「轉」，沿途分站備馬，一站轉一站，以免馬之長途疲勞，速度減低，故各站準備馬匹聽用。（六）出關大概有一頓飯的時間。（七）終於由此雞鳴狗盜之兩人，把孟嘗君從危險之中拔救出來。

孟嘗君過趙，趙平原君客之。趙人聞孟嘗君賢，出觀之，皆笑曰：「始以薛公爲魁然也，今視之，乃眇小丈夫耳。」孟嘗君聞之，怒。客與俱者下，斫擊殺數百人，遂滅一縣以去。

齊湣王不自得以其遺孟嘗君。孟嘗君至，則以爲齊相，任政（一）。

【註】（一）不自得：心中慚愧不安。因其派孟嘗君入身於虎狼之秦，幾乎被殺。所以孟嘗君返國之後，齊王自覺內心不安，於是任孟嘗君為齊相。

孟嘗君怨秦，將以齊為韓、魏攻楚，因與韓、魏攻秦，而借兵食於西周。蘇代為西周謂曰：「君以齊為韓、魏攻楚九年，取宛、葉（一）以北以彊韓、魏，今復攻秦以益之。韓、魏南無楚憂，西無秦患，則齊危矣。韓、魏必輕齊畏秦，臣為君危之。君不如令敝邑深合於秦，而君無攻，又無借兵食。君臨函谷而無攻，令敝邑以君之情謂秦昭王曰『薛公必不破秦以彊韓、魏。其攻秦也，欲王之令楚王割東國以與齊（二），而秦出楚懷王以為和』君令敝邑以此惠秦，秦得無破而以東國自免也，秦必欲之。楚王得出，必德齊。齊得東國益彊，而薛世世無患矣。秦不大弱，而處三晉之西，三晉必重齊。」薛公曰：「善。」因令韓、魏賀秦，使三國無攻，而不借兵食於西周矣。是時，楚懷王入秦，秦留之，故欲必出之。秦不果出楚懷王（三）。

【註】（一）宛：河南南陽。葉：河南葉縣。（二）楚國東部邊區與齊國鄰接之地。（三）秦國對於釋放楚懷王回國之事遲疑不決。

孟嘗君相齊，其舍人魏子爲孟嘗君收邑入（一），三反而不致一入（二）。孟嘗君問之，對曰：「有賢者，竊假與之，以故不致入（三）。」孟嘗君怒而退魏子。居數年，人或毀孟嘗君於齊湣王曰：「孟嘗君將爲亂。」及田甲劫湣王，湣王意疑孟嘗君，孟嘗君迺奔。魏子所與粟賢者聞之，乃上書言孟嘗君不作亂，請以身爲盟，遂自剄宮門以明孟嘗君（四）。湣王乃驚，而蹤跡驗問，孟嘗君果無反謀（五），乃復召孟嘗君。孟嘗君因謝病，歸老於薛。湣王許之。

【註】（一）魏子爲孟嘗君收封邑之租稅。（二）去收租三次，回來之後，一次也不曾繳入租物。（三）因爲遇見了賢才之士，私自把租物給他們了，所以沒有繳入租物。（四）魏子以前所接濟的賢者聽說了孟嘗君被讒害的消息，乃自殺以證明孟嘗君之沒有反叛的意圖。（五）齊湣王派人追蹤偵察考驗訪問，孟嘗君果然沒有反謀。

其後，秦亡將呂禮相齊（一），欲困蘇代。代乃謂孟嘗君曰：「周最於齊，至厚也（二），而齊王逐之，而聽親弗（三）相呂禮者，欲取秦也。齊、秦合，則親弗與呂禮重矣。有用，齊、秦必輕君。君不如急北兵，趨趙以和秦、魏（四），收周最以厚行（五），且反齊王之信（六），又禁天下之變（七）。齊無秦，則天下集齊，親弗必走，則齊王孰與爲其國也！」於是孟嘗君從其計，而呂禮嫉害於孟嘗君。

【註】（一）秦昭王十二年，魏冉相秦，欲誅呂禮，故呂禮逃於齊國。（二）周最，周之公子。（三）親弗：姓親，名弗。戰國策爲「祝弗」。（四）趕急引兵而北，進逼趙國，藉以與秦魏和好。（五）收留周最以保存厚道。（六）並且恢復（反）齊王的信用（齊本歡迎周最，今又驅逐周最，是無信用）。（七）控制天下使之不發生變亂。

孟嘗君懼，乃遺秦相穰侯魏冉書曰：「吾聞秦欲以呂禮收齊（一），齊，天下之彊國也，子必輕矣。齊秦相取（三）以臨三晉，呂禮必并相矣，是子通齊以重呂禮也。若齊免於天下之兵，其讎子必深矣。子不如勸秦王伐齊。齊破，吾請以所得封子。齊破，秦畏晉之彊，秦必重子以取晉。晉國敝於齊而畏秦，晉必重子以取秦。是子破齊以爲功，挾晉以爲重；是子破齊定封，秦、晉交重子。若齊不破，呂禮復用，子必大窮。」於是穰侯言於秦昭王伐齊，而呂禮亡。

【註】（一）收：聯合。（二）取：聯合。

後齊湣王滅宋，益驕，欲去孟嘗君。孟嘗君恐，迺如魏（一）。魏昭王以爲相，西合於秦、趙，與燕共伐破齊。齊湣王亡在莒，遂死焉。齊襄王立，而孟嘗君中立於諸侯，無所屬。齊襄王新立，畏孟嘗君，與連和，復親薛公。文卒，謚為孟嘗君。諸子爭立，而齊魏共滅薛。孟嘗君絕嗣無後也。

【註】（一）如：往。

初，馮驩聞孟嘗君好客，躡蹻而見之（一）。孟嘗君曰：「先生遠辱，何以教文也？」馮驩曰：「聞君好士，以貧身歸於君。」孟嘗君置傳舍十日（二），孟嘗君問傳舍長曰：「客何所為？」答曰：「馮先生甚貧，猶有一劍耳，又蒯緱（三）。彈其劍而歌曰『長鋏歸來乎，食無魚』。」孟嘗君遷之幸舍（四），食有魚矣。五日，又問傳舍長。答曰：「客復彈劍而歌曰『長鋏歸來乎，出無輿』。」孟嘗君遷之代舍（五），出入乘輿車矣。五日，孟嘗君復問傳舍長。舍長答曰：「先生又嘗彈劍而歌曰『長鋏歸來乎，無以為家』。」孟嘗君不悅。

【註】（一）躡：音聶（ㄋㄧㄝˋ），足踏。蹻：音喬（ㄑㄧㄠˊ），草鞋。（二）傳舍：招待所之類，用以招待客人住宿者。（三）猶：但有，言其窮的只有一劍耳。蒯：音塊（ㄎㄨㄞˋ），茅草。緱：音摳（ㄎㄡ），刀劍之柄以草繩纏之也。（四）幸舍：較好的招待所。（五）更好的招待所。

居朞年，馮驩無所言。孟嘗君時相齊，封萬戶於薛。其食客三千人，邑入不足以奉客（一），使人出錢於薛（二）。歲餘不入，貸錢者多不能與其息（三），客奉將不給。孟嘗君憂之，問左右：「何人可使收債於薛者？」傳舍長曰：「代舍客馮公形容狀貌甚辯，長者（四），無他伎能（五），宜可令收債。」孟嘗君乃進馮驩而請之曰：「賓客不知文不肖，幸臨文者三千餘人，邑入不足以奉賓客，故出息錢於薛。薛歲不入，民頗不與其息。今客食恐不給，願先生責之。」馮驩曰：「諾。」辭行，至薛，召取孟嘗君錢者皆會，得息錢十萬。迺多釀酒，買肥牛，召諸取錢者，能與息者皆來，不能與息者亦來，皆持取錢之券書合之。齊爲會，日殺牛置酒。酒酣，乃持券如前合之，能與息者，與爲期（六）；貧不能與息者，取其券而燒之（七）。曰：「孟嘗君所以貸錢者，爲民之無者以爲本業也；所以求息者，爲無以奉客也。今富給者以要期，貧窮者燔券書以捐之。諸君彊飲食（八）。有君如此，豈可負哉（九）！」坐者皆起，再拜。

【註】（一）封邑的收入，不足以奉養客人。（二）貸錢於薛地。（三）貸錢的人，很多不能償付其利息。（四）辯：謹慎。長者：忠厚之人。（五）沒有別的本領。（六）富餘的人能給利息者，定期繳納。（七）貧窮而出不起利息者，把借條都燒燬了，算是一律取消。（八）各位多多的喝酒吃菜。（九）負：對不起。

孟嘗君聞馮驩燒券書，怒而使使召驩。驩至。孟嘗君曰：「文食客三千人，故貸錢於薛。文奉邑少，而民尚多不以時與其息，客食恐不足，故請先生收責之。聞先生得錢，即以多具牛酒而燒券書，何？」馮驩曰：「然。不多具牛酒即不能畢會，無以知其有餘不足。有餘者，爲要期。不足者，雖守而責之十年，息愈多，急，即以逃亡自捐之（一）。若急，終無以償（二），上則爲君好利不愛士民，下則有離上抵負之名，非所以厲士民彰君聲也（三）。焚無用虛債之券（四），捐不可得之虛計（五），令薛民親君而彰君之善聲也，君有何疑焉（六）！」孟嘗君乃拊手而謝之（七）。

【註】（一）貧窮的貸錢者，即使是坐在他家裡，催上十年，仍然是償付不起；並且利息越多，他們越是灼急，最後，沒有辦法，只好一逃了之。（二）如果是窮急，永遠償付不起，而逼得他們逃亡。（三）對於君，對於民，都是不好。爲君者，好利而不愛其民；爲民者，離上而抵賴債務，這實在不是鼓導人民表揚君聲的辦法。（四）焚燬了那些無用而掛賬之空頭債券。（五）捐棄了那些得不到的空虛數字。（六）使得人民親愛君上而表揚君上行善的美名，有什麼可疑慮的呢？（七）拊手：拍手，鼓掌。

齊王惑於秦、楚之毀，以爲孟嘗君名高其主而擅齊國之權，遂廢孟嘗君。諸客見孟嘗君廢，皆去。馮驩曰：「借臣車一乘，可以入秦者，必令君重於國而奉邑益廣，可乎？

」孟嘗君乃約車幣而遣之。馮驩乃西說秦王曰：「天下之游士馮軾結靷西入秦者（一），無不欲彊秦而弱齊；馮軾結靷東入齊者，無不欲彊齊而弱秦。此雄雌之國也，勢不兩立爲雄，雄者得天下矣。」秦王跽而問之曰：「何以使秦無爲雌而可？」馮驩曰：「王亦知齊之廢孟嘗君乎？」秦王曰：「聞之。」馮驩曰：「使齊重於天下者，孟嘗君也。今齊王以毀廢之，其心怨，必背齊；背齊入秦，則齊國之情，人事之誠（二），盡委之秦（三），齊地可得也，豈直爲雄也（四）！君急使使載幣陰迎孟嘗君，不可失時也。如有齊覺悟，復用孟嘗君，則雌雄之所在未可知也。」秦王大悅，迺遣車十乘黃金百鎰以迎孟嘗君。馮驩辭以先行。至齊，說齊王曰：「天下之游士馮軾結靷東入齊者，無不欲彊齊而弱秦者；馮軾結靷西入秦者，無不欲彊秦而弱齊者。夫秦齊雄雌之國，秦彊則齊弱矣，此勢不兩雄。今臣竊聞秦遣使車十乘載黃金百鎰以迎孟嘗君。孟嘗君不西則已，西入相秦則天下歸之，秦爲雄而齊爲雌，雌則臨淄、卽墨危矣。王何不先秦使之未到，復孟嘗君，而益與之邑以謝之？孟嘗君必喜而受之。秦雖彊國，豈可以請人相而迎之哉！折秦之謀，而絕其霸彊之略（五）。」齊王曰：「善。」乃使人至境候秦使。秦使車適入齊境，使還馳告之，王召孟嘗君而復其相位，而與其故邑之地，又益以千戶。秦之使者聞孟嘗君復相齊，還車而去矣。

【註】（一）馮軾：即「憑軾」：依身於車之橫木，即乘車也。結靷：靷，音引（一ㄣˇ），繫於車軸之革帶。結靷：即結乘，乘車而西入秦。（二）人事之實際情況。（三）盡交付於秦國。（四）豈直：豈僅。（五）挫折秦國的計謀，而斷絕其圖霸稱強的策略。

自齊王毀廢孟嘗君，諸客皆去。後召而復之，馮驩迎之。未到，孟嘗君太息歎曰：「文常好客，遇客無所敢失，食客三千有餘人，先生所知也。客見文一日廢，皆背文而去，莫顧文者。今賴先生得復其位，客亦有何面目復見文乎？如復見文者，必唾其面而大辱之。」馮驩結轡下拜。孟嘗君下車接之，曰：「先生為客謝乎？」馮驩曰：「非為客謝也，為君之言失，夫物有必至，事有固然，君知之乎？」孟嘗君曰：「愚不知所謂也。」曰：「生者必有死，物之必至也；富貴多士，貧賤寡友，事之固然也。君獨不見夫朝趣市者乎（一）？明旦，側肩爭門而入；日暮之後，過市者掉臂而不顧（二）。非好朝而惡暮，所期物亡其中（三）。今君失位，賓客皆去，不足以怨士而徒絕賓客之路。願君遇客如故。」孟嘗君再拜曰：「敬從命矣，聞先生之言，敢不奉教焉。」

【註】（一）趣：即「趨」，疾赴也。（二）掉臂：搖搖肩臂，表示沒有興趣之意。（三）他所

期望的東西，市中已經沒有了。即言市中沒有他所需要的東西。

太史公曰：吾嘗過薛，其俗閭里率多暴桀子弟（一），與鄒、魯殊。問其故，曰：「孟嘗君招致天下任俠（二），姦人入薛中蓋六萬餘家矣。」世之傳孟嘗君好客自喜，名不虛矣。

【註】（一）暴桀：性情暴戾，桀驁不馴。（二）任俠：任性俠氣，好打抱不平。

卷七十六　平原君虞卿列傳第十六

平原君趙勝者，趙之諸公子也（一）。諸子中勝最賢，喜賓客，賓客蓋至者數千人。平原君相趙惠文王及孝成王，三去相，三復位，封於東武城（二）。

平原君家樓臨民家。民家有躄者（三），槃散行汲（四）。平原君美人居樓上，臨見，大笑之。明日，躄者至平原君門，請曰：「臣聞君之喜士，士不遠千里而至者，以君能貴士而賤妾也。臣不幸有罷癃之病（五），而君之後宮臨而笑臣，臣願得笑臣者頭。」平原君笑應曰：「諾。」躄者去，平原君笑曰：「觀此豎子，乃欲以一笑之故殺吾美人，不亦甚乎！」終不殺。居歲餘，賓客門下舍人稍稍引去者過半。平原君怪之，曰：「勝所以待諸君者未嘗敢失禮，而去者何多也？」門下一人前對曰：「以君之不殺笑躄者，以君爲愛色而賤士，士卽去耳。」於是平原君乃斬笑躄者美人頭，自造門進躄者，因謝焉。其後門下乃復稍稍來。是時齊有孟嘗，魏有信陵，楚有春申，故爭相傾以待士（六）。

【註】（一）趙惠文王之弟。（二）東武城：山西平魯縣西北。（三）躄：跛足不良於行。（四）槃散：即「槃跚」，走着一蹶一蹶的。行汲：擔水。（五）罷癃：腰彎曲而背突起，卽俗言駝背也。（六）相傾，彼此爭着以傾心待士爲急務。

秦之圍邯鄲，趙使平原君求救，合從於楚，約與食客門下有勇力文武備具者二十人偕。平原君曰：「使文能取勝，則善矣。文不能取勝，則歃血於華屋之下，必得定從而還（一）。士不外索（二），取於食客門下足矣。」得十九人，餘無可取者，無以滿二十人。門下有毛遂者，前，自贊於平原君曰：「遂聞君將合從於楚，約與食客門下二十人偕，不外索。今少一人，願君卽以遂備員而行矣。」平原君曰：「先生處勝之門下幾年於此矣？」毛遂曰：「三年於此矣。」平原君曰：「夫賢士之處世也，譬若錐之處囊中，其末立見。今先生處勝之門下三年於此矣，左右未有所稱誦，勝未有所聞，是先生無所有也。先生不能，先生留。」毛遂曰：「臣乃今日請處囊中耳。使遂蚤得處囊中，乃穎脫而出，非特其末見而已（三）。」平原君竟與毛遂偕。十九人相與目笑之而未廢也（四）。

【註】（一）定從：確定合縱以抗秦。（二）不必向外求士。（三）穎脫：穎，錐末也，言其末全體脫出，非止微見，喻能自顯其才也。（四）十九人彼此以目示意而輕笑之，但是並沒有反對他去。

毛遂比至楚，與十九人論議，十九人皆服。平原君與楚合從，言其利害，日出而言之，日中不決。十九人謂毛遂曰：「先生上。」毛遂按劍歷階而上，謂平原君曰：「從之利害，兩言而決耳。今日出而言從，日中不決，何也（一）？」楚王謂平原君曰：「客何為者也？」平原君曰：「是勝之舍人也。」楚王叱曰：「胡不下！吾乃與而君言，汝何為者也（二）！」毛遂按劍而前曰：「王之所以叱遂者，以楚國之眾也。今十步之內，王不得恃楚國之眾也，王之命縣於遂手（三）。吾君在前，叱者何也？且遂聞湯以七十里之地王天下，文王以百里之壤而臣諸侯，豈其士卒眾多哉，誠能據其勢而奮其威。今楚地方五千里，持戟百萬，此霸王之資也。以楚之彊，天下弗能當。白起，小豎子耳，率數萬之眾，興師以與楚戰，一戰而舉鄢郢，再戰而燒夷陵，三戰而辱王之先人。此百世之怨而趙之所羞，而王弗知惡焉（四）。合從者為楚，非為趙也。吾君在前，叱者何也？」楚王曰：「唯唯，誠若先生之言，謹奉社稷而以從。」毛遂曰：「從定乎？」楚王曰：「定矣。」毛遂謂楚王之左右曰：「取雞狗馬之血來。」毛遂奉銅槃而跪進之楚王曰：「王當歃血而定從，次者吾君，次者遂。」遂定從於殿上。毛遂左手持槃血而右手招十九人曰：「公相與歃此血於堂下。公等錄錄（五），所謂因人成事者也（六）。」

【註】（一）合縱以抗秦的利害，兩句話就可以決定了，而現在從日頭出來就談起，以至於日中而猶不決定，是什麼緣故呢？　（二）楚王罵毛遂道：「何不退下？！我和你的長官談話，你是幹什麼的！」　（三）縣：卽「懸」。　（四）惡：痛恨。　（五）錄錄：卽「碌碌」，平庸無用。　（六）因人成事，自己沒有開創新局勢新事業的才具與魄力。

平原君已定從而歸，歸至於趙，曰：「勝不敢復相士（一）。勝相士多者千人，寡者百數，自以爲不失天下之士，今乃於毛先生而失之也。毛先生一至楚，而使趙重於九鼎大呂（二）。毛先生以三寸之舌，彊於百萬之師。勝不敢復相士。」遂以爲上客。

【註】（一）相士：觀察判斷天下之士人。　（二）九鼎大呂：皆傳國之寶器。大呂，鐘名。

平原君既返趙，楚使春申君將兵赴救趙，魏信陵君亦矯奪晉鄙軍往救趙，皆未至。秦急圍邯鄲，邯鄲急，且降，平原君甚患之。邯鄲傳舍吏子李同說平原君曰：「君不憂趙亡邪？」平原君曰：「趙亡則勝爲虜，何爲不憂乎？」李同曰：「邯鄲之民，炊骨易子而食（一），可謂急矣，而君之後宮以百數，婢妾被綺縠，餘粱肉，而民褐衣不完，糟糠不厭。民困兵盡，或剡木爲矛矢（二），而君器物鍾磬自若。使秦破趙，君安得有此？使趙得全，君何患無有？今君誠能令夫人以下編於士卒之閒，分功而作，家之所有盡散以饗士，士方其危苦之時，易德耳。」於是平原君從之，得敢死之士三千人。李同遂與三千人赴秦，秦軍爲之卻三十里。亦會楚、魏救至，秦兵遂罷，邯鄲復存。李同戰死，封其父爲李侯。

【註】（一）炊骨：以骨爲薪而燒炊。（二）剡：音奄（一ㄢˇ），削也。

虞卿欲以信陵君之存邯鄲爲平原君請封。公孫龍聞之，夜駕見平原君曰：「龍聞虞卿欲以信陵君之存邯鄲爲君請封，有之乎？」平原君曰：「然。」龍曰：「此甚不可。且王舉君而相趙者，非以君之智能爲趙國無有也。割東武城而封君者，非以君爲有功也，而以國人無勳，乃以君爲親戚故也（一）。君受相印不辭無能，割地不言無功者，亦自以爲親戚故也。今信陵君存邯鄲而請封，是親戚受城而國人計功也（二）。此甚不可。且虞卿操其兩權，事成，操右券以責（三）；事不成，以虛名德君。君必勿聽也。」平原君遂不聽虞卿。

【註】（一）此句的意義是「非以君爲有功也，非以國人爲無勳也，乃以君爲親戚故也。」此言親戚關係重於一切，平原君之得封，非以其有功，而以其有親戚關係之背景。國人之不得封，非以其無勳，而以其無親戚關係之背景。（二）此言平原君之雙重利益，當受城之時，彼以親戚關係而得之；當計功之時，彼又以國民資格而得之，此內外利益，皆爲平原君一人所獨得。（三）右劵：處於優越條件之契約。如事成，則虞卿可以憑優越條件之契約，獅子大張口的向平原君要索報酬。

平原君以趙孝成王十五年卒。子孫代，後竟與趙俱亡。

平原君厚待公孫龍。公孫龍善爲堅白之辯，及鄒衍過趙言至道，乃絀公孫龍（一）。

【註】（一）劉向別錄曰：「齊使鄒衍過趙，平原君見公孫龍及其徒綦母子之屬，論『白馬非馬』之辯，以問鄒子。鄒子曰：『不可！彼天下之辯，有五勝三至，而辭正爲下。辯者，別殊類使不相害，序異端使不相亂，杼意通指，明其所謂，使人與知焉，不務相迷也。故勝者不失其所守，不勝者得其所求。若是，故辯可爲也。及至煩文以相假，飾辭以相悖，巧譬以相移，引人聲使不得及其意。如此，害大道。夫繳紛爭言而競後息，不能無害君子』。坐皆稱善」。讀鄒衍此言，可見一切理論以辯論而明，但不可涉於詭辯。

虞卿者，游說之士也。躡蹻檐簦（一）說趙孝成王。一見，賜黃金百鎰，白璧一雙，再見，爲趙上卿，故號爲虞卿（二）。

【註】（一）躡蹻：踏着草鞋。檐簦：戴着竹笠。簦：音登（ㄉㄥ），有柄之竹笠。（二）虞卿：虞，姓也。

秦趙戰於長平，趙不勝，亡一都尉。趙王召樓昌與虞卿曰：「軍戰不勝，尉復死，寡人使束甲而趨之（一），何如？」樓昌曰：「無益也，不如發重使爲媾（二）。」虞卿曰：「昌言媾者，以爲不媾軍必破也。而制媾者在秦。且王之論秦也，欲破趙之軍乎，不邪？」王曰：「秦不遺餘力矣，必且欲破趙軍。」虞卿曰：「王聽臣，發使出重寶以附楚、魏，楚、魏欲得王之重寶，必內吾使（三）。趙使入楚、魏，秦必疑天下之合從，且必恐。如此，則媾乃可爲也。」趙王不聽，與平陽君爲媾，發鄭朱入秦。秦內之。趙王召虞卿曰：「寡人使平陽君爲媾於秦，秦已內鄭朱矣，卿以爲奚如？」虞卿對曰：「王不得媾，軍必破矣。天下賀戰勝者皆在秦矣。鄭朱，貴人也，入秦，秦王與應侯必顯重以示天下。楚、魏以趙爲媾，必不救王。秦知天下不救王，則媾不可得成也。」應侯果顯鄭朱以示天下賀戰勝者，終不肯媾。長平大敗（四），遂圍邯鄲，爲天下笑。

【註】（一）束甲：捲甲使之無聲，急行軍而襲敵。（二）派遣重要人物爲使者以與敵講和。（三）內：通「納」，接受。（四）長平：在今山西高平縣西北。

秦既解邯鄲圍，而趙王入朝，使趙郝約事於秦，割六縣而媾。虞卿謂趙王曰：「秦之攻王也，倦而歸乎？王以其力尚能進，愛王而弗攻乎？」王曰：「秦之攻我也，不遺餘力矣，必以倦而歸也。」虞卿曰：「秦以其力攻其所不能取，倦而歸，王又以其力之所不能取以送之，是助秦自攻也。來年秦復攻王，王無救矣。」王以虞卿之言告趙郝。趙郝曰：「虞卿誠能盡秦力之所至乎？誠知秦力之所不能進，此彈丸之地弗予，令秦來年復攻王（一），王得無割其內而媾乎？」王曰：「請聽子割矣，子能必使來年秦之不復攻我乎（二）？」趙郝對曰：「此非臣之所敢任也。他日三晉之交於秦，相善也。今秦善韓、魏而攻王，王之所以事秦必不如韓、魏也。今臣爲足下解負親之攻（三），開關通幣，齊交韓、魏，至來年而王獨取攻於秦，此王之所以事秦必在韓、魏之後也。此非臣之所敢任也。」

【註】（一）令：假使。（二）你能保證（必）秦國明年不再攻打我們嗎？（三）負親：有負於昔日之親善關係，言趙昔與秦親，而後背之。意謂：現在我爲足下解開了有負於秦而招來之攻擊。

王以告虞卿。虞卿對曰：「郝言『不媾，來年秦復攻王，王得無割其內而媾乎』。今媾，郝又以不能必秦之不復攻也。今雖割六城，何益！來年復攻，又割其力之所不能取而媾，此自盡之術也（一），不如無媾。秦雖善攻，不能取六縣；趙雖不能守，終不失六城。秦倦而歸，兵必罷。我以六城收天下以攻罷秦，是我失之於天下而取償於秦也。吾國尚利，孰與坐而割地，自弱以彊秦哉？今郝曰『秦善韓、魏而攻趙者，必（以爲韓魏不救趙也而王之必孤有以）王之事秦不如韓、魏也』，是使王歲以六城事秦也，卽坐而城盡。來年秦復求割地，王將與之乎？弗與，是弃前功而挑秦禍也；與之，則無地而給之。語曰『彊者善攻，弱者不能守』。今坐而聽秦，秦兵不獘而多得地，是彊秦而弱趙也。以益彊之秦而割愈弱之趙，其計故不止矣。且王之地有盡而秦之求無已，以有盡之地而給無已之求，其勢必無趙矣。」

趙王計未定，樓緩從秦來，趙王與樓緩計之，曰：「予秦地（何）如毋予，孰吉？」緩辭讓曰：「此非臣之所能知也。」王曰：「雖然，試言公之私（二）。」樓緩對曰：「王亦聞夫公甫文伯母乎？公甫文伯仕於魯，病死，女子爲自殺於房中者二人。其母聞之，弗哭也。其相室曰（三）：『焉有子死而弗哭者乎？』其母曰：『孔子，賢人也，逐於魯，而是人不隨也。今死而婦人爲之自殺者二人，若是者必其於長者薄而於婦人厚也。』故從母言之，是爲賢母；從妻言之，是必不免爲妒妻。故其言一也，言者異則人心變矣。今臣新從秦來而言勿予，則非計也；言予之，恐王以臣爲爲秦也：故不敢對。使臣得爲大王計，不如予之。」王曰：「諾」。

【註】（一）自殺的辦法。又可解釋爲自己把土地斷送完了。（二）私：私人內心的意見。（三）相室：助理家務之人。

虞卿聞之，入見王曰：「此飾說也（一），王昚勿予（二）！」樓緩聞之，往見王。王又以虞卿之言告樓緩。樓緩對曰：「不然。虞卿得其一，不得其二。夫秦趙構難（三）而天下皆說（四），何也？曰『吾且因彊而乘弱矣』。今趙兵困於秦，天下之賀戰勝者則必盡在於秦矣。故不如亟割地爲和，以疑天下而慰秦之心。不然，天下將因秦之（彊）怒，乘趙之獘，瓜分之。趙且亡，何秦之圖乎？故曰虞卿得其一，不得其二。願王以此決之，勿復計也。」

【註】（一）虛僞造作的言論。（二）昚：卽「愼」字，千萬不要給他。（三）構難：兩國交兵。（四）說：卽「悅」。

虞卿聞之，往見王曰：「危哉樓子之所以爲秦者，是愈疑天下，而何慰秦之心哉？獨不言其示天下弱乎？且臣言勿予者，非固勿予而已也（一）。秦索六城於王，而王以六城賂齊。齊，秦之深讎也，得王之六城，幷力西擊秦，齊之聽王，不待辭之畢也。則是王失之於齊而取償於秦也。而齊、趙之深讎可以報矣，而示天下有能為也（二）。王以此發聲（三），兵未窺於境，臣見秦之重賂至趙而反媾於王也（四）。從秦為媾（五），韓、魏聞之，必盡重王（六）；重王，必出重寶以先於王。則是王一舉而結三國之親，而與秦易道也（七）。」趙王曰：「善。」則使虞卿東見齊王，與之謀秦。虞卿未返，秦使者已在趙矣。樓緩聞之，亡去。趙於是封虞卿以一城。

【註】（一）不僅是不給於秦而已。（二）告訴天下還有能幹的人可以抵抗秦國。（三）王以此發表聲明。（四）秦國轉回頭要向王請求講和。（五）由秦國主動來講和。（六）韓魏聽說必然都重視王。（七）三國結親而與秦國走相反的路線。

居頃之，而魏請為從。趙孝成王召虞卿謀。過平原君，平原君曰：「願卿之論從也。」虞卿入見王。王曰：「魏請為從。」對曰：「魏過。」王曰：「寡人固未之許。」對曰：「王過。」王曰：「魏請從，卿曰魏過，寡人未之許，又曰寡人過，然則從終不可乎？」對曰：「臣聞小國之與大國從事也，有利則大國受其福，有敗則小國受其禍。今魏以小國請其禍，而王以大國辭其福，臣故曰王過，魏亦過。竊以為從便。」王曰：

「善。」乃合魏爲從（一）。

【註】（一）魏國請與趙國聯合以抗秦。

虞卿既以魏齊之故，不重萬戶侯卿相之印，與魏齊閒行，卒去趙，困於梁。魏齊已死，不得意，乃著書，上採春秋，下觀近世，曰節義、稱號、揣摩、政謀，凡八篇。以刺譏國家得失，世傳之曰虞氏春秋（一）。

【註】（一）魏齊：魏相，與應侯（范睢）有仇，應侯爲秦相，求之急，魏齊乃投奔虞卿，卿棄相印，與魏齊秘密逃亡於大梁，請求信陵君庇護。信陵君不敢斷然答應收留。於是魏齊自殺，而虞卿亦窮愁不堪，乃奮而著書十五篇，曰虞氏春秋。

太史公曰：平原君，翩翩濁世之佳公子也（一），然未睹大體。鄙語曰「利令智昏」，平原君貪馮亭邪說，使趙陷長平兵四十餘萬衆，邯鄲幾亡。虞卿料事揣情，爲趙畫策，何其工也（二）！及不忍魏齊，卒困於大梁，庸夫且知其不可，況賢人乎？然虞卿非窮愁，亦不能著書以自見於後世云。

【註】（一）翩翩：風流文采的樣子。翩，音篇（ㄆㄧㄢ）。濁世：混亂的世代。（二）工：巧妙。

卷七十七　魏公子列傳第十七

魏公子無忌者，魏昭王少子而魏安釐王異母弟也。昭王薨，安釐王即位，封公子爲信陵君。是時范睢亡魏相秦，以怨魏齊故，秦兵圍大梁，破魏華陽下軍，走芒卯。魏王及公子患之。

公子爲人仁而下士，士無賢不肖皆謙而禮交之，不敢以其富貴驕士。士以此方數千里爭往歸之，致食客三千人。當是時，諸侯以公子賢，多客，不敢加兵謀魏十年。

公子與魏王博，而北境傳舉烽（一），言「趙寇至，且入界」。魏王釋博，欲召大臣謀。公子止王曰：「趙王田獵耳，非爲寇也。」復博如故。王恐，心不在博。居頃，復從北方來傳言曰：「趙王獵耳，非爲寇也。」魏王大驚，曰：「公子何以知之？」公子曰：「臣之客有能深得趙王陰事（二）者，趙王所爲，客輒以報臣，臣以此知之。」是後魏王畏公子之賢能，不敢任公子以國政。

【註】（一）舉烽：古人戍守邊境，作高土臺，臺上作桔橰，桔橰頭有兜零，以薪草置其上，常低之，如發現敵寇，即燃火舉高以爲報警之信號。（二）陰事：在暗中探知趙王之一切動作。

魏有隱士曰侯嬴，年七十，家貧，爲大梁夷門監者（一）。公子聞之，往請，欲厚遺之（二）。不肯受，曰：「臣脩身絜行（三）數十年，終不以監門困故而受公子財。」公子於是乃置酒大會賓客。坐定，公子從車騎，虛左，自迎夷門侯生。侯生攝敝衣冠，直上載公子上坐，不讓，欲以觀公子。公子執轡愈恭。侯生又謂公子曰：「臣有客在市屠中，願枉車騎過之（四）。」公子引車入市，侯生下見其客朱亥，俾倪（五）故久立（六），與其客語，微察公子。公子顏色愈和。當是時，魏將相宗室賓客滿堂，待公子舉酒。市人皆觀公子執轡。從騎皆竊罵侯生。侯生視公子色終不變，乃謝客就車。至家，公子引侯生坐上坐，徧贊賓客（七），賓客皆驚。酒酣，公子起，爲壽侯生前。侯生因謂公子曰：「今日嬴之爲公子亦足矣（八）。嬴乃夷門抱關者也（九），而公子親枉車騎，自迎嬴於衆人廣坐之中（一〇），不宜有所過（一一），今公子故過之（一二）。然嬴欲就公子之名（一三），故久立公子車騎市中（一四），過客以觀公子，公子愈恭（一五）。市人皆以嬴爲小人，（一六）而以公子爲長者能下士也（一七）。」於是罷酒，侯生遂爲上客。

【註】（一）夷門：東門。監者：看守城門之人。（二）遺：餽贈。（三）絜：即「潔」。（四）枉：繞道。（五）俾倪：即「睥睨」，邪目而視的樣子。（六）故：故意，不必久立而故意久立。（七）徧贊賓客：在賓客之前，普遍介紹侯生而讚美之。（八）今日嬴之爲公子爭取名譽，已經足够了。（九）嬴乃是個在夷門把守城門之人。（一〇）而公子親自枉駕以車騎迎我於衆人廣坐之中。（一一）既然上車就應當直接到府，不應當半途繞路去看朋友。（一二）但是，我故意使你繞路。（一三）我又想完成你的好名譽。（一四）所以又故意與客人久談，使你的車馬在大街之上停待很久。（一五）使全街之人看見你對於一個把守城門的老人，態度如此之恭敬。（一六）於是全市之人，皆以我爲不識抬擧的小人。（一七）而以你爲能禮賢下士的長者。所以說我今天替公子爭取名譽的努力，已經是足够的了。

侯生謂公子曰：「臣所過屠者朱亥，此子賢者，世莫能知，故隱屠閒耳。」公子往數請之，朱亥故不復謝（一），公子怪之。

魏安釐王二十年，秦昭王已破趙長平軍，又進兵圍邯鄲。公子姊爲趙惠文王弟平原君夫人，數遺魏王及公子書，請救於魏。魏王使將軍晉鄙將十萬衆救趙。秦王使使者告魏王曰：「吾攻趙旦暮且下，而諸侯敢救者，已拔趙，必移兵先擊之。」魏王恐，使人止晉鄙，留軍壁鄴，名爲救趙，實持兩端以觀望（二）。平原君使者冠蓋相屬於魏（三），讓魏公子曰（四）：「勝所以自附爲婚姻者，以公子之高義，爲能急人之困。今邯鄲日暮降秦而魏救不至，安在公子能急人之困也（五）！且公子縱輕勝，弃之降秦，獨不憐公子姊邪（六）？」公子患之，數請魏王，及賓客辯士說王萬端（七）。魏王畏秦，終不聽公子。公子自度終不能得之於王（八），計不獨生而令趙亡，乃請賓客，約車騎百餘乘，欲以客往赴秦軍，與趙俱死。

【註】（一）故意不回拜。（二）留駐軍隊於河南安陽一帶，爲壁壘以守，不肯前進。（三）冠蓋：表示有身份地位的代表。相屬：連續不斷的。（四）讓：責怪。（五）公子怎能算是能救人之困苦呢？（六）邪：即「耶」字，疑問辭。（七）萬端：言其方法之多，至於萬條，用盡了一切的方法，而魏王始終不聽。（八）自度：自已推斷。

行過夷門，見侯生，具告所以欲死秦軍狀（一），辭決而行，侯生曰：「公子勉之矣，老臣不能從。」公子行數里，心不快，曰：「吾所以待侯生者備矣，天下莫不聞，今吾且（二）死而侯生曾無一言半辭送我，我豈有所失哉？」復引車還，問侯生。侯生笑曰：「臣固知公子之還也。」曰：「公子喜士，名聞天下。今有難，無他端而欲赴秦軍，譬若以肉投餒虎（三），何功之有哉？尚安事客（四）？然公子遇臣厚，公子往而臣不送，以是知公子恨之復返也。」公子再拜，因問。侯生乃屛人閒語，曰：「嬴聞晉鄙之兵符（五）常在王臥內，而如姬最幸，出入王臥內，力能竊之。嬴聞如姬父為人所殺，如姬資之三年，自王以下欲求報其父仇（六），莫能得。如姬為公子泣，公子使客斬其仇頭，敬進如姬。如姬之欲為公子死，無所辭，顧未有路耳。公子誠一開口請如姬，如姬必許諾，則得虎符奪晉鄙軍，北救趙而西卻秦，此五霸之伐也。」公子從其計，請如姬。如姬果盜晉鄙兵符與公子。

【註】（一）具告：同「俱告」，完全告訴其心。（二）且：將也。（三）餒虎：餓虎。餒：音內上聲（ㄋㄟˇ），飢餓也。（四）又何必用客人？要客人有什麼用場呢？（五）兵符：發兵的信符，證件。（六）如姬以財物資助於人，打聽仇人之所在，而為父報仇。

公子行，侯生曰：「將在外，主令有所不受，以便國家。公子卽合符，而晉鄙不授公子兵而復請之，事必危矣。臣客屠者朱亥可與俱，此人力士。晉鄙聽，大善；不聽，可使擊之。」於是公子泣。侯生曰：「公子畏死邪？何泣也？」公子曰：「晉鄙嚄唶宿將，（一）往恐不聽，必當殺之，是以泣耳，豈畏死哉？」於是公子請朱亥。朱亥笑曰

：「臣迺市井鼓刀屠者（二），而公子親數存之（三），所以不報謝者，以爲小禮無所用。今公子有急，此乃臣效命之秋也（四）。」遂與公子俱。公子過謝侯生。侯生曰：「臣宜從，老不能。請數公子行日（五），以至晉鄙軍之日，北鄉自剄（六），以送公子。」公子遂行。

【註】（一）嚄唶：嚄，音貨（ㄏㄨㄛˋ），大笑也。唶，音作（ㄗㄨㄛˊ），大叫也。宿將：老將。（二）鼓刀：揮鼓刀子以屠牲畜。（三）親身數次來問候。（四）效命：貢獻生命。（五）數：計算時日。（六）北鄉：即北向。

至鄴，矯魏王令代晉鄙。晉鄙合符，疑之，擧手視公子曰：「今吾擁十萬之衆，屯於境上，國之重任，今單車來代之，何如哉？」欲無聽。朱亥袖四十斤鐵椎，椎殺晉鄙，公子遂將晉鄙軍。勒兵下令軍中曰：「父子俱在軍中，父歸；兄弟俱在軍中，兄歸；獨子無兄弟，歸養。」得選兵八萬人，進兵擊秦軍。秦軍解去，遂救邯鄲，存趙。趙王及平原君自迎公子於界，平原君負韊矢（一）爲公子先引。趙王再拜曰：「自古賢人未有及公子者也。」當此之時，平原君不敢自比於人。公子與侯生決，至軍，侯生果北鄉自剄。

【註】（一）韊：音蘭（ㄌㄢˊ），盛弩矢之器。

魏王怒公子之盜其兵符，矯殺晉鄙，公子亦自知也。已卻秦存趙，使將將其軍歸魏，而公子獨與客留趙。趙孝成王德公子之矯奪晉鄙兵而存趙（一），乃與平原君計，以五城封公子。公子聞之，意驕矜而有自功之色。客有說公子曰：「物有不可忘，或有不可不忘。夫人有德於公子，公子不可忘也；公子有德於人，願公子忘之也。且矯魏王令，奪晉鄙兵以救趙，於趙則有功矣，於魏則未爲忠臣也。公子乃自驕而功之，竊爲公子不取也。」於是公子立自責（二），似若無所容者。趙王埽除自迎，執主人之禮，引公子就西階（三）。公子側行辭讓，從東階上。自言辠過，以負於魏（四），無功於趙。趙王侍酒至暮，口不忍獻五城，以公子退讓也。公子竟留趙。趙王以鄗（五）爲公子湯沐邑，魏亦復以信陵奉公子（六）。公子留趙。

【註】（一）德：感激。（二）立自責：立時，立刻自己責備自己。（三）禮記、曲禮篇曰：「主人就東階，客就西階。客若降等，則就主之之階。」（四）辠：音罪（ㄗㄨㄟˋ），罪過。（五）鄗：音皓（ㄏㄠˋ），在河北柏鄉縣之北。（六）信陵：地名在河南寧陵縣。

公子聞趙有處士毛公藏於博徒，薛公藏於賣漿家，公子欲見兩人，兩人自匿不肯見公子。公子聞所在，乃閒步往從此兩人游，甚歡。平原君聞之，謂其夫人曰：「始吾聞夫人弟公子天下無雙，今吾聞之，乃妄從博徒賣漿者游，公子妄人耳（一）。」夫人以告公子。公子乃謝夫人去，曰：「始吾聞平原君賢，故負魏王而救趙，以稱平原君。平原君之游，徒豪舉耳（二），不求士也。無忌自在大梁時，常聞此兩人賢，至趙，恐不得見，以無忌從之游，尚恐其不我欲也（三），今平原君乃以爲羞，其不足從游。」乃裝爲去。夫人具以語平原君。平原君乃免冠謝，固留公子（四）。平原君門下聞之，半去平原君歸公子，天下士復往歸公子，公子傾平原君客（五）。

【註】（一）妄人：狂妄無知之人。（二）豪舉：舉止豪華而無眞才。（三）還怕他們不想與我爲游。（四）固留：堅決的挽留。（五）信陵君之客多於平原君。或解釋爲平原君之客都傾向於公子了。

公子留趙十年不歸。秦聞公子在趙，日夜出兵東伐魏。魏王患之，使使往請公子。公子恐其怒之，乃誡門下：「有敢爲魏王使通者，死。」賓客皆背魏之趙，莫敢勸公子歸。毛公、薛公兩人往見公子曰：「公子所以重於趙，名聞諸侯者，徒以有魏也。今秦攻魏，魏急而公子不恤，使秦破大梁而夷先王之宗廟（一），公子當何面目立天下乎？」語未及卒（二），公子立變色，告車趣駕歸救魏（三）。

【註】（一）夷：毀滅。（二）卒：完畢。趣：同「促」，促其速也。

魏王見公子，相與泣，而以上將軍印授公子，公子遂將。魏安釐王三十年，公子使使遍告諸侯。諸侯聞公子將，各遣將將兵救魏。公子率五國之兵破秦軍於河外，走蒙驁。遂乘勝逐秦軍至函谷關，抑秦兵（一），秦兵不敢出。當是時，公子威振天下，諸侯之客進兵法，公子皆名之（二），故世俗稱魏公子兵法（三）。

【註】（一）函谷關：在河南靈寶縣南，關城在谷中，深險如函，故名。東自崤山，西至潼關，通稱之爲函谷關。是東西交通咽喉。自西而逐鹿中原者，非通過此一險塞之地不可。其地皆山嶺崎嶇，不易行走。自東而問鼎陝甘者，亦非打通此路不可。抗戰時代之日本軍閥卽被挫此間，而不能前進一步。可見地形之重要。（二）諸侯之客有進兵法於公子者，公子皆稱其名。表示不掠人之美也。（三）劉歆七略有魏公子兵法二十一篇，圖七卷。

秦王患之，乃行金萬斤於魏，求晉鄙客，令毀公子於魏王曰：「公子亡在外十年矣，今爲魏將，諸侯將皆屬，諸侯徒聞魏公子，不聞魏王。公子亦欲因此時定南面而王，諸侯畏公子之威，方欲共立之。」秦數使反閒，僞賀公子得立爲魏王未也。魏王日聞其毀，不能不信，後果使人代公子將。公子自知再以毀廢，乃謝病不朝，與賓客爲長夜飲，飲醇酒，多近婦女。日夜爲樂飲者四歲，竟病酒而卒(一)。其歲，魏安釐王亦薨。秦聞公子死，使蒙驁攻魏，拔二十城，初置東郡。其後秦稍蠶食魏，十八歲而虜魏王，(二)屠大梁。

【註】(一)信陵君死於秦始皇四年。(二)魏王名假。

高祖始微少時，數聞公子賢。及卽天子位，每過大梁，常祠公子。高祖十二年，從擊黥布還，爲公子置守冢五家，世世歲以四時奉祠公子。

太史公曰：吾過大梁之墟，求問其所謂夷門。夷門者，城之東門也。天下諸公子亦有喜士者矣，然信陵君之接巖穴隱者，不恥下交，有以也。名冠諸侯，不虛耳(一)。高祖每過之而令民奉祠不絕也。

【註】(一)信陵君接交巖穴之隱者，不以交往貧賤之人爲恥，比之當時之諸公子惟以舉止豪綽爲務者，高出一等矣。

卷七十八　春申君列傳第十八

春申君者，楚人也，名歇，姓黃氏。游學博聞，事楚頃襄王（一）。頃襄王以歇爲辯，使於秦。秦昭王使白起攻韓、魏，敗之於華陽（二），禽魏將芒卯，韓、魏服而事秦。秦昭王方令白起與韓、魏共伐楚，未行，而楚使黃歇適至於秦，聞秦之計。當是之時，秦已前使白起攻楚，取巫、黔中之郡，拔鄢郢，東至竟陵（三），楚頃襄王東徙治於陳縣（四）。黃歇見楚懷王之爲秦所誘而入朝，遂見欺，留死於秦。頃襄王，其子也，秦輕之，恐壹擧兵而滅楚。歇乃上書說秦昭王曰：

天下莫彊於秦、楚。今聞大王欲伐楚，此猶兩虎相與鬭。兩虎相與鬭而駑犬受其獘（五），不如善楚。臣請言其說：臣聞物至則反，冬夏是也；致至則危，累棊是也（六）。今大國之地，徧天下有二垂（七），此從生民已來，萬乘之地未嘗有也。先帝文王、莊王之身，三世不妄接地於齊，以絕從親之要（八）。今王使盛橋守事於韓（九），盛橋以其地入秦，是王不用甲，不信威（一〇），而得百里之地。王可謂能矣。王又舉甲而攻魏，杜大梁之門（一一），舉河內，拔燕、酸棗，虛桃，入邢（一二），魏之兵雲翔而不敢捄（一三）。王之功亦多矣。王休甲息衆，二年而後復之；又并蒲、衍、首、垣（一四），以臨仁、平丘，黃、濟陽嬰城（一五）而魏氏服；王又割濮磨之北（一六），注齊秦之要（一七），絕楚趙之脊（一八），天下五合六聚而不敢救（一九）。王之威亦單矣（二〇）。

【註】（一）頃襄王名橫，考烈王完之父。（二）華陽：在河南新鄭縣東南。（三）竟陵：在湖北天門縣西北。（四）陳：河南淮陽縣。（五）兩虎相鬥而疲敝，則駑犬承其敝而得利。（六）致至：發展至於極點。致，可作「置」解，置物其上。累碁：累積碁子，言其危險。（七）整個的天下，秦國佔有西、北、兩垂之廣。（八）以打斷東方各國諸侯聯合抗秦的結合。（九）盛橋，秦所派於韓國而統治韓國之人。（一〇）信：通「伸」，伸張。（一一）杜：堵塞。（一二）河內：河南沁陽縣一帶之地。燕：河南汲縣。酸棗：河南延津縣北。虛桃：使桃城爲之空虛。虛，動詞，謂空虛其地也。桃城：在河南延津縣北。邢丘：在河南溫縣。（一三）雲翔：徘徊遲疑而不敢採取行動。（一四）蒲鄉：河北長垣縣。衍：在河南鄭縣北三十里。首：牛首。垣：河北長垣縣。（一五）仁：即任城，在山東曲阜一帶。平丘：在河南陳留縣。黃：河南外黃縣。濟陽：在河南蘭封東北。嬰城：閉城而守。（一六）濮：今山東濮縣。磨：地名，大概近於濮縣。（一七）注：貫注

，貫通，聯繫。要：同「腰」。貫通了齊秦之腰，就是東西聯合。（一八）東西聯合之後，則南方之楚與北方之趙，自然是被截斷了。（一九）天下諸侯五次結合，六次聚會，都不敢來救。（二〇）王的威風，可以算是發揮盡致了。（殫，盡也，巔峯狀態）。

王若能持功守威（一），絀攻取之心（二）而肥仁義之地（三），使無後患，三王不足四，五伯不足六也（四）。王若負人徒之衆（五），仗兵革之彊（六），乘毀魏之威（七），而欲以力臣天下之主（八），臣恐其有後患也（九）。詩曰「靡不有初，鮮克有終。」易曰「狐涉水，濡其尾（一〇）」。此言始之易，終之難也。何以知其然也？昔智氏見伐趙之利而不知榆次之禍（一一），吳見伐齊之便而不知干隧之敗（一二）。此二國者，非無大功也，沒利於前而易患於後也。吳之信越也，從而伐齊，既勝齊人於艾陵（一三），還爲越王禽三渚之浦（一四）。智氏之信韓、魏也，從而伐趙，攻晉陽城（一五），勝有日矣，韓、魏叛之，殺智伯瑶於鑿臺之下（一六）。今王妒楚之不毀也，而忘毀楚之彊韓、魏也，臣爲王慮而不取也。

【註】（一）保持已有之成功與威望。（二）消除攻取的野心。（三）壯大仁義的作風。（四）則可以與三王五霸相比美。（五）王若憑恃人徒之衆。（六）依仗兵革之強。（七）趁着滅魏

的威風。（八）而欲以暴力臣服天下之主。（九）我恐怕要有後患。（一〇）狐惜其尾，每涉水，舉其尾，不使之濕。但到了涉水過久而困極，則不得不濡其尾，雖欲惜之而不可能也。此言凡事不可過分。（一一）榆次：山西榆次縣，智伯敗於榆次。（一二）干隧：在蘇州西北四十里。（一三）艾陵：在山東博縣南六十里。吳王夫差敗齊人於艾陵。（一四）三渚之浦：在蘇州西北。（一五）晉陽：山西太原。（一六）鑿臺：山西榆次縣。

詩曰「大武遠宅而不涉（一）」。從此觀之，楚國，援也；鄰國，敵也。詩云「趯趯毚兔，遇犬獲之（二）。他人有心，余忖度之。」今王中道而信韓、魏之善王也，此正吳之信越也。臣聞之，敵不可假（三），時不可失。臣恐韓、魏卑辭除患而實欲欺大國也。何則？王無重世之德（四）於韓、魏，而有累世之怨焉。夫韓、魏父子兄弟接踵而死於秦者將十世矣。本國殘，社稷壞，宗廟毀。刳腹絕腸，折頸摺頤（五），首身分離，暴骸骨於草澤（六），頭顱僵仆，相望於境，父子老弱係脰束手（七）爲羣虜者相及於路。鬼神孤傷，無所血食，人民不聊生，族類離散，流亡爲僕妾，盈滿海內矣。故韓、魏之不亡，秦社稷之憂也，今王資之與攻楚，不亦過乎！

【註】（一）宅：根據地。即謂善於用武者，決不遠離其根據地而跋涉長征。（二）趯趯：跳跳躍

躍也。毚兔：狡猾的兔子。毚，音讒（ㄔㄢˊ）。跳跳躍躍的狡猾多端的兔子，一旦不幸，也會被犬所擒住。這就是說，常走黑路必會碰見鬼。（三）敵人不可寬容（假）。（四）重世：累世，長時期的。重，讀崇（ㄔㄨㄥˊ）。（五）摺：拉折之也。頤：頷也，面頰也。音怡。（六）暴：同曝。（七）係：同「繫。」脰：音豆（ㄉㄡˋ），頸項。脖子。

且王攻楚將惡出兵（一）？王將借路於仇讎之韓、魏乎？兵出之日而王憂其不返也（二），是王以兵資於仇讎之韓、魏也。王若不借路於仇讎之韓、魏，必攻隨水右壤。隨水右壤，此皆廣川大水，山林谿谷，不食之地也，王雖有之，不為得地。是王有毀楚之名而無得地之實也（三）。

【註】（一）王若攻楚，你怎樣出兵呢？（二）如若借韓魏之路以攻楚（河南淮陽），韓魏對於秦國有深仇大恨，兵出之日，就是死路一條。（三）如若從隨水右壤（河南南陽一帶之地）出兵，這一帶，盡是些山林溪谷，不可耕種之地，得之亦無用。

且王攻楚之日，四國必悉起兵以應王。秦、楚之兵構而不離（一），魏氏將出而攻留、方與、銍、湖陵、碭、蕭、相（二），故宋必盡（三）。齊人南面攻楚，泗上必舉。此皆平原四達，膏腴之地，而使獨攻。王破楚以肥韓、魏於中國而勁齊。韓、魏之彊，足以校於秦（四）。齊南以泗水爲境，東負海，北倚河，而無後患，天下之國莫彊於齊、魏，齊、魏得地葆利而詳事下吏（五），一年之後，爲帝未能，其於禁王之爲帝有餘矣（六）。

【註】（一）秦楚交戰，撕纏不離，成爲拉鋸戰。（二）於是魏國就要藉着機會而攻取留（江蘇沛縣東南）方與（山東魚臺縣北），銍（安徽省宿縣西南），湖陵（山東魚臺縣東南），碭（江蘇碭縣），蕭（江蘇蕭縣），相（安徽宿縣西北）。（三）凡徐州以西，宋州以東，兗州以南，皆舊時之宋地。（四）校：通「較」，較量高低。（五）詳：即「佯」，僞裝。（六）他們雖不能爲帝，但是牽掣秦國使不得爲帝，則力量綽然有餘了。

夫以王壤土之博，人徒之衆，兵革之彊，壹舉事而樹怨於楚，遲令韓、魏歸帝重於齊（一），是王失計也。臣爲王慮，莫若善楚。秦、楚合而爲一以臨韓，韓必斂手。王施以東山之險，帶以曲河之利，韓必爲關內之侯。若是而王以十萬戍鄭，梁氏寒心，許、鄢陵嬰城（二），而上蔡、召陵不往來也（三），如此而魏亦關內侯矣。王壹善楚，而關內兩萬乘之主注地於齊（四），齊右壤可拱手而取也。王之地一經兩海（五），要約天下，是燕、趙無齊、楚，齊、楚無燕、趙也。然後危動燕、趙，直搖齊、楚，此四國者不待痛而服矣。

【註】（一）遲：乃也。乃令韓魏歸帝號於齊而使齊國的地位重要。（二）許：河南許昌縣。鄢陵：河南鄢陵縣。嬰城：閉城自守。（三）上蔡：河南上蔡縣。召陵：河南郾城縣。（四）以實力注入於齊國。（五）謂自西海至東海，皆是秦地。

昭王曰：「善。」於是乃止白起而謝韓、魏。發使賂楚，約爲與國。

黃歇受約歸楚，楚使歇與太子完入質於秦，秦留之數年。楚頃襄王病，太子不得歸。而楚太子與秦相應侯善，於是黃歇乃說應侯曰：「相國誠善楚太子乎？」應侯曰：「然。」歇曰：「今楚王恐不起疾，秦不如歸其太子。太子得立，其事秦必重而德相國無窮（一），是親與國而得儲萬乘也。若不歸，則咸陽一布衣耳；楚更立太子，必不事秦。夫失與國而絕萬乘之和，非計也。願相國孰慮之。」應侯以聞秦王。秦王曰：「令楚太子之傅先往問楚王之疾，返而後圖之。」黃歇爲楚太子計曰：「秦之留太子也，欲以求利也。今太子力未能有以利秦也，歇憂之甚。而陽文君子二人在中，王若卒大命，太子不在，陽文君子必立爲後，太子不得奉宗廟矣。不如亡秦，與使者俱出；臣請止，以死當之。」楚太子因變衣服爲楚使者御以出關，而黃歇守舍，常爲謝病。度太子已遠，秦不能追，歇乃自言秦昭王曰：「楚太子已歸，出遠矣。歇當死，願賜死。」昭王大怒，欲聽其自殺也。應侯曰：「歇爲人臣，出身以徇其主，太子立，必用歇，故不如無罪而歸之，以親楚。」秦因遣黃歇。

歇至楚三月，楚頃襄王卒，太子完立，是爲考烈王。考烈王元年，以黃歇爲相，封爲春申君，賜淮北地十二縣。後十五歲，黃歇言之楚王曰：「淮北地邊齊，其事急，請以爲郡便。」因幷獻淮北十二縣，請封於江東。考烈王許之。春申君因城故吳墟（二），以自爲都邑。

【註】（一）感激相國的恩德，至於無窮。（二）吳墟：江蘇之蘇州。

春申君既相楚，是時齊有孟嘗君，趙有平原君，魏有信陵君，方爭下士，招致賓客，以相傾奪，輔國持權。

春申君爲楚相四年，秦破趙之長平軍四十餘萬。五年，圍邯鄲。邯鄲告急於楚，楚使春申君將兵往救之，秦兵亦去，春申君歸。春申君相楚八年，爲楚北伐滅魯，以荀卿爲蘭陵令。當是時，楚復彊。

趙平原君使人於春申君，春申君舍之於上舍。趙使欲夸楚，爲瑇瑁簪，刀劍室以珠玉飾之，請命春申君客。春申君客三千餘人，其上客皆躡珠履以見趙使，趙使大慙。

春申君相十四年，秦莊襄王立，以呂不韋爲相，封爲文信侯。取東周。

春申君相二十二年，諸侯患秦攻伐無已時，乃相與合從，西伐秦，而楚王爲從長（一），春申君用事。至函谷關，秦出兵攻，諸侯兵皆敗走，楚考烈王以咎春申君，春申君以此益疏。客有觀津人朱英，謂春申君曰：「人皆以楚爲彊而君用之弱，其於英不然，先君時善秦二十年而不攻楚，何也？秦踰黽隘之塞而攻楚（二），不便；假道於兩周，背韓、魏而攻楚，不可。今則不然，魏旦暮亡，不能愛許、鄢陵，其許魏割以與秦。秦兵去陳百六十里，臣之所觀者，見秦、楚之日鬭也。」楚於是去陳徙壽春（三）；而秦徙衞野王，作置東郡（四）。春申君由此就封於吳，行相事。

【註】（一）各國諸侯苦於秦國之不停的侵略，乃又聯合反秦，以楚王爲聯合的首長。（二）黽隘：河南澠池縣有殽函之險，故謂之澠隘。（三）楚國由淮陽遷都於安徽之壽春。（四）以濮、滑兩州及河北，置東郡。濮州本衞都，而後又徙於野王也。

楚考烈王無子，春申君患之，求婦人宜子者進之，甚衆，卒無子。趙人李園持其女弟，欲進之楚王，聞其不宜子，恐久毋寵。李園求事春申君爲舍人，已而謁歸，故失期。還謁，春申君問之狀，對曰：「齊王使使求臣之女弟，與其使者飲，故失期。」春申君曰：「娉入乎？」對曰：「未也。」春申君曰：「可得見乎？」曰：「可。」於是李園乃進其女弟，卽幸於春申君。知其有身，李園乃與其女弟謀。園女弟承閒以說春申君曰：「楚王之貴幸君，雖兄弟不如也。今君相楚二十餘年，而王無子，卽百歲後將更立兄弟，則楚更立君後，亦各貴其故所親，君又安得長有寵乎？非徒然也，君貴用事久，多失禮於王兄弟，兄弟誠立，禍且及身，何以保相印江東之封乎？今妾自知有身矣，而人莫知。妾幸君未久，誠以君之重而進妾於楚王，王必幸妾；妾賴天有子男，則是君之子爲王也，楚國盡可得，孰與身臨不測之罪乎？」春申君大然之，乃出李園女弟，謹舍而言之楚王。楚王召入幸之，遂生子男，立爲太子，以李園女弟爲王后。楚王貴李園，園用事。

李園既入其女弟，立爲王后，子爲太子，恐春申君語泄而益驕，陰養死士，欲殺春申君以滅口，而國人頗有知之者。

春申君相二十五年，楚考烈王病。朱英謂春申君曰：「世有毋望之福（一），又有毋望之禍（二）。今君處毋望之世（三），事毋望之主（四），安可以無毋望之人乎（五）？」春申君曰：「何謂毋望之福？」曰：「君相楚二十餘年矣，雖名相國，實楚王也。今楚王病，旦暮且卒，而君相少主，因而代立當國，如伊尹、周公，王長而反政，不即遂南面稱孤而有楚國？此所謂毋望之福也。」春申君曰：「何謂毋望之禍？」曰：「李園不治國而君之仇也，不爲兵而養死士之日久矣，楚王卒，李園必先入據權而殺君以滅口。此所謂毋望之禍也。」春申君曰：「何謂毋望之人？」對曰：「君置臣郎中，楚王卒，李園必先入，臣爲君殺李園。此所謂毋望之人也。」春申君曰：「足下置之（六）。李園，弱人也，僕又善之，且又何至此！」朱英知言不用，恐禍及身，乃亡去。

【註】（一）不期而來之福。（二）不期而來之禍。（三）不期而來之世局。（四）不期而來之主人。（五）不期而來之人才。（六）暫時等一等，不必灼急。

後十七日，楚考烈王卒，李園果先入，伏死士於棘門之內（一）。春申君入棘門，園死士俠刺春申君，斬其頭，投之棘門外。於是遂使吏盡滅春申君之家。而李園女弟初幸春申君有身而入之王所生子者遂立，是爲楚幽王。

【註】（一）棘門：壽州城門。

是歲也，秦始皇帝立九年矣。嫪毐亦為亂於秦，覺，夷其三族，而呂不韋廢。（一）

【註】（一）李園之進女弟於楚王，有似於呂不韋之進愛姬於秦王。楚幽王、秦始皇，皆非楚王、秦王之真血統也。

太史公曰：吾適楚，觀春申君故城，宮室盛矣哉！初，春申君之說秦昭王，及出身遣楚太子歸，何其智之明也！後制於李園，旄矣（一）。語曰：「當斷不斷，反受其亂。」春申君失朱英之謂邪（二）？

【註】（一）旄：通「耄」，老而糊塗。（二）春申君不聽朱英的話，以致為小人所害。

卷七十九　范雎、蔡澤列傳第十九

范雎者，魏人也，字叔。游說諸侯，欲事魏王，家貧無以自資（一），乃先事魏中大夫須賈。

須賈爲魏昭王使於齊，范雎從。留數月，未得報。齊襄王聞雎辯口，乃使人賜雎金十斤及牛酒，雎辭謝不敢受。須賈知之，大怒，以爲雎持魏國陰事告齊，故得此餽，令雎受其牛酒，還其金。既歸，心怒雎，以告魏相。魏相，魏之諸公子，曰魏齊。魏齊大怒，使舍人笞擊雎，折脅摺齒（二）。雎詳死（三），卽卷以簀（四），置廁中。賓客飲者醉，更溺雎（五），故僇辱以懲後，令無妄言者。雎從簀中謂守者曰：「公能出我，我必厚謝公。」守者乃請出弃簀中死人。魏齊醉，曰：「可矣。」范雎得出。後魏齊悔，復召求之。魏人鄭安平聞之，乃遂操范雎亡（六），伏匿，更名姓曰張祿。

【註】（一）資：活動費用，政治門徑，都算是「資」。（二）把范雎的肋骨和牙齒都打傷了。

（三）詳：卽「佯」，僞裝。（四）卷：同「捲」。簀：音責（ㄗㄜˊ），席子。以席子把范睢捲著。（五）溺：小便。（六）操：攜持。

當此時，秦昭王使謁者王稽於魏（一）。鄭安平詐爲卒，侍王稽。王稽問：「魏有賢人可與俱西游者乎？」鄭安平曰：「臣里中有張祿先生，欲見君，言天下事。其人有仇，不敢晝見。」王稽曰：「夜與俱來。」鄭安平夜與張祿見王稽。語未究（二），王稽知范睢賢，謂曰：「先生待我於三亭之南（三）。」與私約而去。

【註】（一）謁者：辦理外交的人員。（二）話未說完。（三）三亭：魏之郊境。

王稽辭魏去，過載范睢入秦。至湖（一），望見車騎從西來。范睢曰：「彼來者爲誰？」王稽曰：「秦相穰侯東行縣邑。」范睢曰：「吾聞穰侯專秦權，惡內諸侯客（二），此恐辱我，我寧且匿車中（三）。」有頃，穰侯果至，勞王稽，因立車而語曰：「關東有何變？」曰：「無有」。又謂王稽曰：「謁君得無與諸侯客子俱來乎？無益，徒亂人國耳。」王稽曰：「不敢。」卽別去。范睢曰：「吾聞穰侯智士也，其見事遲，鄉者疑車中有人（四），忘索之。」於是范睢下車走，曰：「此必悔之。」行十餘里，果使騎還索車中，無客，乃已。王稽遂與范睢入咸陽。

【註】（一）湖：湖城縣，在今河南閿鄉縣東四十里。（二）內：卽「納」，接受，引進。（三）且：暫時。（四）鄉者：卽「向者」，剛才。

已報使（一），因言曰：「魏有張祿先生，天下辯士也。曰『秦王之國危於累卵，得臣則安。然不可以書傳也（二）』。臣故載來。」秦王弗信，使舍食草具（三）。待命歲餘（四）。

【註】（一）已經報告出使工作之後。（二）不可以書面文字來傳達。意謂必須與秦王面談。（三）舍：招待其住居。但吃的不佳，只是些蔬菜之類。草具：青菜等物，並非令其吃草也。（四）等待命令一年有餘。

當是時，昭王已立三十六年。南拔楚之鄢郢，楚懷王幽死於秦。秦東破齊。湣王嘗稱帝。後去之。數困三晉。厭天下辯士，無所信（一）。

【註】（一）秦昭王認爲武力已可以征服天下，故對於一切知識分子不感覺興趣。

穰侯（一），華陽君，昭王母宣太后之弟也；而涇陽君、高陵君皆昭王同母弟也。

穰侯相，三人者更將（二），有封邑，以太后故，私家富重於王室。及穰侯爲秦將，且欲越韓、魏而伐齊綱壽（三），欲以廣其陶封（四）。范睢乃上書曰：

臣聞明主立政，有功者不得不賞，有能者不得不官，勞大者其祿厚，功多者其爵尊，能治衆者其官大。故無能者不敢當職焉，有能者亦不得蔽隱。使以臣之言爲可，願行而益利其道；以臣之言爲不可，久留臣無爲也。語曰：「庸主賞所愛而罰所惡；明主則不然，賞必加於有功，而刑必斷於有罪。」今臣之胸不足以當椹質（五），而要（六）不足以待斧鉞，豈敢以疑事嘗試於王哉！雖以臣爲賤人而輕辱，獨不重任臣者之無反復於王邪（七）？

【註】（一）穰侯：因其封於穰（河南鄧縣）故名。名魏冉，宣太后之異父弟。華陽君：羋戎，宣太后之同父弟。亦號爲新城君。（二）三個人輪換着當大將。（三）綱壽：即剛壽，在山東東平縣西南。（四）陶：山東定陶縣。（五）椹質：椹，音眞（ㄓㄣ），切肉用的墊板。質：同「鑕」，音至（ㄓˋ），古時執行斬刑時，使犯人伏於其上而受刑的鐵砧。（六）要：即「腰」。（七）重：難於自處，難以爲情。任臣者：推薦我的人。無反復：得不到答覆。全句之意，即謂：我雖然是個卑賤的人，對於我可以輕視侮辱；但是，你難道不覺得那個推薦我的人一年多得不到你的答覆之難以爲情嗎？意思就是說：你可以輕視我，一年多不理我，但是，介紹我來的人，他得負責任，我不

能長此坐你這冷板凳了。

且臣聞周有砥砨（一），宋有結綠，梁有縣藜（二），楚有和朴（三），此四寶者，土之所生，良工之所失也，而爲天下名器。然則聖王之所弃者（四），獨不足以厚國家乎？

【註】（一）以此四寶，自比爲可以厚國家之良才。砥砨，一作砥礪。（二）縣藜：一作懸藜，又作玄藜。（三）和朴：一作和璞，又作和璧。楚人和氏（即卞和），得璞玉於楚山中，以獻厲王，王以爲誑，刖其左足；武王即位，復獻之，又以爲誑，刖其右足；及文王立，乃抱璞泣於荊山之下，王使人問之曰：「臣非悲刖，寶玉而題之以石，貞士而名之爲誑，所以悲也！」王乃使人理其璞，果得玉焉，遂名曰和氏之璧。（見韓非子和氏）。（四）弃：即「棄」字。

臣聞善厚家者取之於國，善厚國者取之於諸侯。天下有明主則諸侯不得擅厚者（一），何也？爲其割榮也（二）。良醫知病人之死生，而聖主明於成敗之事，利則行之，害則舍之，疑則少嘗之，雖舜禹復生，弗能改已。語之至者（三），臣不敢載之於書，其淺者又不足聽也。意者臣愚而不概於王心邪（四）？亡其言（五）臣者賤而不可用乎？自非然者（六），臣願得少賜游觀之閒，望見顏色。一語無效，請伏斧質（七）。

【註】（一）擅厚：獨佔其利益。（二）因爲諸侯們割奪國家的權利，所以不使之得以專擅。（三）最知心的話，最深切的話。（四）概：契合。（五）亡其：轉語詞，即「無乃」。（六）如果這兩種原因都不是。（七）甘願受斬首之罪。斧質：置於斬砧之上而以斧殺之也。質：即鑕，斬刑之砧。

於是秦昭王大說，乃謝王稽，使以傳車（一）召范睢。

【註】（一）傳車：即轉車，經常準備好的車子，有快速事件皆用之。

於是范睢乃得見於離宮（一），詳爲不知永巷而入其中（二）。王來而宦者怒，逐之，曰「王至！」范睢繆（三）爲曰：「秦安得王？秦獨有太后、穰侯耳（四）。」欲以感怒昭王（五）。昭王至，聞其與宦者爭言，遂延迎，謝曰：「寡人宜以身受命久矣，會義渠之事急，寡人旦暮自請太后；今義渠之事已（六），寡人乃得受命。竊閔然不敏（七），敬執賓主之禮。」范睢辭讓。是日觀范睢之見者，羣臣莫不洒然變色易容者（八）。

【註】（一）離宮：長安故城，本秦離宮，在長安北十三里。（二）詳：即「佯」，僞裝。永巷：永，長也，宮中之長巷也，有稱後宮爲永巷者。有時又爲幽閉有罪宮女之處。（三）繆：故意胡說

八道。（四）那聽說秦國有什麼王？只知道有太后與穰侯而已。（五）想藉此言刺激昭王使之發怒。（六）秦昭王時，義渠戎王與宣太后亂，有二子，宣后詐殺戎王於甘泉，遂起兵滅義渠。（七）闃然：即「惛然」自言昏闇無才也。（八）洒然：由於恐怖心理而變色的樣子。

秦王屏左右（一），宮中虛無人。秦王跽（二）而請曰：「先生何以幸敎寡人？」范雎曰：「唯唯（三）。」有閒，秦王復跽而請曰：「先生何以幸敎寡人？」范雎曰：「唯唯。」若是者三（四）。秦王跽曰：「先生卒不幸敎寡人邪？」范雎曰：「非敢然曰。臣聞昔者呂尙之遇文王也，身爲漁父而釣於渭濱耳。若是者，交疏也（五）。已說而立爲太師（六），載與俱歸者，其言深也（七）。故文王遂收功於呂尙而卒王天下。鄉使文王疏呂尙而不與深言（八），是周無天子之德，而文武無與成其王業也。今臣羈旅之臣也（九），交疏於王（一〇），而所願陳者皆匡君之事，處人骨肉之閒（一一），願效愚忠而未知王之心也。此所以王三問而不敢對者也。臣非有畏而不敢言也。臣知今日言之於前而明日伏誅於後，然臣不敢避也。大王信行臣之言（一二），死不足以爲臣患，亡不足以爲臣憂，漆身爲厲（一三）被髮爲狂，不足以爲臣恥。且以五帝之聖焉而死，三王之仁焉而死，五伯之賢焉而死，烏獲、任鄙之力焉而死，成荊、孟賁（一四）

、王慶忌、夏育之勇焉而死（一五）。死者，人之所必不免也。處必然之勢，可以少有補於秦（一六），此臣之所大願也，臣又何患哉！伍子胥橐載而出昭關（一七），夜行晝伏，至於陵水（一八），無以餬其口，厀行蒲伏（一九），稽首肉袒（二〇），鼓腹吹篪，（二一）乞食於吳市，卒興吳國，闔閭為伯。使臣得盡謀如伍子胥，加之以幽囚，終身不復見，是臣之說行也，臣又何憂？箕子、接輿漆身為厲（二二），被髮為狂，無益於主。假使臣得同行於箕子，可以有補於所賢之主，是臣之大榮也，臣有何恥？臣之所恐者，獨恐臣死之後，天下見臣之盡忠而身死，因以是杜口裹足（二三），莫肯鄉秦耳（二三）。足下上畏太后之嚴，下惑於姦臣之態（二五），居深宮之中，不離阿保之手（二六），終身迷惑，無與昭姦（二七）。大者宗廟滅覆，小者身以孤危，此臣之所恐耳。若夫窮辱之事，死亡之患，臣不敢畏也。臣死而秦治，是臣死賢於生。」秦王跽曰：「先生是何言也！夫秦國辟遠（二八），寡人愚不肖，先生乃幸辱至於此，是天以寡人慁先生（二九）而存先王之宗廟也。寡人得受命於先生，是天所以幸先王，而不棄其孤也。先生柰何而言若是！事無小大，上及太后，下至大臣，願先生悉以教寡人，無疑寡人也。」范睢拜，秦王亦拜。

【註】（一）屏：退也，使左右之人皆退出。（二）跽：跪也。古時，席地而坐，表示敬意時，則兩膝枝地，卽謂之跪也。跽，音忌（ㄐㄧˋ）。（三）唯！唯：是的！是的！（四）這樣的只答而不言，有三次之多。所以試探王心是不是眞的要請教。（五）交情不够。（六）旣而悅納其言論。說：卽「悅」。（七）言論深切。（八）鄉使：卽「向使」，倘使，倘若。（九）我是一個暫時寄身如同住旅館一樣的人。（一〇）與王的交情不够。（一一）而我所願說的，都是匡救君王的，而且都是有關於你們骨肉之間的事情。（一二）信：誠然，如果眞是。（一三）厲：音賴（ㄌㄞˋ），癩病也。言其以漆塗身，生瘡如病癩也。（一四）成荆：古勇士。孟賁：衞人，勇士。（一五）慶忌：吳王僚之子。夏育：衞人，力擧千鈞。（一六）少：稍微的。（一七）橐：音陀（ㄊㄨㄛˊ）沒有底的囊。伍子胥因爲逃亡，過昭關時，藏身於囊內，載之而出，恐爲人所識破也。昭關：在安徽含山縣西北，因山爲關，春秋時代爲吳楚往來之要道。（一八）陵水：卽溧水，亦名瀨水，東流爲永陽江，江上有渚，曰瀨渚，卽伍子胥乞食投金處。（一九）膝行：用膝而行。蒲伏：卽匍匐，在地上爬着走。（二〇）稽首：叩首。肉袒：袒露身肉。（二一）以口吹簫，以手擊腹，作爲打拍子，配合節奏。篪：音馳（ㄔˊ），簫一類的樂器。（二二）接輿：楚人，姓陸，名通，字接輿，昭王時，政令無常，乃被髮佯狂不仕，時人謂之「楚狂」。（二三）杜口不敢言，裹足不敢行。（二四）鄉：卽「向」。（二五）態：諂媚的姿態。（二六）阿保：保姆也。（二七）不能明察奸佞。（二八）辟：卽「僻」，偏僻之地區。（二九）慁：音混（ㄏㄨㄣˋ），辱沒，攪擾。

范睢曰：「大王之國，四塞以爲固，北有甘泉、谷口（一），南帶涇、渭，右隴、蜀，左關、阪（二），奮擊百萬，戰車千乘，利則出攻，不利則入守，此王者之地也。民怯於私鬬而勇於公戰，此王者之民也。王并此二者而有之。夫以秦卒之勇，車騎之衆，以治諸侯，譬若施韓盧而搏蹇兔也（三），霸王之業可致也（四），而羣臣莫當其位。至今閉關十五年，不敢窺兵於山東者，是穰侯爲秦謀不忠，而大王之計有所失也。」秦王跽曰：「寡人願聞失計。」

【註】（一）甘泉：甘泉山一名鼓原，俗名磨石嶺，在陝西淳化縣西北。谷口：仲山之谷口也，以其地寒涼，故謂此谷爲寒門，在陝西涇陽縣西北。（二）關：函谷關。阪：商州一帶的山坡地區。（三）韓盧者，天下之壯犬也。韓人呼犬爲盧。謂以壯犬而戰跛腿的兔子，言其絕對可以戰勝也。蹇：跛足也。音檢（ㄐㄧㄢˇ）。（四）致：得到，達成。

然左右多竊聽者，范睢恐，未敢言內，先言外事，以觀秦王之俯仰（一）。因進曰：「夫穰侯越韓、魏而攻齊綱壽，非計也。少出師則不足以傷齊，多出師則害於秦。臣意王之計，欲少出師而悉韓、魏之兵也，則不義矣。今見與國之不親也，越人之國而攻，可乎？其於計疏矣（二）。且昔齊湣王南攻楚，破軍殺將，再辟地千里（三），而齊尺寸之地無得焉者，豈不欲得地哉，形勢不能有也。諸侯見齊之罷獘（四），君臣之不和也，興兵而伐齊，大破之。士辱兵頓（五），皆咎其王，曰：『誰爲此計者乎？』王曰：『文子爲之（六）。』大臣作亂，文子出走。故齊所以大破者，以其伐楚而肥韓、魏也。此所謂借賊兵而齎盜糧者也（七）。王不如遠交而近攻（八），得寸則王之寸也，得尺亦王之尺也。今釋此而遠攻，不亦繆乎！且昔者中山之國地方五百里，趙獨吞之，功成名立而利附焉，天下莫之能害也。今夫韓、魏，中國之處（九）而天下之樞也，王其欲霸，必親中國以爲天下樞，以威楚、趙。楚彊則附趙，趙彊則附楚，楚、趙皆附，齊必懼矣。齊懼必卑辭重幣以事秦。齊附而韓、魏因可虜也。」昭王曰：「吾欲親魏久矣，而魏多變之國也（一〇），寡人不能親，請問親魏柰何？」對曰：「王卑詞重幣以事之；不可，則割地而賂之；不可，因舉兵而伐之。」王曰：「寡人敬聞命矣。」乃拜范睢爲客卿，謀兵事。卒聽范睢謀，使五大夫綰伐魏，拔懷（一一）。後二歲，拔邢丘（一二）。

【註】 （一）以觀察秦王之俯仰，如果是俯，就是俯首贊成；如果是仰，就是不耐煩，仰天打哈哈。一俯一仰，可以看出秦王之態度。　（二）此種計謀，即是疏忽，粗心大意，未經大腦考慮。　（三）

辟：卽「闢」字。（四）罷弊：卽「疲弊」。（五）兵受頓挫。（六）文子：田文，卽孟嘗君。（七）借賊人以武器而供給盜者以食糧。齎：音基（ㄐㄧ），供給。（八）遠交近攻：是秦國向外擴張最有利的政策，由范睢提出。（九）處：正中之位置也。（一〇）變：變詐百出。（一一）懷：河南沁陽縣。邢丘：河南溫縣東有平皋故城，卽古邢丘地。

客卿范睢復說昭王曰：「秦韓之地形，相錯如繡。秦之有韓也，譬如木之有蠹也（一），人之有心腹之病也。天下無變則已，天下有變，其爲秦患者孰大於韓乎？王不如收韓。」昭王曰：「吾固欲收韓，韓不聽，爲之柰何？」對曰：「韓安得無聽乎？王下兵而攻滎陽，則鞏、成皋之道不通（二），北斷太行之道，則上黨之師不下（三）。王一興兵而攻滎陽，則其國斷而爲三（四）。夫韓見必亡，安得不聽乎？若韓聽，而霸事因可慮矣。」王曰：「善。」且欲發使於韓。

【註】（一）蠹：音妒（ㄉㄨˋ），蝕柱蟲。（二）成皋：河南氾水，險要之地爲虎牢關。（三）切斷太行山之路線，則上黨（山西長治縣）的軍隊，不能南下。（四）把韓國打成三片，黃河以北是一片，新鄭以南是一片，宜陽郡又是一片，三片不能聯合，成爲三片孤立地區。

范睢日益親，復說用數年矣，因請閒說曰（一）：「臣居山東時，聞齊之有田文，不聞其有王也；聞秦之有太后、穰侯、華陽、高陵、涇陽，不聞其有王也。夫擅國之謂王，能利害之謂王，制殺生之威之謂王（二）。今太后擅行不顧（三），穰侯出使不報（四），華陽、涇陽等擊斷無諱（五），高陵進退不請（六）。四貴備而國不危者，未之有也。爲此四貴者下，乃所謂無王也。然則權安得不傾，令安得從王出乎？臣聞善治國者，乃內固其威而外重其權。穰侯使者操王之重，決制於諸侯，剖符於天下，政適伐國（七），莫敢不聽。戰勝攻取則利歸於陶國（八），獘御於諸侯（九）；戰敗則結怨於百姓，而禍歸於社稷。詩曰『木實繁者披其枝（一〇），披其枝者傷其心（一一）；大其都者危其國，尊其臣者卑其主』。崔杼、淖齒管齊，射王股，擢王筋（一二），縣之於廟梁，宿昔而死（一三），李兌管趙，囚主父於沙丘，百日而餓死（一四）。今臣聞秦太后、穰侯用事，高陵、華陽、涇陽佐之，卒無秦王，此亦淖齒、李兌之類也。且夫三代所以亡國者，君專授政，縱酒馳騁弋獵，不聽政事。其所授者，妒賢嫉能，御下蔽上，以成其私，不爲主計，而主不覺悟，故失其國。今自有秩以上至諸大吏，下及王左右，無非相國之人者。見王獨立於朝（一五），臣竊爲王恐，萬世之後，有秦國者非王子孫也。」

昭王聞之大懼，曰：「善。」於是廢太后，逐穰侯、高陵、華陽、涇陽君於關外。秦王乃拜范睢爲相。收穰侯之印，使歸陶，因使縣官給車牛以徙，千乘有餘。到關，關閱其寶器，寶器珍怪多於王室。

【註】（一）說：讀「稅」，建議。（二）控制着生殺的威權之謂王。（三）擅自行動不顧一切。（四）出使於外不作報告。（五）隨便打人殺人毫無忌諱。（六）進退人員不曾請示。（七）政適：卽「征敵」。（八）穰侯又封於定陶。（九）弊：害也。御：加也。有害則加於諸侯。御，讀「迓」。（一〇）樹木的果實結的過多，就要把樹枝壓得披靡不堪。（一一）樹枝過分的披靡，就會傷及到樹心。（一二）崔杼弒其君齊莊公。淖齒：楚人，爲齊湣王之臣。管齊：管制齊國的政權。結果，崔杼射莊公之股，淖齒拔湣王之筋。（一三）宿昔：卽「宿夕」，一夜而死。（一四）李兌管制趙國政權，囚主父於沙丘（在河北平鄉縣東北），百日而餓死。（一五）獨立：孤立。

秦封范睢以應（一），號爲應侯。當是時，秦昭王四十一年也。

【註】（一）應：在河南魯山縣東四十里。或云：河東臨晉縣有應亭。

范睢既相秦，秦號曰張祿，而魏不知，以爲范睢已死久矣。魏聞秦且東伐韓、魏，魏使須賈於秦。范睢聞之，爲微行（一），敝衣閒步之邸（二），見須賈。須賈見之而驚曰：「范叔固無恙乎（二）！」范睢曰：「然。」須賈笑曰：「范叔有說於秦邪？」曰：

「不也。睢前日得過於魏相，故亡逃至此，安敢說乎！」須賈曰：「今叔何事？」范睢曰：「臣爲人庸賃（四）。」須賈意哀之，留與坐飲食，曰：「范叔一寒如此哉（五）！」乃取其一綈袍以賜之。須賈因問曰：「秦相張君，公知之乎？吾聞幸於王，天下之事皆決於相君。今吾事之去留在張君。孺子豈有客習於相君者哉（六）？」范睢曰：「主人翁習知之。唯睢亦得謁，睢請爲見君於張君。」須賈曰：「吾馬病，車軸折，非大車駟馬，吾固不出（七）。」范睢曰：「願爲君借大馬駟馬於主人翁。」

【註】（一）微行：化裝，秘密行動，不使人知。（二）穿着破爛的衣服，從小道到須賈所住的客舍去。（三）須賈以爲他早已死了，現在忽然見之，故大爲吃驚，說道：「范叔，你原來還健在啊！」（四）我爲人家作工。（五）范叔竟然凍得至於如此！（六）習：熟識。（七）非有高車駟馬，我絕對（固）不出門。

范睢歸取大車駟馬，爲須賈御之，入秦相府。府中望見，有識者皆避匿。須賈怪之。至相舍門，謂須賈曰：「待我，我爲君先入通於相君。」須賈待門下，持車良久，問門下曰：「范叔不出，何也？」門下曰：「無范叔。」須賈曰：「鄉者與我載而入者（一）。」門下曰：「乃吾相張君也。」須賈大驚，自知見賣，乃肉袒厀行，因門下人謝罪。於是范睢盛帷帳，侍者甚衆，見之。須賈頓首言死罪，曰：「賈不意君能自致於青雲之上（二），賈不敢復讀天下之書，不敢復與天下之事。賈有湯鑊之罪（三），請自屏於胡貉之地（四），唯君死生之（五）！」范睢曰：「汝罪有幾？」曰：「擢賈之髮以續賈之罪，尚未足。」范睢曰：「汝罪有三耳。昔者楚昭王時而申包胥爲楚卻吳軍，楚王封之以荆五千戶，包胥辭不受，爲丘墓之寄於荆也。今睢之先人丘墓亦在魏，公前以睢爲有外心於齊而惡睢於魏齊，公之罪一也。當魏齊辱我於廁中，公不止，罪二也。更醉而溺我，公其何忍乎？罪三矣。然公之所以得無死者，以綈袍戀戀，有故人之意，故釋公（六）。」乃謝罷。入言之昭王，罷歸須賈。

須賈辭於范睢，范睢大供具，盡請諸侯使，與坐堂上，食飲甚設（七）。而坐須賈於堂下，置莝豆其前，令兩黥徒夾而馬食之（八）。數曰（九）：「爲我告魏王，急持魏齊頭來！不然者，我且屠大梁。」須賈歸，以告魏齊。魏齊恐，亡走趙，匿平原君所。

范睢既相，王稽謂范睢曰：「事有不可知者三，有不可柰何者亦三。宮車一日晏駕（一〇），是事之不可知者一也。君卒然捐館舍，是事之不可知者二也（一一）。使臣卒然塡溝壑，是事之不可知者三也（一二）。宮車一日晏駕，君雖恨於臣，無可柰何

（一三）。君卒然捐館舍，君雖恨於臣，亦無可柰何（一四）。使臣卒然塡溝壑，君雖恨於臣，亦無可柰何（一五）。」范睢不懌（一六），乃入言於王曰：「非王稽之忠，莫能內臣於函谷關（一七）；非大王之賢聖，莫能貴臣。今臣官至於相，爵在列侯，王稽之官尚止於謁者，非其內臣之意也（一八）。」昭王召王稽，拜爲河東守，三歲不上計（一九）。又任鄭安平，昭王以爲將軍。范睢於是散家財物，盡以報所嘗困戹者。一飯之德必償，睚眦之怨必報（二〇）。

【註】（一）鄉者：卽「向者」，剛才。（二）青雲：比喻崇高的地位。我料不到你能自己致身於這樣飛黃騰達的高位。（三）我罪大惡極，應當以湯鑊烹我。（四）請准許我自己把我屏棄到那些野蠻人種的地方。（五）我的死生全聽你的處理。（六）你有三大罪，但是你之所以得能不死者，念起你熱腸戀戀的贈我以綈袍，頗有老朋友的意思，所以才把你釋放了。（七）設：豐富、豐盛。（八）莝豆：莝，通「剉」（ㄘㄨㄛˋ），斬截草物，所以餵牲畜。豆：餵牲畜之器具。卽謂把餵牲畜的器物，放在他的面前，叫兩個犯過罪，頭上刺過字的餵馬者，在兩邊夾持着他，如同餵馬似的叫他吃。以侮辱之。（九）數：責斥他。（一〇）宮車：代表君王。晏駕：不早朝，卽謂死亡。卽謂君王一日死亡，是不可知之事。（一一）卒然：忽然。捐館舍：亦謂死亡。捐棄館舍而不住，就是入土爲安了。卽謂你忽然死亡，也是不可知之事。（一二）塡溝壑：亦是死亡。卽謂我什麼時候死亡，也是不可知之事。（一三）恨：抱歉，自恨對不起人。如果君王一旦死了，你卽使抱歉

着自恨對不起我，以爲沒有早日在君王面前提拔我，那還有什麼用處呢？（一四）如果你一旦死了，你卽使抱歉着自恨對不起我，以爲沒有早日任用我，那也是沒有什麼用處啊。（一五）如果我一旦死了，你卽使抱歉着自恨對不起我，以爲沒有早日幫忙我，那又是沒有什麼用處啊。（一六）懌：喜。（一七）內：卽「納」，引進。（一八）內字亦作「納」講。（一九）郡守主管治民、進賢、勸功、決訟、檢姦諸事，常以春月，行各縣，勸民農桑，振救乏絕。秋冬遣公平善良之吏，案訊問諸囚，平其罪法，論課殿最。到了歲終，遣吏上計，報告全部工作。而王稽爲太守，三年就不呈交報告。（二〇）睚眦之怨：張目忤視，曰睚眦。言其對於一眼不合之小怨，亦必報復。睚，音崖（一ㄞˊ），眼際。眦：同眥，音眥（ㄓㄞˋ），眼眶。

范睢相秦二年，秦昭王之四十二年，東伐韓少曲、高平，拔之（一）。

【註】（一）少曲：與高平相近之地。高平：今山西高平縣。蘇代曰：「起少曲，一日而斷太行」，可見距太行山不遠。

秦昭王聞魏齊在平原君所，欲爲范睢必報其仇，乃詳（一）爲好書遺平原君曰（二）：「寡人聞君之高義，願與君爲布衣之友，君幸過寡人，寡人願與君爲十日之飲。」平原君畏秦，且以爲然，而入秦見昭王。昭王與平原君飲數日，昭王謂平原君曰：「昔周文王得呂尚以爲太公，齊桓公得管夷吾以爲仲父，今范君亦寡人之叔父也。范君之仇在君之家，願使人歸取其頭來；不然，吾不出君於關。」平原君曰：「貴而爲交者，爲賤也（三）；富而爲交者，爲貧也（四）。夫魏齊者，勝之友也，在，固不出也，今又不在臣所。」昭王乃遺趙王書曰：「王之弟在秦，范君之仇魏齊在平原君之家。王使人疾持其頭來；不然，吾舉兵而伐趙，又不出王之弟於關。」趙孝成王乃發卒圍平原君家，急，魏齊夜亡出，見趙相虞卿。虞卿度趙王終不可說，乃解其相印，與魏齊亡，閒行，念諸侯莫可以急抵者，乃復走大梁，欲因信陵君以走楚。信陵君聞之，畏秦，猶豫未肯見，曰：「虞卿何如人也？」時侯嬴在旁，曰：「人固未易知，知人亦未易也（五）。夫虞卿躡屩檐簦，一見趙王，賜白璧一雙，黃金百鎰；再見，拜爲上卿；三見，卒受相印，封萬戶侯。當此之時，天下爭知之。夫魏齊窮困過虞卿，虞卿不敢重爵祿之尊，解相印，捐萬戶侯而閒行。急士之窮而歸公子，公子曰『何如人』。人固不易知，知人亦未易也！」信陵君大慙，駕如野迎之。魏齊聞信陵君之初難見之，怒而自剄。趙王聞之，卒取其頭予秦。秦昭王乃出平原君歸趙。

【註】（一）詳：卽「佯」，僞裝。（二）好書：拉攏好感的信。（三）貴的時候結交朋友，爲的是準備一旦賤的時候可以有用。（四）富的時候結交朋友，爲的是準備一旦貧的時候可以幫忙。

（五）人實在是不容易知道，知人也眞正是不容易啊！（六）信陵君一聽此言，大爲慚愧，因爲他平常以濟傾救難慷慨好義號召於世，現在虞卿有難，投奔門下，而信陵君膽小遲疑，不願收容，這是整個把他的面目眞相暴露出來了，經侯嬴這兩句話一挖苦，他當然慚愧無地。（七）如：往。

昭王四十三年，秦攻韓汾陘，拔之，因城河上廣武（一）。

後五年，昭王用應侯謀，縱反閒賣趙，趙以其故，令馬服子代廉頗將。秦大破趙於長平，遂圍邯鄲。已而與武安君白起有隙，言而殺之。任鄭安平，使擊趙。鄭安平爲趙所圍，急，以兵二萬人降趙。應侯席槀請罪（二）。秦之法，任人而所任不善者，各以其罪罪之（三）。於是應侯罪當收三族。秦昭王恐傷應侯之意，乃下令國中：「有敢言鄭安平事者，以其罪罪之。」而加賜相國應侯食物日益厚，以順適其意。後二歲，王稽爲河東守，與諸侯通，坐法誅。而應侯日益以不懌（四）。

【註】（一）陘：音刑（ㄒㄧㄥˊ），此地大概在韓之西界，與汾相近。按陘庭故城在山西曲沃縣。廣武：河南廣武縣。（二）席槀：以禾稈爲席而坐其上。（三）秦國的法律：推舉人者，其所推舉之人犯法，則推舉者受同等之罪。（四）懌：音譯（ㄧˋ），喜樂。

昭王臨朝歎息，應侯進曰：「臣聞『主憂臣辱，主辱臣死』。今大王中朝而憂，臣敢請其罪。」昭王曰：「吾聞楚之鐵劍利而倡優拙（一）。夫鐵劍利則士勇，倡優拙則思慮遠。夫以遠思慮而御勇士，吾恐楚之圖秦也。夫物不素具，不可以應卒（二）。今武安君既死，而鄭安平等畔，內無良將而外多敵國，吾是以憂。」欲以激勵應侯。應侯懼，不知所出（三）。蔡澤聞之，往入秦也。

【註】（一）倡優拙：拙，同「絀」，減除，不發達。（二）卒：同猝。（三）武安君死於應侯之手，而叛將鄭安平又係應侯推薦之人，昭王既悲傷於武安君之死，又痛恨於鄭安平之叛，是即對應侯不滿之明證，故應侯懼不知所出。

蔡澤者，燕人也。游學干諸侯（一）小大甚衆，不遇（二）。而從唐舉相（三），曰：「吾聞先生相李兌，曰『百日之內持國秉（四）』，有之乎？」曰：「有之。」曰：「若臣者何如？」唐舉孰視（五）而笑曰：「先生曷鼻（六），巨肩（七），魋顏（八），蹙齃（九），膝攣（一〇）。吾聞聖人不相，殆先生乎（一一）？」蔡澤知唐舉戲之，乃曰：「富貴吾所自有，吾所不知者壽也（一二），願聞之。」唐舉曰：「先生之壽，從今以往者四十三歲（一三）。」蔡澤笑謝而去（一四），謂其御者曰：「吾持粱刺齒肥（一五），躍馬疾驅（一六），懷黃金之印（一七），結紫綬於要（一八），揖讓人主之前（一九），食肉富貴（二〇），四十三年足矣（二一）。」去之趙（二二），見逐（二三）。之韓、魏，遇奪釜鬲於塗（二四）。聞應侯任鄭安平、王稽皆負重罪於秦，應侯內慙，蔡澤乃西入秦。

【註】（一）干：求用。（二）小小大大的諸侯，他都干求過，但是，都不曾遇合。（三）請唐舉給他看相。（四）國秉：即「國柄」，國家政權。（五）孰視：即「熟視」，仔細端詳。（六）曷鼻：王念孫曰：「曷，讀爲『遏』，曷鼻者偃鼻也，偃鼻者，仰鼻也。」俗話說是「露倉」的鼻子。但以「草上之風必偃」的字義而解，偃者，仆也，那又是「塌鼻子」的意義了。有人又解「遏」字爲「蝎」字，言其鼻子長得如蝎蟲似的。總之，鼻子長得不正常，不好看。（七）巨肩：高的肩膀。肩膀高，就是脖子相對的短。（八）魋顏：魋，音頹（ㄊㄨㄟˊ），額出也，上部額出，則下部必相對的後縮，俗所謂「凹斗臉」。（九）蹙齃：蹙，短也。齃，音曷（ㄏㄜˊ），鼻莖也。言其鼻莖之短，鼻莖短，則眉與鼻過於逼近矣。（一〇）厀攣：厀，膝也。攣，彎曲也。言其雙膝彎曲也。這樣的塌鼻子，短脖頸，凹斗臉，眉鼻連，雙膝彎，就構成了蔡澤先生的一副尊相。（一一）唐舉先生是個大相士，看到蔡澤先生這副尊相，實在不敢恭維，只好幽他一默，說道：「我聽說聖人不在乎形相，大概就是指先生而言吧。」（一二）蔡澤知道唐舉是開他的玩笑，就說道：「富貴是我所本有的，但是我不知道究竟能活多大年歲？」（一三）唐舉答道：「先生的壽命，從現在算起，還有四十三年。」（一四）蔡澤聽了之後，笑笑，謝謝而去。（一五）對他的駕車的人說：「

捧持粱米，吃着肥肉（刺齒肥：「刺齒」兩字爲複音字，拼音成爲一個字，就是「吃」字。吃肥，即吃肥肉）。（一六）乘着高頭大馬，風馳電閃的疾驅。（一七）懷中裹着黃金的封印。（一八）腰上結着紫綬的大帶。（一九）在人主之前，彼此相揖相讓。（二〇）吃着肥肉，享受榮華富貴。（二一）能够再有四十三年，也就足够足够的了。（二二）之：往。（二三）被逐。（二四）往韓、魏去，在半途中，遇着了強盜，把他的烹飪的傢伙也搶去了。（釜：烹飪之器。鬲，音利（ㄌㄧˋ），亦烹器）。

將見昭王，使人宣言以感怒（一）應侯曰：「燕客蔡澤，天下雄俊弘辯智士也。彼一見秦王，秦王必困君而奪君之位。」應侯聞，曰：「五帝三代之事，百家之說，吾既知之，衆口之辯，吾皆摧之，是惡能困我而奪我位乎（二）？」使人召蔡澤。蔡澤入，則揖應侯。應侯固不快（三），及見之，又倨（四），應侯因讓（五）之曰：「子嘗宣言欲代我相秦，寧有之乎？」對曰：「然。」應侯曰：「請聞其說。」蔡澤曰：「吁，君何見之晚也！夫四時之序，成功者去。夫人生百體堅彊，手足便利，耳目聰明而心聖智，豈非士之願與？」應侯曰：「然。」蔡澤曰：「質仁秉義（六），行道施德，得志於天下，天下懷樂敬愛而尊慕之，皆願以爲君王，豈不辯智之期與（七）？」應侯曰：「

然。」蔡澤復曰：「富貴顯榮，成理萬物，使各得其所；性命壽長，終其天年而不夭傷；天下繼其統，守其業，傳之無窮，名實純粹，澤流千里，世世稱之而無絕，與天地終始：豈道德之符而聖人所謂吉祥善事者與（八）？」應侯曰：「然。」

蔡澤曰：「若夫秦之商君，楚之吳起，越之大夫種，其卒然亦可願與（九）？」應侯知蔡澤之欲困己以說，復謬（一〇）曰：「何爲不可？夫公孫鞅之事孝公也，極身無貳慮，盡公而不顧私；設刀鋸以禁姦邪，信賞罰以致治；披腹心，示情素，蒙怨咎，欺舊友，奪魏公子卬，安秦社稷，利百姓，卒爲秦禽將破敵，攘地千里。吳起之事悼王也，使私不得害公，讒不得蔽忠，言不取苟合，行不取苟容，不爲危易行（一一），行義不辟難，然爲霸主強國，不辭禍凶。大夫種之事越王也，主雖困辱，悉忠而不解（一二），主雖絕亡，盡能而弗離（一三），成功而弗矜，貴富而不驕怠。若此三子者，固義之至也，忠之節也。是故君子以義死難，視死如歸；生而辱不如死而榮。士固有殺身以成名，唯義之所在，雖死無所恨。何爲不可哉？」

【註】（一）感怒：刺激他使之發怒。（二）他怎能窘困我而奪去我的位置呢？（三）固不快：本來就不快活。（四）倨：態度傲慢。（五）讓：責斥。（六）以仁爲本質，而秉（奉行）之

以義理。（七）豈不是辯智者之所期望的嗎？（八）豈不是道德的符驗而聖人之所謂吉祥善事者嗎？（此句，「豈」字下，應有一「非」字。）（九）卒然：猝然，忽然而死。言他們之猝然而死，也是可以甘願的嗎？（一〇）謬：故作反對的論調，而其實心中不願。（一一）不因爲危險而改變其行爲。（一二）解：即「懈」，言其盡忠而不懈怠。（一三）竭盡其能力而不有離心。

蔡澤曰：「主聖臣賢，天下之盛福也；君明臣直，國之福也；父慈子孝，夫信妻貞，家之福也。故比干忠而不能存殷，子胥智而不能完吳，申生孝而晉國亂。是皆有忠臣孝子，而國家滅亂者，何也？無明君賢父以聽之，故天下以其君父爲僇辱而憐其臣子。今商君、吳起、大夫種之爲人臣，是也；其君，非也。故世稱三子致功而不見德，豈慕不遇世死乎（一）？夫待死而後可以立忠成名，是微子不足仁，孔子不足聖，管仲不足大也，夫人之立功，豈不期於成全邪？身與名俱全者，上也。名可法而身死者，其次也。名在僇辱而身全者，下也（二）。」於是應侯稱善。

蔡澤少得閒，因曰：「夫商君、吳起、大夫種，其爲人臣盡忠致功則可願矣，閎夭事文王，周公輔成王也，豈不亦忠聖乎？以君臣論之，商君、吳起、大夫種其可願孰與閎夭、周公哉？」應侯曰：「商君、吳起、大夫種弗若也。」蔡澤曰：「然則君之主慈仁任忠，惇厚舊故，其賢智與有道之士爲膠漆，義不倍功臣，孰與秦孝公、楚悼王、越王乎？」應侯曰：「未知何如也。」蔡澤曰：「今主親忠臣，不過秦孝公、楚悼王、越王，君之設智，能爲主安危修政，治亂彊兵，批患折難（三），廣地殖穀，富國足家，彊主，尊社稷，顯宗廟，天下莫敢欺犯其主，主之威蓋震海內，功彰萬里之外，聲名光輝傳於千世，君孰與商君、吳起、大夫種？」應侯曰：「不若。」蔡澤曰：「今主之親忠臣不忘舊故不若孝公、悼王、句踐，而君之功績愛信親幸又不若商君、吳起、大夫種，然而君之祿位貴盛，私家之富過於三子，而身不退者，恐患之甚於三子，竊爲君危之。語曰『日中則移，月滿則虧』。物盛則衰，天地之常數也。進退盈縮，與時變化，聖人之常道也。故『國有道則仕，國無道則隱』。聖人曰『飛龍在天，利見大人』。『不義而富且貴，於我如浮雲』。今君之怨已讎（四）而德已報，意欲至矣，而無變計，竊爲君不取也。且夫翠、鵠、犀、象，其處勢非不遠死也，而所以死者，惑於餌也。蘇秦、智伯之智，非不足以辟辱遠死也（五），而所以死者，惑於貪利不止也。是以聖人制禮節欲，取於民有度，使之以時，用之有止，故志不溢，行不驕，常與道俱而不失，故天下承而不絕。昔者齊桓公九合諸侯，一匡天下，至於葵丘之會，有驕矜之志，畔者九國。吳王夫差兵無敵於天下，勇彊以輕諸侯，陵齊晉，故遂以殺身亡國。夏育、太史噭叱呼駭三軍（六），然而身死於庸夫。此皆乘至盛而不返道理，不居卑退處儉約之患也（七）。夫商君爲秦孝公明法令，禁姦本，尊爵必賞，有罪必罰，平權衡，正度量，調輕重，決裂阡陌，以靜生民之業而一其俗（八），勸民耕農利土，一室無二事，力田稸積，習戰陳之事（九），是以兵動而地廣，兵休而國富，故秦無敵於天下，立威諸侯，成秦國之業。功已成矣，而遂以車裂。楚地方數千里，持戟百萬，白起率數萬之師以與楚戰，一戰舉鄢郢以燒夷陵，再戰南幷蜀漢。又越韓、魏而攻彊趙，比阬馬服，誅屠四十餘萬之衆，盡之于長平之下，流血成川，沸聲若雷（一〇），遂入圍邯鄲，使秦有帝業。楚、趙天下之彊國而秦之仇敵也，自是之後，楚、趙皆懾伏不敢攻秦者，白起之勢也。身所服者七十餘城，功已成矣，而遂賜劍死於杜郵。吳起爲楚悼王立法，卑減大臣之威重，罷無能，廢無用，損不急之官，塞私門之請，一楚國之俗，禁游客之民，精耕戰之士，南收楊越，北幷陳、蔡，破橫散從，使馳說之士無所開其口，禁朋黨以勵百姓，定楚國之政，兵震天下，威服諸侯。功已成矣，而卒枝解（一一）。大夫種爲越王深謀遠計，免會稽之危，以亡爲存，因辱爲榮，墾草入邑，辟地殖穀，率四方之士，專上下之力，輔句踐之賢，報夫差之讎，卒擒勁吳，令越成霸。功已彰而信矣，句踐終負而殺之。此四子者，功成不去，禍至於此。此所謂信而不能詘（一二），往而不能返者也（一三）。范蠡知之，超然辟世（一四），長爲陶朱公。君獨不觀夫博者乎？或欲大投（一五），或欲分功（一六），此皆君之所明知也。今君相秦，計不下席，謀不出廊廟，坐制諸侯，利施三川，以實宜陽，決羊腸之險，塞太行之道，又斬范、中行之塗，六國不得合從，棧道千里，通於蜀漢，使天下皆畏秦，秦之欲得矣，君之功極矣，此亦秦之分功之時也。如是而不退，則商君、白公、吳起、大夫種是也。吾聞之，『鑒於水者見面之容，鑒於人者知吉與凶』。書曰『成功之下，不可久處』。四子之禍，君何居焉（一七）？君何不以此時歸相印，讓賢者而授之，退而巖居川觀，必有伯夷之廉，長爲應侯，世世稱孤，而有許由、延陵季子之讓，喬松之壽，孰與以禍終哉？卽君何居焉（一八）？忍不能自離，疑不能自決，必有四子之禍矣。易曰『亢龍有悔』，此言上而不能下，信而不能詘，往而不能自返者也。願君孰計之！」應侯曰：「善。吾聞『欲而不知止，失其所以欲；有而不知足，失其所以有』。先生幸教，睢敬受命。」於是乃延入坐，爲上客。

【註】（一）豈是羨慕他們不遇於世而死嗎？（二）人之立功有上中下三等。功與名俱全者，是上等；名可法而身不全者，是次等；身全而名聲毀敗者，是下等。（三）排除禍患，打退艱難。（四）讎：報復。（五）辟：即「避」。（六）怒聲一呼而三軍震駭。（七）趁着功名達於巔峯狀態的時候，而不知道返回於道理，不知道退處於謙卑的地位，所以遭致禍患。（八）靜：安定。安定人民的生活而劃一其風俗。（九）戰陳：戰陣。（一〇）靁：即「雷」。（一一）枝解：即「支解」，割裂其四肢，古之酷刑也。（一二）信：即「伸」。詘：即「屈」。言其能伸而不能屈。（一三）一往直前而不能後退。（一四）辟世：即「避世」。（一五）大投：孤注一擲，想着一投而全贏。（一六）分功：每次小投，分次而投，分次而贏，積小贏爲大贏。（一七）四子之禍，都是前車之鑑，你何必蹈他們的覆轍呢？（一八）謙卑退讓，而有許由、延陵季子之名，有喬松之壽，比那些知進而不知退，卒致殺身之禍者，怎麼樣呢？你爲什麼不走他們的路呢？

後數日，入朝，言於秦昭王曰：「客新有從山東來者蔡澤，其人辯士，明於三王之事，五伯之業，世俗之變，足以寄秦國之政（一）。臣之見人甚衆，莫及，臣不如也。臣敢以聞。」秦昭王召見，與語，大說之，拜爲客卿。應侯因謝病請歸相印。昭王彊起應侯，應侯遂稱病篤（二）。范睢免相，昭王新說蔡澤計畫，遂拜爲秦相，東收周室。

蔡澤相秦數月，人或惡之，懼誅，乃謝病歸相印，號爲綱成君。居秦十餘年，事昭王、孝文王、莊襄王。卒事始皇帝，爲秦使於燕，三年而燕使太子丹入質於秦。

【註】（一）寄：委託。（二）病篤：病勢嚴重。

太史公曰：韓子稱「長袖善舞，多錢善賈」，信哉是言也！范睢、蔡澤世所謂一切辯士（一），然游說諸侯至白首無所遇者，非計策之拙，所爲說力少也（二）。二及人羈旅入秦，繼踵取卿相，垂功於天下者，固彊弱之勢異也（三）。然士亦有偶合（四），賢者多如此二子，不得盡意（五），豈可勝道哉（六）！然二子不困戹，惡能激乎（七）？

【註】（一）有多方面的知識之辯士。（二）游說的能力不充足。（三）范睢、蔡澤以旅客而入秦，接踵而取卿相之位，誠然是他們的能力強於別人，而別人的能力弱於他們。（四）但是，天下事並不盡然，有的人能力並不強，然由於機會好而偶合。（五）有的人能力很強，賢如范睢、蔡澤，然由於機會不好而終生不得志。（六）這種情形太多了不可勝言。（七）但是范睢、蔡澤如果不是所受的折磨太大，怎麼能激發起他們的志氣呢？

卷八十　樂毅列傳第二十

樂毅者，其先祖曰樂羊。樂羊為魏文侯將，伐取中山（一），魏文侯封樂羊以靈壽。（二）樂羊死，葬於靈壽，其後子孫因家焉。中山復國，至趙武靈王時復滅中山，而樂氏後有樂毅。

【註】（一）中山：今河北定縣。（二）靈壽：在河北靈壽縣西北十里，今名靈壽村。

樂毅賢，好兵，趙人舉之，及武靈王有沙丘之亂（一），乃去趙適魏。聞燕昭王以子之之亂而齊大敗燕，燕昭王怨齊，未嘗一日而忘報齊也。燕國小，辟遠（二），力不能制，於是屈身下士，先禮郭隗（三）以招賢者。樂毅於是為魏昭王使於燕，燕王以客禮待之。樂毅辭讓，遂委質為臣（四），燕昭王以為亞卿，久之（五）。

【註】（一）沙丘：在河北平鄉縣東北。（二）辟：即「僻」。（三）郭隗：燕昭王問於郭隗曰：「寡人地狹民寡，齊人取薊八城，匈奴驅馳樓煩之下，以孤之不肖，得承宗廟，恐社稷危，存之有

道乎？」隗曰：「帝者之臣，其名臣，其實師；王者之臣，其名臣，其實友；霸者之臣，其名臣，其實僕；危亡國之臣，其名臣，其實虜。今王將自東面，目指氣使以求臣，則廝役之才至矣；南面聽朝，不失揖讓之禮以求臣，則人臣之才至矣；北面等禮，不乘之以勢以求臣，則朋友之才至矣；西面逡巡以求臣，則師傅之才至矣。誠欲與王霸同道，隗請爲天下之士開路。」於是常置隗爲上客。（四）委質：質，身體也。委，託也，委託其身體於人，卽敬事他人也。爲臣者，以身命委託於君上，卽委質也。另有解釋，謂「質」者，「贄」者，委託禮物於人，以敬事之，如「束修」之禮是也。此一解釋不如前解之明確。（五）亞卿：次卿也。

當是時，齊湣王彊，南敗楚相唐眜於重丘（一），西摧三晉於觀津（二），遂與三晉擊秦，助趙滅中山，破宋，廣地千餘里。與秦昭王爭重爲帝（三），已而復歸之。諸侯皆欲背秦而服於齊。湣王自矜，百姓弗堪。於是燕昭王問伐齊之事。樂毅對曰：「齊，霸國之餘業也，地大人衆，未易獨攻也。王必欲伐之，莫如與趙及楚、魏（四）。」於是使樂毅約趙惠文王，別使連楚、魏，令趙嚪說秦（五）以伐齊之利。諸侯害齊湣王之驕暴，皆爭合從與燕伐齊。樂毅還報，燕昭王悉起兵，使樂毅爲上將軍，趙惠文王以相國印授樂毅。樂毅於是幷護趙、楚、韓、魏、燕之兵以伐齊，破之濟西。諸侯兵罷歸，而燕軍樂毅獨追，至于臨菑。齊湣王之敗濟西，亡走，保於莒（六）。樂毅獨留徇齊，齊皆城守。樂毅攻入臨菑，盡取齊寶財物祭器輸之燕。燕昭王大說，親至濟上勞軍，行賞饗士，封樂毅於昌國（七），號爲昌國君。於是燕昭王收齊鹵獲以歸（八），而使樂毅復以兵平齊城之不下者。

【註】（一）重丘：在山東德縣北。（二）觀津：在山東觀城縣西。（三）爭着再稱「帝」號。（四）驕矜。（五）嚪：卽「啗」，音淡（ㄉㄢˋ），誘人以利。（六）莒：今山東莒縣。（七）昌國：在山東淄川縣。（八）鹵獲：鹵，通「擄」，搶掠。鹵獲：搶掠而得之物。

樂毅留徇齊五歲，下齊七十餘城，皆爲郡縣以屬燕，唯獨莒、卽墨未服（一）。會燕昭王死，子立爲燕惠王（二）。惠王自爲太子時嘗不快於樂毅，及卽位，齊之田單聞之，乃縱反閒於燕，曰：「齊城不下者兩城耳。然所以不早拔者，聞樂毅與燕新王有隙，欲連兵且留齊，南面而王齊。齊之所患，唯恐他將之來。」於是燕惠王固已疑樂毅（三），得齊反閒，乃使騎劫（四）代將，而召樂毅。樂毅知燕惠王之不善代之，畏誅，遂西降趙。趙封樂毅於觀津，號曰望諸君（四）。尊寵樂毅以警動於燕、齊。

【註】（一）卽墨：山東卽墨縣。（二）會：適逢。（三）固：本來。（四）騎劫：燕將之姓名。（四）樂毅知道燕惠王派騎劫代替他爲大將，存心不善。

齊田單後與騎刼戰，果設詐誑燕軍，遂破騎刼於即墨下，而轉戰逐燕，北至河上（一），盡復得齊城，而迎襄王於莒，入于臨菑。

燕惠王後悔使騎刼代樂毅，以故破軍亡將失齊；又怨樂毅之降趙，恐趙用樂毅而乘燕之獘以伐燕。燕惠王乃使人讓樂毅（二），且謝之曰：「先王舉國而委將軍，將軍爲燕破齊，報先王之讎，天下莫不震動，寡人豈敢一日而忘將軍之功哉！會先王弃羣臣（三），寡人新即位，左右誤寡人（四）。寡人之使騎刼代將軍，爲將軍久暴露於外，故召將軍且休，計事。將軍過聽，以與寡人有隙（五），遂捐燕歸趙。將軍自爲計則可矣，而亦何以報先王之所以遇將軍之意乎？」樂毅報遺燕惠王書曰：

臣不佞（六），不能奉承王命，以順左右之心，恐傷先王之明，有害足下之義，故遁逃走趙。今足下使人數之以罪（七），臣恐侍御者不察先王之所以畜幸臣之理，又不白臣之所以事先王之心（八），故敢以書對。

臣聞賢聖之君不以祿私親，其功多者賞之，其能當者處之。故察能而授官者，成功之君也；論行而結交者，立名之士也。臣竊觀先王之擧也，見有高世主之心（九），故假節於魏（一〇），以身得察於燕（一一）。先王過擧（一二），廁之賓客之中（一三）

，立之羣臣之上，不謀父兄（一四），以爲亞卿。臣竊不自知，自以爲奉令承教，可幸無罪，故受令而不辭。

先王命之曰：「我有積怨深怒於齊，不量輕弱，而欲以齊爲事（一五）。」臣曰：「夫齊，霸國之餘業而最勝之遺事也。練於兵甲，習於戰攻。王若欲伐之，必與天下圖之。與天下圖之，莫若結於趙。且又淮北、宋地，楚魏之所欲也，趙若許而約四國攻之，齊可大破也。」先王以爲然，具符節南使臣於趙。顧反命（一六），起兵擊齊，以天之道，先王之靈，河北之地隨先王而舉之濟上（一七）。濟上之軍受命擊齊，大敗齊人。輕卒銳兵，長驅至國。齊王遁而走莒，僅以身免；珠玉財寶車甲珍器盡收入于燕。齊器設於寧臺（一八），大呂陳於元英（一九），故鼎反乎磿室（二〇），薊丘之植植於汶篁（二一），自五伯已來，功未有及先王者也。先王以爲慊於志（二二），故裂地而封之，使得比小國諸侯。臣竊不自知，自以爲奉命承教，可幸無罪，是以受命不辭。

臣聞賢聖之君，功立而不廢，故著於春秋；蚤知之士（二三），名成而不毀，故稱於後世。若先王之報怨雪恥，夷萬乘之彊國（二四），收八百歲之蓄積，及至弃羣臣之日，餘教未衰，執政任事之臣，脩法令，愼庶孽（二五），施及乎萌隸（二六），皆可以教後世。

臣聞之，善作者不必善成，善始者不必善終。昔伍子胥說聽於闔閭，而吳王遠迹至郢；夫差弗是也（二七），賜之鴟夷而浮之江（二八）。吳王不寤先論之可以立功，故沈子胥而不悔；子胥不蚤見主之不同量，是以至於入江而不化（二九）。

夫免身立功，以明先王之迹，臣之上計也。離毀辱之誹謗（三〇），墮先王之名，臣之所大恐也。臨不測之罪（三一），以幸爲利（三二），義之所不敢出也（三三）。臣聞古之君子，交絕不出惡聲（三四）；忠臣去國，不絜其名（三五）。臣雖不佞，數奉教於君子矣。恐侍御者之親左右之說，不察疏遠之行，故敢獻書以聞，唯君王之留意焉。

於是燕王復以樂毅子樂閒爲昌國君；而樂毅往來復通燕，燕、趙以爲客卿。樂毅卒於趙。

【註】（一）河上：舊滄、德二州之北河。（二）讓：責斥。（三）棄羣臣：死也。（四）左右之人使我陷於錯誤。（五）聽聞錯誤。（六）不佞：不才。（七）數：責怪。（八）白：瞭解。（九）有高出於世上一般君主的志氣。（一〇）持節爲魏昭王出使於燕。（一一）由於

燕國之明察，得以委質爲臣。（一二）蒙先生過分的抬舉。（一三）廁：卽「側」，列，參加。（一四）父兄：同姓羣臣。（一五）以伐齊爲工作。（一六）回頭而報命。（一七）先王到了濟水之上，完全舉有河北之地。（一八）寧臺：在河北薊縣，燕都。（一九）元英：燕宮殿之名。大呂：齊鐘名。（二〇）曆室：燕宮名。（二一）薊丘所植的竹子，都是齊王汶上的竹子。篁：竹田也。（二二）慊：通「愜」，合意，滿意。（二三）蚤知：卽「早知」，有先見之明。（二四）夷：平服。（二五）愼於嫡庶之分。（二六）萌：卽「氓」，庶民。（二七）郢，楚都，吳王勝楚，故能遠足至郢。（二八）鴟夷：革囊。吳王殺伍子胥，以革囊盛其屍而流之江中。（二九）子胥不能早先看見吳王之沒有度量，所以他的屍體雖入江而不化。（三〇）離：同「罹」，陷入也。（三一）身臨於測不透的罪名之下。（三二）而猶貪圖萬一的僥倖以爲利。（三三）在大義上是不敢去作的。（三四）君子絕交，不出謾罵的惡聲。（三五）忠臣去國，不洗刷自己的名譽。

樂閒居燕三十餘年，燕王喜用其相栗腹之計（一），欲攻趙，而問昌國君樂閒。樂閒曰：「趙，四戰之國也，其民習兵，伐之不可。」燕王不聽，遂伐趙。趙使廉頗擊之，大破栗腹之軍於鄗（二），禽栗腹、樂乘。樂乘者，樂閒之宗也。於是樂閒奔趙，趙遂圍燕。燕重割地以與趙和，趙乃解而去。

【註】（一）栗腹：人名。（二）鄗：河北柏鄉縣。

燕王恨不用樂閒，樂閒既在趙，乃遺樂閒書曰：「紂之時，箕子不用，犯諫不怠，以冀其聽；商容不達，身祇辱焉，以冀其變，及民志不入（一），獄囚自出（二），然後二子退隱。故紂負桀暴之累，二子不失忠聖之名。何者？其憂患之盡矣。今寡人雖愚，不若紂之暴也；燕民雖亂，不若殷民之甚也。室有語，不相盡以告鄰里（三）。二者，寡人不爲君取也（四）。」

【註】（一）民心不內向。（二）政局混亂，無人管理，故獄囚自由散出。（三）家中有是非之語，不可以全部宣揚於鄰里。意謂家醜不可外揚。（四）我以爲你們不當採取此種方法。

樂閒、樂乘怨燕不聽其計，二人卒留趙。趙封樂乘爲武襄君。

其明年，樂乘、廉頗爲趙圍燕，燕重禮以和，乃解。後五歲，趙孝成王卒。襄王使樂乘代廉頗。廉頗攻樂乘，樂乘走，廉頗亡入魏，其後十六年而秦滅趙。

其後二十餘年，高帝過趙，問：「樂毅有後世乎？」對曰：「有樂叔。」高帝封之樂卿（一），號曰華成君。華成君，樂毅之孫也。而樂氏之族有樂瑕公、樂臣公，趙且爲秦所滅（二），亡之齊高密。樂臣公善修黃帝、老子之言，顯聞於齊，稱賢師。

【註】（一）樂卿：河北清苑縣。（二）且：將是。

太史公曰：始齊之蒯通及主父偃讀樂毅之報燕王書，未嘗不廢書而泣也。樂臣公學黃帝、老子，其本師號曰河上丈人，不知其所出。河上丈人教安期生，安期生教毛翕公，毛翕公教樂瑕公，樂瑕公教樂臣公（一），樂臣公教蓋公。蓋公教於齊高密、膠西，爲曹相國師。

【註】（一）樂毅報燕王書情理並茂，氣勢充沛，非身處其境者，不能寫出此一熱淚縱橫之文章。爲學習古文者最宜熟讀之一篇。

卷八十一　廉頗、藺相如列傳第二十一

廉頗者，趙之良將也。趙惠文王十六年，廉頗爲趙將伐齊，大破之，取陽晉（一），拜爲上卿，以勇氣聞於諸侯。藺相如者，趙人也，爲趙宦者令繆賢舍人。

趙惠文王時，得楚和氏璧。秦昭王聞之，使人遺趙王書，願以十五城請易璧（二），趙王與大將軍廉頗諸大臣謀：欲予秦，秦城恐不可得，徒見欺；欲勿予，卽患秦兵之來。計未定，求人可使報秦者，未得。宦者令繆賢曰：「臣舍人藺相如可使。」王問：「何以知之？」對曰：「臣嘗有罪，竊計欲亡走燕，臣舍人相如止臣，曰：『君何以知燕王？』臣語曰：『臣嘗從大王與燕王會境上，燕王私握臣手，曰「願結友」。以此知之，故欲往。』相如謂臣曰：『夫趙彊而燕弱，而君幸於趙王，故燕王欲結於君。今君乃亡趙走燕，燕畏趙，其勢必不敢留君，而束君歸趙矣（三）。君不如肉袒伏斧質請罪（四），則幸得脫矣。』臣從其計，大王亦幸赦臣。臣竊以爲其人勇士，有智謀，宜可使。」於是王召見，問藺相如曰：「秦王以十五城請易寡人之璧，可予不？」相如曰：「秦彊而趙弱，不可不許。」王曰：「取吾璧，不予我城，柰何？」相如曰：「秦以城求璧而趙不許，曲在趙。趙予璧而秦不予趙城，曲在秦。均之二策，寧許以負秦曲（五）。」王曰：「誰可使者？」相如曰：「王必無人（六），臣願奉璧往使。城入趙而璧留秦；城不入，臣請完璧歸趙。」趙王於是遂遣相如奉璧西入秦。

【註】（一）陽晉：在山東鄆城縣西。（二）易：交換。（三）把你綑綁起來送回趙國。（四）肉袒：赤露上體。斧質：質，同「鑕」，斬人之鐵墊。罪犯伏身鐵墊之上，以斧斬之。（五）這兩種策略，我們寧願答應秦國，使牠負理曲的責任。（六）必：如果。

秦王坐章臺見相如，相如奉璧奏秦王。秦王大喜，傳以示美人及左右（一），左右皆呼萬歲。相如視秦王無意償趙城，乃前曰：「璧有瑕（二），請指示王。」王授璧，相如因持璧卻立（三）倚柱，怒髮上衝冠，謂秦王曰：「大王欲得璧，使人發書至趙王，趙王悉召羣臣議，皆曰『秦貪，負其彊（四），以空言求璧，償城恐不可得』。議不欲予秦璧。臣以為布衣之交尚不相欺（五），況大國乎！且以一璧之故逆彊秦之驩（六），不可。於是趙王乃齋戒五日，使臣奉璧，拜送書於庭。何者？嚴大國之威以修敬也

（七）。今臣至，大王見臣列觀，禮節甚倨；得璧，傳之美人，以戲弄臣。臣觀大王無意償趙王城邑，故臣復取璧。大王必欲急臣，臣頭今與璧俱碎於柱矣！」相如持其璧睨柱，欲以擊柱（八）。秦王恐其破璧，乃辭謝固請，召有司案圖（九），指從此以往十五都予趙（一〇）。相如度秦王特以詐詳爲予趙王，實不可得（一一），乃謂秦王曰：「和氏璧，天下所共傳寶也，趙王恐，不敢不獻。趙王送璧時，齋戒五日，今大王亦宜齋戒五日，設九賓於廷（一二），臣乃敢上璧。」秦王度之，終不可彊奪，遂許齋五日，舍相如廣成傳（一三）。相如度秦王雖齋，決負約不償城，乃使其從者衣褐，懷其璧，從徑道亡，歸璧于趙（一四）。

【註】（一）傳：轉視。（二）璧上有點毛病。（三）退後幾步而站着。（四）仗恃其強大。（五）一般普通人交朋友，還不肯欺騙。（六）冒犯了強秦的歡心。（七）尊崇大國的威望以表示敬意。（八）睨柱：向柱邪視，好像要以璧碰柱的樣子。（九）命令有關的官員拿出地圖來察看。（一〇）指劃從此以至於彼，共有十五個城，給予趙國。（一一）相如推猜秦王不過是以欺騙的手段，裝模作樣的準備給城，而其實是得不到城。（一二）賓：司儀贊禮的人。要設置九個司儀的人於廷上，以贊交璧之禮。（一三）招待相如於廣成的傳舍。（一四）相如就使一個隨從，穿着很貧賤的衣服，懷藏和氏璧，化裝從小道而逃回趙國。

秦王齋五日後，乃設九賓禮於廷，引趙使者藺相如。相如至，謂秦王曰：「秦自繆公以來二十餘君，未嘗有堅明約束者也（一）。臣誠恐見欺於王而負趙，故令人持璧歸，閒至趙矣（二），且秦彊而趙弱，大王遣一介之使至趙，趙立奉璧來。今以秦之彊而先割十五都予趙，趙豈敢留璧而得罪於大王乎？臣知欺大王之罪當誅，臣請就湯鑊（三），唯大王與羣臣孰計議之（四）。」秦王與羣臣相視而嘻（五）。左右或欲引相如去（六），秦王因曰：「今殺相如，終不能得璧也，而絕秦趙之驩，不如因而厚遇之，使歸趙，趙王豈以一璧之故欺秦邪！」卒廷見相如，畢禮而歸之。

【註】（一）二十餘君都不曾堅守信約。（二）由間便之路而回趙國了。或解爲秘密回趙國了。（三）湯鑊：烹人之具。（四）孰，卽「熟」。（五）嘻：涕笑皆非的噓叱。（六）左右之人有的就想把相如拉出去殺了。

相如既歸，趙王以爲賢大夫使不辱於諸侯，拜相如爲上大夫。秦亦不以城予趙，趙亦終不予秦璧。

其後秦伐趙，拔石城（一）。明年，復攻趙，殺二萬人。

秦王使使者告趙王，欲與王爲好會於西河外澠池（二）。趙王畏秦，欲毋行。廉頗、藺相如計曰：「王不行，示趙弱且怯也。」趙王遂行，相如從。廉頗送至境，與王訣曰：「王行，度道里會遇之禮畢，還，不過三十日。三十日不還，則請立太子爲王，以絕秦望。」王許之，遂與秦王會澠池。秦王飲酒酣，曰：「寡人竊聞趙王好音，請奏瑟。」趙王鼓瑟。秦御史前書曰「某年月日，秦王與趙王會飲，令趙王鼓瑟」。藺相如前曰：「趙王竊聞秦王善爲秦聲，請奏盆缻秦王（三），以相娛樂。」秦王怒，不許。於是相如前進缻，因跪請秦王。秦王不肯擊缻。相如曰：「五步之內，相如請得以頸血濺大王矣（四）！」左右欲刃相如（五），相如張目叱之（六），左右皆靡（七）。於是秦王不懌（八），爲一擊缻。相如顧召趙御史書曰「某年月日，秦王爲趙王擊缻」。秦之羣臣曰：「請以趙十五城爲秦王壽」。藺相如亦曰：「請以秦之咸陽爲趙王壽。」秦王竟酒，終不能加勝於趙。趙亦盛設兵以待秦，秦不敢動。

【註】（一）石城：在河南林縣西南八十五里。（二）河南澠池縣。因其在黃河之南，故曰河外。（三）請秦王奏盆缻。缻，音否（ㄈㄡˇ）。（四）五步之內，我要與你拚命，以脖頸之血濺你滿身。（五）秦王左右之人想動刀子殺相如。（六）相如瞪眼怒罵。（七）秦王左右之人，皆披靡後退。（八）不懌：很不高興的樣子。

既罷歸國，以相如功大，拜爲上卿，位在廉頗之右（一）。廉頗曰：「我爲趙將，有攻城野戰之大功，而藺相如徒以口舌爲勞。而位居我上，且相如素賤人，吾羞，不忍爲之下（二）。」宣言曰：「我見相如，必辱之。」相如聞，不肯與會。相如每朝時，常稱病，不欲與廉頗爭列（三）。已而相如出，望見廉頗，相如引車避匿。於是舍人相與諫曰：「臣所以去親戚而事君者，徒慕君之高義也。今君與廉頗同列，廉君宣惡言而君畏匿之，恐懼殊甚，且庸人尚羞之（四），況於將相乎！臣等不肖，請辭去。」藺相如固止之（五），曰：「公之視廉將軍孰與秦王？」曰：「不若也。」相如曰：「夫以秦王之威，而相如廷叱之，辱其羣臣，相如雖駑，獨畏廉將軍哉？顧吾念之，彊秦之所以不敢加兵於趙者，徒以吾兩人在也。今兩虎共鬬，其勢不俱生。吾所以爲此者，以先國家之急而後私讎也（六）。」廉頗聞之，肉袒負荊（七），因賓客至藺相如門謝罪。曰：「鄙賤之人，不知將軍寬之至此也。」卒相與驩，爲刎頸之交（八）。

【註】（一）右：上也。當時右尊左卑。（二）我深以位在相如之下爲恥。（三）爭列：爭位置之上下。（四）庸人：平常之人。（五）堅決挽留。（六）先國家之急而後私讎。藺相如之度量，可圈可點。（七）負荊：背負荊桿，表示認罪請罰。（八）刎頸之交：同生死，共患難，雖刎頸亦所不惜。

是歲，廉頗東攻齊，破其一軍。居二年，廉頗復伐齊幾（一），拔之。後三年，廉頗攻魏之防陵（二）、安陽（三），拔之，後四年，藺相如將而攻齊，至平邑而罷（四）。其明年，趙奢破秦軍閼與下（五）。

【註】（一）幾：齊之邑名。（二）防陵：地名，在河南安陽縣南二十里。（三）安陽：河南安陽縣。（四）平邑：在河北南樂縣。（五）閼與：山西和順縣。

趙奢者，趙之田部吏也。收租稅而平原君家不肯出租，奢以法治之，殺平原君用事者九人。平原君怒，將殺奢。奢因說曰：「君於趙爲貴公子，今縱君家而不奉公則法削（一），法削則國弱，國弱則諸侯加兵，諸侯加兵是無趙也，君安得有此富乎？以君之貴，奉公如法則上下平（二），上下平則國彊，國彊則趙固，而君爲貴戚，豈輕於天下邪？」平原君以爲賢，言之於王。王用之治國賦，國賦大平，民富而府庫實。

【註】（一）法律的效力削弱。（二）貴賤皆奉法，則上下平等。

秦伐韓，軍於閼與。王召廉頗而問曰：「可救不？」對曰：「道遠險狹，難救。」又召樂乘而問焉，樂乘對如廉頗言，又召問趙奢，奢對曰：「其道遠險狹，譬之猶兩鼠鬭於穴中，將勇者勝。」王乃令趙奢將，救之。

兵去邯鄲三十里，而令軍中曰：「有以軍事諫者死。」秦軍軍武安西（一），秦軍鼓譟勒兵，武安屋瓦盡振（二）。軍中候（三）有一人言急救武安，趙奢立斬之。堅壁，留二十八日不行，復益增壘。秦閒來入（四），趙奢善食而遣之。閒以報秦將，秦將大喜曰：「夫去國三十里而軍不行，乃增壘，閼與非趙地也。」趙奢既已遣秦閒，乃卷甲而趨之（五），二日一夜至，令善射者去閼與五十里而軍，軍壘成，秦人聞之，悉甲而至。軍士許歷請以軍事諫，趙奢曰：「內之。」許歷曰：「秦人不意趙師至此，其來氣盛，將軍必厚集其陣以待之。不然，必敗。」趙奢曰：「請受命。」許歷曰：「請就鈇質之誅。」趙奢曰：「胥後令邯鄲。」許歷復請諫，曰：「先據北山上者勝，後至者敗。」趙奢許諾，即發萬人趨之。秦兵後至，爭山不得上，趙奢縱兵擊之，大破秦軍。秦軍解而走，遂解閼與之圍而歸。

【註】（一）河南武安縣。（二）振：同「震」，震動。（三）候：前哨偵探。（四）閒：間諜。（五）卷甲：捲起甲衣以便行軍。趨：急行軍。

趙惠文王賜奢號爲馬服君，以許歷爲國尉。趙奢於是與廉頗、藺相如同位。

後四年，趙惠文王卒，子孝成王立。七年，秦與趙兵相距長平（一），時趙奢已死，而藺相如病篤，趙使廉頗將攻秦，秦數敗趙軍，趙軍固壁不戰。秦數挑戰，廉頗不肯。趙王信秦之閒。秦之閒言曰：「秦之所惡，獨畏馬服君趙奢之子趙括爲將耳。」趙王因以括爲將，代廉頗。藺相如曰：「王以名使括，若膠柱而鼓瑟耳（二）。括徒能讀其父書傳，不知合變也（三）。」趙王不聽，遂將之。

【註】（一）長平：在山西高平縣西北二十里。　（二）膠柱鼓瑟：柱，瑟上之雁足，自由移易，以調弦之緩急者。今膠其柱，則弦之緩急不能調動，比喻執泥不能變化也。　（三）合變：正規的，正常的，謂之合；非正規的，不正常的，謂之變。言趙括僅能讀其父之書傳，而不能靈活運用，通權達變。

趙括自少時學兵法，言兵事，以天下莫能當。嘗與其父奢言兵事，奢不能難，然不謂善。括母問奢其故，奢曰：「兵，死地也，而括易言之，使趙不將括即已（一），若必將之，破趙軍者必括也（二）。」及括將行，其母上書言於王曰：「括不可使將。」王曰：「何以？」對曰：「始妾事其父，時爲將，身所奉飯飲而進食者以十數，所友者以百數，大王及宗室所賞賜者盡以予軍吏士大夫，受命之日，不問家事。今括一旦爲將，東向而朝，軍吏無敢仰視之者，王所賜金帛，歸藏於家，而日視便利田宅可買者買之。王以爲何如其父？父子異心，願王勿遣。」王曰：「母置之，吾已決矣。」括母因曰：「王終遣之，卽有如不稱，妾得無隨坐乎？」王許諾。

【註】（一）卽：則也。言如果趙國不以括爲將，那就罷了。（二）假使一定以括爲將，那麼，使趙軍破敗者，就是括了。

趙括既代廉頗，悉更約束（一），易置軍吏。秦將白起聞之，縱奇兵（二），詳敗走（三），而絕其糧道，分斷其軍爲二，士卒離心。四十餘日，軍餓，趙括出銳卒自博戰，秦軍射殺趙括。括軍敗，數十萬之衆遂降秦，秦悉阬之。趙前後所亡凡四十五萬。明年，秦兵遂圍邯鄲，歲餘，幾不得脫。賴楚、魏諸侯來救，迺得解邯鄲之圍。趙王亦以括母先言，竟不誅也。

自邯鄲圍解五年，而燕用栗腹之謀，曰「趙壯者盡於長平，其孤未壯」，舉兵擊趙。趙使廉頗將，擊，大破燕軍於鄗，殺栗腹，遂圍燕。燕割五城請和，乃聽之。趙以尉文（四）封廉頗爲信平君，爲假相國。

【註】（一）完全把廉頗爲將時的一切約束改變了。（二）奇兵：乘敵人之不意而擊之。（三）詳：通「佯」，假動作。（四）尉文：地名。

廉頗之免長平歸也，失勢之時，故客盡去。及復用爲將，客又復至。廉頗曰：「客退矣！」客曰：「吁！君何見之晚也？夫天下以市道交，君有勢，我則從君，君無勢則去，此固其理也，有何怨乎（一）？」居六年，趙使廉頗伐魏之繁陽（二），拔之。

【註】（一）天下以市場之道交朋友，市場之道是看行情，講現實，行情看高，則車水馬龍，攀親帶故者都來拉關係。行情看低，則門可羅雀，父母不以爲子，妻不爲炊，而況遠人？自古及今，由來已然，不必怪也。（二）繁陽：在河南內黃縣東北。

趙孝成王卒，子悼襄王立，使樂乘代廉頗。廉頗怒，攻樂乘，樂乘走。廉頗遂奔魏之大梁。其明年，趙乃以李牧爲將而攻燕，拔武遂（一）、方城（二）。

【註】（一）武遂：在河北徐水縣西。（二）方城：在河北固安縣南。

廉頗居梁久之，魏不能信用。趙以數困於秦兵，趙王思復得廉頗，廉頗亦思復用於趙。趙王使使者視廉頗尚可用否。廉頗之仇郭開多與使者金，令毀之。趙使者既見廉頗，廉頗爲之一飯斗米，肉十斤，被甲上馬，以示尚可用。趙使還報王曰：「廉將軍雖老，尚善飯，然與臣坐，頃之三遺矢矣（一）。」趙王以爲老，遂不召。

楚聞廉頗在魏，陰使人迎之。廉頗一爲楚將，無功，曰：「我思用趙人。」廉頗卒死于壽春（二）。

【註】（一）不到一刻的功夫，便去大便了三次。（就這兩句話，已把廉頗的前途，打得粉碎。讒人之伎倆，可謂巧而毒矣）。（二）壽春：安徽，壽春縣。

李牧者，趙之北邊良將也。常居代鴈門，備匈奴。以便宜置吏（一），市租皆輸入莫府（二），爲士卒費。日擊數牛饗士（三），習射騎，謹烽火（四），多閒諜，厚遇戰士。爲約曰：「匈奴卽入盜（五），急入收保，有敢捕虜者斬。」匈奴每入，烽火謹，輒入收保，不敢戰。如是數歲，亦不亡失。然匈奴以李牧爲怯，雖趙邊兵亦以爲吾將怯。趙王讓李牧（六），李牧如故。趙王怒，召之，使他人代將。

【註】（一）李牧有權任用地方官吏，不向政府請示。（二）所收入之市租，皆歸於幕府（司令部）使用，作爲士卒改善生活之費。（三）每一天要宰殺幾條牛以供士卒食用。（四）對於前哨的一切戰鬥驚訊，非常的注意。（五）卽：如果。（六）讓：責備。

歲餘，匈奴每來，出戰。出戰，數不利，失亡多，邊不得田畜（一）。復請李牧。牧杜門不出（二），固稱疾（三）。趙王乃復彊起使將兵（四）。牧曰：「王必用臣（五），臣如前，乃敢奉令。」王許之。

李牧至，如故約。匈奴數歲無所得。終以爲怯。邊士日得賞賜而不用，皆願一戰。於是乃具選車得三百乘（六），選騎得萬三千匹（七），百金之士五萬人（八），彀者十萬人（九），悉勒習戰。大縱畜牧，人民滿野。匈奴小入，詳北不勝（一〇），以數千人委之。單于聞之，大率衆來入。李牧多爲奇陳（一一），張左右翼擊之，大破殺匈奴十餘萬騎。滅襜襤（一二），破東胡（一三），降林胡（一四），單于奔走。其後十餘歲，匈奴不敢近趙邊城。

【註】（一）邊地不得耕種畜牧。（二）閉門不出。（三）堅決說是有病。（四）強勉，逼迫。（五）必：如果。（六）被選爲最堅固便利之車。（七）最善於驅馳衝鋒之馬匹。（八）最勇敢能破敵擒將的戰士。（九）最善於射箭的射手。（一〇）詳：即「佯」，僞裝。（一一）使敵人莫明其妙，不識其虛實的陣勢。（一二）襜襤：胡族之名，在代北。（一三）東胡：種族名，烏丸之祖，其別爲鮮卑，在匈奴東，故名。今稱通古斯族。（一四）林胡：不詳。

趙悼襄王元年，廉頗既亡入魏。趙使李牧攻燕，拔武遂、方城。居二年，龐煖破燕軍，殺劇辛（一）。後七年，秦破殺趙將扈輒於武遂（二），斬首十萬。趙乃以李牧為大將軍，擊秦軍於宜安（三），大破秦軍，走秦將桓齮（四）。封李牧為武安君。居三年，秦攻番吾（五），李牧擊破秦軍，南距韓、魏（六）。

【註】（一）劇辛：本趙人而仕於燕。（二）扈輒：姓扈，名輒。武遂：河北武強縣東北，今為沙窪村。此一武遂與前一武遂不同地。（三）宜安：河北槀城縣西南。（四）齮：音倚（一ˇ）。（五）番吾：河北平山縣南。（六）距：即「拒」，抵抗。

趙王遷七年，秦使翦攻趙，趙使李牧、司馬尚禦之。秦多與趙王寵臣郭開金，為反間（一）言李牧、司馬尚欲反。趙王乃使趙蔥及齊將顏聚代李牧。李牧不受命，趙使人微捕得李牧（二），斬之。廢司馬尚。後三月，王翦因急擊趙，大破殺趙蔥，虜趙王遷及其將顏聚，遂滅趙。

【註】（一）秦以金錢收買趙王之寵臣郭開，而反間之計得逞，遂告成趙王殺其良將李牧而導致亡國的惡劇。（二）微捕：以欺騙或秘密手段而逮捕李牧。

太史公曰：知死必勇，非死者難也，處死者難。方藺相如引璧睨柱，及叱秦王左右，勢不過誅，然士或怯懦而不敢發。相如一奮其氣，威信敵國（一），退而讓頗，名重太山，其處智勇，可謂兼之矣。

【註】（一）信：通「伸」，伸展。

卷八十二　田單列傳第二十二

田單者，齊諸田疏屬也（一）。湣王時，單爲臨菑市掾（二），不見知。及燕使樂毅伐破齊，齊湣王出奔，已而保莒城（三）。燕師長驅平齊，而田單走安平（四），令其宗人盡斷其車軸末而傅鐵籠（五）。已而燕軍攻安平，城壞，齊人走，爭塗（六），以轊折車敗（七），爲燕所虜，唯田單宗人以鐵籠故得脫，東保卽墨（八）。燕旣盡降齊城，唯獨莒、卽墨不下。燕軍聞齊王在莒，幷兵攻之（九）。淖齒（一〇）旣殺湣王於莒，因堅守，距燕軍（一一），數年不下。燕引兵東圍卽墨，卽墨大夫出與戰，敗死。城中相與推田單，曰：「安平之戰，田單宗人以鐵籠得全，習兵。」立以爲將軍，以卽墨距燕。

【註】（一）疏屬：疏遠的族系。（二）市掾：市政府的職員。掾：音院（ㄩㄢˋ），屬官的通稱，不是主官。（三）已而：卽「旣而」，之後。（四）安平：在山東臨菑縣東十九里。（五）車

軸突出之頭部，斷截車之軸頭，使其行進時不相掛攬。再用鐵冒把車軸釘牢，使其行進時不至脫輻。（六）塗：卽「途」，道路。（七）轊：音位（ㄨㄟˋ），車軸的頭。大家爭路，而車軸互相衝撞牽掛，於是軸頭碰斷，車子脫散，不能行動，遂被俘擄。（八）山東卽墨縣。（九）集合全部的兵力以攻擊。（一〇）淖齒：淖：音鬧（ㄋㄠˋ）。楚人。（一一）距：卽「拒」。

頃之，燕昭王卒，惠王立，與樂毅有隙。田單聞之，乃縱反閒於燕（一），宣言曰：「齊王已死，城之不拔者二耳。樂毅畏誅而不敢歸，以伐齊爲名，實欲連兵南面而王齊。齊人未附，故且緩攻卽墨以待其事。齊人所懼，唯恐他將之來，卽墨殘矣（二）。」燕王以爲然，使騎劫代樂毅。

樂毅因歸趙，燕人士卒忿。而田單乃令城中人食必祭其先祖於庭，飛鳥悉翔舞城中下食。燕人怪之。田單因宣言曰：「神來下敎我。」乃令城中人曰：「當有神人爲我師。」有一卒曰：「臣可以爲師乎？」因反走。田單乃起，引還，東鄉坐（三），師事之。卒曰：「臣欺君，誠無能也。」田單曰：「子勿言也！」因師之。每出約束，必稱神師。乃宣言曰：「吾唯懼燕軍之劓所得齊卒（四），置之前行，與我戰，卽墨敗矣。」燕人聞之，如其言。城中人見齊諸降者盡劓，皆怒，堅守，唯恐見得（五）。單又縱反閒曰：「吾懼燕人掘吾城外冢墓，僇先人（六），可爲寒心。」燕軍盡掘壟墓，燒死人。卽墨人從城上望見，皆涕泣，俱欲出戰，怒自十倍。

【註】（一）田單用反間計而報燕仇，可見反間如成功，可敵數十萬大軍。（二）殘：破滅。（三）鄉：同「向」字。（四）得齊卒而割去其鼻子。（五）見得：被燕人所俘得。（六）僇：音陸（ㄌㄨˋ）殺戮，侮辱。

田單知士卒之可用，乃身操版插（一），與士卒分功，妻妾編於行伍之間（二），盡散飲食饗士。令甲卒皆伏（三），使老弱女子乘城（四），遣使約降於燕，燕軍皆呼萬歲。田單又收民金，得千溢，令卽墨富豪遺燕將，曰：「卽墨卽降，願無虜掠吾族家妻妾，令安堵（五）。」燕將大喜，許之。燕軍由此益懈。

【註】（一）版插：築造防禦工事之用具。插，同「鍤」字，用以起土之具。（二）把自己的妻妾編列於行伍之間，擔任工作。（三）把戰鬥員都藏伏起來，不使敵人望見。（四）乘城：登城，守城，表示壯丁都被打死了，只剩女子擔任戰鬥。（五）安堵：安居，不受驚慌。

田單乃收城中得千餘牛，爲絳繒衣，畫以五彩龍文（一），束兵刃於其角，而灌脂束葦於尾，燒其端。鑿城數十穴，夜縱牛，壯士五千人隨其後。牛尾熱，怒而奔燕軍，燕軍夜大驚。牛尾炬火光明炫燿，燕軍視之皆龍文，所觸盡死傷。五千人因銜枚擊之（二），而城中鼓譟從之，老弱皆擊銅器爲聲，聲動天地。燕軍大駭，敗走，齊人遂夷殺其將騎劫。燕軍擾亂奔走，齊人追亡逐北，所過城邑皆畔燕而歸田單（三），兵日益多，乘勝，燕日敗亡，卒至河上（四），而齊七十餘城皆復爲齊。乃迎襄王於莒，入臨菑而聽政（五）。

【註】（一）把牛打扮起來，都穿着深紅色的繒衣，而畫以五彩的龍紋。（二）銜枚：靜悄悄的急行軍。（三）畔：即「叛」字。（四）河上：即齊之北界。（五）聽政：管理政治。

襄王封田單，號曰安平君。

太史公曰：兵以正合，以奇勝（一）。善之者，出奇無窮。奇正還相生（二），如環之無端（三）。**夫始如處女，適人開戶**（三）；後如脫兔，適不及距（五）：其田單之謂邪（六）！

【註】（一）用兵之道，以正規的方法，打陣地戰；而以奇詐的方法，打制勝戰。（二）善用兵者，出奇不窮，正規戰與奇詐戰，互相配合而互相演化（生）。（三）好像是圓圈子一樣，運動靈活

而找不出其端倪。（四）戰鬥剛開始，好像是處女一般，弱不禁風，使敵人輕忽而驕傲。適：卽「敵」字。（五）到了決定關頭的時候，則發揮其萬鈞之力，銜枚疾走，好像是脫網的兔子一樣。躍足飛奔，使敵人猝不及防，無法抵抗。（六）田單的用兵，就是這樣啊！

初，淖齒之殺湣王也，莒人求湣王子法章，得之太史嬓之家（一），爲人灌園，嬓女憐而善遇之。後法章私以情告女，女遂與通。及莒人共立法章爲齊王，以莒距燕（二），而太史氏女遂爲后，所謂「君王后」也。

【註】（一）嬓：音叫（ㄐㄧㄠˋ）。（二）距：卽「拒」。

燕之初入齊，聞畫邑人王蠋賢（一），令軍中曰「環畫邑三十里無入」，以王蠋之故。已而使人謂蠋曰：「齊人多高子之義，吾以子爲將，封子萬家。」蠋固謝。燕人曰：「子不聽，吾引三軍而屠畫邑。」王蠋曰：「忠臣不事二君，貞女不更二夫。齊王不聽吾諫，故退而耕於野。國既破亡，吾不能存；今又劫之以兵爲君將，是助桀爲暴也。與其生而無義，固不如烹！」遂經其頸於樹枝（二），自奮絕脰而死（三）。齊亡大夫聞之，曰：「王蠋，布衣也，義不北面於燕，況在位食祿者乎！」乃相聚如莒，求諸子，立爲襄王。

【註】（一）畫邑：在山東臨淄西北三十里。（二）經：以繩自繫其頸於樹枝。（三）脰：音豆（ㄉㄡˋ），頸項。

卷八十三　魯仲連、鄒陽列傳第二十三

魯仲連者，齊人也。好奇偉俶儻之畫策（一），而不肯仕宦任職，好持高節。游於趙。

趙孝成王時，而秦王使白起破趙長平之軍前後四十餘萬，秦兵遂東圍邯鄲。趙王恐，諸侯之救兵莫敢擊秦軍。魏安釐王使將軍晉鄙救趙，畏秦，止於蕩陰不進（二）。魏王使客將軍新垣衍（三）閒入邯鄲（四），因平原君謂趙王曰：「秦所為急圍趙者，前與齊湣王爭彊為帝，已而復歸帝；今齊（湣王）已益弱，方今唯秦雄天下，此非必貪邯鄲，其意欲復求為帝。趙誠發使尊秦昭王為帝，秦必喜，罷兵去。」平原君猶預未有所決（五）。

【註】（一）俶儻：俶，音替（ㄊㄧˋ）。儻，音倘（ㄊㄤˇ）。卓異不凡的。漢書藝文志，儒家有魯仲連子十四篇，已亡。魯連子云：「齊辯士田巴，服狙丘（狙丘：猴皮所製之衣），議稷下，毀五帝

，罪三王，服五霸，離堅白，合異同，一日服千人。有徐劫者，其弟子曰魯仲連，年十二，號千里駒。往請田巴曰：「臣聞堂上不奮，郊草不芸，白刃交前，不救流矢，急不暇緩也。今楚軍南陽，趙伐高唐，燕人十萬，聊城不去，國亡在旦夕，先生奈之何？若不能者，先生之言，有似梟鳴，出城而人惡之，願先生勿復言。」田巴曰：「謹聞命矣」！巴謂徐劫曰：「先生乃飛兔也，豈直千里哉」！巴終身不談。（二）蕩陰：今河南湯陰縣。（三）新垣，姓；衍，其名也。（四）從間道而入邯鄲。（五）猶豫：遲疑。

此時魯仲連適游趙，會秦圍趙，聞魏將欲令趙尊秦爲帝，乃見平原君曰：「事將柰何？」平原君曰：「勝也何敢言事！前亡四十萬之衆於外，今又內圍邯鄲而不能去。魏王使客將軍新垣衍令趙帝秦，今其人在是。勝也何敢言事！」魯仲連曰：「吾始以君爲天下之賢公子也，吾乃今然後知君非天下之賢公子也。梁客新垣衍安在？吾請爲君責而歸之。」平原君曰：「勝請爲紹介而見之於先生。」平原君遂見新垣衍曰：「東國有魯仲連先生者，今其人在此，勝請爲紹介，交之於將軍。」新垣衍曰：「吾聞魯仲連先生，齊國之高士也。衍，人臣也，使事有職，吾不願見魯仲連先生。」平原君曰：「勝既已泄之矣（一）。」新垣衍許諾。

魯連見新垣衍而無言。新垣衍曰：「吾視居此圍城之中者，皆有求於平原君者也；今吾觀先生之玉貌，非有求於平原君者也，曷爲久居此圍城之中而不去？」魯仲連曰：「世以鮑焦（二）爲無從頌而死者（三）皆非也。衆人不知（四），則爲一身（五）。彼秦者，弃禮義而上首功之國也（六），權使其士（七），虜使其民（八）。彼卽肆然而爲帝，過而爲政於天下（九），則連有蹈東海而死耳，吾不忍爲之民也。所爲見將軍者，欲以助趙也。」

【註】（一）我已經洩露出來說你在此間。（二）鮑焦：據韓詩外傳謂：「姓鮑，名焦，周時隱者也。飾行非也，廉潔而守，荷擔採樵，拾橡充食，故無子胤。不臣天子，不友諸侯。子貢遇之，謂之曰：『吾聞非其政者，不履其地；汙其君者，不受其利。今子履其地，食其利，其可乎？』鮑焦曰：『吾聞廉士重進而輕退，賢人易愧而輕死』。遂抱木立枯焉」。（三）從頌：卽「從容」。無：不也。「無從頌」，卽言其「不從容」也。從容：心平氣和，坦然自得。（四）大家對於他不能深切瞭解。（五）覺得他的避世是爲他自己一個人而打算。其實不是的。（六）秦用商鞅之謀，創制官爵二十等，以獎作戰殺敵之戰士，殺敵愈多者，得賞愈厚，得爵愈高。是以秦人每戰勝，卽濫殺敵國之婦孺老弱，以爲求賞之具。「首功」者，卽以斬敵首之多少而計功也。故謂秦爲「上首功之國」。「上」者，崇尚也，提倡也。（七）以權詐之術，利用其戰士。（八）以奴隸之道，驅使其人

民。（九）即：如果。肆然：大模大樣，揚揚得意的樣子。過：甚也，甚至於。言如果秦王毫無忌憚大模大樣的自稱皇帝，甚至於包攬天下的政治。

新垣衍曰：「先生助之將柰何？」魯連曰：「吾將使梁及燕助之，齊、楚則固（一）助之矣。」新垣衍曰：「燕則吾請以從矣；若乃梁者，則吾乃梁人也，先生惡能使梁助之？」魯連曰：「梁未睹秦稱帝之害故耳。使梁睹秦稱帝之害，則必助趙矣。」

新垣衍曰：「秦稱帝之害何如？」魯連曰：「昔者齊威王嘗爲仁義矣，率天下諸侯而朝周。周貧且微，諸侯莫朝，而齊獨朝之。居歲餘，周烈王崩，齊後往（二），周怒，赴於齊（三）曰：『天崩地坼，天子下席（四）。東藩之臣因齊後至，則斮（五）。』齊威王勃然怒曰：『叱嗟（六），而母婢也（七）！』卒爲天下笑（八）。故生則朝周，死則叱之，誠不忍其求也（九）。彼天子固然，其無足怪（一〇）。」

【註】（一）固：已經。（二）周烈王死，各國都往弔喪，惟齊國遲遲在後。（三）赴：告訴，聲責。（四）天子死了，如天崩地裂一樣，是何等的嚴重。天子：指繼承天子之位的嗣君，即周顯王也。下席：居廬寢苫也。言天子死了，如同天崩地裂一樣。新任的天子，也要居廬守喪。坼：音撤（ㄔㄜˋ）裂開。（五）因齊：即「嬰齊」，齊威王之名。斮：音卓（ㄓㄨㄛˊ），斬也。（六）勃然

：猛然間變色。叱：咜！怒罵之辭。（七）而：同「爾」，你。你的母親是個奴婢，有什麼了不得。（八）這個故事，爲天下人所恥笑。（不只是笑齊王，還笑周天子）（九）爲什麼齊威王對於周王，活着的時候就朝周，死了的時候就罵周，實在是忍受不了周王的苛求（要殺齊王）。（一〇）那是因爲周王是天子，理所固然，不足爲怪。

新垣衍曰：「先生獨不見夫僕乎？十人而從一人者，寧力不勝而智不若邪？畏之也（一）。」魯仲連曰：「嗚呼！梁之比於秦若僕邪？」新垣衍曰：「然。」魯仲連曰：「吾將使秦王烹醢梁王（二）。」新垣衍怏然不悅（三），曰：「噫嘻（四），亦太甚矣先生之言也！先生又惡能使秦王烹醢梁王？」魯仲連曰：「固也（五），吾將言之。昔者九侯、鄂侯、文王，紂之三公也。九侯有子而好（六），獻之於紂，紂以爲惡，醢九侯。鄂侯爭之彊，辯之疾（七），故脯鄂侯。文王聞之，喟然而歎，故拘之牖里之庫百日（八），欲令之死。曷爲與人俱稱王，卒就脯醢之地（九）？齊湣王之魯（一〇），夷維子爲執策而從（一一）謂魯人曰：『子將何以待吾君（一二）？』魯人曰：『吾將以十太牢待子之君。』夷維子曰：『子安取禮而來（待）吾君？彼吾君者，天子也（一三）。天子巡狩（一四），諸侯辟舍，納筦籥（一五），攝衽抱机（一六），視膳於堂下（一七）

，天子已食，乃退而聽朝也（一八）。』魯人投其籥，不果納（一九）。不得入於魯，將之薛（二〇），假途於鄒（二一）。當是時，鄒君死，湣王欲入弔（二二），夷維子謂鄒之孤曰：『天子弔，主人必將倍殯棺，設北面於南方，然后天子南面弔也（二三）。』鄒之羣臣曰：『必若此，吾將伏劍而死（二四）。』固不敢入於鄒（二五）。鄒、魯之臣，生則不得事養，死則不得賻襚（二六），然且欲行天子之禮於鄒、魯（二七），鄒、魯之臣不果納（二八）。今秦萬乘之國也，梁亦萬乘之國也。俱據萬乘之國，各有稱王之名（二九），睹其一戰而勝，欲從而帝之，是使三晉之大臣不如鄒、魯之僕妾也（三〇）。且秦無已而帝，則且變易諸侯之大臣。彼將奪其所不肖而與其所賢，奪其所憎而與其所愛（三一）。彼又將使其子女讒妾為諸侯妃姬，處梁之宮。梁王安得晏然而已乎？而將軍又何以得故寵乎（三二）？」

【註】（一）十個僕人而服從一個主人，難道是（寧）十個僕人的力量打不過一個主人？十個僕人的智慧敵不過一個主人嗎？不是的！所以然者，是因為他們對於主人一向恐懼慣了。（二）醢：音海（ㄏㄞˇ），碎成肉醬。（三）怏然：怏：音樣（一ㄤˋ），不高興的樣子。（四）噫嘻：不平而否定的聲音。（五）固也：原來如此嘛。（六）子：女兒。（七）強性的反對。激烈的辯論。（八）

（八）羑里：河南湯陰縣北九里有羑里城。羑：音有（一ㄡˇ）。庫：儲藏東西的房子，把人放進去，不准出來，就等於牢獄。（九）爲什麼梁王與秦王是平等身分都是稱王的人，而自處於被人碎爲肉醬的地位？（一〇）之：往。（一一）夷維子：夷維：在山東濰縣。因邑爲氏，故曰夷維子。子者，男子之美稱。策：馬棰也，用以擊馬使就範而速行者。（一二）你們準備以什麼禮節而來奉事我們的君主？（一三）我們的君主乃是天子。（一四）這次到你們魯國來，等於是天子巡狩，視察你們魯國的政治。（一五）天子巡狩的時侯，諸侯避開正舍不敢居，獻納了鑰匙。筦：同「管」字。籥：同「鑰」字，管鑰：即鎖匙。（一六）攝衽：提起衣襟。抱机：抱：捧也。機，同「几」字，几案也。捧着几案。（一七）天子在堂上吃飯，諸侯們在堂下照護進食。（一八）天子吃過飯之後，乃離席而坐朝辦公。（一九）魯人聽了夷維子這段話，覺得對魯國是一種侮辱，一怒之下，扔棄了鑰匙，堅閉城門而不納齊湣王。（二〇）齊湣王既然不得進魯國之城，乃轉而準備往薛國。（二一）往薛國去，必得借路於鄒國。（二二）當這個時候，鄒國的君主死了，齊湣王想着入城而弔喪。（二三）夷維子對鄒國的嗣君說：「天子來弔喪，主人必須要身子背着棺材，置靈位於北面，然後天子南面而致弔」。（二四）鄒國的羣臣們就說：「如果要這樣而舉行禮節，我們準備伏劍而自殺」。（二五）於是齊湣王不敢進鄒城。（二六）鄒、魯之臣與齊王毫無關係，生則沒有事養的責任，死則沒有賻襚的義務（賻，音付（ㄈㄨˋ），拿錢財送給喪家以助喪。襚，音遂（ㄙㄨㄟˋ），以衣衾送贈於死者。）（二七）而齊王竟然想在鄒魯自居於天子之位，行天子之禮。（二八）所以鄒、魯之臣絕對不許他進城。（二九）現在秦國是萬乘之國，梁國也是萬乘之國，兩國都是萬乘之國，兩國都有稱王之名。（三〇）只是看見他一戰而勝，就稱他爲帝，這簡直是三晉之大臣不如鄒、魯之僕妾！（三一）並且秦國弄得非作皇帝不可的時候，那他一定要更換諸侯的大臣，他要把那些他所認爲不能幹的人都撤免了，而任用他所認爲能幹的人；他要把那些他所討厭的人都排斥了，而引進他所喜愛的人。（三二）他又要把他的子女讒妾，強迫的使諸侯納爲妃姬，住在梁王的宮內，那時節，梁王還能够安然而臥嗎？將軍你又何以保持其舊有的寵愛呢？

於是新垣衍起，再拜謝曰：「始以先生爲庸人，吾乃今日知先生爲天下之士也。吾請出，不敢復言帝秦。」秦將聞之，爲卻軍五十里。適會魏公子無忌奪晉鄙軍以救趙，擊，秦軍遂引而去。

於是平原君欲封魯連，魯連辭讓（使）者三，終不肯受。平原君乃置酒，酒酣起前，以千金爲魯連壽。魯連笑曰：「所貴於天下之士者，爲人排患釋難解紛亂而無取也（一）。卽有取者，是商賈之事也（二），而連不忍爲也（三）。」遂辭平原君而去，終身不復見。

【註】（一）所貴乎是天下聞名之士者，是因爲他能爲人排除困難，解決糾紛，而毫無所求。（二）如果（卽）稍有所求，那就是商賈市儈的行爲，我魯仲連絕對不願意作出那種行爲。

其後二十餘年，燕將攻下聊城（一），聊城人或讒之燕，燕將懼誅，因保守聊城，不敢歸。齊田單攻聊城歲餘，士卒多死而聊城不下。魯連乃爲書，約之矢以射城中（一），遺燕將。書曰：

吾聞之，智者不倍時而弃利，勇士不却死而滅名（三），忠臣不先身而後君。今公行一朝之忿，不顧燕王之無臣，非忠也；殺身亡聊城，而威不信於齊（四），非勇也；功敗名滅，後世無稱焉，非智也。三者世主不臣，說士不載（五），故智者不再計，勇士不怯死。今死生榮辱，貴賤尊卑（六），此時不再至，願公詳計而無與俗同。

【註】（一）聊城：山東聊城縣。（二）約：綁綑。（三）却死：避死也。（四）信：同「伸」，伸張也。（五）說士：遊說之士。說，讀「稅」。載：同「戴」，贊戴也。卽言遊說之士，也不贊成這種人。（六）現在就是死生榮辱、貴賤尊卑的決定關頭。

且楚攻齊之南陽（一），魏攻平陸（二），而齊無南面之心，以爲亡南陽之害小，不如得濟北之利大（三），故定計審處之（四）。今秦人下兵，魏不敢東面；衡秦之勢成（五），楚國之形危；齊弃南陽，斷右壤，定濟北，計猶且爲之也（六）。且夫齊之必決於聊城，公勿再計（七）。今楚魏交退於齊，而燕救不至。以全齊之兵，無天下之規，與聊城共據期年之敝，則臣見公之不能得也（八）。且燕國大亂，君臣失計，上下迷惑，栗腹以十萬之衆五折於外（九），以萬乘之國被圍於趙，壤削主困，爲天下僇笑（一〇）。國敝而禍多，民無所歸心。今公又以敝聊之民距全齊之兵（一一），是墨翟之守也（一二）。食人炊骨，士無反外之心，是孫臏之兵也（一三）。能見於天下（一四）。雖然，爲公計者，不如全車甲以報於燕。車甲全而歸燕，燕王必喜；身全而歸於國，士民如見父母，交游攘臂而議於世（一五），功業可明。上輔孤主以制羣臣，下養百姓以資說士，矯國更俗，功名可立也。亡意亦捐燕弃世，東游於齊乎（一六）？裂地定封，富比乎陶、衞（一七），世世稱孤，與齊久存，又一計也，此兩計者，顯名厚實也（一八），願公詳計而審處一焉。

【註】（一）南陽：非河南之南陽，乃山東之鄒縣，孟子所謂「一戰勝齊，遂有南陽」是也。（二）平陸：山東汶上縣北。（三）濟北：聊城一帶之地。（四）決定計劃，愼審處理，勢在必得。（五）連衡以和秦之形勢已成。（六）齊國寧願放棄其南陽，斷絕其右壤（平陸），但其定濟北之計，是必然要幹到底的。（七）齊國決心取聊城，你不必再考慮了。（八）規：制裁。以全齊的兵力、沒有天下共同的制裁，而欲以經年疲弊的聊城，據之對抗，我可以看見你是支持不住的。（九）五次被挫敗於外國。（一〇）僇笑：侮辱譏笑。（一一）距：同「拒」，抵抗。（一二）墨翟爲宋守城以拒楚。（一三）沒有糧米，以人爲食；沒有薪柴，以骨爲炊。雖然飢苦如此，而士

卒沒有反叛向外之心，簡直是孫臏手下訓練的軍隊（強將手下無弱兵，誇譽燕將善撫士卒）。（一四）見：即「現」，表現也。言其兵之精練忠貞，可以表現於天下。（一五）交游：交友。言朋友們要奮臂而歡迎你，談論你的英勇故事於世人之前。（一六）亡意：即「無已」，不得已，再不然的話。言其不然的話，是不是可以捐燕棄世，東游於齊國呢？（一七）到了齊國，齊王封你以土地，你可以富比乎陶、衞。（陶：魏冉封於定陶。商鞅封於衞邑）。（一八）顯耀的名譽而豐厚的實利。

且吾聞之，規小節者不能成榮名（一），惡小恥者不能立大功。昔者管夷吾射桓公中其鉤，篡也；遺公子糾不能死，怯也（二）；束縛桎梏，辱也。若此三行者，世主不臣而鄕里不通。鄕使管子幽囚而不出（三），身死而不反於齊，則亦名不免爲辱人賤行矣。臧獲且羞與之同名矣（四），況世俗乎！故管子不恥身在縲紲之中而恥天下之不治，不恥不死公子糾，而恥威之不信（五）於諸侯，故兼三行之過而爲五霸首，名高天下而光燭鄰國。曹子爲魯將（六），三戰三北，而亡地五百里。鄕使曹子計不反顧，議不還踵，刎頸而死，則亦名不免爲敗軍禽將矣（七）。曹子棄三北之恥，而退與魯君計。桓公朝天下，會諸侯，曹子以一劍之任，枝桓公之心於壇坫之上（八），顏色不變，辭氣不悖，三戰之所亡一朝而復之，天下震動，諸侯驚駭，威加吳、越。若此二士者，非不能成小廉而行小節也，以爲殺身亡軀，絕世滅後，功名不立，非智也。故去感忿之怨（九），立終身之名；棄忿悁之節，定累世之功。是以業與三王爭流，而名與天壤相獘也（一〇）。願公擇一而行之。

【註】（一）規：斤斤計較。（二）管仲事公子糾，而魯殺之，管仲遺棄公子糾，而不隨以俱死。（三）鄉使：卽「向使」，倘使也。（四）臧獲：荆、淮、海、岱、燕、齊之間，罵奴曰臧，罵婢曰獲。臧獲，卽奴婢是也。（五）信：同「伸」，展開也。（六）曹子：卽曹沫，所謂「曹沫不死三敗之辱」，卽其人也。（七）敗亡之軍，被擒之將。（八）壇坫：諸侯會盟之場所。在會盟的場所，曹沫以劍抵住桓公的心膛，要叫他答應歸還魯國三次敗仗所失掉的土地。桓公不敢不應允。（九）一時衝動的怨恨。（一〇）名與天地同弊，天地永遠不弊，故其名亦永遠不弊。

燕將見魯連書，泣三日，猶豫不能自決。欲歸燕，已有隙，恐誅；欲降齊，所殺虜於齊甚衆，恐已降而後見辱。喟然歎曰：「與人刃我，寧自刃（一）。」乃自殺。聊城亂，田單遂屠聊城。歸而言魯連，欲爵之。魯連逃隱於海上，曰：「吾與富貴而詘於人，寧貧賤而輕世肆志焉（二）。」

【註】（一）與其讓別人用刀子來殺我，寧願以刀子自殺。（二）與其享富貴而受屈於人，寧願挨

貧賤而逞心自由。

鄒陽者，齊人也。游於梁，與故吳人莊忌夫子、淮陰枚生之徒交（一）。上書而介於羊勝、公孫詭之閒（二）。勝等嫉鄒陽，惡之梁孝王。孝王怒，下之吏（三），將欲殺之。鄒陽客游，以讒見禽（四），恐死而負累（五），乃從獄中上書曰：

臣聞忠無不報，信不見疑，臣常以爲然，徒虛語耳。昔者荊軻慕燕丹之義，白虹貫日，太子畏之（六）；衞先生爲秦畫長平之事，太白蝕昴，而昭王疑之（七）。夫精變天地而信不喻兩主（八），豈不哀哉！今臣盡忠竭誠，畢議願知（九），左右不明（一〇），卒從吏訊（一一），爲世所疑，是使荊軻、衞先生復起，而燕、秦不悟也。願大王孰察之。

昔卞和獻寶，楚王刖之（一二）；李斯竭忠，胡亥極刑（一三）。是以箕子詳狂（一四），接輿辟世（一五），恐遭此患也。願大王孰察卞和、李斯之意，而後楚王、胡亥之聽，無使臣爲箕子、接輿所笑。臣聞比干剖心（一六），子胥鴟夷（一七），臣始不信，乃今知之。願大王孰察，少加憐焉。

【註】（一）莊忌：姓莊，名忌，會稽人。後避漢明帝諱，改姓嚴。枚生：姓枚，名乘。（二）因

上書求出路而又與羊勝、公孫詭相往來。漢書、鄒陽傳謂：「吳王濞招四方游士，陽與嚴忌、枚乘等俱仕吳。吳王有邪謀，陽上書諫，吳王不納。是時，梁孝王貴盛，亦待士，於是鄒陽、枚乘、嚴忌，皆去之梁，從孝王游。」（三）交付刑吏。（四）見禽：被擒也。禽，同「擒」。（五）死而負罪惡之名。（六）荊軻：俠士。燕太子丹爲質於秦，始皇遇之無禮。丹由秦逃返燕國，思欲報仇，故厚養荊軻，使西入秦刺始皇。荊軻走後，太子望氣，見白虹貫日不徹，曰：「吾事不成矣！」後聞軻死，事不成，曰：「吾知其然也！」（七）衞先生：秦人。白起爲秦伐趙，破長平軍，欲遂長驅滅趙，遣衞先生說昭王，請增兵糧，乃爲應侯所害，事用不成。其精誠上達於天，故太白爲之蝕昴，昴，趙地之分野；太白主西方，秦在西方，其徵兆爲太白蝕昴，卽言秦國把趙國吃掉了。此言白起可以有滅趙之功，而結果被應侯所讒而被殺。（八）此兩人者，皆精誠感動天地，而竟然不爲兩主所瞭解，所相信。（九）畢議：竭盡其所知以建議（一〇）不欲直言王之不明，而委言左右不明。（一一）交付法官審罪。（一二）楚人卞和得玉璞，獻之武王，武王以示玉人，玉人曰：「石也」。刖其右足。武王沒，又獻於文王，文王以示玉人，玉人又曰：「石也」，復刖其左足。至成王時，卞和抱璞哭於郊，乃使玉尹攻之，果得寶玉。（一三）李斯盡忠於秦，而二世皇帝聽趙高之讒，處以極刑。（一四）詳：卽「佯」，僞裝。（一五）接輿：楚之賢人。（一六）比干：商之賢臣，以直諫抵牾紂王，紂王曰：「吾聞聖人之心有七竅」，遂剖其心。（一七）伍子胥爲吳王成霸業，後賜之以鴟夷而使子胥自殺，以革囊盛其屍而流之於江。

諺曰：「有白頭如新（一），傾蓋如故（二）。」何則？知與不知也（三）。故昔樊於期逃秦之燕（四），藉荆軻首以奉丹之事（五）；王奢去齊之魏，臨城自剄以卻齊而存魏（六）。夫王奢、樊於期非新於齊、秦而故於燕、魏也，所以去二國死兩君者，行合於志而慕義無窮也。是以蘇秦不信於天下，而爲燕尾生（七）；白圭戰亡六城，爲魏取中山（八）。何則？誠有以相知也。蘇秦相燕，燕人惡之於王，王按劍而怒，食以駃騠（九）；白圭顯於中山，中山人惡之魏文侯，文侯投之以夜光之璧（一〇）。何則？兩主二臣，剖心坼肝相信，豈移於浮辭哉（一一）！

【註】（一）比喻人不相知，雖自初交以至於白頭，猶如剛剛才認識似的。（二）比喻人之相知，雖係途中相遇，但一見之下，即傾蓋相談，如同老相識的故人似的。傾蓋者，道行相遇，軿車對語，兩蓋相切，稍欹之，故曰傾也。（三）爲什麼？因爲知心與不知心的緣故。所以說：「人之相知，貴相知心」。（四）之：往也。（五）樊於期逃秦而往燕，以頭與荆軻，使入秦以示信。（六）王奢：齊人，亡逃至魏。其後，齊伐魏，奢登城告齊將曰：「今君之來，不過以奢之故而已，夫義不苟生以爲魏累」。遂自剄而死。（七）尾生乃爲守信而死者。蘇秦不能建立信用於天下，但對於燕國，則守信用如尾生。（八）白圭爲中山將，亡六城，君欲殺之，遂逃亡入魏。魏文侯厚待之，還拔中山。（九）駃騠：駿馬也。蘇秦爲燕相，燕人在王的面前說蘇秦的壞話，燕王不但不信讒言，反

而賜蘇秦以千里馬，以表示其對蘇秦的信心。（一〇）魏人在魏文侯面前說白圭的壞話，魏文侯不但不信，反而賜之以夜光之璧。（一一）剖心腹，裂胆肝以示相，怎肯被浮動的空話所搖動呢？

故女無美惡，入宮見妒；士無賢不肖，入朝見嫉（一）。昔者司馬喜臏脚於宋，卒相中山（二）；范睢摺脅折齒於魏，卒爲應侯（三）。此二人者，皆信必然之畫，捐朋黨之私，挾孤獨之位，故不能自免於嫉妒之人也。是以申徒狄自沈於河（四），徐衍負石入海（五）。不容於世，義不苟取，比周於朝，以移主上之心（六）。故百里奚乞食於路，繆公委之以政；甯戚飯牛車下，而桓公任之以國（七）。此二人者，豈借宦於朝（八），假譽於左右（九），然後二主用之哉？感於心（一〇），合於行（一一），親於膠漆（一二），昆弟不能離（一三），豈惑於衆口哉（一四）？故偏聽生姦（一五），獨任成亂（一六）。昔者魯聽季孫之說而逐孔子（一七），宋信子罕之計而囚墨翟（一八）。夫以孔、墨之辯，不能自免於讒諛，而二國以危。何則？衆口鑠金（一九），積毀銷骨也（二〇）。是以秦用戎人由余而霸中國（二一），齊用越人蒙而彊威、宣（二二）。此二國，豈拘於俗，牽於世，繫阿偏之辭哉（二三）？公聽並觀（二四），垂名當世。故意合則胡越爲昆弟（二五），由余、越人蒙是矣；不合，則骨肉出逐不收（二六），朱、象、管、蔡是矣。今人主誠能用齊、秦之義，後宋、魯之聽，則五伯不足稱（二七），三王易爲也（二八）。

【註】（一）所以女人不論美醜，只要一入宮，就會被妒忌；士人不論賢不肖，只要一入朝，就會被嫉恨。（大概是「同行是寃家」吧）。（二）司馬喜：戰國時人，爲中山相。中山：河北定縣，戰國時爲中山國，後爲魏所滅。臏，音鬢（ㄅㄧㄣˋ）。臏脚者，斷足之刑也。（三）范睢：魏人，因得罪於魏相，被打斷其肘骨與牙齒。後逃於秦，爲秦相，封於應，故稱應侯。（四）申徒狄：戰國時人，因諫而不用，自投於河。（五）徐衍：戰國時人，負石自投於海。（六）爲了正義，不苟取，不比周（結黨營私）於朝以變亂主上之心。（義字之下的「不」字，要連用在下句，卽爲「義，不苟取，不比周於朝以移主上之心」）。（七）寗戚：春秋時人，爲齊桓公餵牛，齊桓公夜出迎客，而寗戚疾擊其牛角，依商聲而歌曰：「南山矸（矸，與「岸」同），白石爛，生不遭堯與舜禪；短布單衣適至骭（脛也），從昏（日初落）飯牛薄（至也）夜半，長夜曼曼何時旦！」桓公聞其歌，召與語，悅之，以爲大夫。（八）借朝中官宦的推薦。（九）假左右近親的吹噓。（一〇）心靈相感召。（一一）行誼相契合。（一二）如膠似漆的親切。（一三）雖關係至近的兄弟亦不能離間。（一四）豈是泛泛淺淺的衆人之口所能迷惑的嗎？（一五）所以聽信偏私之言，就會發生姦邪。（一六）專憑獨裁之念，就會造成禍亂。（一七）論語：「齊人歸（贈送）女樂，季桓子受之，三日不朝，孔子行也」。（一八）說苑、君道篇謂：「司城子罕刼君擅政」。（一九）衆人之口，可以鑠金。謂其說者太多，衆口同聲，久而久之，雖非事實，亦可以使人認爲眞有其事。可見衆人之

口，影響力之大，雖金子也要被銷化了。（二〇）積毀銷骨：儘管你是個端正純潔的人，但是你不爲人所瞭解，許多人都說你的壞話，壞話越積越多，最後，連你的骨頭也會被銷滅了。（二一）由余：本晉人，逃亡於戎，戎王聞秦繆公賢，使由余於秦以觀之。繆公與之語，以爲賢，因留不遣返。贈送戎王女樂以離間之。後，由余降秦，爲秦謀伐戎之策，益國十二，闢地千里，遂霸西戎。（二二）越人蒙，不知所出，或云卽越人子臧也。威、宣：齊威王、宣王也。（二三）繫：束縛也。阿偏：阿私偏邪也。（二四）公聽：大公的聽聞。並觀：全面的觀察。（二五）意見相合，胡越可以變爲兄弟。（二六）意見不合，骨肉就會逐出不留。（二七）五霸不足稱，可以高於五霸。（二八）三王易爲，可以比肩三王。

是以聖王覺寤，捐子之之心（一），而能不說於田常之賢（二）；封比干之後（三），修孕婦之墓，故功業復就於天下。何則？欲善無厭也。夫晉文公親其讎，彊霸諸侯；齊桓公用其仇，而一匡天下。何則，慈仁慇勤，誠加於心，不可以虛辭借也（四）。

【註】（一）子之：燕王噲愚闇，子之爲相，專國政，燕王以爲賢，讓國於子之，燕國大亂。此言聖王覺悟，捐棄信任子之之心。（二）田常事齊簡公，簡公以爲賢而悅之，其後，田常殺簡公。此言聖王覺悟，不會像齊簡公那樣以權臣爲賢臣而悅之，卒致殺身之禍。說，卽「悅」。（三）武王伐紂，克商，封比干之後。（四）眞誠發於內心，不是虛僞的言辭所能假借的。

至夫秦用商鞅之法，東弱韓、魏，兵彊天下，而卒車裂之（一）；越用大夫種之謀，禽勁吳（二），霸中國，而卒誅其身，是以孫叔敖三去相而不悔（三），於陵子仲辭三公爲人灌園（四）。今人主誠能去驕傲之心，懷可報之意（五），披心腹，見情素（六），墮肝膽（七），施德厚，終與之窮達，無愛於士（八），則桀之狗可使吠堯（九），而蹠之客可使刺由（一〇）；況因萬乘之權，假聖王之資乎？然則荊軻之湛七族（一一），要離之燒妻子（一二），豈足道哉！

【註】（一）商鞅被秦惠王以車裂之刑處死。（二）禽：即「擒」。（三）孫叔敖三爲相而不喜，知其才之自得也；三去相而不悔，知其非己之罪也。（四）於陵子仲：即陳仲子，齊陳氏之族，兄爲齊卿，仲子以爲不義，乃適楚，居於於陵（於陵，讀烏陵），自謂於陵子仲。楚王欲聘以爲相，子仲夫婦遂逃亡，爲人灌園。（五）意念中常常存着對於功臣要予以報答之心。（六）披開心腹，以眞情相見。（七）墮：輸也，以肝膽相交通。（八）與士人共窮達而無吝悔。愛：吝惜也。（九）桀之狗，忠於桀，堯雖善，而桀狗吠之，所謂「各爲其主」，「吃紂王飯，不說紂王惡」。（一〇）蹠：盜蹠也。蹠之客，忠於蹠，許由雖潔，而蹠客刺之。亦各爲其主也。（一一）荊軻爲燕太子丹刺秦王，不成而死，秦王誅滅其七族。湛，沈也，滅沒也。（一二）吳王闔閭欲殺王子慶忌，要離詐以罪亡，使吳王燔其妻子，要離走見慶忌，以劍刺之。

臣聞明月之珠，夜光之璧，以闇投人於道路（一），人無不按劍相眄者（二）。何則？無因而至前也（三）。蟠木根柢（四），輪囷離詭（五），而爲萬乘器者（六）。何則？以左右先爲之容也（七）。故無因至前，雖出隨侯之珠，夜光之璧，猶結怨而不見德。故有人先談，則以枯木朽株樹功而不忘。今夫天下布衣窮居之士，身在貧賤，雖蒙堯、舜之術，挾伊、管之辯，懷龍逢、比干之意，欲盡忠當世之君，而素無根柢之容（八），雖竭精思，欲開忠信，輔人主之治，則人主必有按劍相眄之跡，是使布衣不得爲枯木朽株之資也。

【註】（一）在黑暗之中，以珠璧投於人行道上。（二）眄：音免（ㄇㄧㄢˇ）斜視也。人們沒有不握劍相視的。（三）爲什麼？因爲事情來得太突然，無緣無故而來到跟前。（四）蟠木：盤屈的大樹。（五）輪囷：牠的根柢長的彎彎屈曲。囷，音君（ㄐㄩㄣ），彎曲的。離詭：奇奇怪怪。（六）但是，牠有大的用處，能爲萬乘之君所用。（七）因爲事先有人說明牠的木質之美。貌似不中用，而其實有大用。（八）平素沒有人介紹其根柢之美，所以雖欲盡忠，亦必被人所疑。

是以聖王制世御俗，獨化於陶鈞之上（一），而不牽於卑亂之語（二），不奪於衆多之口（三）。故秦皇帝任中庶子蒙嘉之言，以信荊軻之說，而匕首竊發（四）；周文王獵涇、渭，載呂尙而歸，以王天下。故秦信左右而殺，周用烏集而王（五）。何則？以其能越攣拘之語（六），馳域外之議（七），獨觀於昭曠之道也（八）。

【註】（一）陶：造就器物的模子。鈞：衡量事物的稱子。言聖王制世御俗，以造就人才，甄拔人才爲己任。（二）而不爲卑瑣邪亂的語言所牽掣。（三）不爲紛雜衆多的口舌所刼奪。（四）秦始皇因爲相信中庶子蒙嘉的話，從而相信荊軻的說法，結果，被荊軻拿出匕首刺殺秦始皇。（五）烏集：乍離乍合，如烏鴉之集散。言呂尙之歸文王，如烏之集也。（六）超越於拘泥不通的言論。（七）驅馳於域限以外的議論。（八）獨立觀察於光明寬濶的大道。

今人主沈於諂諛之辭（一），牽於帷裳之制（二），使不羈之士與牛驥同皁（三），此鮑焦所以忿於世而不留富貴之樂也（四）。

【註】（一）現今的人主們沈溺於諂媚奉迎的言辭。（二）牽掣於帷裳內侍的包圍。（三）使奇才異能之士與牛馬同槽。（四）鮑焦：莊子云：「鮑焦飾行非世，抱木而死」。

臣聞盛飾入朝者不以利汙義（一），砥厲名號者不以欲傷行（二），故縣名勝母而曾子不入，（三），邑號朝歌而墨子囘車（四）。今欲使天下寥廓之士（五），攝於威重之權（六），主於位勢之貴（七），故囘面汙行以事諂諛之人而求親近於左右（八），則士伏死堀穴巖（巖）〔藪〕之中耳（九），安肯有盡忠信而趨闕下者哉（一〇）！

【註】（一）穿得端端正正而入朝者，決不肯以利祿而汚染了正義。（二）修整名譽者，決不肯以私欲而敗壞品行。（三）所以里名勝母而曾子不入，以其里名之敗壞倫理也。（四）邑號朝歌而墨子回車，以其爲暴君（紂王）之所居也。（五）現在要使天下高尚廓達的士人。（六）爲權威的壓力所恐怖。（七）爲位勢的尊貴所主宰。（八）故意歪頭歪腦，汚行辱身，以事奉那些讒諂面諛之小人而想得到主上的親近。（九）那麼，士人寧願埋死於巖穴山林之中。（一〇）誰還肯盡忠信而趨赴於朝廷呢？

書奏梁孝王，孝王使人出之，卒爲上客。

太史公曰：魯連其指意雖不合大義（一），然余多其在布衣之位，蕩然肆志，不詘於諸侯，談說於當世，折卿相之權。鄒陽辭雖不遜，然其比物連類，有足悲者，亦可謂抗直不橈矣，吾是以附之列傳焉。

【註】（一）魯仲連在布衣之時，義不帝秦，確實有風骨。但其勸燕將降齊，則又似陷人於不義。故太史公謂其指意不合大義。（二）鄒陽言辭前後矛盾，然敢於指斥時君，亦可謂抗直不橈。（橈，同「撓」，折曲也。）

卷八十四　屈原、賈生列傳第二十四

屈原者，名平，楚之同姓也。爲楚懷王左徒（一）。博聞彊志（二），明於治亂，嫺於辭令（三）。入則與王圖議國事，以出號令；出則接遇賓客，應對諸侯。王甚任之（四）。

【註】（一）左徒：楚之貴官，在王左右參贊國事，如後代之拾遺、諫議的官職。（二）強志：志，誌也，記憶也，即強於記憶。（三）嫺：熟練而美善。（四）懷王很信任他。

上官大夫與之同列，爭寵而心害其能（一）。懷王使屈原造爲憲令（二），屈平屬草稾未定（三）。上官大夫見而欲奪之，屈平不與，因讒之曰：「王使屈平爲令，衆莫不知，每一令出，平伐其功，（曰）以爲『非我莫能爲』也（四）。」王怒而疏屈平（五）。

【註】（一）害：忌妬。（二）懷王使屈原制作法令。（三）屈原正在撰擬草稿，還沒有整理完成。（四）上官大夫在懷王面前陷害屈原道：「王使屈原制作法令，大家沒有不知道的，每一件法令出來，屈原就自誇其功，對大家說：『不是我，沒有一個人能够制作法令的』。」（五）懷王一聽

到上官大夫的話，大爲震怒，從此以後，對於屈原就疏遠了。

屈平疾王聽之不聰也（一），讒諂之蔽明也（二），邪曲之害公也（三），方正之不容也（四），故憂愁幽思而作離騷（五）。離騷者，猶離憂也（六）。夫天者，人之始也；父母者，人之本也。人窮則反本，故勞苦倦極，未嘗不呼天也；疾痛慘怛，未嘗不呼父母也。屈平正道直行，竭忠盡智以事其君，讒人閒之，可謂窮矣。信而見疑，忠而被謗，能無怨乎？屈平之作離騷，蓋自怨生也（七）。國風好色而不淫（八），小雅怨誹而不亂（九）。若離騷者，可謂兼之矣（一〇）。上稱帝嚳，下道齊桓，中述湯武，以刺世事（一一）。明道德之廣崇（一二），治亂之條貫，靡不畢見（一三）。其文約，其辭微（一四），其志絜，其行廉（一五），其稱文小而其指極大（一六），舉類邇而見義遠（一七）。其志絜，故其稱物芳（一八）。其行廉，故死而不容自疏（一九）。濯淖汙泥之中（二〇），蟬蛻於濁穢（二一），以浮游塵埃之外（二二），不獲世之滋垢（二三），皭然泥而不滓者也（二四）。推此志也，雖與日月爭光可也（二五）。

【註】（一）屈平痛恨於懷王聽聞之不夠靈敏。（二）讒諂之遮蔽光明。（三）邪曲之危害公忠。（四）方正之不容於朝。（五）所以在無限的憂愁幽思之中，就作出了離騷這一部作品。

（六）「離騷」怎麼講呢？離騷者，就是遭遇（離，罹也，遭遇也，陷身也。）憂患的意思。（七）屈平之所以作離騷，完全是由於內心的怨恨而發出。怛：音達（ㄉㄚˊ），悲痛。（八）國風雖然也有些好色的歌詠，但是不涉於淫蕩。（九）小雅雖然也有些怨誹的意味，但是不流於反亂。（一○）像離騷這一部作品，可以說是兼國風與小雅之優點而俱有了。（一一）藉着歷代聖君霸主的故事以批判當世的政事。（一二）闡明了道德力量的廣大崇高。（一三）對於歷代治亂盛亡的條理線索，沒有不詳細指出的。（一四）其文字簡練，其措詞微婉。（一五）其志向高潔，其行爲廉正。（一六）其文章小而其旨趣極大。（一七）其比喻近而其義理極遠。（一八）其志向高潔，所以他所引擧的事物都是芳香的。（一九）其行爲廉正，所以至死猶殷殷於國事而不允許自處於疏遠的地位。（廉正就是責任感極重，國王雖疏遠他，而他還是憂心國事，念念不忘於國王，決不以國王之疏遠，而自己就疏遠了國王。這就是行爲嚴正的註解）。（二○）濯淖：此二字，作動詞用，沐浴，洗澡之意。「濯淖汙泥之中」，卽言其洗澡於汙泥之中。據常理而言，在汙泥之中洗澡，當然是洗不乾淨，洗來洗去，仍然是渾身汙泥。但是，屈原不然，因爲他本身太潔淨了，汙泥不能沾身，所以他雖然洗澡於汙泥之中，結果，仍然能夠「出淤泥而不染」。（二一）在濁穢的環境中，他好像一隻蟬蛄一樣，能夠脫殼而飛出。（二二）飄飄然的浮游於塵埃之外。（二三）不感受（獲）塵世上的一些膩垢黑點。（二四）眞正可以算得是潔白光亮，出淤泥而不汙的了。（二五）像屈原這種志節，如果充分發揮起來，能與日月爭光，也是可以辦得到的。淖：音鬧（ㄋㄠˋ），濯淖，滌洗也。皭：音叫（ㄐㄧㄠˋ），潔白的。

屈平既絀（一），其後秦欲伐齊，齊與楚從親（二），惠王患之，乃令張儀詳去秦（三），厚幣委質事楚（四），曰：「秦甚憎齊，齊與楚從親，楚誠能絕齊，秦願獻商、於之地六百里。」楚懷王貪而信張儀，遂絕齊，使使如秦受地。張儀詐之曰：「儀與王約六里，不聞六百里。」楚使怒去，歸告懷王。懷王怒，大興師伐秦。秦發兵擊之，大破楚師於丹、淅（五），斬首八萬，虜楚將屈匄，遂取楚之漢中地。懷王乃悉發國中兵（六）以深入擊秦，戰於藍田（七）。魏聞之，襲楚至鄧（八）。楚兵懼，自秦歸，而齊竟怒不救楚，楚大困（九）。

【註】（一）絀：被黜退。（二）齊與楚是聯合反秦的外交關係。（三）詳：即「佯」，偽裝。（四）委身於楚而事楚。（五）丹水，淅川，在河南西南部之淅川縣一帶。（六）悉發：全部動員其兵力。（七）藍田：陝西藍田縣，距長安不遠。深入敵境，楚已犯兵家之大忌了。（八）魏地在河南中部，由河南中部向西南進軍，打入鄧縣，就是包剿了楚兵的後路，所以楚懼而歸。（九）前後受敵，而與齊國的外交關係又要惡化。所以楚國大困。

明年，秦割漢中地與楚以和。楚王曰：「不願得地，願得張儀而甘心焉（一）。」張儀聞，乃曰：「以一儀而當漢中地，臣請往如楚。」如楚（二），又因厚幣用事者臣靳尙（三），而設詭辯於懷王之寵姬鄭袖。懷王竟聽鄭袖，復釋去張儀。是時屈平既疏，不復在位，使於齊，顧反，諫懷王曰：「何不殺張儀？」懷王悔，追張儀不及。

【註】（一）願得張儀而殺之，以快於心。（二）如：往。（三）以厚重的財物，賄賂楚國當權管事之臣，名靳尚者。

其後諸侯共擊楚，大破之，殺其將唐眛。

時秦昭王與楚婚，欲與懷王會。懷王欲行，屈平曰：「秦虎狼之國，不可信，不如毋行。」懷王稚子子蘭勸王行：「柰何絕秦歡！」懷王卒行。入武關，秦伏兵絕其後，因留懷王，以求割地。懷王怒，不聽。亡走趙，趙不內。復之秦，竟死於秦而歸葬。

長子頃襄王立，以其弟子蘭爲令尹。楚人既咎子蘭以勸懷王入秦而不反也。

屈平既嫉之，雖放流，睠顧楚國（一），繫心懷王（二），不忘欲反（三），冀幸君之一悟，俗之一改也。其存君興國而欲反覆之（四），一篇之中三致志焉（五）。然終無可柰何，故不可以反，卒以此見懷王之終不悟也。人君無愚智賢不肖，莫不欲求忠以自爲，舉賢以自佐，然亡國破家相隨屬（六），而聖君治國累世而不見者，其所謂忠者不忠，而所謂賢者不賢也。懷王以不知忠臣之分（七），故內惑於鄭袖，外欺於張儀，疏屈平而信上官大夫、令尹子蘭。兵挫地削，亡其六郡，身客死於秦，爲天下笑。此不知人之禍也。易曰：「井泄不食，爲我心惻（八），可以汲。王明，並受其福（九）。」王之不明，豈足福哉（一〇）！

【註】（一）睠顧：戀戀不捨，如人之離家，不斷的回頭看。（二）繫心：掛念。（三）屈原雖被放逐，而心裡邊猶忘不了返都之念。（四）反覆：復興國家，恢復昔日的強盛。（五）在一篇文章之中，再三的表示這種意志。（六）屬：連續不斷的。（七）懷王因爲不知道什麼是忠臣。（八）泄：浚淘其井，使之水源乾淨。言已經淘過的井，水源已經乾淨了，應該食用這種淨水才是，但是，竟然不食用，實在使我心裏邊憂愁。這是比喻有賢人而不用，使人心憂也。（九）如果認爲井裏的水可以汲用，就好像國王明白了，任用賢才了，那麼，天下之人都要統通的蒙受福氣了。（一〇）王如果不明白，怎麼樣可以蒙受福氣呢？

令尹子蘭聞之大怒，卒使上官大夫短屈原於頃襄王（一），頃襄王怒而遷之（二）。

【註】（一）使上官大夫在頃襄王的跟前，說屈原的短處。（二）頃襄王怒，而把屈原遷放於江南。

屈原至於江濱，被髮行吟澤畔。顏色憔悴，形容枯槁。漁父見而問之曰：「子非三閭大夫歟（一）？何故而至此？」屈原曰：「舉世混濁而我獨清，衆人皆醉而我獨醒，是以見放（二）。」漁父曰：「夫聖人者，不凝滯於物而能與世推移（三）。舉世混濁，何不隨其流而揚其波（四）？衆人皆醉，何不餔其糟而啜其醨（五）？何故懷瑾握瑜而自令見放爲（六）？」屈原曰：「吾聞之，新沐者必彈冠（七），新浴者必振衣（八），人又誰能以身之察察，受物之汶汶者乎（九）！寧赴常流而葬乎江魚腹中耳，又安能以晧晧之白而蒙世俗之溫蠖乎（一〇）！」

【註】（一）三閭大夫：三閭之職，掌王族三姓，曰：昭、屈、景，序其譜屬，率其賢良，以勵國士。屈原舊任此職，故漁父以此稱之也。（二）見放：被放。（三）不拘滯於某種事物，而能夠通權達變，隨現世爲轉移。（四）既然全世都混濁了，你爲什麼不也跟着全世隨流而揚波？（五）既然大家都酒醉了，你爲什麼不也跟着食糟而飲醨（薄酒）？（六）爲什麼身上懷着美玉，手中握着寶貝，而偏偏自找麻煩，以致被人驅逐出來呢？你到底爲的是甚麼？（七）剛剛洗過頭的人，必然要把帽子彈乾淨。（八）剛剛浴過身的人，必然要把衣服抖乾淨（振，同「震」，抖動也）。（九）人誰肯以乾乾淨淨的身體，受外物之骯骯髒髒的汚染呢？（一〇）寧願投身長流，葬乎江魚之腹中以死，又安肯以光潔雪亮的白質，而被世俗汙穢不堪的侮辱呢？溫蠖：大概是曲解，陷害，謠言攻擊之意。有解爲「惛憒」者，亦即世俗昏憒誤解之意。蠖：音或（ㄏㄨㄛˋ）蛾類的幼蟲，比喻屈辱。

乃作懷沙之賦。其辭曰：

【註】（一）懷沙：懷抱沙石以自沈。

陶陶孟夏兮（一），草木莽莽（二）。傷懷永哀兮（三），汩徂南土（四）。眴兮窈窈（五），孔靜幽墨（六）。冤結紆軫兮（七），離愍之長鞠（八）；撫情効志兮（九），俛詘以自抑（一〇）。

【註】（一）陶陶：陽光旭盛的樣子。孟夏：四時之首月，曰孟月。夏季之首月，曰孟夏，卽陰曆四月也。（二）莽莽：茂盛的樣子。（三）傷懷：傷痛的心懷。永哀：永遠的悲哀。（四）汩：音古（ㄍㄨˇ）水流聲。徂：往。順水而流，放往江南。（五）眴：音炫（ㄒㄩㄢˋ），通「眩」，眼花，昏迷。窈窈：同杳杳，高遠幽深，看不見景象，前途茫茫的樣子。（六）孔靜：孔，甚也，極也，極其寂靜，寂然無聲。幽墨：幽暗，幽深。墨：黑暗。通「默」，寂默無聲。言其在流放江南之長途中，覺得前途茫茫，滿目荒涼，極度的寂靜幽冥。（七）使人倍增惆悵，冤痛鬱結，悲悼縈繞。（八）離愍：別離與病愁（愍，憂，病）。長鞠：長期困擾，困窘。鞠：窮也，困也。（九）撫情：按下了悲憤的感情。効志：委棄了空幻的心願。（一〇）低首委屈以自己控制自己。

刓方以爲圜兮，常度未替（一）；易初本由兮，君子所鄙（二）。章畫職墨兮，前度未改（三）；內直質重兮，大人所盛（四）。巧匠不斲兮，孰察其揆正（五）？玄文幽處兮，矇謂之不章（六）；離婁微睇兮，瞽以爲無明（七）。變白而爲黑兮，倒上以爲下（八）。鳳皇在笯兮，雞雉翔舞（九）。同糅玉石兮，一槩而相量（一〇）。夫黨人之鄙妒兮，羌不知吾所臧（一一）。

【註】（一）刓：音完（ㄨㄢˊ），削去稜角。想着削方以爲圓吧，但是正常的法度，並沒有廢棄啊。（就是因爲正常的法度沒有廢棄，所以無論如何不能削方以爲圓）。（二）變易了初衷而改行吧，但是，那是君子所鄙棄的啊！（就是因爲君子所鄙棄，所以無論如何不能變易初衷而改行）。這兩句就說明屈原在極度悲傷之時，內心的矛盾，是同流合汚嗎？抑是方正廉潔？最後的選擇，還是寧死而保持方正廉潔。（三）章：章甫，殷時的冠名。畫：圖案。職：通「幟」，旗幟。墨：繩墨。卽言章冠的圖案，旗幟的繩墨，前人的法度，仍未改變。（四）內心直正而本質厚重，乃是大人之所盛稱。（五）斲：音琢（ㄓㄨㄛˊ），斫製。如果不是巧匠加以斫製，誰能看出拙的端正。（六）美妙的文彩置之於幽暗之地，目矇的人以爲是不夠燦爛。（七）離婁：古時視力最好的人，孟子所謂「離婁之明」，微睇，稍微的小視一下。目盲（瞽）的人以爲離婁眼睛不明。（八）那一些讒邪害正的人，變白以爲黑，倒上以爲下。（九）鳳凰：神鳥。笯，音奴（ㄋㄨˊ），鳥籠。把鳳凰鎖在鳥籠裏，讓雞雉去翔舞。（一〇）不分寶玉與石頭，一概揉合而同量。（一一）那一些結黨營利的小人們，卑鄙而妬忌，羌：語詞，無解。不知道我的好處。

任重載盛兮，陷滯而不濟（一）；懷瑾握瑜兮，窮不得余所示（二）。邑犬羣吠兮，吠所怪也；誹駿疑桀兮，固庸態也（三）。文質疏內兮，衆不知吾之異采（四）；材樸委積兮，莫知余之所有（五）。重仁襲義兮，謹厚以爲豐（六）；重華不可啎兮，孰知余之從容（七）！古固有不並兮，豈知其故也（八）？湯禹久遠兮，邈不可慕也（九）。懲違改忿兮，抑心而自彊（一〇）；離湣而不遷兮，願志之有象（一一）。進路北次兮，日昧昧其將暮（一二）；含憂虞哀兮，限之以大故（一三）。

【註】（一）負荷的很重，裝載的東西很多，但是，陷滯於泥淖之中而不得前進。（比喻其才器很大，任務很重，但爲讒臣小人所害，使不能實現其忠君愛國之志）。（二）身懷着玉石，手握着寶貝，（比喻自己滿腹的經綸才學），但是，境遇窮困，使我得不到展佈的機會。（示，通「施」，推行，發揮，展佈，如施政，施德）。（三）才高千人者，曰俊，才高萬人者，曰傑。桀，同「傑」。毀謗才俊之士，疑忌傑出之才，原來就是庸夫俗子們的常態。（四）文質並茂，而爲內臣們所隔絕，不得表現，所以大家都無從知道我的奇異的光采。內：宮內的小人。疏：遠，隔離。（五）材：中用之大木。樸：本質甚美，只須加以斲修，即可作棟樑之用。委積：委棄於一旁而堆積之，不斲不用。我好比是質美而中用的大木，但是不斲不用，委棄於一旁而堆積之，所以就沒有人知道我的眞正的所有。（六）重：通「踵」，踐也。襲：履也。言其踐履仁義之道，以敬謹忠厚爲財富。（七）重華：舜王之號。牾：通「晤」，逢見也。從容：坦然自得。像重舜這樣聖明的君上，已經是遇不到了，孰能夠知道我的從容自得呢？（八）從古以來，聖賢原本是不並世而生啊！這是什麼道理呢？沒有人能知道！（九）湯王與禹王也是離現在太久遠的人了，杳杳茫茫，是希望（慕）不到的了。（一〇）懲：制止。違：違心，不愉快。忿：怒，恨。抑：壓下。自強：自我安慰，自我勸勉，自力

奮鬥，自強不息。制止一切的不快，改變忿恨的念頭，壓住感情的衝動，而自強不息的生活下去吧。（從這「抑心自強」的話，可見屈原在自殺前刹那間生死交戰之內心矛盾。當他在一陣的理智控制之下，他要自強以生；但刹那間，無限的憂傷痛苦，萬恨穿心，又逼得他斷然投江了）。（一一）滑：病患。象：意識向往的目標。縱然是別離與疾病，也不能使我轉移，在我的意念之中，我有一個確定的向往的目標。 （一二）在北返的路途中，該是停歇的時候了，太陽已經昏昧，快要日落西山了！（一三）訴不盡的憂思，吐不完的哀怨，只有一死（大故），可以斬斷（限）這一切苦痛的糾纏。

亂曰（一）：浩浩沅、湘兮（二），分流汩兮（三）。脩路幽拂兮（四），道遠忽兮（五）。曾唫恆悲兮（六），永歎慨兮（七）。世既莫吾知兮（八），人心不可謂兮（九）。懷情抱質兮，獨無匹兮（一〇）。伯樂既歿兮，驥將焉程兮（一一）？人生稟命兮，各有所錯兮（一二）。定心廣志，餘何畏懼兮（一三），曾傷爰哀，永歎喟兮。世溷不吾知，心不可謂兮（一四）。知死不可讓兮，願勿愛兮（一五）。明以告君子兮，吾將以爲類兮（一六）。

【註】（一）亂：總結前意而言之，即今之所謂「結論」也。「亂」字，可能是「辭」字之誤，不過，後人不敢言其爲誤，而借「辭」字之意以解之，就是明的不敢改，暗中已經改了。 （二）沅：水名，今名沅江，湖南境內之巨水也。其源最遠者，出貴州都勻縣西之雲霧山，曰馬尾河，屈曲東流爲

清水江，由鎭遠入湖南境，爲沅水，至黔陽合潕水，又東北經辰谿、瀘溪、沅陵、桃源、常德各縣，分數道入洞庭。湘水：亦湖南境內之巨水也。與灕水同發源於廣西興安縣之陽海山，曰灕湘。合流至興安縣，分而東北，入湘南，至零陵合瀟水，曰瀟湘。至衡陽合蒸水，曰蒸湘，故曰三湘。又北流至長沙，入洞庭湖。　（三）汩：音古，水流聲也。　（四）修路：長長的路途。幽：暗也。拂：蔽也，被葱鬱的樹林與蔓草所遮蔽而看不見前途。　（五）道路遠遠忽忽。　（六）唫：音寅（ㄧㄣˊ），同「吟」字。由疾痛而呼出之聲音，曰呻吟。恆悲：無盡的悲痛。　（七）永歎：永長的歎息。（八）世上既然沒有人能够知道我了。　（九）人們的心理眞是不可解釋啊！　（一〇）懷抱着滿心的熱情與眞誠，只可惜孤獨而沒有伙伴啊！　（一一）識馬的伯樂既然死了，千里馬還跑個甚麼呢？（這是把「程」字當作「逞」字解，逞，逞威風也。如果把「程」字當作評判解，那就譯爲「千里馬還有誰來評判呢」？兩種解釋皆通。）（一二）錯：同「措」，安置，安排。人生要禀承命運啊！各人都有一定的安排。　（一三）只要能定下心意，放開志念，別的還有什麼可怕的呢？　（一四）溷：音混（ㄏㄨㄣˋ），混亂。世人們都是混混亂亂，不能够知道我，他們的心理眞是無法解釋啊！（一五）既然知道死是不可以避免的，那就根本用不着留戀（愛）了！　（一六）明白的告訴各位殺生成仁捨生取義的君子們，我將以你們爲同類。

於是懷石遂自（投）〔沈〕汨羅以死（一）。

【註】　（一）汨羅，汨，音覓（ㄇㄧˋ）。汨羅，二水名，合流爲汨羅江，在湖南湘陰縣北。續齊諧記

云：「屈原以五月五日投汨羅而死，楚人哀之，每於此日以竹筒貯米，投水祭之。漢建武中，長沙區回白日忽見一人，自稱三閭大夫，謂回曰：『聞君常見祭，甚善，但常年所遺，並爲蛟龍所竊；今若有惠，可以楝葉塞上，以五色絲轉縛之。此物蛟龍所憚。』回依其言。世人五月五日作粽，並帶五色絲及楝葉，皆汨羅之遺風」。

屈原既死之後，楚有宋玉、唐勒、景差之徒者（一），皆好辭而以賦見稱；然皆祖屈原之從容辭令（二），終莫敢直諫。其後楚日以削，數十年竟爲秦所滅。

【註】（一）宋玉，楚之鄢人，屈原弟子，爲大夫。屈原既放逐，玉作九辯，述其志以悲之，又有神女、高唐二賦，皆寓言託興之作。唐勒：楚大夫，好辭而以賦見稱。景差，又作景瑳。（二）祖：師承，效法。

自屈原沈汨羅後百有餘年，漢有賈生，爲長沙王太傅，過湘水，投書以弔屈原。

賈生名誼（一），雒陽人也。年十八，以能誦詩屬書（二）聞於郡中。吳廷尉爲河南守，聞其秀才（三），召置門下，甚幸愛。孝文皇帝初立，聞河南守吳公（四）治平爲天下第一，故與李斯同邑而常學事焉，乃徵爲廷尉。廷尉乃言賈生年少，頗通諸子百家之書。文帝召以爲博士。

【註】（一）「義」字，漢書作「誼」，賈誼，乃賈義也。（二）屬：聯結，編撰。（三）秀才：美才也。（四）吳公：吳，姓也，史失其名，故稱之爲公。

是時賈生年僅二十餘，最爲少。每詔令議下，諸老先生不能言，賈生盡爲之對，人人各如其意所欲出。諸生於是乃以爲能，不及也。孝文帝說之（一），超遷（二），一歲中至太中大夫（三）。

賈生以爲漢興至孝文二十餘年，天下和洽，而固當改正朔，易服色，法制度（四），定官名，興禮樂，乃悉草具其事儀法，色尚黃（五），數用五，爲官名，悉更秦之法。孝文帝初卽位，謙讓未遑也。諸律令所更定，及列侯悉就國，其說皆自賈生發之，於是天子議以爲賈生任公卿之位，絳、灌、東陽侯、馮敬之屬盡害之（六），乃短賈生曰：「雒陽之人，年少初學，專欲擅權，紛亂諸事。」於是天子後亦疏之，不用其議，乃以賈生爲長沙王太傅。

【註】（一）說：同「悅」。（二）超遷：不次之遷升，越次而遷升。（三）大中大夫：官名，掌議論，與諫議大夫，光祿大夫，皆爲天子之下大夫，爲列國之上卿，地位高貴而重要。（四）法：規定。（五）漢文帝時，黃龍見成紀（甘肅秦安縣北三十里），故改爲土，色尚黃。（六）絳

：絳侯周勃也。灌：灌嬰。東陽侯：張敬如也。馮敬：時為御史大夫。害：忌妬其才而打擊之。

賈生既辭往行，聞長沙卑溼，自以壽不得長，又以適去（一），意不自得。及渡湘水，為賦以弔屈原，其辭曰：

【註】（一）適：同「謫」，被貶謫而外任也。

共承嘉惠兮（一），俟罪長沙（二）。側聞屈原兮，自沈汨羅。造託湘流兮（三），敬弔先生。遭世罔極兮（四），乃隕厥身（五）。嗚呼哀哉，逢時不祥！鸞鳳伏竄兮（六），鴟梟翱翔（七）。闒茸尊顯兮（八），讒諛得志（九）；賢聖逆曳兮（一〇），方正倒植（一一）。世謂伯夷貪兮，謂盜跖廉；莫邪為頓兮（一二），鉛刀為銛（一三）。于嗟嚜嚜兮，生之無故（一四）！斡棄周鼎兮寶康瓠（一五），騰駕罷牛兮驂蹇驢，驥垂兩耳兮服鹽車（一六）。章甫薦屨兮，漸不可久（一七）；嗟苦先生兮，獨離此咎（一八）！

【註】（一）共：即「恭」字，敬也。（二）俟罪：待罪也。（三）造：往。（四）罔極：失去了道德標準，忠姦不分，善惡混淆。極：最高之中準也。罔極，即失去最高之中準也。（五）隕：毀敗。（六）鸞鳳是靈善之鳥，而隱伏逃竄。（比喻忠良遭難）。（七）鴟梟是食父母的惡鳥

，而高飛翔翔（比喻姦臣得志）。（八）闒茸：闒音踏（ㄊㄚˋ）。茸：音戎（ㄖㄨㄥˊ）。闒茸：不肖之人。（九）讒害正人，諂媚君上的姦臣，都得志了。（一〇）聖賢被反對（逆）而拉之後退（即言不得順利而前進）。（一一）方正之人被置於下位（即善惡倒置。方正之士應置於上位，今反置之於下位，即「倒植」也。（一二）莫邪：良劍之名。吳王闔廬使干將鑄劍，鐵汁不下，其妻莫邪曰：「鑠汁不下，有何計？」干將曰：「先師歐冶鑄劍不銷，以女人聘爐神，當得之」。莫邪聞言，即躍身入爐中，鐵汁出，遂成二劍，雄號干將，雌號莫邪。頓：同鈍，不鋒利也。（一三）銛：音先（ㄒㄧㄢ），鋒利的。（一四）嚜嚜：即「默默」，不得意的樣子。生：指屈原而言。無故：無故而遭禍。可歎啊！默默的屈原，無故而遭禍。（一五）斡：音管（ㄍㄨㄢˇ），轉也。康：大也。瓠：音戶（ㄏㄨˋ），蔬類植物，俗稱之爲「胡蘆」。拋棄了周鼎啊，以大胡蘆爲寶貝。（一六）騰駕：飛奔的車子，速度極快的車子，對下句之鹽車（載鹽的車子）而言。罷：疲慢的。驂：一車四馬，兩邊的馬，謂之驂馬。蹇驢：跛脚的驢子。用疲鈍的老牛和跛脚的驢子，去駕那飛騰的快車。而千里馬却低着兩耳無精打采的去拉那載鹽的車子。（這是比喻昏君庸主以無能之人擔任重職，而使賢能之士屈居下位）。（一七）章甫：殷朝時之冠也。薦：墊子。以名貴的帽子（章甫）作鞋墊子，慢慢的就糟蹋完了。（一八）好命苦的屈原先生啊！單單的使你陷入於（離，同「罹」，遭遇，陷入）此種禍殃！

訊曰：（一）已矣，國其莫我知，獨堙鬱兮其誰語（二）？鳳漂漂其高逝兮，夫固自縮而遠去（三）。襲九淵之神龍兮，沕深潛以自珍（四）。彌融爚以隱處兮，夫豈從螘與蛭螾（五）？所貴聖人之神德兮，遠濁世而自藏（六）。使騏驥可得係羈兮，豈云異夫犬羊（七）！般紛紛其離此尤兮，亦夫子之辜也（八）！瞝九州而相君兮，何必懷此都也（九）？鳳皇翔于千仞之上兮，覽惪煇而下之（一〇）；見細德之險（微）（徵）兮，搖增翮逝而去之（一一）。彼尋常之汙瀆兮，豈能容吞舟之魚（一二）！橫江湖之鱣鱏兮，固將制於蟻螻（一三）。

【註】（一）訊：音訓（ㄒㄩㄣˋ），再申其意也。（二）壹鬱：抑鬱，悶悶不樂的樣子。算了吧！國人都沒有瞭解我的，獨自的悶悶不樂去向誰說呢？（三）看那鳳凰飄飄然而高逝啊！我早已就應該自退而遠去！（四）要學習那九淵的神龍啊，深藏密潛以自我珍重。襲：學取也。九淵：至深之淵。沕：音勿（ㄨˋ）深藏也。（五）要弭輝韜光以隱處啊，豈肯跟從那些蝦蟆與蚯蚓？彌，通「弭」，止也，藏也。融爚：光明也。爚：音要（ㄧㄠˋ），光明也。螘：「蟻」的本體字。漢書螘字作「蝦」。蛭：音至（ㄓˋ），似蚯蚓，蠕形動物的一種。螾：同「蚓」字。（六）所貴乎聖人的神德啊，就因爲他們能夠遠濁世而自藏。（七）假定是把日行千里的騏驥都綑之綁之，那麼，牠們與犬羊還有甚麼分別呢？（八）弄得渾身瘡疤而遭逢禍難，也是屈先生你自找的麻煩！般：同「斑」，瘡疤。離：同罹，遭遇，陷於。辜：罪過。（九）瞝：同「歷」，經歷，遍覽。相：觀察，選擇。遍覽九州而選擇君主啊，何必一定專留戀於此都？（一〇）鳳凰飛翔於千仞之上啊，觀察有德輝的人主

而落下。（一一）看見那心術苛細之人有危險的動機啊，就遠遠的加強羽翮的衝力而高飛。（細德：心術苛細之人。險徵：有危險的動機，有取弓矢而發射的徵兆。搖：通「遙」，遠遠的。增翮：加強雙翼的飛行能力。（一二）像那尋常的汚濁的小水溝，怎能容下你這個吞舟的大魚？（這是比喻庸愚的小國之君，容不下大大的忠臣）。（一三）把那江湖的鱣鱏平放在沙灘之上啊，必然受制於螻蟻。鱣：音詹（ㄓㄢ），江中大魚。鱏：同「鱔」，鱔魚。（ㄕㄢˋ）。橫：平放。螻蟻：螞蟻之類的小蟲。

賈生爲長沙王太傅三年，有鴞飛入賈生舍（一），止于坐隅。楚人命鴞曰「服」。賈生既以適居長沙（二），長沙卑溼，自以爲壽不得長，傷悼之，乃爲賦以自廣（三）。其辭曰：

【註】（一）鴞：音梟（ㄒㄧㄠ），惡鳥，同「梟」。此鳥入人之家，不祥。（二）適：同「謫」，罪放也。（三）自廣：自我寬心。

單閼之歲兮（一），四月孟夏（二），庚子日施兮（三），服集予舍，止于坐隅，貌甚閒暇。異物來集兮，私怪其故，發書占之兮，筴言其度（四）。曰「野鳥入處兮，主人將去」。請問于服兮：「予去何之（五）？吉乎告我，凶言其菑（六）。淹數之度兮，語予其期（七）。」服乃歎息，擧首奮翼，口不能言，請對以意。

【註】（一）單閼：太歲在卯，曰單閼，文帝六年，歲在丁卯。單閼：起也，陽氣推萬物而起也。閼，音遏（ㄜˋ）。（二）孟夏：夏季之首月，曰孟夏，即陰曆四月。（三）施：音移，移而西斜也。（四）筴：即「策」字，策數之書。度：推斷之言。（五）我往那裡去呢？（六）菑：同「災」字。（七）淹：遲也。數：速也。是遲離去嗎？或是速離去？請告訴我以時間。

萬物變化兮，固無休息（一）。斡流而遷兮，或推而還（二）。形氣轉續兮，變化而嬗（三）。沕穆無窮兮，胡可勝言（四）！禍兮福所倚，福兮禍所伏（五）；憂喜聚門兮，吉凶同域（六）。彼吳彊大兮，夫差以敗；越棲會稽兮，句踐霸世（七）。斯游遂成兮，卒被五刑；傅說胥靡兮，乃相武丁（八）。夫禍之與福兮，何異糾纆（九）。命不可說兮，孰知其極（一〇）？水激則旱兮（一一），矢激則遠（一二）。萬物回薄兮，振蕩相轉（一三）。雲蒸雨降兮，錯繆相紛（一四）。大專槃物兮，坱軋無垠（一五）。天不可與慮兮，道不可與謀（一六）。遲數有命兮，惡識其時（一七）？

【註】（一）萬物變化啊，原本（固）就沒有休息。（二）轉流而遷移啊，有時被推而旋還。（斡：轉也。）（三）形氣交迭相接啊，變化而蟬脫。（轉：交替。嬗：脫變成爲新的東西）。（四）

造化的道理玄妙無窮啊，說不勝說。（沕穆：神秘深奧的樣子。）（五）你以爲是禍嗎？緊挨着（倚）可能就是福；你以爲是福嗎？可能就埋藏著禍。（六）憂喜是一門而相聚，吉凶是同地而共處。（七）那強大的吳國啊，夫差却因而失敗；那困窘於會稽的越國啊，句踐却因而稱霸。（八）李斯的游說可以算是大大的成功了，但是，終於受五刑之誅；傳說不是爲人家作苦工嗎？但是，竟然當了武丁的宰相。（九）災難與幸運，本來就是糾纏在一起的。（一〇）人們的命運是無法解釋的，誰也不知道它會變化到什麼樣子！（一一）水被激，則流出愈猛。（旱：即「悍」，猛也。）（一二）矢被激，則射程愈遠。（一三）萬物來回的衝擊（薄：逼近：摩擦），於是乎震蕩而相轉動。（振，同「震」。）（一四）雲蒸氣而降雨，交錯而糾紛。（一五）大專搬運萬物啊，無際無邊。專：即「轉」，大轉即「大圜」，天也。或謂大專即「大鈞」，造化也。槃：搬運也，同「搬」。（一六）天不可以與之相考慮，道不可以與之相計謀。（一七）或遲或速，都有一定的命運，你問我什麼時間應該離開嗎？我怎麼能够知道呢？數：同「速」。

且夫天地爲鑪兮，造化爲工；陰陽爲炭兮，萬物爲銅（一）。合散消息兮，安有常則（二）；千變萬化兮，未始有極（三）。忽然爲人兮，何足控摶（四）；化爲異物兮，又何足患（五）！小知自私兮，賤彼貴我（六）；通人大觀兮，物無不可（七）。貪夫徇財兮（八），烈士徇名（九）；夸者死權兮（一〇），品庶馮生（一一），怵迫之徒兮，或趨西東（一二）；大人不曲兮，億變齊同（一三）。拘士繫俗兮，攌如囚拘（一四）；至人遺物兮，獨與道俱（一五）。衆人或或兮，好惡積意（一六）；眞人淡漠兮，獨與道息（一七）。釋知遺形兮，超然自喪（一八）；寥廓忽荒兮，與道翺翔（一九）。乘流則逝兮，得坻則止（二〇）；縱軀委命兮，不私與己（二一）。其生若浮兮，其死若休（二二）；澹乎若深淵之靜，氾乎若不繫之舟（二三）。不以生故自寶兮，養空而浮（二四）；德人無累兮，知命不憂（二五）。細故慸薊兮，何足以疑（二六）！

【註】（一）天地是陶鑄萬物的鑪子，造化是陶鑄萬物的工人，陰陽是陶鑄萬物的燃料，萬物是被陶鑄的器材。（此意是引用莊子大宗師之語，謂「以天地爲大鑪，以造化爲大冶，惡乎往而不可哉」？）「造化」一辭，常解釋爲天地，但上句已有天地，下句又有造化，那就解「造化」爲造化之神。如此之類甚多，隨文而異。（二）忽合忽散，或消或息，怎有經常的法則？（消，滅也。息，增也。）（三）千變萬化啊，永遠沒有個窮極。（四）忽然變而爲人啊，何足以緊緊控握而不放？控摶：兩手合握，控制不放手。（五）忽然變而爲鬼物，又何足以爲患？異物：卽鬼也。（六）小聰明的人，私心自利，以別人爲卑賤，而以自己爲高貴。（七）看破一切的通人，心理達觀，什麼都不在乎，沒有不可以的事物。（八）貪求利益的人，爲金錢而犧牲生命。徇：同「殉」，爲某一目的物而犧牲。（九）追求名譽的烈士，爲名譽而犧牲生命。（一〇）野心自大的人們爲爭奪權勢而犧牲生命。夸：音誇（ㄎㄨㄚ），誇口，自高自大，華言無實。（一一）芸芸衆生們，沒有追求目

標的奢望，只是在生活的大海裡，不自主的隨波逐流，上下浮沈，自生自滅而已。品庶：衆庶也。馮生：馮，依某物而浮沉，自己不能作主，聽天由命。馮生，卽浮沉於生活的大海而任其自然。一不追求發財，二不追求聲名，三不追求權勢。（一二）爲利益所誘惑爲權勢所迫害的人們，就東奔西逃。怵：誘惑。迫：迫害。（一三）只有偉大的聖人，不以生死爲憂，把千變萬化都看作是同樣的東西，合生死、禍福、悲歡、苦樂而爲一。至人：聖人，神人。曲：憂愁。億變：言其千變萬化之多。齊同：把一切不同的東西，看作是同樣的東西，無所謂生死、禍福、悲歡、苦樂之分別。（一四）拘謹呆板的人們，被世俗之見所束縛，把自己封鎖得像囚犯一般。繫：束縛，綑綁。攌：音汗（ㄏㄢˋ），欄柵，圍牆，所以限制囚犯，使不得越出。（一五）道行最高的神人，能夠扔掉一切事物的牽累，而獨獨的與大自然相往來。道：大自然也。（一六）世俗的大衆們，困擾迷亂，把不值得計較的喜怒愛惡，堆滿一肚子。或或：卽「惑惑」，懷疑，困擾，迷亂不淸，自找麻煩。積意：堆積在心中。（一七）道行至高的神人，把世俗的喜怒哀樂，生死禍福，都看的平平淡淡，而獨獨的與大自然相呼吸。（莊子曰：「古之眞人，不知悅生，不知惡死，不以心損道，不以人助天。」）（一八）捨去那善感的知能啊，遺棄那無用的形骸，超然無我，自就於死亡。知：有感應能力的知覺。釋：舍棄也。自喪：自我死亡。形如槁木，心如死灰，卽等於是自死。（一九）在那廣大無邊，荒漠無盡的太空，與大自然相翺翔。（二〇）有流可乘，則前進；有灘可停，則息止。坻：音持（ㄔˊ），沙灘。（二一）讓軀殼自由放浪，讓命運隨便擺佈，不把自己看作是自己私有之物。（二二）把活着看作是偶然浮起，把死亡看作是長期休息。（二三）淡然無欲，好像是深淵之靜，漂蕩自由，好像是不繫之舟。（二四）不因爲能够活着而自貴，要把心性修練得空虛而輕鬆。（二五）至德（同於至道）之人，沒有絲毫的掛累，認識了命運，自然就沒有憂愁了。（二六）小小的細節瑣事，何足以放在心上？慸葪：即「蔕芥」，小刺也。今多作「芥蔕」，如言心中絲毫沒有不愉快者，即曰「胸無芥蔕」。

後歲餘，賈生徵見（一）。孝文帝方受釐（二），坐宣室（三）。上因感鬼神事，而問鬼神之本。賈生因具道所以然之狀（四）。至夜半，文帝前席（五）。既罷，曰：「吾久不見賈生，自以爲過之，今不及也。」居頃之，拜賈生爲梁懷王太傅。梁懷王，文帝之少子，愛，而好書，故令賈生傅之。

【註】（一）徵見：被召見。（二）受釐：受神所賜之福。古時，有些祭祀，皇帝不自行，派人致祭，祭祀還，即以祭餘之肉進奉於皇帝，以爲是神所賜之肉，大有福氣，故曰「釐」，釐者，禧也，吉利也。（三）宣室：殿名，在未央殿之北。（四）具道：詳細講說。（五）前席：言賈誼講得很好，愈聽愈有興趣，故文帝不覺越坐越靠前，形容其聽之有味也。

文帝復封淮南厲王子四人皆爲列侯。賈生諫，以爲患之興自此起矣。賈生數上疏，言諸侯或連數郡，非古之制，可稍削之（一）。文帝不聽。

居數年，懷王騎，墮馬而死，無後。賈生自傷爲傅無狀（二），哭泣歲餘，亦死。賈生之死時年三十三矣。及孝文崩，孝武皇帝立，舉賈生之孫二人至郡守，而賈嘉最好學，世其家（三），與余通書。至孝昭時，列爲九卿。

【註】（一）諸侯連擁數郡，地廣人衆，容易造成擁兵割據破壞統一之患，故賈生請削減其勢力。（二）無狀：沒有良好的表現，良好的成績。（三）世其家：世守其家業，不敗其家風。

太史公曰：余讀離騷、天問、招魂、哀郢，悲其志。適長沙，觀屈原所自沈淵，未嘗不垂涕，想見其爲人。及見賈生弔之，又怪屈原以彼其材，游諸侯，何國不容，而自令若是？讀服鳥賦，同死生，輕去就，又爽然自失矣（一）。

【註】（一）爽然：大澈大悟而明白。自失：自以爲錯誤。

（附語）賈誼的議論，很多有關於政治經濟之事，而太史公獨不錄，可見其史記一書，選擇之歷史資料並不完全，作史者，宜多參考其他史料，以補史記之不足也。

卷八十五　呂不韋列傳第二十五

呂不韋者，陽翟（一）大賈人也（二）。往來販賤賣貴，家累千金（三）。

【註】（一）陽翟：今河南禹縣。（二）賈：音古（ㄍㄨˇ）商賈也，周禮云：「行曰商，處曰賈」，但事實上並無此固定分別。（三）累：儲積。

秦昭王四十年，太子死。其四十二年，以其次子安國君爲太子。安國君有子二十餘人。安國君有所甚愛姬，立以爲正夫人，號曰華陽夫人。華陽夫人無子。安國君中男名子楚（一），子楚母曰夏姬，毋愛（二）。子楚爲秦質子於趙（三）。秦數攻趙，趙不甚禮子楚（四）。

【註】（一）子楚：即後日之莊襄王。（二）毋愛：不得寵愛。（三）質子：雙方以兒子爲抵押品而維持關係。（四）不禮：不以禮相待。

子楚，秦諸庶孽孫（一），質於諸侯，車乘進用不饒（二），居處困，不得意。呂不韋賈邯鄲，見而憐之，曰「此奇貨可居（三）。」乃往見子楚，說曰：「吾能大子之門（四）。」子楚笑曰：「且自大君之門，而乃大吾門！」呂不韋曰：「子不知也，吾門待子門而大。」子楚心知所謂，乃引與坐，深語（五）。呂不韋曰：「秦王老矣，安國君得爲太子。竊聞安國君愛幸華陽夫人，華陽夫人無子，能立適嗣者（六）獨華陽夫人耳。今子兄弟二十餘人，子又居中，不甚見幸，久質諸侯。卽大王薨（七），安國君立爲王，則子毋幾得與長子（八），及諸子旦暮在前者爭爲太子矣（九）。」子楚曰：「然。爲之柰何？」呂不韋曰：「子貧，客於此，非有以奉獻於親及結賓客也。不韋雖貧，請以千金爲子西游，事安國君及華陽夫人，立子爲適嗣。」子楚乃頓首曰：「必如君策，請得分秦國與君共之（一〇）。」

【註】（一）非嫡正之孫，故曰「庶孽孫」。（二）進用：財用也。「進」者，「財」之假借字也。（三）奇貨可居：最可以使人大發其財的貨物；這種賣買，實在可做。（四）我能使你家大大的發達。（五）深語：秘密計劃，無話不談。（六）適：同「嫡」。（七）卽：如果。（八）毋幾：卽「無冀」，沒有希望也。（九）旦暮在前者：生辰時間在前一日或一夜者。（一〇）必

：假定。必如君策：假定你的計劃眞能實現。

呂不韋乃以五百金與子楚，爲進用，結賓客；而復以五百金買奇物玩好，自奉而西游秦，求見華陽夫人姊，而皆以其物獻華陽夫人，因言子楚賢智，結諸侯賓客徧天下，常曰「楚也以夫人爲天，日夜泣思太子及夫人」。夫人大喜。不韋因使其姊說夫人曰：「吾聞之，以色事人者，色衰而愛弛。今夫人事太子，甚愛而無子，不以此時蚤自結於諸子中賢孝者，舉立以爲適而子之（一），夫在則重尊（二），夫百歲之後，所子者爲王，終不失勢（三），此所謂一言而萬世之利也。不以繁華時樹本（四），即色衰愛弛後（五），雖欲開一語，尚可得乎？今子楚賢，而自知中男也，次不得爲適（六），其母又不得幸，自附夫人（七），夫人誠以此時（八）拔以爲適（九），夫人則竟世有寵於秦矣（一〇）。」華陽夫人以爲然，承太子閒（一一），從容言子楚質於趙者絕賢，來往者皆稱譽之。乃因涕泣曰：「妾幸得充後宮，不幸無子，願得子楚立以爲適嗣，以託妾身。」安國君許之，乃與夫人刻玉符，約以爲適嗣。安國君及夫人因厚餽遺子楚，而請呂不韋傅之，子楚以此名譽益盛於諸侯。

【註】（一）舉立以爲嫡而養之爲子。（二）丈夫活着受尊重。（三）丈夫死了，所養以爲子者

得以繼承王位，則永遠不失勢。（四）繁華：謂其姿色正艷麗之時。樹本：樹立根本。（五）即：如果。（六）依次序，不得爲太子。（七）自附：自己歸附於夫人。（八）誠：誠然，如果。（九）拔：選拔，提拔。（一〇）竟世：一輩子。永遠。（一一）趁着太子閒暇之時。

呂不韋取邯鄲諸姬絕好善舞者與居（一），知有身（二）。子楚從不韋飲，見而說之（三），因起爲壽，請之。呂不韋怒，念業已破家爲子楚，欲以釣奇（四），乃遂獻其姬。姬自匿有身（五），至大期時（六），生子政。子楚遂立姬爲夫人。

【註】（一）姿色絕美而又善舞。（二）有身：懷孕。（三）說：即「悅」字。（四）釣奇貨。（五）姬自匿其懷孕而不言。（六）大期：臨盆之期。或曰：大期爲十二個月，人生十月爲期，今過兩月，故曰大期，因其自匿有孕，非過二個月不可。此說乃不通生理之道，誰能使之該生而不生，忍到二月而後生？

秦昭王五十年，使王齮圍邯鄲（一），急，趙欲殺子楚，子楚與呂不韋謀，行金六百斤予守者吏，得脫，亡赴秦軍，遂以得歸。趙欲殺子楚妻子，子楚夫人趙豪家女也，得匿，以故母子竟得活。秦昭王五十六年，薨，太子安國君立爲王，華陽夫人爲王后，子楚爲太子，趙亦奉子楚夫人及子政歸秦。

秦王立一年，薨，謚爲孝文王。太子子楚代立，是爲莊襄王。莊襄王所母華陽后爲華陽太后，眞母夏姬尊以爲夏太后。莊襄王元年，以呂不韋爲丞相，封爲文信侯，食河南雒陽十萬戶（二）。

【註】（一）齮：音倚（ㄧˇ）。（二）戰國策謂「食藍田十二縣」，與此食河南洛陽十萬戶之紀載有異。

莊襄王卽位三年，薨，太子政立爲王（一），尊呂不韋爲相國，號稱「仲父」（二）。秦王年少，太后時時竊私通呂不韋。不韋家僮萬人（三）。

【註】（一）秦始皇十三歲爲王。（二）仲父：次父也。蓋效齊桓公以管仲爲「仲父」。（三）家僮萬人，蓋供應高級奢侈生活之需，非從事於生產勞動之人也。如據此以爲奴隸社會之證，則大錯矣。

當是時，魏有信陵君，楚有春申君，趙有平原君，齊有孟嘗君，皆下士喜賓客以相傾（一）。呂不韋以秦之彊，羞不如（二），亦招致士，厚遇之，至食客三千人。是時諸侯多辯士，如荀卿之徒，著書布天下。呂不韋乃使其客人人著所聞，集論以爲八覽（三）、六論（四）、十二紀（五）、二十餘萬言。以爲備天地萬物古今之事，號曰呂氏春秋。布咸陽市門（六），懸千金其上，延諸侯游士賓客有能增損一字者予千金。

【註】（一）傾：比賽，看誰的賓客多，看誰能壓倒誰？　（二）以不如四君之賓客多爲可恥。　（三）八覽：有始、孝行、愼大、先識、審分、審應、離俗、時君。　（四）六論：開春、愼行、貴直、不苟、似順、士容。　（五）十二紀者，記十二月也，其書有孟春等紀。二十餘萬言，二十六卷也。　（六）公佈於咸陽市門。

始皇帝益壯，太后淫不止。呂不韋恐覺禍及己，乃私求大陰人嫪毐以爲舍人（一），時縱倡樂，使毐以其陰關桐輪而行（二），令太后聞之，以啗太后（三）。太后聞，果欲私得之。呂不韋乃進嫪毐，詐令人以腐罪（四）告之。不韋又陰謂太后曰：「可事詐腐，則得給事中（五）。」太后乃陰厚賜主腐者吏，詐論之，拔其鬚眉爲宦者，遂得侍太后。太后私與通，絕愛之。有身，太后恐人知之，詐卜當避時，徙宮居雍（六）。嫪毐常從，賞賜甚厚，事皆決於嫪毐。嫪毐家僮數千人，諸客求宦爲嫪毐舍人千餘人。

【註】（一）大陰人：男子之生殖器，曰「陰」。嫪：音勞（ㄌㄠ）。毐：音矮（ㄞ）。　（二）關：貫也，穿也，以桐木爲小車輛，使嫪毐以其陰物穿於車輪中，如車軸似的。（三）啗：音旦（ㄉㄢˋ），引誘，誘惑。　（四）腐罪：割去陰莖之罪。　（五）在宮中聽差辦事。　（六）雍：在陝西鳳翔縣南。

始皇七年，莊襄王母夏太后薨。孝文王后曰華陽太后，與孝文王會葬壽陵（一）。夏太后子莊襄王葬芷陽（二），故夏太后獨別葬杜東（三），曰「東望吾子，西望吾夫。後百年，旁當有萬家邑（四）。」

【註】（一）壽陵：在陝西臨潼縣北。（二）芷陽：在陝西長安縣東。（三）杜東：杜原之東，在陝西臨潼縣東南。（四）夏太后之言與樗里子之言，詞氣略同，蓋風水之說，自秦人始也。

始皇九年，有告嫪毐實非宦者，常與太后私亂，生子二人，皆匿之。與太后謀曰「王卽薨（一），以子爲後」。於是秦王下吏治，具得情實，事連相國呂不韋。九月，夷嫪毐三族，殺太后所生兩子，而遂遷太后於雍。諸嫪毐舍人皆沒其家而遷之蜀（二）。王欲誅相國，爲其奉先王功大，及賓客辯士爲游說者衆，王不忍致法。

【註】（一）卽：如果。（二）沒收其家之財產物資。

秦王十年十月，免相國呂不韋。及齊人茅焦說秦王，秦王乃迎太后於雍，歸復咸陽，而出文信侯就國河南。

歲餘，諸侯賓客使者相望於道，請文信侯。秦王恐其爲變，乃賜文信侯書曰：「君何功於秦？秦封君河南，食十萬戶。君何親於秦？號稱仲父。其與家屬徙處蜀！」呂不韋自度稍侵（一），恐誅，乃飲酖而死。秦王所加怒呂不韋、嫪毐皆已死，乃皆復歸嫪毐舍人遷蜀者。

【註】（一）稍侵：逐漸的受迫害。

始皇十九年，太后薨，謚爲帝太后，與莊襄王會葬茝陽（一）。

【註】（一）茝陽：即芷陽。

太史公曰：不韋及嫪毐貴，封號文信侯（一）。人之告嫪毐，毐聞之。秦王驗左右，未發。上之雍郊，毐恐禍起，乃與黨謀，矯太后璽發卒以反蘄年宮（二）。發吏攻毐，毐敗亡走，追斬之好畤（三），遂滅其宗。而呂不韋由此絀矣。孔子之所謂「聞」者，其呂子乎（四）？

【註】（一）文信侯乃呂不韋之封，長信侯乃嫪毐之封，此處之文信侯，應爲長信侯。（二）蘄年宮：在陝西鳳翔縣南。（三）好畤：在陝西乾縣東。（四）論語曰：「夫聞也者，色取仁而行違，居之不疑，在邦必聞，在家必聞」。馬融曰：「此言佞人也」。有聲名之人，謂之「聞人」。

卷八十六　刺客列傳第二十六

曹沫者，魯人也（一），以勇力事魯莊公。莊公好力。曹沫爲魯將，與齊戰，三敗北。魯莊公懼，乃獻遂邑之地以和（二）。猶復以爲將。

【註】（一）曹沫：左傳、穀梁皆作「曹劌」，沫，劌，二字音相近而字異。（二）遂邑：在山東寧陽縣西北。

齊桓公許與魯會于柯而盟（一）。桓公與莊公既盟於壇上，曹沫執匕首劫齊桓公（二），桓公左右莫敢動，而問曰：「子將何欲？」曹沫曰：「齊強魯弱，而大國侵魯亦甚矣。今魯城壞卽壓齊境（三），君其圖之。」桓公乃許盡歸魯之侵地。既已言，曹沫投其匕首，下壇，北面就羣臣之位，顏色不變，辭令如故。桓公怒，欲倍其約（四）。管仲曰：「不可。夫貪小利以自快，棄信於諸侯，失天下之援（五），不如與之。」於是桓公乃遂割魯侵地，曹沫三戰所亡地盡復予魯。

【註】（一）柯：大槪在今山東東阿縣。（二）匕首：短劍也。鹽鐵論以爲長一尺八寸，其頭類匕，故云「匕首」。（三）現在如果魯國的城牆塌了，立刻就要壓在齊國的境地之上。言魯國倒了，對於齊國並不利。（四）倍：卽「背」字，毀棄，違背誓約。（五）援：支持。

其後百六十有七年而吳有專諸之事。

專諸者，吳堂邑人也（一）。伍子胥之亡楚而如吳也，知專諸之能。伍子胥旣見吳王僚，說以伐楚之利。吳公子光曰：「彼伍員父兄皆死於楚而員言伐楚，欲自爲報私讎也，非能爲吳。」吳王乃止。伍子胥知公子光之欲殺吳王僚，乃曰：「彼光將有內志，未可說以外事（二）。」乃進專諸於公子光。

【註】（一）堂邑：在江蘇六合縣北。（二）內志：在內部發動叛亂之志。不可說以對外伐楚之事。

光之父曰吳王諸樊。諸樊弟三人：次曰餘祭，次曰夷眛，次曰季子札。諸樊知季子札賢而不立太子，以次傳三弟，欲卒致國于季子札。諸樊旣死，傳餘祭。餘祭死，傳夷眛。夷眛死，當傳季子札；季子札逃不肯立，吳人乃立夷眛之子僚爲王。公子光曰：「使以兄弟次邪（一），季子當立；必以子乎，則光眞適嗣，當立（二）。」故嘗陰養謀臣以求立。

【註】（一）邪：即「耶」字，問話語氣。（二）適：即「嫡」字。

光既得專諸，善客待之。九年而楚平王死。春，吳王僚欲因楚喪，使其二弟公子蓋餘、屬庸將兵圍楚之灊（一）；使延陵季子於晉，以觀諸侯之變。楚發兵絕吳將蓋餘、屬庸路，吳兵不得還。於是公子光謂專諸曰：「此時不可失，不求何獲！且光眞王嗣，當立，季子雖來，不吾廢也。」專諸曰：「王僚可殺也。母老子弱，而兩弟將兵伐楚，楚絕其後。方今吳外困於楚，而內空無骨鯁之臣，是無如我何。」公子光頓首曰：「光之身，子之身也。」

【註】（一）灊：在安徽霍山縣。灊，音潛（ㄑㄧㄢˊ）。

四月丙子，光伏甲士於窟室中（一），而具酒請王僚。王僚使兵陳自宮至光之家，門戶階陛左右，皆王僚之親戚也。夾立侍，皆持長鈹（二）。酒既酣，公子光詳爲（三）足疾，入窟室中，使專諸置匕首魚炙之腹中而進之。既至王前，專諸擘魚，因以匕首刺王僚，王僚立死。左右亦殺專諸，王人擾亂。公子光出其伏甲以攻王僚之徒，盡滅之，遂自立爲王，是爲闔閭。闔閭乃封專諸之子以爲上卿。

【註】（一）窟室：地下室。（二）鈹：音披（ㄆㄧ），兩刄刀也。（三）詳：即「佯」字。

其後七十餘年而晉有豫讓之事。

豫讓者，晉人也，故嘗事范氏及中行氏（一），而無所知名。去而事智伯（二），智伯甚尊寵之。及智伯伐趙襄子，趙襄子與韓、魏合謀滅智伯，滅智伯之後而三分其地。趙襄子最怨智伯（三），漆其頭以爲飲器（四）。豫讓遁逃山中，曰：「嗟乎！士爲知己者死，女爲說己者容。今智伯知我，我必爲報讎而死，以報智伯，則吾魂魄不愧矣。」乃變名姓爲刑人，入宮塗廁，中挾匕首，欲以刺襄子。襄子如廁（五），心動，執問塗廁之刑人，則豫讓，內持刀兵，曰：「欲爲智伯報仇！」左右欲誅之。襄子曰：「彼義人也，吾謹避之耳。且智伯亡無後，而其臣欲爲報仇，此天下之賢人也。」卒醳去之（六）。

【註】（一）范氏：據左傳：范氏，謂昭子吉射也，自士會食邑於范，後因以邑爲氏。中行氏：謂中行文子荀寅也，自荀林文將中行，後因以官爲氏。（二）智伯：即襄子荀瑤也。襄子，林父弟，荀首之後。（三）因智伯對趙襄子初則醉以酒，後又率韓、魏水灌晉陽，城不沒者三版，故趙襄子深

恨之。（四）飲器：有云爲便溺之器，有云爲盛酒之器，有云爲飲酒之杯。（五）如：往也。（六）醳：卽「釋」字，放也。

居頃之，豫讓又漆身爲厲（一），吞炭爲啞（二），使形狀不可知，行乞於市。其妻不識也。行見其友，其友識之，曰：「汝非豫讓邪？」曰：「我是也。」其友爲泣曰：「以子之才，委質而臣事襄子，襄子必近幸子。近幸子，乃爲所欲，顧不易邪（三）？何乃殘身苦形，欲以求報襄子，不亦難乎！」豫讓曰：「既已委質臣事人，而求殺之，是懷二心以事其君也。且吾所爲者極難耳！然所以爲此者，將以愧天下後世之爲人臣懷二心以事其君者也。」

【註】（一）癘：癩也，以漆塗身，使其若患瘡癩似的。（二）吞炭使嗓子發聲變啞。（三）顧：豈也，豈不容易麼？

既去，頃之，襄子當出，豫讓伏於所當過之橋下。襄子至橋，馬驚，襄子曰：「此必是豫讓也。」使人問之，果豫讓也。於是襄子乃數豫讓曰（一）：「子不嘗事范、中行氏乎？智伯盡滅之，而子不爲報讎，而反委質臣於智伯。智伯亦已死矣，而子獨何以爲之報讎之深也？」豫讓曰：「臣事范、中行氏，范、中行氏皆衆人遇我，我故衆人報之。至於智伯，國士遇我，我故國士報之。」襄子喟然歎息而泣曰：「嗟乎豫子！子之爲智伯，名既成矣，而寡人赦子，亦已足矣。子其自爲計，寡人不復釋子！」使兵圍之。豫讓曰：「臣聞明主不掩人之美，而忠臣有死名之義。前君已寬赦臣，天下莫不稱君之賢。今日之事，臣固伏誅，然願請君之衣而擊之焉，以致報讎之意，則雖死不恨。非所敢望也，敢布腹心！」於是襄子大義之（二），乃使使持衣與豫讓。豫讓拔劍三躍而擊之，曰：「吾可以下報智伯矣！」遂伏劍自殺，死之日，趙國志士聞之，皆爲涕泣。

【註】（一）數：責備。　（二）大義之：大大的稱許豫讓的義氣。

其後四十餘年，而軹有聶政之事。

聶政者，軹深井里人也（一）。殺人避仇，與母、姊如齊（二），以屠爲事。久之，濮陽嚴仲子（三）事韓哀侯，與韓相俠累（四）有郤。嚴仲子恐誅，亡去，游求人可以報俠累者。至齊，齊人或言聶政勇敢士也，避仇隱於屠者之閒。嚴仲子至門請，數反，然後具酒自暢聶政母前（五）。酒酣，嚴仲子奉黃金百溢（六），前爲聶政母壽。聶政驚怪其厚，固謝嚴仲子（七）。嚴仲子固進，而聶政謝曰：「臣幸有老母，家貧，客游以爲狗屠，可以旦夕得甘毳（八）以養親。親供養備。不敢當仲子之賜。」嚴仲子辟人（九）因爲聶政言曰：「臣有仇，而行游諸侯衆矣；然至齊，竊聞足下義甚高，故進百金者，將用爲大人麤糲之費（一〇），得以交足下之驩，豈敢以有求望邪！」聶政曰：「臣所以降志辱身居市井屠者，徒幸以養老母；老母在，政身未敢以許人也（一一）。」嚴仲子固讓，聶政竟不肯受也。然嚴仲子卒備賓主之禮而去。

【註】（一）軹：今河南濟源縣。深井：軹縣之一里名也。（二）如：往也。（三）嚴遂，字仲子。（四）俠累：即韓傀。郤：仇隙。（五）暢：同「觴」，以酒致敬於聶母也。（六）溢：二十四兩，曰溢。（七）固謝：堅決謝却。（八）甘毳：美味之食。毳，同「脆」（ㄘㄨㄟˋ）（九）辟：同「避」字，避開他人而密語。（一〇）糲：粗米也。（一一）禮記曰：「父母在，不許友以死」。

久之，聶政母死，既已葬，除服，聶政曰：「嗟乎！政乃市井之人（一），鼓刀以屠；而嚴仲子乃諸侯之卿相也，不遠千里，枉車騎而交臣。臣之所以待之，至淺鮮矣，未有大功可以稱者，而嚴仲子奉百金爲親壽，我雖不受，然是者徒深知政也。夫賢者以感念睚眦之意而親信窮僻之人，而政獨安得嘿然而已乎（二）！且前日要政（三），政徒以老母；老母今以天年終，政將爲知己者用。」乃遂西至濮陽，見嚴仲子曰：「前日所以不許仲子者，徒以親在；今不幸而母以天年終。仲子所欲報仇者爲誰？請得從事焉！」嚴仲子具告曰：「臣之仇韓相俠累，俠累又韓君之季父也，宗族盛多，居處兵衞甚設（四），臣欲使人刺之，（衆）終莫能就。今足下幸而不棄，請益其車騎壯士可爲足下輔翼者。」聶政曰：「韓之與衞，相去中閒不甚遠，今殺人之相，相又國君之親，此其勢不可以多人，多人不能無生得失（五），生得失則語泄，語泄是韓舉國而與仲子爲讎（六），豈不殆哉！」遂謝車騎人徒，聶政乃辭獨行。

【註】（一）市井：古者相聚井旁汲水，有物互相賣買，因以成市，故云「市井」。（二）嘿：同「默」字。（三）要：要求。（四）設：衆盛而保衞嚴密。（五）多人行事，難免有意見上之不同與爭執，有人以爲如此可以成功，另有人持反對意見，以爲如此可能失敗。這就是所謂多人行事不能不發生意見上之得失的爭執。或者解釋爲人一多，難免不被活捉住的，一被活捉住，吐出口供，則語泄漏。此兩解釋，皆可通。（六）舉國：全國之人。

杖劍至韓，韓相俠累方坐府上，持兵戟而衞侍者甚衆。聶政直入，上階刺殺俠累，左右大亂。聶政大呼，所擊殺者數十人，因自皮面決眼（一），自屠出腸（二），遂以死。

【註】（一）皮面：以刀割其面皮，欲使人不能認識。決眼：自己挖出其眼睛。（二）自己用刀子把肚子剖開腸子流出。

韓取聶政屍暴於市（一），購問莫知誰子。於是韓（購）縣〔購〕之（二），有能言殺相俠累者予千金。久之莫知也。

【註】（一）暴：音鋪（ㄆㄨˋ），同「曝」，擺露於外。（二）縣：同「懸」字，懸賞。

政姊榮聞人有刺殺韓相者，賊不得，國不知其名姓，暴其尸而縣之千金，乃於邑（一）曰：「其是吾弟與？嗟乎，嚴仲子知吾弟！」立起，如韓（二），之市（三），而死者果政也，伏尸哭極哀，曰：「是軹深井里所謂聶政者也。」市行者諸衆人皆曰：「此人暴虐吾相國，王縣購其名姓千金，夫人不聞與？何敢來識之也？」榮應之曰：「聞之。然政所以蒙汙辱自棄於市販之閒者，爲老母幸無恙，妾未嫁也。親既以天年下世，妾已嫁夫，嚴仲子乃察舉吾弟困汙之中（四）而交之，澤厚矣，可柰何！士固爲知己者死（五），今乃以妾尚在之故，重自刑以絕從（六），妾其柰何畏殁身之誅，終滅賢弟之名！」大驚韓市人。乃大呼天者三，卒於邑悲哀而死政之旁。

【註】（一）於邑：即「嗚唈」，悲哀傷慟的樣子。（二）如：往也。（三）之：往也。（四）明察而選擇吾弟於困苦卑汚的境遇之中。（五）固：本來應該。（六）重：讀祟（ㄔㄨㄥˊ）復也，又也。自刑：自己殺害自己的面目，欲使人不認識。絕從：斷絕親族從坐之罪。古時，一人犯罪，親族連坐。又有一種解釋，謂「從」即「蹤」，蹤跡也。自刑以滅蹤跡。亦通。

晉、楚、齊、衞聞之，皆曰：「非獨政能也，乃其姊亦烈女也。鄉使政誠知其姊無濡忍之志（一），不重暴骸之難（二），必絕險千里以列其名（三），姊弟俱僇於韓市者（四），亦未必敢以身許嚴仲子也（五）。嚴仲子亦可謂知人能得士矣！」

【註】（一）鄉使：即「向使」，倘使。倘使聶政眞能知道他的姊姊沒有忍耐的意志，（二）眞能知道他的姊姊不以曝露屍體爲困難，（三）眞能知道他的姊姊必然要冒犯千里的絕險以表揚他的姓名，（四）眞能知道他們姊弟二人共同僇死於韓市。（五）倘侯聶政眞能知道以上的情形，可能他就不會以身而許於嚴仲子了。

其後二百二十餘年秦有荊軻之事。

荊軻者，衞人也。其先乃齊人，徙於衞，衞人謂之慶卿（一）。而之燕，燕人謂之荊卿。

荊卿好讀書擊劍，以術說衞元君，衞元君不用。其後秦伐魏，置東郡，徙衞元君之支屬於野王（二）。

荊軻嘗游過榆次（三），與蓋聶論劍，蓋聶怒而目之。荊軻出，人或言復召荊卿。蓋聶曰：「曩者吾與論劍有不稱者，吾目之；試往，是宜去，不敢留（四）。」使使往之主人，荊卿則已駕而去榆次矣。使者還報，蓋聶曰：「固去也，吾曩者目攝之（五）！」

荊軻游於邯鄲，魯句踐與荊軻博，爭道，魯句踐怒而叱之，荊軻嘿而逃去（六），遂不復會。

【註】（一）卿者，尊稱而美之也。（二）野王：河南沁陽縣。（三）榆次：山西榆次縣。（四）蓋聶說：「剛才我和他論劍，有不合我意的地方，我瞪了他一眼，所以他害怕就走了。不信，你們去看看，他一定是離開榆次而去了，不敢在這裡呆下去了」。（五）蓋聶說：「當然是走了，我剛才瞪了他一眼把他嚇跑了」。攝：卽「懾」字，使之恐怖也。（六）嘿：卽「默」字，不哼氣而走掉。以上這兩個故事，是說明荊軻有大器度不與小人爭得失，不以細故逞鋒鋩，大勇若怯，大才若拙，不到最後關頭，不露本領，荊軻之風度，可佩矣哉！

荆軻既至燕，愛燕之狗屠及善擊筑者高漸離（一）。荆軻嗜酒，日與狗屠及高漸離飲於燕市，酒酣以往（二），高漸離擊筑，荆軻和而歌於市中，相樂也，已而相泣（三），旁若無人者。荆軻雖游於酒人乎，然其爲人沈深好書；其所游諸侯，盡與其賢豪長者相結。其之燕，燕之處士田光先生亦善待之，知其非庸人也。

【註】（一）筑：音竹（ㄓㄨˊ），古樂器，似琴，有弦，用竹擊之，取以爲名。（二）以往：酒酣之後。（三）已而：卽「既而」，以後。

居頃之，會燕太子丹質秦亡歸燕。燕太子丹者，故嘗質於趙，而秦王政生於趙，其少時與丹驩。及政立爲秦王，而丹質於秦。秦王之遇燕太子丹不善，故丹怨而亡歸。歸而求爲報秦王者，國小，力不能。其後秦日出兵山東以伐齊、楚、三晉，稍蠶食諸侯，且至於燕，燕君臣皆恐禍之至。太子丹患之，問其傅鞠武。武對曰：「秦地徧天下，威脅韓、魏、趙氏，北有甘泉、谷口之固（一），南有涇、渭之沃，擅巴、漢之饒，右隴、蜀之山，左關、殽之險（二），民衆而士厲，兵革有餘。意有所出，則長城之南，易水以北（三），未有所定也。柰何以見陵之怨，欲批其逆鱗哉（四）！」丹曰：「然則何由？」對曰：「請入圖之。」

【註】（一）甘泉：陝西甘泉縣。谷口：在陝西涇陽縣西北。（二）關：函谷關。殽：殽山，在河南洛寧縣北，西北接陝縣，東接澠池，有東殽、西殽之別，自東殽至西殽，長三十五里，皆峻阜絕澗，車不得方軌。（三）長城以南，易水以北，指燕國而言。（四）批：批擊也。逆鱗：龍之喉下有逆鱗徑尺，若有人觸之者，則必殺人。此比喻秦之勢力不可抗，如龍之逆鱗不可觸也。

居有閒，秦將樊於期得罪於秦王，亡之燕，太子受而舍之。鞠武諫曰：「不可。夫以秦王之暴而積怒於燕，足爲寒心，又況聞樊將軍之所在乎？是謂『委肉當餓虎之蹊』也（一），禍必不振矣（二）！雖有管、晏，不能爲之謀也。願太子疾遣樊將軍入匈奴以滅口。請西約三晉，南連齊、楚，北購於單于（三），其後迺可圖也。」太子曰：「太傅之計，曠日彌久，心惛然（四），恐不能須臾（五）。且非獨於此也，夫樊將軍窮困於天下，歸身於丹，丹終不以迫於彊秦而棄所哀憐之交，置之匈奴，是固丹命卒之時也。願太傅更慮之。」鞠武曰：「夫行危欲求安，造禍而求福，計淺而怨深，連結一人之後交，不顧國家之大害，此所謂『資怨而助禍』矣。夫以鴻毛燎於爐炭之上，必無事矣（六）。且以鵰鷙之秦（七），行怨暴之怒，豈足道哉！燕有田光先生，其爲人智深而勇沈，可與謀。」太子曰：「願因太傅而得交於田先生，可乎？」鞠武曰：「敬諾。」

」出見田先生，道「太子願圖國事於先生也」。田光曰：「敬奉教。」乃造焉（八）。

【註】（一）在餓虎所走的路上，放置一堆肉，焉有不被吞食的道理？（二）振：救也。（三）購：同「媾」，講和也。（四）惛：同「昏」，心情昏亂憂愁，惶惑無主。（五）恐怕頃刻的時間就支持不住了。（六）一定是毫無辦法了。事：作爲也，無可作爲，即沒有辦法。（七）鵰鷙：比喻秦王性情之猛悍兇暴。（八）造：往見。

太子逢迎，卻行爲導（一），跪而蔽席（二）。田光坐定，左右無人，太子避席而請曰：「燕秦不兩立，願先生留意也。」田光曰：「臣聞騏驥盛壯之時，一日而馳千里；至其衰老，駑馬先之。今太子聞光盛壯之時，不知臣精已消亡矣（三）。雖然，光不敢以圖國事，所善荆卿可使也。」太子曰：「願因先生得結交於荆卿，可乎？」田光曰：「敬諾。」即起，趨出。太子送至門，戒曰：「丹所報，先生所言者，國之大事也，願先生勿泄也！」田光俛而笑曰：「諾。」僂行見荆卿，曰：「光與子相善，燕國莫不知。今太子聞光壯盛之時，不知吾形已不逮也，幸而敎之曰『燕秦不兩立，願先生留意也』。光竊不自外，言足下於太子也，願足下過太子於宮。」荆軻曰：「謹奉敎。」田光曰：「吾聞之，長者爲行，不使人疑之。今太子告光曰『所言者，國之大事也，願先生勿泄』，是太子疑光也。夫爲行而使人疑之，非節俠也。」欲自殺以激荆卿，曰：「願足下急過太子，言光已死，明不言也。」因遂自刎而死。

【註】（一）卻行：曲步而行，不敢大步而行，言其對客人極爲敬謹也。（二）蔽席：蔽與「拂」通，言太子親手爲之拂席。（三）太子所聽說的都是我壯年時代的故事，不知道我現在已經是精疲力弱了。

荆軻遂見太子，言田光已死，致光之言。太子再拜而跪，膝行流涕，有頃而后言曰：「丹所以誡田先生毋言者，欲以成大事之謀也。今田先生以死明不言，豈丹之心哉！」荆軻坐定，太子避席頓首曰：「田先生不知丹之不肖，使得至前，敢有所道，此天之所以哀燕而不棄其孤也。今秦有貪利之心，而欲不可足也。非盡天下之地，臣海內之王者，其意不厭（一）。今秦已虜韓王，盡納其地，又舉兵南伐楚，北臨趙；王翦將數十萬之衆距漳、鄴，而李信出太原、雲中。趙不能支秦，必入臣，入臣則禍至燕。燕小弱，數困於兵，今計舉國不足以當秦。諸侯服秦，莫敢合從。丹之私計愚，以爲誠得天下之勇士使於秦，闚以重利（二）；秦王貪，其勢必得所願矣。誠得劫秦王，使悉反諸侯侵地，若曹沫之與齊桓公，則大善矣；則不可（三），因而刺殺之。彼秦大將擅兵於外而內有亂，則君臣相疑，以其閒諸侯得合從，其破秦必矣。此丹之上願，而不知所委命，唯荊卿留意焉。」久之，荊軻曰：「此國之大事也，臣駑下，恐不足任使。」太子前頓首，固請毋讓，然後許諾。於是尊荊卿為上卿，舍上舍。太子日造門下，供太牢具，異物閒進（四），車騎美女恣荊軻所欲，以順適其意。

【註】（一）厭：同「饜」，滿足。（二）闚：同「窺」，誘之以利。伺其有可乘之機而以利誘之。（三）則：如果。（四）閒進：分別的進上。

久之，荊軻未有行意。秦將王翦破趙，虜趙王，盡收入其地，進兵北略地至燕南界。太子丹恐懼，乃請荊軻曰：「秦兵旦暮渡易水（一），則雖欲長侍足下，豈可得哉！」荊軻曰：「微太子言（二），臣願謁之。今行而毋信，則秦未可親也（三）。夫樊將軍，秦王購之金千斤，邑萬家。誠得樊將軍首與燕督亢之地圖（四），奉獻秦王，秦王必說見臣（五），臣乃得有以報。」太子曰：「樊將軍窮困來歸丹，丹不忍以己之私而傷長者之意，願足下更慮之！」

【註】（一）旦暮：頃刻之間。（二）微：即使沒有……。（三）現在到秦國去，而沒有可徵信的事物，則秦王就無法與之接近。（四）督亢：燕國膏腴之地，在今河北固安、涿縣一帶之地。

（五）說：同「悅」。

荆軻知太子不忍，乃遂私見樊於期曰：「秦之遇將軍可謂深矣，父母宗族皆爲戮沒。今聞購將軍首金千斤，邑萬家，將柰何？」於期仰天太息流涕曰：「於期每念之，常痛於骨髓，顧計不知所出耳！」荆軻曰：「今有一言可以解燕國之患，報將軍之仇者，何如？」於期乃前曰：「爲之柰何？」荆軻曰：「願得將軍之首以獻秦王，秦王必喜而見臣，臣左手把其袖，右手揕其匈（一），然則將軍之仇報而燕見陵之愧除矣。將軍豈有意乎？」樊於期偏袒搤捥（二）而進曰：「此臣之日夜切齒腐心也（三），乃今得聞教！」遂自剄。太子聞之，馳往，伏屍而哭，極哀。既已不可柰何，乃遂盛樊於期首函封之（四）。

【註】（一）揕：音眞（ㄓㄣˋ），刺也。匈：即「胸」字。（二）搤捥：即「扼腕」，握持其手腕，表示憤怒之狀。（三）切齒：咬牙切齒，表示極端憤恨之狀。腐心：恨之極而心即要腐爛的樣子。（四）函：匣子、盒子、小箱子，皆曰函。以盒子盛樊於期之頭。

於是太子豫求天下之利匕首，得趙人徐夫人匕首，取之百金（一），使工以藥焠之

（二），以試人，血濡縷，人無不立死者（三）。乃裝爲遣荆卿。燕國有勇士秦舞陽，年十三，殺人，人不敢忤視（四）。乃令秦舞陽爲副。荆軻有所待，欲與俱（五）；其人居遠未來（六），而爲治行（七）。頃之，未發，太子遲之（八），疑其改悔，乃復請曰：「日已盡矣，荆卿豈有意哉？丹請得先遣秦舞陽。」荆軻怒，叱太子曰：「何太子之遣？往而不返者，豎子也（九）！且提一匕首入不測之彊秦，僕所以留者，待吾客與俱。今太子遲之，請辭決矣！」遂發。

【註】（一）以百金購得。（二）鍛鍊刀劍，以毒藥浸染其中，曰焠。音翠（ㄘㄨㄟˋ），即將刀劍燒紅，浸入毒藥水之中。（三）以此毒劍試人，人體的血便濡濕了衣縷。（四）不敢和他對眼相看。（五）荆軻要等待一個人，想着共同進行。（六）他所等待的人，住在遠方，尚未來到。（七）而太子趕快爲荆軻準備行裝。（八）短期間，還未出發，太子以爲遲。（九）你爲何先派秦舞陽去呢？這個小子，一去就回不來了。

太子及賓客知其事者，皆白衣冠以送之（一）。至易水之上，既祖（二），取道，高漸離擊筑，荆軻和而歌，爲變徵之聲（三），士皆垂淚涕泣。又前而爲歌曰：「風蕭蕭兮易水寒，壯士一去兮不復還！」復爲羽聲忼慨（四），士皆瞋目（五），髮盡上指冠（六）。於是荊軻就車而去，終已不顧（七）。

【註】（一）皆知其此一去，凶多吉少，故白衣白冠以送之，等於預先給他開個追悼會。（二）祖：行祭也，祭道路之神也。（三）徵：音止（ㄓˇ），五音之一。律呂本考曰：「五聲宮與商，商與角，角與徵，相去各一律。至角與徵，羽與宮，相去乃二律，相去一律，則音節和；相去二律，則音節遠。故角徵之間，近徵收一聲，比徵少下，謂之變徵。羽宮之間，近宮收一聲，少高於宮，謂之變宮」。變徵之聲，極爲悲傷之聲也。（四）羽聲：慷慨激昂之聲。（五）瞋：音琛（ㄔㄣ），怒目相視。（六）怒髮衝冠也。（七）不顧：不回頭而看。

遂至秦，持千金之資幣物，厚遺秦王寵臣中庶子蒙嘉。嘉爲先言於秦王曰：「燕王誠振怖大王之威（一），不敢舉兵以逆軍吏，願舉國爲內臣，比諸侯之列，給貢職如郡縣，而得奉守先王之宗廟。恐懼不敢自陳，謹斬樊於期之頭，及獻燕督亢之地圖，函封，燕王拜送于庭，使使以聞大王，唯大王命之。」秦王聞之，大喜，乃朝服，設九賓（二），見燕使者咸陽宮。荊軻奉樊於期頭函，而秦舞陽奉地圖柙，以次進。至陛，秦舞陽色變振恐（三），羣臣怪之，荊軻顧笑舞陽，前謝曰：「北蕃蠻夷之鄙人，未嘗見天子，故振慴（四）。願大王少假借之，使得畢使於前。」秦王謂軻曰：「取舞陽所持地圖。」軻既取圖奏之，秦王發圖，圖窮而匕首見。因左手把秦王之袖，而右手持匕首揕之（五）。未至身，秦王驚，自引而起，袖絕（六）。拔劍，劍長，操其室。時惶急，劍堅，故不可立拔（七）。荊軻逐秦王，秦王環柱而走。羣臣皆愕，卒起不意（八），盡失其度（九），而秦法，羣臣侍殿上者不得持尺寸之兵（一〇）；諸郎中執兵皆陳殿下（一一），非有詔召不得上。方急時，不及召下兵，以故荊軻乃逐秦王。而卒惶急，無以擊軻，而以手共搏之。是時侍醫夏無且以其所奉藥囊提荊軻也（一二）。秦王方環柱走，卒惶急，不知所為，左右乃曰：「王負劍！」（一三）負劍，遂拔以擊荊軻（一四），斷其左股。荊軻廢（一五），乃引其匕首以擿秦王（一六），不中，中桐柱。秦王復擊軻，軻被八創。軻自知事不就，倚柱而笑，箕踞以罵曰：「事所以不成者，以欲生劫之，必得約契以報太子也。」於是左右既前殺軻，秦王不怡者良久。已而論功，賞羣臣及當坐者各有差，而賜夏無且黃金二百溢，曰：「無且愛我，乃以藥囊提荊軻也。」

【註】（一）振怖：即「震怖」，震驚而恐怖。（二）九賓：古者朝會大典，則設九賓。言其典禮之莊重也。（三）振恐：即「震恐」。（四）振慴：即「震慴」。（五）揕：音眞（ㄓㄣ），擊殺。（六）袖絕：拉斷了袖子。（七）室：劍鞘。言劍長，被其鞘所控制住了，不容易拔出來。（八）卒起：言突然而起之事變。卒：音促（ㄘㄨ）。（九）度：常態。言秦宮之士卒皆驚愕，盡失其常態也。（一〇）秦朝的法律規定，羣臣侍奉於殿上者，不准携帶尺寸的武器。（一一）

郎中：宿衞之官。執武器皆列立於殿下。（一二）提：擲擊。（一三）負劍：古者，帶劍上長，拔之不出鞘，左右欲使秦王推之於背，令前短易拔，故云：「王負劍」。（一四）於是秦王聽左右之言而負劍，很容易就把劍拔出來了。（一五）廢：殘廢，不能行動。（一六）擿：同擲，擲擊。

於是秦王大怒，益發兵詣趙，詔王翦軍以伐燕。十月而拔薊城（一）。燕王喜、太子丹等盡率其精兵東保於遼東（二）。秦將李信追擊燕王急，代王嘉乃遺燕王喜書曰：「秦所以尤追燕急者，以太子丹故也。今王誠殺丹獻之秦王，秦王必解，而社稷幸得血食（三）。」其後李信追丹，丹匿衍水中（四），燕王乃使使斬太子丹，欲獻之秦。秦復進兵攻之。後五年，秦卒滅燕，虜燕王喜。

【註】（一）薊城：今河北薊縣。（二）遼東郡：秦置，今遼東省之地，以其在遼河之東故名。治襄平縣，在今遼陽縣北七十里。（三）血食：祭祀也。這子孫不絕，有人祭祀其祖先也。（四）衍水：卽遼東太子河。

其明年，秦幷天下，立號爲皇帝。於是秦逐太子丹、荊軻之客，皆亡。高漸離變名姓爲人庸保（一），匿作於宋子（二）。久之，作苦，聞其家堂上客擊筑，傍偟不能去（三）。每出言曰（四）：「彼有善有不善（五）。」從者（六）以告其主，曰：「彼庸乃知音，竊言是非（七）。」家丈人召使前擊筑（八），一坐稱善，賜酒。而高漸離念久隱畏約無窮時（九），乃退，出其裝匣中筑與其善衣，更容貌而前。舉坐客皆驚，下與抗禮，以爲上客。使擊筑而歌，客無不流涕而去者。宋子傳客之（一〇），聞於秦始皇。秦始皇召見，人有識者，乃曰：「高漸離也。」秦皇帝惜其善擊筑，重赦之（一一），乃矐其目（一二）。使擊筑，未嘗不稱善。稍益近之，高漸離乃以鉛置筑中，復進得近，舉筑朴（一三）秦皇帝，不中。於是遂誅高漸離，終身不復近諸侯之人。

【註】（一）庸保：受人金錢而爲之工作，即「佣人」。（二）宋子：地名，在河北平鄉縣北三十里。（三）傍偟：徘徊留戀不忍去之意。（四）每：不斷的。（五）他彈擊的，有些好，有些不好。（六）從者：堂上客之隨從的人。（七）那個佣人乃是通曉音樂之人，在一旁偷偷的評論彈奏的好壞。（八）家丈人：乃主人翁也。（九）恐怖而貧窮，沒有終極之時。畏：恐怖也，恐怖秦王之發現，並非畏懼他人也。約：貧窮。論語：「小人不可以久處約」。並非指勞役契約而言也。這一句話，政治之意味重，而社會之意味輕。（一〇）傳客：傳：轉也，大家輪流着請他當客人，招待他。（一一）重赦：打破一切的困難而赦免他。或解爲憐惜其善擊筑而赦之。（一二）矐：音霍（ㄏㄨㄛˋ），挖去其眼珠，使失明也。矐，同「窒」，眼睛成爲洞窒，非挖去其眼睛而何？又有解釋爲以馬糞薰之而使失明也。（一三）朴：同「扑」，擊也。

魯句踐已聞荊軻之刺秦王，私曰：「嗟乎，惜哉其不講於刺劍之術也（一）！甚矣吾不知人也！曩者吾叱之，彼乃以我爲非人也（二）！」

【註】（一）講：研究，嫺習。（二）他會以爲我是個無理性之人啊！

太史公曰：世言荊軻，其稱太子丹之命，「天雨粟，馬生角」也（一），太過。又言荊軻傷秦王，皆非也。始公孫季功、董生與夏無且游，具知其事，爲余道之如是。自曹沫至荊軻五人，此其義或成或不成，然其立意較然（二），不欺其志，名垂後世，豈妄也哉！

【註】（一）燕丹子曰：「丹求歸，秦王曰：『烏頭白，馬生角，乃許耳』。丹乃仰天歎，烏頭卽白，馬亦生角」。此故事，太史公斥之爲不足信。（二）較然：光明磊落。

卷八十七　李斯列傳第二十七

李斯者，楚上蔡人也（一）。年少時，爲郡小吏，見吏舍厠中鼠食不絜，近人犬，數驚恐之（二）。斯入倉，觀倉中鼠，食積粟，居大廡之下，不見人犬之憂（三）。於是李斯乃歎曰：「人之賢不肖譬如鼠矣，在所自處耳！（四）」

【註】（一）上蔡：今河南上蔡縣。（二）厠所中之鼠，食不潔之物，一與人及犬相近，便常受驚恐。（三）倉庫中之鼠，食積儲之粟，住於廊廡之下，與人及犬相處，無憂無懼。（四）人之賢不肖，譬如鼠一樣，看你處於什麼地方而決定。

乃從荀卿學帝王之術。學已成，度楚王不足事（一），而六國皆弱，無可爲建功者，欲西入秦。辭於荀卿曰：「斯聞得時無怠（二），今萬乘方爭時，游者主事（三）。今秦王欲吞天下，稱帝而治，此布衣馳騖之時（四）而游說者之秋也（五）。處卑賤之位而計不爲者（六），此禽鹿視肉，人面而能彊行者耳（七）。故詬莫大於卑賤，而悲莫甚於窮困（八）。久處卑賤之位，困苦之地，非世而惡利（九），自託於無爲（一〇），此非士之情也（一一）。故斯將西說秦王矣。」

【註】（一）度：判斷。（二）把握時機，一點不可放鬆。（三）游說之人，主宰時務。（四）布衣：平民。馳騖：開足馬力，表現才華。（五）秋：時際。（六）處於卑賤的地位，而猶不知積極設法，擺脫現狀以求發展的人。（七）簡直就是禽獸一般，只會視肉而食，長著人的面孔而僅能勉強行走罷了。（八）所以恥辱莫大於卑賤，而悲哀莫甚於窮困。（九）久處於卑賤之位，困苦之地，笑罵（非）現世，討厭貨利。（一〇）自鳴清高，自己吹牛是淡泊無爲。（一一）這是不近人情的說法。

至秦，會莊襄王卒，李斯乃求爲秦相文信侯呂不韋舍人；不韋賢之，任以爲郎。李斯因以得說，說秦王曰：「胥人者，去其幾也（一）。成大功者，在因瑕釁而遂忍之（二）。昔者秦穆公之霸，終不東幷六國者，何也？諸侯尚衆，周德未衰，故五伯迭興，更尊周室。自秦孝公以來，周室卑微，諸侯相兼，關東爲六國，秦之乘勝役諸侯，蓋六世矣（三）。今諸侯服秦，譬若郡縣。夫以秦之彊，大王之賢，由竈上騷除（四），足以滅諸侯，成帝業，爲天下一統，此萬世之一時也。今怠而不急就（五），諸侯復彊，相聚約從（六），雖有黃帝之賢，不能幷也。」秦王乃拜斯爲長史（七），聽其計，陰遣謀士齎持金玉以游說諸侯。諸侯名士可下以財者，厚遺結之；不肯者，利劍刺之。離其君臣之計，秦王乃使其良將隨其後。秦王拜斯爲客卿。

【註】（一）依靠他人的人，是因爲他們不會把握有利的時機。胥：需也，待也，依靠他人以生存。（二）成大功的人，在於他們能夠利用敵人的錯誤而狠心一幹。瑕釁：錯誤。忍：採取斷然行動，決心大幹一番。（三）秦國乘勝而奴役諸侯，已經有六世了。六世：秦孝公、惠文王、武王、昭王、孝文王、莊襄王。（四）由：同「猶」字，如同也。騷除：即「掃除」，言以秦國之力，併吞諸侯，就如同掃除竈上之灰塵一樣，極爲容易也。（五）放鬆而不趕快成功。（六）相聚而約定聯合以抗秦。（七）長史：如今之秘書長一類的官職。

會韓人鄭國來閒秦，以作注溉渠（一），已而覺。秦宗室大臣皆言秦王曰：「諸侯人來事秦者，大抵爲其主游閒於秦耳，請一切逐客。」李斯議亦在逐中。斯乃上書曰：臣聞吏議逐客，竊以爲過矣。昔繆公求士，西取由余於戎，東得百里奚於宛（二），迎蹇叔於宋（三），來丕豹、公孫支於晉（四）。此五子者，不產於秦，而繆公用之，幷國二十，遂霸西戎。孝公用商鞅之法，移風易俗，民以殷盛，國以富彊，百姓樂用，諸侯親服，獲楚、魏之師，舉地千里，至今治彊。惠王用張儀之計，拔三川之地，西幷巴、蜀，北收上郡（五），南取漢中（六），包九夷，制鄢、郢（七），東據成皋之險（八），割膏腴之壤，遂散六國之從，使之西面事秦，功施到今。昭王得范雎，廢穰侯，逐華陽，彊公室，杜私門，蠶食諸侯，使秦成帝業。此四君者，皆以客之功。由此觀之，客何負於秦哉！向使（九）四君卻客而不內（一〇），疏士而不用，是使國無富利之實而秦無彊大之名也。

【註】（一）韓苦秦兵，乃使水工鄭國到秦國，遊說秦王修渠以灌田，此一工程甚大，蓋欲借此以消耗秦國之人力資源，而減緩其併吞東方之軍事行動也。（二）百里奚，宛人，今河南南陽。（三）蹇叔，陝西岐山縣人，時遊於宋，故曰迎蹇叔於宋。（四）丕豹：自晉奔秦。公孫支，陝西岐山縣人，遊於晉，後歸秦。（五）惠王十年，魏納上郡十五縣。（六）惠王十三年，攻楚漢中，取地六百里。（七）九夷：卽當時屬於楚國之夷也。鄢：今湖北宜城縣。郢：古楚都，在今湖北江陵縣。（八）成皋：在河南汜水縣。（九）向使：倘使。（一〇）卻：拒絕。

今陛下致昆山之玉（一），有隨、和之寶（二），垂明月之珠，服太阿之劍（三），乘纖離之馬（四），建翠鳳之旗（五），樹靈鼉之鼓（六）。此數寶者，秦不生一焉，而陛下說之（七）何也？必秦國之所生然後可，則是夜光之璧（八）不飾朝廷，犀象之器不爲玩好，鄭、衞之女不充後宮，而駿良駃騠（九）不實外廄，江南金錫不爲用，西蜀丹青不爲采。所以飾後宮充下陳（一〇）娛心意說耳目者，必出於秦然後可，則是宛珠之簪（一一）傅璣之珥（一二），阿縞之衣，錦繡之飾不進於前，而隨俗雅化佳冶窈窕趙女不立於側也。夫擊甕叩缶（一三）彈箏搏髀，而歌呼嗚嗚快耳（目）者，眞秦之聲也；鄭、衞、桑閒、昭、虞、武、象者，異國之樂也。今弃擊甕叩缶而就鄭衞，退彈箏而取昭虞，若是者何也？快意當前，適觀而已矣。今取人則不然。不問可否，不論曲直，非秦者去，爲客者逐。然則是所重者在乎色樂珠玉，而所輕者在乎人民也。此非所以跨海內制諸侯之術也（一四）。

【註】（一）昆岡在于闐東北四百里，其岡出玉。（二）說苑曰：「昔隨侯行遇大蛇中斷，疑其靈，使人以藥封之，蛇乃能去。因號其處爲斷蛇丘。歲餘，蛇銜明珠，徑寸，絕白而有光，因名隨珠。」和璧：楚人和氏得玉璞於楚山中，獻之於厲王，武王，皆不相信，後獻之於文王，王使人鑿其璞而得寶，遂名曰「和氏之璧」。（三）越絕書曰：「楚王召歐冶子干將作鐵劍三，一曰干將，二曰莫邪，三曰太阿。（四）纖離：駿馬名。（五）翠鳳之旗：以翠鳳爲旗飾。（六）靈鼉之鼓：鼉，音駝（ㄊㄨㄛ），爬蟲類動物，皮可製鼓。（七）說：同「悅」。（八）夜光：美珠名。（九）駃騠：駃，音決（ㄐㄩㄝ）。騠，音提（ㄊㄧ）。駃騠，駿馬名，駃騠生三日而超其母。

（一〇）下陳：後宮中之後列也。（一一）宛珠：南陽之珠。該地產南陽玉。以宛珠為簪。（一二）傅璣：以璣（小珠）附著於珥。珥者，瑱也。（一三）甕：汲缻也。缶：瓦器也。秦人鼓之以節樂。（一四）跨：駕馭。

臣聞地廣者粟多，國大者人衆，兵彊則士勇。是以太山不讓土壤（一），故能成其大；河海不擇細流（二），故能就其深；王者不卻衆庶，故能明其德。是以地無四方，民無異國，四時充美，鬼神降福，此五帝、三王之所以無敵也。今乃弃黔首以資敵國，卻賓客以業諸侯，使天下之士退而不敢西向，裹足不入秦（三），此所謂「藉寇兵而齎盜糧」者也（四）。

【註】（一）讓：拒絕。（二）擇：嫌棄。（三）裹足：足有所束縛而不能前。（四）借敵人以武器而資盜賊以糧餉。

夫物不產於秦，可寶者多；士不產於秦，而願忠者衆。今逐客以資敵國，損民以益讎，內自虛而外樹怨於諸侯（一），求國無危，不可得也。

【註】（一）內而自我空虛，外而結怨於諸侯。

秦王乃除逐客之令，復李斯官，卒用其計謀。官至廷尉。二十餘年，竟并天下，尊主爲皇帝，以斯爲丞相。夷郡縣城（一），銷其兵刃（二），示不復用。使秦無尺土之封，不立子弟爲王，功臣爲諸侯者（三），使後無戰攻之患。

【註】（一）毀壞了各郡縣的城防工事，使之不能割據獨立。（二）銷毀民間的兵刃，使之不能製武器以爲亂。（三）不封建諸侯，卽是毀滅封建制度。

始皇三十四年，置酒咸陽宮，博士僕射周靑臣等頌稱始皇威德。齊人淳于越進諫曰：「臣聞之，殷周之王千餘歲，封子弟功臣自爲支輔。今陛下有海內，而子弟爲匹夫，卒有田常、六卿之患（一），臣無輔弼（二），何以相救哉？事不師古而能長久者，非所聞也。今靑臣等又面諛以重陛下過（三），非忠臣也。」始皇下其議丞相。丞相謬其說（四），絀其辭（五），乃上書曰：「古者天下散亂，莫能相一，是以諸侯並作，語皆道古以害今，飾虛言以亂實，人善其所私學（六），以非上所建立（七）。今陛下幷有天下，別白黑而定一尊（八）；而私學乃相與非法敎之制，聞令下，卽各以其私學議之，入則心非，出則巷議，非主以爲名（九），異趣以爲高（一〇），率群下以造謗。如此不禁，則主勢降乎上，黨與成乎下。禁之便。臣請諸有文學詩書百家語者，蠲除去之。令到滿三十日弗去，黥爲城旦（一一）。所不去者，醫藥卜筮種樹之書。若有欲學者，以吏爲師。」始皇可其議，收去詩書百家之語以愚百姓，使天下無以古非今。明法度，定律令，皆以始皇起。同文書（一二）。治離宮別館（一三），周徧天下。明年，又巡狩，外攘四夷，斯皆有力焉。

【註】（一）卒：音猝（ㄘㄨˋ），忽然。（二）沒有輔弼之臣，卽臣中沒有輔弼之人。（三）重：讀崇（ㄔㄨㄥˊ），增加。（四）以他的說法爲荒謬。（五）以他的理由爲不充分。（六）人們以其所私學者爲善。（七）以批評並反對皇上所建立的法度。（八）分別是非眞僞。（九）以反對主上爲名譽。（一〇）以唱反調爲清高。（一一）城旦：秦時徒刑，罰作勞工。晝伺寇，夜築城，故謂之「城旦」。黥：古之墨刑，對於犯罪者涅其額以墨也。（一二）統一文字的書法。（一三）離宮：行宮也。

斯長男由爲三川守（一），諸男皆尙秦公主，女悉嫁秦諸公子。三川守李由告歸咸陽，李斯置酒於家，百官長皆前爲壽，門廷車騎以千數。李斯喟然而歎曰：「嗟乎！吾聞之荀卿曰『物禁大盛』（二）。夫斯乃上蔡布衣，閭巷之黔首，上不知其駑下，遂擢至此。當今人臣之位無居臣上者，可謂富貴極矣。物極則衰，吾未知所稅駕也！（三）」

【註】（一）三川守：卽河南洛陽太守。（二）一切事物皆以太盛爲忌禁，言太盛必有大禍也，所以最好是不要太盛。（三）稅駕：稅，卽「脫」字，脫駕，卽下台，下場。李斯自言，我今日富貴已極，權勢太盛，將來不知道怎樣下台?!不知道將來落得一個什麼下場?!

始皇三十七年十月，行出游會稽，並海上（一），北抵琅邪。丞相斯、中車府令趙高兼行符璽令事，皆從。始皇有二十餘子，長子扶蘇以數直諫上，上使監兵上郡（二），蒙恬爲將。少子胡亥愛，請從，上許之。餘子莫從。

【註】（一）並海上：並，沿也，沿海而北上。（二）上郡：今陝西省北部及綏遠鄂爾多斯左翼之地，治膚施，在今陝西綏德縣東南五十里。

其年七月，始皇帝至沙丘（一），病甚，令趙高爲書賜公子扶蘇曰：「以兵屬蒙恬，與喪會咸陽而葬。」書已封，未授使者，始皇崩。書及璽皆在趙高所，獨子胡亥、丞相李斯、趙高及幸宦者五六人知始皇崩，餘群臣皆莫知也。李斯以爲上在外崩，無眞太子，故祕之。置始皇居轀輬車中（二），百官奏事上食如故，宦者輒從轀輬車中可諸奏事（三）。

【註】（一）沙丘：在河北平鄉縣東北。（二）轀輬：轀，音溫（ㄨㄣ）。輬，音涼（ㄌㄧㄤˊ）。

轀輬車有窗牖，閉之則溫，開之則涼，故名「轀輬車」也。（三）始皇已死，而李斯、趙高等不使人知，百官奏事，進食如故，公事由宦者在車中批答。

趙高因留所賜扶蘇璽書，而謂公子胡亥曰：「上崩，無詔封王諸子而獨賜長子書。長子至，卽立爲皇帝，而子無尺寸之地，爲之柰何？」胡亥曰：「固也（一）。吾聞之，明君知臣，明父知子。父捐命（二），不封諸子，何可言者！」趙高曰：「不然。方今天下之權，存亡在子與高及丞相耳，願子圖之。且夫臣人與見臣於人（三），制人與見制於人（四），豈可同日道哉！」胡亥曰：「廢兄而立弟，是不義也；不奉父詔而畏死，是不孝也；能薄而材譾（五），彊因人之功（六），是不能也：三者逆德（七），天下不服，身殆傾危，社稷不血食。」高曰：「臣聞湯、武殺其主，天下稱義焉，不爲不忠。衞君殺其父，而衞國載其德，孔子著之，不爲不孝。夫大行不小謹，盛德不辭讓，鄉曲各有宜而百官不同功。故顧小而忘大，後必有害；狐疑猶豫，後必有悔。斷而敢行，鬼神避之，後有成功。願子遂之！」胡亥喟然歎曰：「今大行未發（八），喪禮未終，豈宜以此事干丞相哉！」趙高曰：「時乎時乎，閒不及謀，贏糧躍馬，唯恐後時！（九）」

【註】（一）固也：本來應該如此。（二）捐命：捐棄其生命而死。（三）以人爲臣與被臣於人。（四）控制別人與被別人所控制。（五）譾：即「淺」字，淺薄也。（六）勉強的因人以成事。（七）這三種行爲，都是違反道德的事。（八）大行：皇帝死了，一去而不返之行，曰大行。即所謂「晏駕」也。（九）贏糧：裹糧，裝載糧食。言時機一瞬即逝，連仔細考慮的空隙都沒有，載運糧秣，飛馬加鞭，還恐怕趕不上時機。

胡亥既然高之言（一），高曰：「不與丞相謀，恐事不能成，臣請爲子與丞相謀之。」高乃謂丞相斯曰：「上崩，賜長子書，與喪會咸陽而立爲嗣。書未行，今上崩，未有知者也。所賜長子書及符璽皆在胡亥所，定太子在君侯與高之口耳。事將何如？」斯曰：「安得亡國之言！此非人臣所當議也！」高曰：「君侯自料能孰與蒙恬？功高孰與蒙恬？謀遠不失孰與蒙恬？無怨於天下孰與蒙恬？長子舊而信之孰與蒙恬？」斯曰：「此五者皆不及蒙恬，而君責之何深也？」高曰：「高固內官之廝役也，幸得以刀筆之文進入秦宮，管事二十餘年，未嘗見秦免罷丞相功臣有封及二世者也，卒皆以誅亡。皇帝二十餘子，皆君之所知。長子剛毅而武勇，信人而奮士，即位必用蒙恬爲丞相，君侯終不懷通侯之印歸於鄉里，明矣。高受詔教習胡亥，使學以法事數年矣，未嘗見過失。慈仁篤厚，輕財重士，辯於心而詘於口（二），盡禮敬士，秦之諸子未有及此者，可以爲嗣。君計而定之。」斯曰：「君其反位！斯奉主之詔，聽天之命，何慮之可定也？」高曰：「安可危也，危可安也。安危不定，何以貴聖？」斯曰：「斯，上蔡閭巷布衣也，上幸擢爲丞相，封爲通侯，子孫皆至尊位重祿者，故將以存亡安危屬臣也。豈可負哉！夫忠臣不避死而庶幾（三），孝子不勤勞而見危（四），人臣各守其職而已矣。君其勿復言，將令斯得罪。」高曰：「蓋聞聖人遷徙無常，就變而從時，見末而知本，觀指而覩歸（五）。物固有之，安得常法哉！方今天下之權命懸於胡亥，高能得志焉。且夫從外制中謂之惑，從下制上謂之賊。故秋霜降者草花落，水搖動者萬物作，此必然之效也。君何見之晚？」斯曰：「吾聞晉易太子（六），三世不安；齊桓兄弟爭位（七），身死爲戮；紂殺親戚，不聽諫者，國爲丘墟，遂危社稷：三者逆天，宗廟不血食。斯其猶人哉（八），安足爲謀！」高曰：「上下合同，可以長久；中外若一，事無表裏。君聽臣之計，卽長有封侯，世世稱孤，必有喬松之壽，孔、墨之智。今釋此而不從（九），禍及子孫，足以爲寒心。善者因禍爲福，君何處焉？」斯乃仰天而歎，垂淚太息曰：「嗟乎！獨遭亂世，既以不能死，安託命哉！（一〇）」於是斯乃聽高。高乃報胡亥曰：「臣請奉太子之明命以報丞相，丞相斯敢不奉令！」

【註】（一）胡亥既以趙高之言爲然。（二）心裏邊非常之淸楚明白，只是口頭上不善於辭令。（三）忠臣不避死而僥幸於萬一（庶幾：希望能有萬一的僥幸）。（四）孝子不因爲勞苦而表現出冒險的動作。（五）觀其指向而看出其歸宿。（六）晉獻公廢申生而立奚齊。（七）齊桓公小白與公子糾爭位。（八）斯還要作人啊！怎足以與你共謀。（九）釋：舍棄。（一〇）既然不能死，怎樣安排生命呢。

於是乃相與謀，詐爲受始皇詔丞相，立子胡亥爲太子。更爲書賜長子扶蘇曰：「朕巡天下，禱祠名山諸神以延壽命。今扶蘇與將軍蒙恬將師數十萬以屯邊，十有餘年矣，不能進而前，士卒多秏（一），無尺寸之功，乃反數上書直言誹謗我所爲，以不得罷歸爲太子，日夜怨望。扶蘇爲人子不孝，其賜劍以自裁！將軍恬與扶蘇居外，不匡正，宜知其謀。爲人臣不忠，其賜死，以兵屬裨將王離。」封其書以皇帝璽，遣胡亥客奉書賜扶蘇於上郡。

使者至，發書，扶蘇泣，入內舍，欲自殺。蒙恬止扶蘇曰：「陛下居外，未立太子，使臣將三十萬衆守邊，公子爲監，此天下重任也。今一使者來，卽自殺，安知其非詐？請復請，復請而後死，未暮也（二）。」使者數趣之（三）。扶蘇爲人仁，謂蒙恬曰：「父而賜子死，尚安復請！」即自殺。蒙恬不肯死，使者即以屬吏，繫於陽周（四）。

【註】（一）秏：同「耗」，死傷。（二）未暮：未爲晚也。（三）趣：同「促」，催促。（四）屬吏：交付軍法。陽周：在今陝西安定縣北。

使者還報，胡亥、斯、高大喜。至咸陽，發喪，太子立爲二世皇帝。以趙高爲郎中令，常侍中用事。

二世燕居（一），乃召高與謀事，謂曰：「夫人生居世閒也，譬猶騁六驥過決隙也（二）。吾既已臨天下矣，欲悉耳目之所好，窮心志之所樂，以安宗廟而樂萬姓，長有天下，終吾年壽，其道可乎？」高曰：「此賢主之所能行也，而昬亂主之所禁也。臣請言之，不敢避斧鉞之誅，願陛下少留意焉。夫沙丘之謀，諸公子及大臣皆疑焉，而諸公子盡帝兄，大臣又先帝之所置也。今陛下初立，此其屬意怏怏皆不服（三），恐爲變。且蒙恬已死，蒙毅將兵居外，臣戰戰栗栗，唯恐不終。且陛下安得爲此樂乎？」二世曰：「爲之柰何？」趙高曰：「嚴法而刻刑，令有罪者相坐誅，至收族，滅大臣而遠骨肉；貧者富之，賤者貴之。盡除去先帝之故臣，更置陛下之所親信者近之。此則陰德歸陛下，害除而姦謀塞，群臣莫不被潤澤，蒙厚德，陛下則高枕肆志寵樂矣。計莫出於此。」二世然高之言，乃更爲法律。於是群臣諸公子有罪，輒下高，令鞠治之。殺大臣蒙毅等，公子十二人僇死咸陽市，十公主矺死於杜（四），財物入於縣官（五），相連坐者不可勝數。

【註】（一）燕居：閒居無事。（二）人生於世，好像是騎著千里馬過那小小的裂縫一樣，一刹那之間便完了。（三）屬：這一群人，滿心的牢騷不平。（四）矺：音宅（ㄓㄜˊ）磔也，裂其支體而殺之。杜：在陝西長安縣南。（五）縣官：指天子，言沒收其財產歸於天子，歸於政府。

公子高欲奔，恐收族，乃上書曰：「先帝無恙時，臣入則賜食，出則乘輿。御府之衣，臣得賜之；中廄之寶馬，臣得賜之。臣當從死而不能，爲人子不孝，爲人臣不忠。不忠者無名以立於世，臣請從死，願葬酈山之足。唯上幸哀憐之。」書上，胡亥大說（一），召趙高而示之，曰：「此可謂急乎？」趙高曰：「人臣當憂死而不暇，何變之得謀！」胡亥可其書，賜錢十萬以葬。

法令誅罰日益刻深，群臣人人自危，欲畔者衆（二）。又作阿房之宮，治直（道）、馳道（三），賦歛愈重，戍傜無已。於是楚戍卒陳勝、吳廣等乃作亂，起於山東（四）

，傑俊相立，自置為侯王，叛秦，兵至鴻門而卻。李斯數欲請閒諫，二世不許。而二世責問李斯曰：「吾有私議而有所聞於韓子也，曰『堯之有天下也，堂高三尺，采椽不斲（五），茅茨不翦，雖逆旅之宿不勤於此矣（六）。冬日鹿裘，夏日葛衣，粢糲之食（七），藜藿之羹，飯土匭（八），啜土鉶（九），雖監門之養不觳於此矣（一〇）。禹鑿龍門，通大夏，疏九河，曲九防（一一），決渟水致之海（一二），而股無胈，（一三）脛無毛，手足胼胝（一四），面目黎黑，遂以死于外，葬於會稽，臣虜之勞不烈於此矣（一五）』。然則夫所貴於有天下者，豈欲苦形勞神，身處逆旅之宿，口食監門之養，手持臣虜之作哉？此不肖人之所勉也，非賢者之所務也。彼賢人之有天下也，專用天下適己而已矣，此所以貴於有天下也。夫所謂賢人者，必能安天下而治萬民，今身且不能利，將惡能治天下哉！故吾願賜志廣欲（一六），長享天下而無害，為之柰何？」李斯子由為三川守，群盜吳廣等西略地，過去弗能禁。章邯以破逐廣等兵，使者覆案三川相屬，誚讓斯居三公位，如何令盜如此（一七）。李斯恐懼，重爵祿，不知所出，乃阿二世意，欲求容，以書對曰：

【註】（一）說：同「悅」。（二）畔：同「叛」。（三）修造直馳之道。（四）山東：華山

以東之地，包括山東省在內，並非單指山東一省也，凡六國之地，皆謂之山東。（五）斲：修斫。音濁（ㄓㄨㄛˊ）。（六）勤：苦也。（七）粢：稷也。糲：粗米也。（八）土匭：以土所作之飯匣。匭，音軌（ㄍㄨㄟˇ）。（九）土鉶：以土所作之盛羹之器也。鉶，音刑（ㄒㄧㄥˊ）。（一〇）觳：音學（ㄒㄩㄝˊ），盡也。言其生活食用之苦，雖監門下人的生活，也不過壞成這樣子。（一一）禹王鑿龍門，通大夏，疏通九河，曲防九澤。尚書所謂「九澤既防」是也。（一二）渟水：卽停水，停滯不流之水。（一三）胈：音拔，股上小毛也。（一四）胼胝：手足因經久之勞動磨擦所生之硬繭。胼，音騈（ㄆㄧㄢˊ）。胝，音知（ㄓ）。（一五）臣虜：奴僕。烈：殘苦。（一六）賜志：卽「肆志」。（一七）李斯之子李由爲河南太守，而河南反秦之群盜，出沒不絕，二世派人查問河南之使者，連續而來。並且責問李斯身爲丞相，子爲太守，何以其家鄉反秦之人如此之多？

夫賢主者，必且能全道而行督責之術者也（一）。督責之，則臣不敢不竭能以徇其主矣。此臣主之分定，上下之義明，則天下賢不肖莫敢不盡力竭任以徇其君矣（二）。是故主獨制於天下而無所制也（三）。能窮樂之極矣，賢明之主也，可不察焉！

故申子曰（四）「有天下而不恣睢（五），命之曰以天下爲桎梏」者（六），無他焉，不能督責，而顧以其身勞於天下之民，若堯、禹然，故謂之「桎梏」也。夫不能修申、韓之明術，行督責之道，專以天下自適也，而徒務苦形勞神，以身徇百姓，則是黔首之役，非畜天下者也，何足貴哉！夫以人徇己，則己貴而人賤；以己徇人，則己賤而人貴。故徇人者賤，而人所徇者貴，自古及今，未有不然者也。凡古之所爲尊賢者，爲其貴也；而所爲惡不肖者，爲其賤也。而堯、禹以身徇天下者也，因隨而尊之，則亦失所爲尊賢之心矣，夫可謂大繆矣（七）。謂之爲「桎梏」，不亦宜乎？不能督責之過也。

【註】（一）督責之術：一天到晚監視部屬，挑部屬的毛病，責部屬的不是，使得人人自危，免過保命之不暇，而不敢再有野心。（二）徇君：順君之意，爲君而死。（三）這個樣子，君主就可以高高在上，獨自一人控制天下，而不受任何人之控制。（四）申子：法家之祖，戰國京人（河南滎陽縣人），學本黃老，而主刑名，相韓昭侯，內修政教，外應諸侯，十五年，終不害之身，國治兵強，無侵韓者。著書二篇，曰申子。（五）恣睢：隨心所欲，放縱享受。（六）以天下鎖鏈自身。（七）堯、禹爲天下人而犧牲，人們竟然尊敬他們以爲聖賢，那眞是大大的荒謬。堯、禹以天下爲自身的鎖鏈，是最傻不過的。（李斯這一段話，只有大渾蛋如秦二世者，纔會相信）。

故韓子曰：「慈母有敗子而嚴家無格虜」（一）者，何也？則能罰之加焉必也。故商君之法，刑弃灰於道者。夫弃灰，薄罪也，而被刑，重罰也。彼唯明主為能深督輕罪。夫罪輕且督深，而況有重罪乎？故民不敢犯也（二）。是故韓子曰「布帛尋常，庸人不釋（三），鑠金百溢（四），盜跖不搏」者（五），非庸人之心重，尋常之利深，而盜跖之欲淺也；又不以盜跖之行，為輕百鎰之重也（六）。搏必隨手刑，則盜跖不搏百鎰（七）；而罰不必行也，則庸人不釋尋常（八）。是故城高五丈，而樓季不輕犯也（九）；泰山之高百仞，而跛牂牧其上（一〇）。夫樓季也而難五丈之限，豈跛牂也而易百仞之高哉（一一）？峭塹之勢異也（一二）。明主聖王之所以能久處尊位，長執重勢，而獨擅天下之利者，非有異道也，能獨斷而審督責，必深罰，故天下不敢犯也。今不務所以不犯，而事慈母之所以敗子也，則亦不察於聖人之論矣。夫不能行聖人之術，則舍為天下役何事哉？可不哀邪（一三）！

【註】（一）慈善的母親，會有敗家的子女。而嚴厲的家庭，沒有反抗的奴僕。格：反抗。（二）對於輕罪，要重重的拷問，對於重罪，更不用說了，這樣一來，人民就害怕而不敢犯法。（三）釋：舍棄而不取。不釋，謂不舍而必取。（四）鑠金：上等美金也。溢：二十四兩，曰溢。上等的美金有百溢之多。（五）盜跖：有名之大盜也。搏：取也。地上有百溢之美金，盜跖見之而不取。

（六）爲什麼？並不是庸人貪心重，也不是尋常利益大，也不是盜跖欲望小，更不是盜跖的行爲清高，輕視百鎰之重。（七）乃是因爲刑罰重，誰敢動手，誰就要受重刑，所以盜跖看見百鎰之美金而不敢下手。（八）因爲刑罰輕，所以雖膽小的人，見了些微的小東西，也敢動手去拿。（九）樓季：魏文侯之弟，大概是善於爬高的能手。城高五丈，而樓季不敢往上爬。（一〇）牂：音臧（ㄗㄤ），母羊。言泰山有百仞之高，而跛腿的母羊能上到山上去吃草。（一一）這難道是善爬高的樓季，難於五丈之限，而跛腿的母羊，易於百仞之高嗎？（一二）不是的！乃是因爲五丈之限太峭峻，而百仞之高乃慢坡也。（一三）不能行督責深罰之術，那麼，除了爲天下人之奴役以外，還有什麼事情可幹的呢？豈不是大可悲哀嗎？

且夫儉節仁義之人立於朝，則荒肆之樂輟矣；諫說論理之臣間於側，則流漫之志詘矣；烈士死節之行顯於世，則淫康之虞廢矣（一）。故明主能外此三者，而獨操主術以制聽從之臣，而修其明法，故身尊而勢重也。凡賢主者，必將能拂世磨俗（二），而廢其所惡，立其所欲，故生則有尊重之勢，死則有賢明之謚也。是以明君獨斷，故權不在臣也。然後能滅仁義之塗，掩馳說之口，困烈士之行，塞聰揜明，內獨視聽，故外不可傾以仁義烈士之行，而內不可奪以諫說忿爭之辯。故能犖然獨行恣睢之心而莫之敢逆。若此然後可謂能明申、韓之術，而脩商君之法。法脩術明而天下亂者，未之聞也。故曰

「王道約而易操」也（三）。唯明主爲能行之。若此則謂督責之誠，則臣無邪，臣無邪則天下安，天下安則主嚴尊，主嚴尊則督責必，督責必則所求得，所求得則國家富，國家富則君樂豐。故督責之術設，則所欲無不得矣。群臣百姓救過不給，何變之敢圖（四）？若此則帝道備，而可謂能明君臣之術矣。雖申、韓復生，不能加也。」

【註】（一）虞：娛樂活動。（二）拂世：與世情相反對。磨俗：磨練世俗，使之順己。（三）約：簡單。（四）督催責罰的術略，能夠巧妙的運用，那麼，群臣百姓一天到晚都害怕着自己會有過錯，被皇帝所處罰，那裏還敢有叛亂的企圖呢？

書奏，二世悅。於是行督責益嚴（一），稅民深者爲明吏。二世曰：「若此則可謂能督責矣（二）。」刑者相半於道，而死人日成積於市。殺人衆者爲忠臣。二世曰：「若此則可謂能督責矣（三）。」

【註】（一）行督責之術越發嚴酷，誰能夠徵稅於人民，徵得越重者，便是好官。二世說道：「像這個樣子，便可以算是能行督責之術了。」（二）犯罪的人，在道路上的行人中有一半之多，受刑而死的人，在大街之上成堆成堆的，誰能夠殺人越多，便算是忠臣。二世說道：「像這個樣子，便可以算是能行督責之術了。」

初，趙高爲郎中令，所殺及報私怨衆多，恐大臣入朝奏事毀惡之，乃說二世曰：「天子所以貴者，但以聞聲，群臣莫得見其面，故號曰『朕』。且陛下富於春秋，未必盡通諸事，今坐朝廷，譴舉有不當者，則見短於大臣（一），非所以示神明於天下也。且陛下深拱禁中，與臣及侍中習法者待事，事來有以揆之（二）。如此則大臣不敢奏疑事，天下稱聖主矣。」二世用其計，乃不坐朝廷見大臣，居禁中。趙高常侍中用事（三），事皆決於趙高。

【註】（一）譴責或提拔有不合當者，就會被大臣所輕視。（二）揆：事先商量和觀察。（三）侍候於宮中而掌權管事。

高聞李斯以爲言，乃見丞相曰：「關東群盜多，今上急益發繇治阿房宮（一），聚狗馬無用之物。臣欲諫，爲位賤。此眞君侯之事，君何不諫？」李斯曰：「固也（二），吾欲言之久矣。今時上不坐朝廷，上居深宮，吾有所言者，不可傳也，欲見無閒（三）。」趙高謂曰：「君誠能諫，請爲君候上閒語君。」於是趙高待二世方燕樂，婦女居前，使人告丞相：「上方閒，可奏事。」丞相至宮門上謁，如此者三。二世怒曰：「吾常多閒日，丞相不來。吾方燕私，丞相輒來請事。丞相豈少我哉？且固我哉（四）？」趙高因曰：「如此殆矣！夫沙丘之謀，丞相與焉。今陛下已立爲帝，而丞相貴不益，此其意亦望裂地而王矣（五）。且陛下不問臣，臣不敢言。丞相長男李由爲三川守，楚盜陳勝等皆丞相傍縣之子，以故楚盜公行，過三川，城守不肯擊。高聞其文書相往來，未得其審，故未敢以聞。且丞相居外，權重於陛下。」二世以爲然。欲案丞相（六），恐其不審（七），乃使人案驗三川守與盜通狀。李斯聞之。

【註】（一）繇：徭役，民力，徵集民力爲役以建築阿房宮。（二）固也：理所當該。（三）無閒：沒有適當的機會。（四）莫非是丞相以爲我年少嗎？再不然，是丞相故意使我發窘嗎？固：同「錮」。（五）今陛下已立而爲帝，而丞相之貴並沒有增加，他的意思是希望裂地而爲王。（六）案：查辦。（七）恐怕拿不到確實證據。

是時二世在甘泉，方作觳抵優俳之觀（一）。李斯不得見，因上書言趙高之短曰：「臣聞之，臣疑其君，無不危國；妾疑其夫，無不危家。今有大臣於陛下擅利擅害，與陛下無異，此甚不便。昔者司城子罕相宋，身行刑罰，以威行之，朞年遂劫其君。田常爲簡公臣，爵列無敵於國，私家之富與公家均，布惠施德，下得百姓，上得羣臣，陰取齊國，殺宰予於庭，即弒簡公於朝，遂有齊國。此天下所明知也。今高有邪佚之志，危反之行，如子罕相宋也；私家之富，若田氏之於齊也。兼行田常、子罕之逆道而劫陛下之威信，其志若韓玘爲韓安相也。陛下不圖，臣恐其爲變也。」二世曰：「何哉？夫高，故宦人也，然不爲安肆志，不以危易心，絜行脩善，自使至此，以忠得進，以信守位，朕實賢之，而君疑之，何也？且朕少失先人，無所識知，不習治民，而君又老，恐與天下絕矣。朕非屬趙君，當誰任哉？且趙君爲人精廉彊力，下知人情，上能適朕，君其勿疑。」李斯曰：「不然。夫高，故賤人也，無識於理，貪欲無厭，求利不止，列勢次主，求欲無窮，臣故曰殆。」二世已前信趙高，恐李斯殺之，乃私告趙高。高曰：「丞相所患者獨高，高已死，丞相卽欲爲田常所爲。」於是二世曰：「其以李斯屬郎中令（二）！」

【註】（一）觳抵：卽「角抵」，兩兩相當，角賽材力也。優俳：雜戲也。（二）郎中令：秦官，九卿之一，掌宮殿門戶，統管諸郎官。漢武帝更名光祿勳。二世把李斯交付趙高審判。

趙高案治李斯。李斯拘執束縛，居囹圄中，仰天而歎曰：「嗟乎，悲夫！不道之君，何可爲計哉！昔者桀殺關龍逢，紂殺王子比干，吳王夫差殺伍子胥。此三臣者，豈不忠哉，然而不免於死，身死而所忠者非也（一）。今吾智不及三子，而二世之無道過於桀、紂、夫差，吾以忠死，宜矣。且二世之治豈不亂哉！日者夷其兄弟而自立也，殺忠臣而貴賤人，作爲阿房之宮，賦斂天下。吾非不諫也，而不吾聽也。凡古聖王，飲食有節，車器有數，宮室有度，出令造事，加費而無益於民利者禁，故能長久治安。今行逆於昆弟，不顧其咎；侵殺忠臣，不思其殃；大爲宮室，厚賦天下，不愛其費（二）：三者已行，天下不聽。今反者已有天下之半矣，而心尚未寤也（三），而以趙高爲佐，吾必見寇至咸陽，麋鹿游於朝也。」

於是二世乃使高案丞相獄，治罪，責斯與子由謀反狀，皆收捕宗族賓客。趙高治斯，榜掠千餘，不勝痛，自誣服（四）。斯所以不死者，自負其辯，有功，實無反心，幸得上書自陳，幸二世之寤而赦之。李斯乃從獄中上書曰：「臣爲丞相治民，三十餘年矣。逮秦地之陝隘，先王之時秦地不過千里，兵數十萬。臣盡薄材，謹奉法令，陰行謀臣，資之金玉，使游說諸侯，陰脩甲兵，飾政敎，官鬬士，尊功臣，盛其爵祿，故終以脅韓弱魏，破燕、趙，夷齊、楚，卒兼六國，虜其王，立秦爲天子。罪一矣。地非不廣，又北逐胡、貉，南定百越，以見秦之彊。罪二矣。尊大臣，盛其爵位，以固其親。罪三矣。立社稷，脩宗廟，以明主之賢。罪四矣。更剋畫，平斗斛度量文章，布之天下，以樹秦之名。罪五矣。治馳道，興游觀，以見主之得意。罪六矣。緩刑罰，薄賦斂，以遂主得衆之心，萬民戴主，死而不忘。罪七矣。若斯之爲臣者，罪足以死固久矣。上幸盡其能力，乃得至今，願陛下察之！」書上，趙高使吏弃去不奏，曰：「囚安得上書（五）！」

【註】（一）關龍逢、王子比干、伍子胥，是忠臣，然而不免於死，就是因爲他們所忠心以事的人，太惡劣了。（二）不吝惜（愛）其費用。（三）寤：同「悟」，覺悟也。（四）榜掠：棒打也。棒打千餘下，受不住其苦痛，乃自誣而服，趙高說叫他承認有什麼罪，他便承認，這就是自誣服。（五）囚犯怎得上書。

趙高使其客十餘輩詐爲御史、謁者、侍中，更往覆訊斯（一）。斯更以其實對，輒使人復榜之。後二世使人驗斯，斯以爲如前，終不敢更言，辭服。奏當上，二世喜曰：「微趙君，幾爲丞相所賣。」及二世所使案三川之守至，則項梁已擊殺之。使者來，會丞相下吏，趙高皆妄爲反辭（二）。

二世二年七月，具斯五刑（三），論腰斬咸陽市。斯出獄，與其中子俱執，顧謂其中子曰：「吾欲與若復牽黃犬俱出上蔡東門逐狡兔，豈可得乎！」遂父子相哭，而夷三族。

【註】（一）反覆審訊。（二）趙高揑造李由造反之罪狀。（三）具刑：全案終結，確定罪刑。

李斯已死，二世拜趙高為中丞相，事無大小輒決於高。高自知權重，乃獻鹿，謂之馬（一）。二世問左右：「此乃鹿也？」左右皆曰「馬也」。二世驚，自以為惑，乃召太卜，令卦之。太卜曰：「陛下春秋郊祀，奉宗廟鬼神，齋戒不明，故至于此。可依盛德而明齋戒。」於是乃入上林齋戒。日游弋獵，有行人入上林中，二世自射殺之。趙高敎其女壻咸陽令閻樂劾不知何人賊殺人移上林。高乃諫二世曰：「天子無故賊殺不辜人，此上帝之禁也，鬼神不享，天且降殃，當遠避宮以禳之。」二世乃出居望夷之宮。

留三日，趙高詐詔衞士，令士皆素服持兵內鄉（二），入告二世曰：「山東羣盜兵大至！」二世上觀而見之，恐懼，高卽因劫令自殺，引璽而佩之，左右百官莫從；上殿，殿欲壞者三。高自知天弗與，羣臣弗許，乃召始皇弟，授之璽。

子嬰卽位，患之，乃稱疾不聽事，與宦者韓談及其子謀殺高。高上謁，請病，因召入，令韓談刺殺之，夷其三族。

子嬰立三月，沛公兵從武關入，至咸陽，羣臣百官皆畔，不適（三）。子嬰與妻子自係其頸以組，降軹道旁（四）。沛公因以屬吏（五）。項王至而斬之。遂以亡天下。

【註】（一）指鹿爲馬，趙高之愚弄二世，使之神經分裂。（二）內鄉：即「內向」。（三）不適：即「不敵」，不抵抗。（四）軹道：在陝西長安東十三里。（五）屬吏：交付法官審判。

太史公曰：李斯以閭閻歷諸侯，入事秦，因以瑕釁，以輔始皇，卒成帝業，斯爲三公，可謂尊用矣。斯知六藝之歸，不務明政以補主上之缺，持爵祿之重，阿順苟合，嚴威酷刑，聽高邪說，廢適立庶。諸侯已畔，斯乃欲諫爭，不亦末乎（一）！人皆以斯極忠而被五刑死，察其本，乃與俗議之異。不然，斯之功且與周、召列矣。

【註】（一）李斯知道六藝之要旨，但由於保持祿位之念太切，所以與趙高合謀以廢嫡立庶，結果，爲趙高所賣，此時乃欲忠諫，已經晚了。

【附】李斯、韓非皆學於荀卿，而皆受殺身之禍，則其不正之學術思想誤之也。荀卿倡性惡之論，即其最缺德之表現，而韓非、李斯利用之，以爲獨裁專制之暴君，製撰理論之根據，與今日殘害世界人類之馬列主義，有許多相似之點，其基本觀點，皆植基於性惡論之上。似此反理性反人情之邪說，其不能長久存在，蓋中外歷史一貫之所示也。

卷八十八　蒙恬列傳第二十八

蒙恬者，其先齊人也。恬大父蒙驁，自齊事秦昭王，官至上卿。秦莊襄王元年，蒙驁爲秦將，伐韓，取成皐、滎陽，作置三川郡。二年，蒙驁攻趙，取三十七城。始皇三年，蒙驁攻韓，取十三城。五年，蒙驁攻魏，取二十城，作置東郡。始皇七年，蒙驁卒。驁子曰武，武子曰恬。恬嘗書獄，典文學（一）。始皇二十三年，蒙武爲秦裨將軍（二），與王翦攻楚，大破之，殺項燕。二十四年，蒙武攻楚，虜楚王。蒙恬弟毅。

【註】（一）蒙恬嘗學獄法，主持文書工作。典：主持。（二）裨將：副將，將軍之助手。

始皇二十六年，蒙恬因家世得爲秦將，攻齊，大破之，拜爲內史（一）。秦已并天下，乃使蒙恬將三十萬衆北逐戎狄，收河南（二）。築長城，因地形，用制險塞（三），起臨洮（四），至遼東（五），延袤萬餘里（六）。於是渡河，據陽山（七），逶蛇而北（八）。暴師於外十餘年，居上郡（九）。是時蒙恬威振匈奴。始皇甚尊寵蒙氏，信任賢之。而親近蒙毅，位至上卿，出則參乘，入則御前。恬任外事而毅常爲內謀，名爲忠信，故雖諸將相莫敢與之爭焉。

【註】（一）內史：掌治京師。相當於首都市長。（二）秦伐匈奴，取河南地，卽今蒙古鄂爾多斯之地。（三）用：以也，因地形以制險塞。（四）臨洮：在今甘肅岷縣臨潭。以地臨洮水，故名。（五）遼東：今遼東省之地，以其在遼水之東，故名。（六）袤：音茂（ㄇㄡ），土地面積，東西曰廣，南北曰袤。長度也。（七）陽山：在綏遠境烏喇特旗西北二百里，蒙古名洪戈爾。（八）逶蛇：同「逶移」，「逶迆」，「逶迤」，皆言其斜斜曲曲而進行之狀。逶：音威（ㄨㄟ）。蛇：讀「移」。（九）上郡：今陝西省北部及綏遠鄂爾多斯左翼之地。治膚施，在今陝西綏德縣東南五十里。（人皆以秦之蒙恬築長城，事實上，大半爲七國時所築，蒙恬則增修繕治，使之相連繫耳，並非秦一國之功也。）

趙高者，諸趙疏遠屬也。趙高昆弟數人，皆生隱宮（一），其母被刑僇，世世卑賤。秦王聞高彊力，通於獄法，舉以爲中車府令（二）。高卽私事公子胡亥，喻之決獄。高有大罪，秦王令蒙毅法治之。毅不敢阿法，當高罪死，除其宦籍。帝以高之敦於事也（三），赦之，復其官爵。

【註】（一）隱宮：宦者所處之宮也。因犯罪而受宮刑者，一百日隱於陰室養之，故曰隱宮。大概趙

高之父犯宮刑，其母被沒入爲官奴婢，後與他人合，又生子，而仍用趙姓。（二）中車府令：秦官，主管皇帝之車乘者。（三）敦：認眞。

始皇欲游天下，道九原，直抵甘泉（一），迺使蒙恬通道，自九原抵甘泉，塹山堙谷（二）。千八百里。道未就。

【註】（一）道：修治道路。由九原直達甘泉。九原：在今綏遠五原縣。甘泉：宮名，在陝西淳化縣西北甘泉山，距長安二百里。（二）塹：音欠（ㄑㄧㄢˋ），鑿開使之成道路也。堙谷：塡平山谷之地。凡道路所經過之地，遇山開山，遇谷塡谷。

始皇三十七年冬，行出游會稽，並海上（一），北走琅邪（二）。道病，使蒙毅還禱山川，未反。

【註】（一）並海上：並，沿也，沿海而北上。（二）琅邪：在山東省諸城縣東南海濱。

始皇至沙丘崩，秘之（一），羣臣莫知。是時丞相李斯、公子胡亥、中車府令趙高常從。高雅（二）得幸於胡亥，欲立之，又怨蒙毅法治之而不爲己也，因有賊心（三），迺與丞相李斯、公子胡亥陰謀，立胡亥爲太子。太子已立，遣使者以罪賜公子扶蘇、蒙恬死。扶蘇已死，蒙恬疑而復請之。使者以蒙恬屬吏，更置（四）。胡亥以李斯舍人爲護軍。使者還報，胡亥已聞扶蘇死，即欲釋蒙恬。趙高恐蒙氏復貴而用事，怨之。

毅還至，趙高因爲胡亥忠計，欲以滅蒙氏，乃言曰：「臣聞先帝欲舉賢立太子久矣，而毅諫曰『不可』。若知賢而俞弗立（五），則是不忠而惑主也。以臣愚意，不若誅之。」胡亥聽而繫蒙毅於代。前已囚蒙恬於陽周。喪至咸陽，已葬，太子立爲二世皇帝，而趙高親近，日夜毀惡蒙氏，求其罪過，舉劾之。

【註】（一）秘之：保守秘密，不使外知。（二）雅：平素。（三）賊心：篡亂之心。（四）更置：另外換置將軍。（五）俞：即「踰」，踰時久久而不立。

子嬰進諫曰：「臣聞故趙王遷殺其良臣李牧而用顏聚，燕王喜陰用荆軻之謀而倍（一）秦之約，齊王建殺其故世忠臣而用后勝之議。此三君者，皆各以變古者失其國而殃及其身。今蒙氏，秦之大臣謀士也，而主欲一旦弃去之，臣竊以爲不可。臣聞輕慮者不可以治國，獨智者不可以存君。誅殺忠臣而立無節行之人，是內使羣臣不相信而外使鬭士之意離也，臣竊以爲不可。」

【註】（一）倍：同「背」。（二）獨智：仗恃自己一個人的聰明。

胡亥不聽。而遣御史曲宮乘傳之代（一），令蒙毅曰：「先主欲立太子而卿難之。今丞相以卿爲不忠，罪及其宗。朕不忍，乃賜卿死，亦甚幸矣。卿其圖之！」毅對曰：「以臣不能得先主之意，則臣少宦，順幸沒世，可謂知意矣（二）。以臣不知太子之能，則太子獨從，周旋天下，去諸公子絕遠，臣無所疑矣（三）。夫先主之舉用太子，數年之積也，臣乃何言之敢諫，何慮之敢謀（四）！非敢飾辭以避死也，爲羞累先主之名，願大夫爲慮焉，使臣得死情實（五）。且夫順成全者，道之所貴也；刑殺者，道之所卒也（六）。昔者秦穆公殺三良而死，罪百里奚而非其罪也，故立號曰『繆』。昭襄王殺武安君白起。楚平王殺伍奢。吳王夫差殺伍子胥。此四君者，皆爲大失，而天下非之，以其君爲不明，以是籍於諸侯（七）。故曰『用道治者不殺無罪，而罰不加於無辜』。唯大夫留心！」使者知胡亥之意，不聽蒙毅之言，遂殺之。

【註】　（一）曲宮：人名，姓曲，名宮。傳：同「轉」快速之車，各驛站均備有轉車，更替使用，以免久行之車馬疲倦不能快速行進。　（二）如果以我爲不能得先主之意，那麼，我少年爲官，奉事先主，以至先主之死，我始終很順從而得幸，總可以算是得先主之意了。　（三）如果以我爲不知太子之才能，那麼，先主出遊，太子獨從，隨先主而周旋於天下，先主信愛太子比諸公子超過絕遠，我對於太子是沒有任何疑議的。　（四）先主之舉用太子，是多少年的存心，我怎敢諫怎敢謀呢？　（五）

我說這話，並不是虛辭假意以求避死，乃是要說出眞情實話，以免有累於先主之名聲。只要把眞情說出，我願意心安理得而死。（六）順理而成全人者，是政治之道的寶典；峻刑而殺人者，是政治之道的末節。（卒：作「末」）。（七）籍：紛紛的。言此四君之失，被各地諸侯議論紛紛，大爲不平。

二世又遣使者之陽周，令蒙恬曰：「君之過多矣，而卿弟毅有大罪，法及內史。」恬曰：「自吾先人，及至子孫，積功信於秦三世矣。今臣將兵三十餘萬，身雖囚繫，其勢足以倍畔（一），然自知必死而守義者，不敢辱先人之教，以不忘先主也。昔周成王初立，未離襁緥，周公旦負王以朝，卒定天下。及成王有病甚殆，公旦自揃其爪以沈於河，曰：『王未有識，是旦執事。有罪殃，旦受其不祥（二）。』乃書而藏之記府，可謂信矣。及王能治國，有賊臣言：『周公旦欲爲亂久矣，王若不備，必有大事。』王乃大怒，周公旦走而奔於楚。成王觀於記府，得周公旦沈書，乃流涕曰：『孰謂周公旦欲爲亂乎！』殺言之者而反周公旦（三）。故周書曰『必參而伍之（四）』。今恬之宗，世無二心，而事卒如此（五），是必孽臣逆亂，內陵之道也。夫成王失而復振則卒昌；桀殺關龍逢，紂殺王子比干而不悔，身死則國亡。臣故曰過可振（六）而諫可覺也。察於參伍，上聖之法也。凡臣之言，非以求免於咎也，將以諫而死，願陛下爲萬民思從道也。」使者曰：「臣受詔行法於將軍，不敢以將軍言聞於上也。」蒙恬喟然太息曰：「我何罪於天，無過而死乎？」良久，徐曰：「恬罪固當死矣。起臨洮屬之遼東，城塹萬餘里，此其中不能無絕地脈哉（七）？此乃恬之罪也。」乃吞藥自殺。

【註】（一）倍畔：即「背叛」。（二）王少年無知，不應負罪責。是我主持政事，一切罪禍，由我承當。（三）反：請其回國也。（四）什麼事情，不可專聽一二人之言，要參考大家的意思。（五）卒：竟然。（六）振：補救過來。（七）地脈：土地的風水。

太史公曰：吾適北邊，自直道歸，行觀蒙恬所爲秦築長城亭障，塹山堙谷，通直道，固輕百姓力矣。夫秦之初滅諸侯，天下之心未定，痍傷者未瘳，而恬爲名將，不以此時彊諫（一），振百姓之急（二），養老存孤，務修衆庶之和，而阿意興功，此其兄弟遇誅，不亦宜乎！何乃罪地脈哉？

【註】（一）強諫：直言極諫。（二）振：救也。

卷八十九　張耳、陳餘列傳第二十九

張耳者，大粱人也（一）。其少時，及魏公子毋忌爲客（二）。張耳嘗亡命（三）游外黃（四）。外黃富人女甚美，嫁庸奴，亡其夫去（五），抵父客（六）。父客素知張耳，乃謂女曰：「心欲求賢夫，從張耳。」女聽，乃卒爲請決（七），嫁之張耳。張耳是時脫身游，女家厚奉給張耳，張耳以故致千里客。乃宦魏爲外黃令。名由此益賢。陳餘者，亦大粱人也，好儒術，數游趙苦陘（八）。富人公乘氏以其女妻之，亦知陳餘非庸人也。餘年少，父事張耳，兩人相與爲刎頸交（九）。

【註】（一）大粱：河南開封。（二）魏公子毋忌：卽信陵君也，張耳少時，尙及見毋忌爲之賓客。（三）亡命：爲保持生命而逃亡於外，不敢住在家鄉。（四）外黃：故城在今河南杞縣東。（五）不告而別，離其丈夫而去。（六）到他父親的朋友那裡住。（七）他父親的朋友爲他辦理與前夫離婚之事。（八）苦陘：在今河北省無極縣東北。（九）刎頸交：同生死，共患難的朋友。爲朋友，雖斷頸亦不懼不悔。

秦之滅大梁也，張耳家外黃。高祖為布衣時，嘗數從張耳游，客數月。秦滅魏數歲，已聞此兩人魏之名士也，購求有得張耳千金，陳餘五百金。張耳、陳餘乃變名姓，俱之（一）陳，為里監門（二）以自食。兩人相對。里吏嘗有過笞陳餘，陳餘欲起，張耳躡之（三），使受笞。吏去，張耳乃引陳餘之桑下而數之（四）曰：「始吾與公言何如？今見小辱而欲死一吏乎？」陳餘然之。秦詔書購求兩人，兩人亦反用門者以令里中（五）。

【註】（一）之：往。陳：河南淮陽縣。（二）監門：看守里門。（三）躡：以足踏陳餘，示意使其忍耐。躡，音聶（ㄋㄧㄝˋ）。（四）數：責斥。（五）自以其名而號令里中，詐更別求也。

陳涉起蘄（一），至入陳，兵數萬。張耳、陳餘上謁陳涉。涉及左右生平數聞張耳、陳餘賢，未嘗見，見即大喜。

【註】（一）蘄：音其（ㄑㄧˊ），今安徽宿縣。

陳中豪傑父老乃說陳涉曰：「將軍身被堅執銳，率士卒以誅暴秦，復立楚社稷，存亡繼絕，功德宜為王。且夫監臨天下諸將，不為王不可，願將軍立為楚王也。」陳涉問此兩人，兩人對曰：「夫秦爲無道，破人國家，滅人社稷，絕人後世，罷百姓之力，盡百姓之財。將軍瞋目張膽（一），出萬死不顧一生之計，爲天下除殘也。今始至陳而王之，示天下私。願將軍毋王，急引兵而西，遣人立六國後，自爲樹黨，爲秦益敵也。敵多則力分，與衆則兵彊。如此野無交兵，縣無守城，誅暴秦，據咸陽以令諸侯。諸侯亡而得立（二），以德服之，如此則帝業成矣。今獨王陳，恐天下解也（三）。」陳涉不聽，遂立爲王。

【註】（一）瞋：音琛（ㄔㄣ），怒目而視也。張膽：大其膽也。（二）諸侯們已經是亡國了，而現在又得以立國。（三）解：解散，解體，離散而無向心力也。

陳餘乃復說陳王曰：「大王舉梁、楚而西，務在入關，未及收河北也。臣嘗游趙，知其豪桀及地形，願請奇兵北略趙地。」於是陳王以故所善陳人武臣爲將軍，邵騷爲護軍，以張耳、陳餘爲左右校尉，予卒三千人，北略趙地。

武臣等從白馬渡河（一），至諸縣，說其豪桀曰：「秦爲亂政虐刑以殘賊天下，數十年矣。北有長城之役，南有五嶺之戍（二），外內騷動，百姓罷敝，頭會箕斂（三），以供軍費，財匱力盡，民不聊生。重之以苛法峻刑，使天下父子不相安。陳王奮臂爲天下倡始，王楚之地，方二千里，莫不響應，家自為怒，人自為鬭，各報其怨而攻其讎，縣殺其令丞，郡殺其守尉。今已張大楚（四），王陳，使吳廣、周文將卒百萬西擊秦。於此時而不成封侯之業者，非人豪也，諸君試相與計之！夫天下同心而苦秦久矣。因天下之力而攻無道之君，報父兄之怨而成割地有土之業（五），此士之一時也。」豪桀皆然其言。乃行收兵，得數萬人，號武臣為武信君，下趙十城，餘皆城守，莫肯下。

【註】（一）白馬津：在河南滑縣北。（二）五嶺：秦始皇使尉屠睢發卒五十萬為五軍，一軍塞鐔城之嶺，一軍守九疑之塞，一軍處番禺之都，一軍守南野之界，一軍結餘干之水。與張耳傳相符，所謂五嶺者，此也。又據裴氏廣州記云：大庾、始安、臨賀、桂陽、揭陽為五嶺。除大庾嶺外，始安有越城嶺，臨賀有萌渚嶺，桂陽有騎田嶺，揭陽有都龐嶺。（三）頭會箕斂：言其賦斂之苛暴也，隨民之頭數以取稅，以箕收取所稅之穀。（四）張開大楚之旗幟。（五）有土：有國土。

乃引兵東北擊范陽（一）。范陽人蒯通說范陽令曰：「竊聞公之將死，故弔。雖然，賀公得通而生。」范陽令曰：「何以弔之？」對曰：「秦法重，足下為范陽令十年矣，殺人之父，孤人之子，斷人之足，黥人之首，不可勝數。然而慈父孝子莫敢倳刃（二）公之腹中者，畏秦法耳。今天下大亂，秦法不施，然則慈父孝子且倳刃公之腹中以成其名，此臣之所以弔公也。今諸侯畔秦矣，武信君兵且至，而君堅守范陽，少年皆爭殺君，下武信君。君急遣臣見武信君，可轉禍爲福，在今矣。」

【註】（一）范陽：在今河北定興縣南四十里。（二）傳：音恣（ㄗˋ），以物插地，曰傳，以刀插入，曰傳刃。

范陽令乃使蒯通見武信君曰：「足下必將戰勝然後略地，攻得然後下城，臣竊以爲過矣。誠聽臣之計，可不攻而降城，不戰而略地，傳檄而千里定（一），可乎？」武信君曰：「何謂也？」蒯通曰：「今范陽令宜整頓其士卒以守戰者也，怯而畏死，貪而重富貴，故欲先天下降，畏君以爲秦所置吏，誅殺如前十城也。然今范陽少年亦方殺其令，自以城距君（二）。君何不齎臣侯印，拜范陽令，范陽令則以城下君，少年亦不敢殺其令。令范陽令乘朱輪華轂，使驅馳燕、趙郊。燕、趙郊見之，皆曰此范陽令，先下者也，卽喜矣，燕、趙城可毋戰而降也。此臣之所謂傳檄而千里定者也。」武信君從其計，因使蒯通賜范陽令侯印。趙地聞之，不戰以城下者三十餘城。

至邯鄲，張耳、陳餘聞周章軍入關，至戲卻（三）；又聞諸將爲陳王徇地，多以讒毀得罪誅，怨陳王不用其筴，不以爲將，而以爲校尉。乃說武臣曰：「陳王起蘄，至陳而王，非必立六國後。將軍今以三千人下趙數十城，獨介居河北（四），不王無以塡之（五）。且陳王聽讒，還報，恐不脫於禍。又不如立其兄弟；不，卽立趙後。將軍毋失時，時間不容息（六）。」武臣乃聽之，遂立爲趙王。以陳餘爲大將軍，張耳爲右丞相，邵騷爲左丞相。

【註】（一）傳檄：以文書轉告於天下。檄：音息（ㄒㄧˊ）文書。（二）距：同「拒」，抵抗。（三）戲：水名，在陝西臨潼縣東，源出驪山，下流入渭，其地古有戲亭。卻：退却。（四）介居：隔絕於友軍而獨處。（五）塡：同「鎭」，鎭壓使之安定。（六）時間迫切，必取把握時機，其間不容有喘氣之頃刻。

使人報陳王，陳王大怒，欲盡族武臣等家，而發兵擊趙。陳王相國房君諫曰：「秦未亡而誅武臣等家，此又生一秦也。不如因而賀之，使急引兵西擊秦。」陳王然之，從其計，徙繫武臣等家宮中，封張耳子敖爲成都君。

陳王使使者賀趙，令趣發兵西入關（一）。張耳、陳餘說武臣曰：「王王趙，非楚意，特以計賀王。楚已滅秦，必加兵於趙。願王毋西兵，北徇燕、代，南收河內以自廣。趙南據大河，北有燕、代，楚雖勝秦，必不敢制趙。」趙王以爲然，因不西兵，而使韓廣略燕，李良略常山，張黶略上黨。

韓廣至燕，燕人因立廣爲燕王。趙王乃與張耳、陳餘北略地燕界。趙王閒出，爲燕軍所得。燕將囚之，欲與分趙地半，乃歸王。使者往，燕輒殺之以求地。張耳、陳餘患之。有廝養卒謝其舍中曰：「吾爲公說燕，與趙王載歸。」舍中皆笑曰：「使者往十餘輩，輒死，若何以能得王？」乃走燕壁（二）。燕將見之，問燕將曰：「知臣何欲？」燕將曰：「若欲得趙王耳。」曰：「君知張耳、陳餘何如人也？」燕將曰：「賢人也。」曰：「知其志何欲？」曰：「欲得其王耳。」趙養卒乃笑曰：「君未知此兩人所欲也。夫武臣、張耳、陳餘杖馬箠下趙數十城，此亦各欲南面而王，豈欲爲卿相終己邪（三）？夫臣與主豈可同日而道哉，顧其勢初定，未敢參分而王，且以少長先立武臣爲王，以持趙心。今趙地已服，此兩人亦欲分趙而王，時未可耳。今君乃囚趙王。此兩人名爲求趙王，實欲燕殺之，此兩人分趙自立。夫以一趙尚易燕，況以兩賢王左提右挈，而責殺王之罪，滅燕易矣。」燕將以爲然，乃歸趙王，養卒爲御而歸。

【註】（一）趣：同「促」，速即。（二）壁：軍營。（三）豈是僅僅當了卿相就算完了嗎？

李良已定常山，還報，趙王復使良略太原。至石邑（一），秦兵塞井陘，未能前。秦將詐稱二世使人遺李良書，不封，曰：「良嘗事我得顯幸。良誠能反趙爲秦，赦良罪，貴良。」良得書，疑不信。乃還之邯鄲，益請兵。未至，道逢趙王姊出飲，從百餘騎。李良望見，以爲王，伏謁道旁。王姊醉，不知其將，使騎謝李良。李良素貴，起，慚其從官。從官有一人曰：「天下畔秦，能者先立。且趙王素出將軍下，今女兒乃不爲將軍下車，請追殺之。」李良已得秦書，固欲反趙（二），未決，因此怒，遣人追殺王姊道中，乃遂將其兵襲邯鄲。邯鄲不知，竟殺武臣、邵騷。趙人多爲張耳、陳餘耳目者，以故得脫出。收其兵，得數萬人。客有說張耳曰：「兩君羈旅，而欲附趙，難；獨立趙後，扶以義，可就功。」乃求得趙歇，立爲趙王，居信都（三）。李良進兵擊陳餘，陳餘敗李良，李良走歸章邯。

【註】（一）石邑：在今河北省獲鹿縣東南。（二）固欲：本來就想要反趙。（三）信都：河北冀縣。

章邯引兵至邯鄲，皆徙其民河內，夷其城郭。張耳與趙王歇走入鉅鹿城（一），王離圍之。陳餘北收常山兵，得數萬人，軍鉅鹿北。章邯軍鉅鹿南棘原，築甬道屬河（二），餉王離。王離兵食多，急攻鉅鹿。鉅鹿城中食盡兵少，張耳數使人召前陳餘（三），陳餘自度兵少，不敵秦，不敢前。數月，張耳大怒，怨陳餘，使張黶、陳澤往讓（四）陳餘曰：「始吾與公爲刎頸交，今王與耳旦暮且死（五），而公擁兵數萬，不肯相救，安在其相爲死！苟必信，胡不赴秦軍俱死？且有十一二相全（六）。」陳餘曰：「吾度前終不能救趙，徒盡亡軍。且餘所以不俱死，欲爲趙王、張君報秦。今必俱死，如以肉委餓虎，何益？」張黶、陳澤曰：「事已急，要以俱死立信，安知後慮！」陳餘曰：「吾死顧以爲無益。必如公言。」乃使五千人令張黶、陳澤先嘗秦軍（七），至皆沒。

【註】（一）鉅鹿：今河北鉅鹿縣。（二）築甬道連接於河，使糧運不致於爲敵人所發現而破壞。（三）召陳餘使進兵前來解圍。（四）讓：責怪。（五）旦暮：言其頃刻之間。且：將也。（六）委：交付。委託。（七）嘗：試探秦軍之強弱多寡。

當是時，燕、齊、楚聞趙急，皆來救。張敖亦北收代兵，得萬餘人，來，皆壁餘旁（一），未敢擊秦。項羽兵數絕章邯甬道，王離軍乏食，項羽悉引兵渡河，遂破章邯。章邯引兵解，諸侯軍乃敢擊圍鉅鹿秦軍，遂虜王離。涉閒自殺。卒存鉅鹿者，楚力也。

【註】（一）壁：紮營駐軍。

於是趙王歇、張耳乃得出鉅鹿，謝諸侯。張耳與陳餘相見，責讓陳餘以不肯救趙，及問張黶、陳澤所在。陳餘怒曰：「張黶、陳澤以必死責臣，臣使將五千人先嘗秦軍，皆沒不出。」張耳不信，以爲殺之，數問陳餘。陳餘怒曰：「不意君之望臣深也（一）！豈以臣爲重去將哉（二）？」乃脫解印綬，推予張耳。張耳亦愕不受。陳餘起如廁。客有說張耳曰：「臣聞『天與不取，反受其咎』。今陳將軍與君印，君不受，反天不祥。急取之！」張耳乃佩其印，收其麾下。而陳餘還，亦望張耳不讓（三），遂趨出。張耳遂收其兵。陳餘獨與麾下所善數百人之河上澤中漁獵。由此陳餘、張耳遂有郤。

【註】（一）想不到你對於我責怨的如此之深。（二）莫非是以爲我舍不得將軍的職位嗎？（三）陳餘亦怨恨張耳不讓其印。

趙王歇復居信都。張耳從項羽諸侯入關。漢元年二月，項羽立諸侯王，張耳雅游，人多爲之言，項羽亦素數聞張耳賢，乃分趙立張耳爲常山王，治信都。信都更名襄國（三）。陳餘客多說項羽曰：「陳餘、張耳一體有功於趙。」項羽以陳餘不從入關，聞其在南皮（一），即以南皮旁三縣以封之，而徙趙王歇王代（二）。

【註】（一）南皮：今河北南皮縣。（二）代：山西代縣。（三）雅游：平素廣交友。

張耳之國，陳餘愈益怒，曰：「張耳與餘功等也，今張耳王，餘獨侯，此項羽不平。」及齊王田榮畔楚，陳餘乃使夏說說田榮曰：「項羽為天下宰不平（一），盡王諸將善地，徙故王王惡地（二），今趙王乃居代！願王假臣兵，請以南皮為扞蔽。」田榮欲樹黨於趙以反楚，乃遣兵從陳餘。陳餘因悉三縣兵襲常山王張耳。張耳敗走，念諸侯無可歸者，曰：「漢王與我有舊故，而項羽又彊，立我，我欲之楚。」甘公曰：「漢王之入關，五星聚東井。東井者，秦分也。先至必霸。楚雖彊，後必屬漢。」故耳走漢。漢王亦還定三秦，方圍章邯廢丘（三）。張耳謁漢王，漢王厚遇之。

【註】（一）宰：分肉的人。掌管天下事，如同為大家分肉的人一樣，要分得公平。（二）惡地：壞的地方。（三）廢丘：今陝西興平縣。

陳餘已敗張耳，皆復收趙地，迎趙王於代，復為趙王。趙王德陳餘，立以為代王。陳餘為趙王弱，國初定，不之國，留傅趙王，而使夏說以相國守代。

漢二年，東擊楚，使使告趙，欲與俱。陳餘曰：「漢殺張耳乃從。」於是漢王求人類張耳者斬之，持其頭遺陳餘。陳餘乃遣兵助漢。漢之敗於彭城西，陳餘亦復覺張耳不死，卽背漢。

漢三年，韓信已定魏地，遣張耳與韓信擊破趙井陘，斬陳餘泜水上（一），追殺趙王歇襄國，漢立張耳爲趙王。漢五年，張耳薨，謚爲景王。子敖嗣立爲趙王。高祖長女魯元公主爲趙王敖后。

【註】（一）泜水：發源河北元氏縣西羣山中，東流入槐河，長五十餘里。

漢七年，高祖從平城過趙，趙王朝夕袒韝蔽（一），自上食（二），禮甚卑，有子壻禮。高祖箕踞詈（三），甚慢易之。趙相貫高、趙午等年六十餘，故張耳客也。生平爲氣，乃怒曰：「吾王孱王也！」說王曰：「夫天下豪桀並起，能者先立。今王事高祖甚恭，而高祖無禮，請爲王殺之！」張敖齧其指出血，曰：「君何言之誤！且先人亡國，賴高祖得復國，德流子孫，秋豪皆高祖力也（四）。願君無復出口。」貫高、趙午等十餘人皆相謂曰：「乃吾等非也。吾王長者，不倍德。且吾等義不辱，今怨高祖辱我王，故欲殺之，何乃汙王爲乎（五）？令事成歸王，事敗獨身坐耳。」

【註】（一）韝蔽：卽「韝韠」，韝者，臂衣也，以韋爲之。韠者，以韋蔽膝也。皆所以便於操作也。（二）自己爲高祖端飯菜。（三）箕踞：伸兩脚而倨其膝，若箕之形。詈：謾罵。詈，音利（

ㄌㄧˋ），罵也。（四）一絲一毫之物，皆高祖之力也。（五）我們自己幹，何必汚染王，叫王幹呢？

漢八年，上從東垣還（一），過趙，貫高等乃壁人柏人（二），要之置廁（三）。上過欲宿，心動，問曰：「縣名爲何？」曰：「柏人。」「柏人者，迫於人也！」不宿而去。

【註】（一）東垣：在河北正定縣南。（二）壁人：藏人於壁中，欲刺殺高祖。柏人：在河北唐山縣西。（三）置廁：廁者，隱側之處，置人於複廁之中，謂之置廁。

漢九年，貫高怨家知其謀，乃上變告之。於是上皆幷逮捕趙王、貫高等。十餘人皆爭自剄，貫高獨怒罵曰：「誰令公爲之？今王實無謀，而幷捕王；公等皆死，誰白王不反者！」乃轞車膠致（一），與王詣長安。治張敖之罪。上乃詔趙羣臣賓客有敢從王皆族。貫高與客孟舒等十餘人，皆自髡鉗（二），爲王家奴，從來。貫高至，對獄，曰：「獨吾屬爲之，王實不知。」吏治榜笞數千，刺剟（三），身無可擊者，終不復言。呂后數言張王以魯元公主故，不宜有此。上怒曰：「使張敖據天下，豈少而女乎（四）！」不聽。廷尉以貫高事辭聞，上曰：「壯士！誰知者，以私問之。」中大夫泄公曰：「

臣之邑子，素知之。此固趙國立名義不侵爲然諾者也。（五）」上使泄公持節問之箯輿前（六）。仰視曰：「泄公邪？」泄公勞苦如生平驩（七），與語，問張王果有計謀不？高曰：「人情寧不各愛其父母妻子乎？今吾三族皆以論死，豈以王易吾親哉！顧爲王實不反（八），獨吾等爲之。」具道本指所以爲者王不知狀（九）。於是泄公入，具以報，上乃赦趙王。

【註】（一）謂其車上釘板，四周如檻形，膠密不得開，送致於京師。（二）髡鉗：剃髮曰髡，以鐵束頸曰鉗，皆古之刑法也。髡，音坤（ㄎㄨㄣ）。（三）剟：音鐸（ㄉㄨㄛˊ），割也。（四）而：同「爾」，你，汝也。（五）不侵奪其所然諾之事。（六）箯輿：箯：音編（ㄅㄧㄢ），以竹編成之輿牀，曰箯輿。因貫高等受打甚重，不能行動，故置之於箯輿。（七）勞苦：慰問。（八）顧：但也。（九）完全說出所以發動此事之原因及其目的。

上賢貫高爲人能立然諾，使泄公具告之，曰：「張王已出。」因赦貫高。貫高喜曰：「吾王審出乎（一）？」泄公曰：「然。」泄公曰：「上多足下（二），故赦足下。」貫高曰：「所以不死一身無餘者，白張王不反也（三）。今王已出，吾責已塞（四），死不恨矣。且人臣有簒殺之名，何面目復事上哉！縱上不殺我，我不愧於心乎？」乃仰絕肮，遂死（五）。當此之時，名聞天下。

【註】（一）審：實在，眞的，果眞，我王當眞的出來了嗎？（二）多：贊賞其爲人。（三）白：說明，證明。（四）責塞：責任盡了。（五）肮：同「吭」，音杭（ㄏㄤˊ）咽喉。又解爲頸大脈，俗所謂「胡脈」。

張敖已出，以尚魯元公主故（一），封爲宣平侯。於是上賢張王諸客，以鉗奴從張王入關，無不爲諸侯相、郡守者。及孝惠、高后、文帝、孝景時，張王客子孫皆得爲二千石。

【註】（一）尚主：尚，奉侍也，因爲公主尊貴，不敢言婚配，只言奉侍公主，事實上，卽婚娶也。

張敖，高后六年薨。子偃爲魯元王。以母呂后女故，呂后封爲魯元王。元王弱，兄弟少，乃封張敖他姬子二人：壽爲樂昌侯，侈爲信都侯。高后崩，諸呂無道，大臣誅之，而廢魯元王及樂昌侯、信都侯。孝文帝卽位，復封故魯元王偃爲南宮侯，續張氏。

太史公曰：張耳、陳餘，世傳所稱賢者；其賓客廝役，莫非天下俊桀，所居國無不取卿相者。然張耳、陳餘始居約時（一），相然信以死（二），豈顧問哉（三）。及據國爭權，卒相滅亡（四），何鄉者相慕用之誠，後相倍之戾也（五）！豈非以勢利交哉

（六）？名譽雖高，賓客雖盛，所由殆與太伯、延陵季子異矣（七）。

【註】（一）約：窮困。（二）然信：即「然諾」。（三）在窮困之時，朋友彼此相信，一句話就可以同死，那還需要再問呢？（那還有疑問呢？）（四）到了擁有國家，兩人為了奪權，終至於互相殘殺而滅亡。（五）為什麼以前（向者）是那樣的互相愛慕而眞誠，以後又是那樣的互相背離而狠毒呢？（六）豈不是以勢利相結交嗎？（七）所以他們的名譽雖高，賓客雖盛，但是他們的立身行己，却與太伯，延陵季子大有差別了。

卷九十　魏豹、彭越列傳第三十

魏豹者，故魏諸公子也。其兄魏咎，故魏時封爲寧陵君（一）。秦滅魏，遷咎爲家人（二）。陳勝之起王也，咎往從之。陳王使魏人周市徇魏地，魏地已下，欲相與立周市爲魏王。周市曰：「天下昏亂，忠臣乃見。今天下共畔秦（三），其義必立魏王後乃可。」齊、趙使車各五十乘，立周市爲魏王。市辭不受，迎魏咎於陳。五反，陳王乃遣立咎爲魏王。

【註】（一）寧陵：今河南寧陵縣。（二）家人：奴僕。（三）畔：即「叛」。

章邯已破陳王，乃進兵擊魏王於臨濟（一）。魏王乃使周市出請救於齊、楚。齊、楚遣項它、田巴（二）將兵隨市救魏。章邯遂擊破殺周市等軍，圍臨濟。咎爲其民約降。約定，咎自燒殺。

【註】（一）臨濟：河南陳留縣西北五十里。（二）項它：楚將。田巴：齊將。

魏豹亡走楚。楚懷王予魏豹數千人，復徇魏地（一）。項羽已破秦，降章邯。豹下魏二十餘城，立豹爲魏王。豹引精兵從項羽入關。漢元年，項羽封諸侯，欲有梁地，乃徙魏王豹於河東，都平陽（二），爲西魏王。

【註】（一）徇：巡也，行示也，謂巡行其地而誓令之也。（二）平陽：在今山西臨汾縣南。

漢王還定三秦，渡臨晉（一），魏王豹以國屬焉，遂從擊楚於彭城。漢敗，還至滎陽，豹請歸視親病，至國，即絕河津畔漢。漢王聞魏豹反，方東憂楚，未及擊，謂酈生曰：「緩頰往說魏豹（二），能下之，吾以萬戶封若。」酈生說豹。豹謝曰：「人生一世閒，如白駒過隙耳。今漢王慢而侮人，罵詈諸侯羣臣如罵奴耳，非有上下禮節也，吾不忍復見也。」於是漢王遣韓信擊虜豹於河東（三），傳詣滎陽，以豹國爲郡。漢王令豹守滎陽。楚圍之急，周苛遂殺魏豹（四）。

【註】（一）臨晉：在陝西朝邑縣東。（二）緩頰：以婉言相勸，阻止其某種行爲。（三）擊虜：攻擊而俘擄之也。（四）周苛：漢王將也。

彭越者，昌邑人也（一），字仲。常漁鉅野澤中（二），爲羣盜。陳勝、項梁之起，少年或謂越曰：「諸豪桀相立畔秦，仲可以來，亦效之。」彭越曰：「兩龍方鬭，且待之。」

【註】（一）昌邑：故城在今山東金鄉縣西北四十里。（二）鉅野澤：在山東鉅野縣北五里。

居歲餘，澤閒少年相聚百餘人，往從彭越，曰：「請仲爲長。」越謝曰：「臣不願與諸君。」少年彊請（一），乃許。與期旦日日出（二）會，後期者斬。旦日日出，十餘人後，後者至日中。於是越謝曰：「臣老，諸君彊以爲長。今期而多後，不可盡誅，誅最後者一人。」令校長斬之。皆笑曰：「何至是？請後不敢。」於是越乃引一人斬之，設壇祭，乃令徒屬。徒屬皆大驚，畏越，莫敢仰視。乃行略地（三），收諸侯散卒，得千餘人。

【註】（一）強請：堅決的請求。（二）旦日日出：明日日出之時。（三）略地：搶略地盤。

沛公之從碭北（一）擊昌邑，彭越助之。昌邑未下，沛公引兵西。彭越亦將其衆居鉅野中，收魏散卒。項籍入關，王諸侯，還歸，彭越衆萬餘人毋所屬。漢元年秋，齊王田榮畔項王，（漢）乃使人賜彭越將軍印，使下濟陰以擊楚。楚命蕭公角將兵擊越，越大破楚軍。漢王二年春，與魏王豹及諸侯東擊楚，彭越將其兵三萬餘人歸漢於外黃。漢王曰：「彭將軍收魏地得十餘城，欲急立魏後。今西魏王豹亦魏王咎從弟也，眞魏後。」乃拜彭越爲魏相國，擅將其兵（二），略定梁地。

【註】（一）碭：江蘇、碭山縣。（二）擅：專也。

漢王之敗彭城解而西也，彭越皆復亡其所下城，獨將其兵北居河上。漢王三年，彭越常往來爲漢游兵，擊楚，絕其後糧於梁地。漢四年冬，項王與漢王相距滎陽，彭越攻下睢陽、外黃十七城。項王聞之，乃使曹咎守成皐（一），自東收彭越所下城邑，皆復爲楚。越將其兵北走穀城（二）。漢五年秋，項王之南走陽夏（三），彭越復下昌邑旁二十餘城，得穀十餘萬斛，以給漢王食。

【註】（一）成皐：河南汜水縣。（二）穀城：山東東阿縣。（三）陽夏：河南太康縣。

漢王敗，使使召彭越幷力擊楚（一）。越曰：「魏地初定，尚畏楚，未可去。」漢王追楚，爲項籍所敗固陵（二）。乃謂留侯曰：「諸侯兵不從，爲之柰何？」留侯曰：「齊王信之立，非君王之意，信亦不自堅。彭越本定梁地，功多，始君王以魏豹故，拜彭越爲魏相國。今豹死毋後，且越亦欲王，而君王不蚤定。與此兩國約：卽勝楚，睢陽以北至穀城，皆以王彭相國；從陳以東傅海（三），與齊王信。齊王信家在楚，此其意欲復得故邑。君王能出捐此地許二人，二人今可致；卽不能（四），事未可知也。」於是漢王乃發使使彭越，如留侯策。使者至，彭越乃悉引兵會垓下，遂破楚。（五年）項籍已死。春，立彭越爲梁王，都定陶（五）。

【註】（一）幷力：合力，集中力量。（二）固陵：在河南淮陽縣東南。（三）傅：同「附」，近也，至也。（四）卽：如果。（五）定陶：在山東定陶縣西北五里。

六年，朝陳。九年，十年，皆來朝長安。

十年秋，陳豨反代地，高帝自往擊，至邯鄲，徵兵梁王。梁王稱病，使將將兵詣邯鄲。高帝怒，使人讓梁王（一）。梁王恐，欲自往謝。其將扈輒曰：「王始不往，見讓而往，往則爲禽矣（二）。不如遂發兵反。」梁王不聽，稱病。梁王怒其太僕，欲斬之。太僕亡走漢，告梁王與扈輒謀反。於是上使使掩梁王（三），梁王不覺，捕梁王，囚之雒陽。有司治反形已具（四），請論如法。上赦以爲庶人，傳處蜀青衣（五）。西至鄭（六），逢呂后從長安來，欲之雒陽，道見彭王。彭王爲呂后泣涕，自言無罪，願處故昌邑。呂后許諾，與俱東至雒陽。呂后白上曰：「彭王壯士，今徙之蜀，此自遺患，不如遂誅之。妾謹與俱來。」於是呂后乃令其舍人告彭越復謀反。廷尉王恬開奏請族之。上乃可，遂夷越宗族（七），國除。

【註】（一）讓：責斥。（二）禽：同「擒」。（三）掩：乘其不備而襲取之。（四）法官以其造反之罪狀，已夠成立。（五）傳處：轉處也，發配於四川之青衣。（六）鄭：在今陝西華縣西北。（七）殺彭越，殺韓信，皆呂后主謀。

太史公曰：魏豹、彭越雖故賤，然已席卷千里（一），南面稱孤，喋血（二）乘勝日有聞矣。懷畔逆之意，及敗，不死而虜囚，身被刑戮，何哉？中材已上且羞其行，況王者乎！彼無異故，智略絕人，獨患無身耳（三）。得攝尺寸之柄，其雲蒸龍變（四），欲有所會其度，以故幽囚而不辭云。

【註】（一）席卷：即「席捲」，如席之捲物，全面囊括而取之。（二）喋血：即「蹀血」，謂脚踏於血泊之中而戰鬥。（三）智略超絕於人，只怕沒有生命耳（留得青山在，不怕沒柴燒，所以寧幽囚而不辭，以保生命，希望以後有發展的機會）。（四）鼓動風潮，製造時勢，想着駕雲駕霧，龍飛於天，以與其在天上的星度相會合。（凡是有野心的人，都認為天上有他的星度。能會合其星度，即是大得其志，可以稱帝稱王）。

卷九十一　黥布列傳第三十一

黥布者，六人也（一），姓英氏（二）。秦時爲布衣。少年，有客相之曰：「當刑而王。」及壯，坐法黥（三）。布欣然笑曰：「人相我當刑而王，幾是乎（四）？」人有聞者，共俳笑之（五）。布已論輸麗山（六），麗山之徒數十萬人，布皆與其徒長豪桀交通，迺率其曹偶（七），亡之江中爲羣盜。

【註】（一）六：周時國名，皋陶之後。爲楚所滅。故地在今安徽六安縣北。一說在安徽舒城縣東南六十里。（二）英：國名，皋陶之後，子孫以國爲氏。布衣：平民。（三）犯法，當受黥刑。（四）幾：作大概解，言人相我當刑而王，大概就是這樣嗎？又解作「豈」字的意思，言人相我當刑而王，豈不就是這樣嗎？（五）俳：音排（ㄆㄞˊ），戲笑。（六）論輸：定罪之後，送往驪山作陵墓之工作。驪山：在陝西臨潼縣東南。秦始皇葬於此。（七）曹偶：朋輩，伙伴也。

陳勝之起也，布迺見番君（一），與其衆叛秦，聚兵數千人。番君以其女妻之。章邯之滅陳勝，破呂臣軍，布乃引兵北擊秦左右校，破之清波（二），引兵而東。聞項梁定江東會稽（三），涉江而西。陳嬰以項氏世爲楚將，迺以兵屬項梁，渡淮南，英布、蒲將軍亦以兵屬項梁。

【註】（一）番君：漢書，吳芮傳謂：「吳芮者，秦時番陽令也，甚得江湖間民心，號曰番君。天下之叛秦也，黥布歸芮，芮以其女妻之」。（二）清波：卽青陂，在河南新蔡縣西南。（三）會稽：在江蘇、蘇州。

項梁涉淮而西，擊景駒、秦嘉等，布常冠軍。項梁至薛（一），聞陳王定死，迺立楚懷王。項梁號爲武信君，英布爲當陽君（二）。項梁敗死定陶，懷王徙都彭城，諸將英布亦皆保聚彭城。當是時，秦急圍趙，趙數使人請救。懷王使宋義爲上將，范曾爲末將，項籍爲次將，英布、蒲將軍皆爲將軍，悉屬宋義，北救趙。及項籍殺宋義於河上，懷王因立籍爲上將軍，諸將皆屬項籍。項籍使布先渡河擊秦，布數有利，籍迺悉引兵涉河從之，遂破秦軍，降章邯等。楚兵常勝，功冠諸侯。諸侯兵皆以服屬楚者，以布數以少敗衆也。

【註】（一）薛：故城在今山東滕縣東南四十四里。（二）當陽：在今湖北當陽縣東。

項籍之引兵西至新安（一），又使布等夜擊阬章邯秦卒二十餘萬人。至關，不得入，又使布等先從閒道（二）破關下軍，遂得入，至咸陽。布常爲軍鋒（三）。項王封諸將，立布爲九江王，都六。

【註】（一）新安：今河南新安縣。（二）閒道：小路，私路，捷路，不是一般通行的大路。（三）軍鋒：軍隊的先鋒。

漢元年四月，諸侯皆罷戲下（一），各就國。項氏立懷王爲義帝，徙都長沙，迺陰令九江王布等行擊之。其八月，布使將擊義帝，追殺之郴縣（二）。

【註】（一）戲下：戲地在陝西臨潼縣東，項羽入關，進至此地。又解釋爲戲下，即「部下」戲與「麾」通，大將之旗也。（二）郴縣：今湖南郴縣。

漢二年，齊王田榮畔楚，項王往擊齊，徵兵九江，九江王布稱病不往，遣將將數千人行。漢之敗楚彭城，布又稱病不佐楚。項王由此怨布，數使使者誚讓（一）召布，布愈恐，不敢往。項王方北憂齊、趙，西患漢，所與者獨九江王，又多布材（二），欲親用之，以故未擊。

【註】（一）誚讓：責斥。（二）多：贊許。

漢三年，漢王擊楚，大戰彭城，不利，出梁地，至虞（一），謂左右曰：「如彼等者，無足與計天下事。」謁者（二）隨何進曰：「不審陛下所謂（三）。」漢王曰：「孰能爲我使淮南，令之發兵倍（四）楚，留項王於齊數月，我之取天下可以百全。」隨何曰：「臣請使之。」迺與二十人俱，使淮南。至，因太宰主之（五），三日不得見。隨何因說太宰曰：「王之不見何，必以楚爲彊，以漢爲弱，此臣之所以爲使。使何得見，言之而是邪，是大王所欲聞也；言之而非邪，使何等二十人伏斧質淮南市（六），以明王倍漢而與楚也。」太宰迺言之王，王見之。隨何曰：「漢王使臣敬進書大王御者，竊怪大王與楚何親也。」淮南王曰：「寡人北鄉而臣事之（七）。」隨何曰：「大王與項王俱列爲諸侯，北鄉而臣事之，必以楚爲彊，可以託國也。項王伐齊，身負板築（八），以爲士卒先，大王宜悉淮南之衆，身自將之，爲楚軍前鋒，今迺發四千人以助楚。夫北面而臣事人者，固若是乎？夫漢王戰於彭城，項王未出齊也，大王宜騷（九）淮南之兵渡淮，日夜會戰彭城下，大王撫萬人之衆，無一人渡淮者，垂拱而觀其孰勝。夫託國於人者，固若是乎？大王提空名以鄉楚（一〇），而欲厚自託，臣竊爲大王不取也。然而大王不背楚者，以漢爲弱也。夫楚兵雖彊，天下負之以不義之名（一一），以其背盟約而殺義帝也。然而楚王恃戰勝自彊，漢王收諸侯，還守成皋、滎陽，下蜀、漢之粟，深溝壁壘，分卒守徼乘塞（一二），楚人還兵，閒以梁地（一三），深入敵國八九百里，欲戰則不得，攻城則力不能，老弱轉糧千里之外；楚兵至滎陽、成皋，漢堅守而不動，進則不得攻，退則不得解。故曰楚兵不足恃也。使楚勝漢，則諸侯自危懼而相救。夫楚之彊，適足以致天下之兵耳（一四）。故楚不如漢，其勢易見也。今大王不與萬全之漢而自託於危亡之楚，臣竊爲大王惑之。臣非以淮南之兵足以亡楚也。夫大王發兵而倍楚，項王必留；留數月，漢之取天下可以萬全。臣請與大王提劍而歸漢，漢王必裂地而封大王，又況淮南，淮南必大王有也。故漢王敬使使臣進愚計，願大王之留意也。」淮南王曰：「請奉命。」陰許畔楚與漢，未敢泄也。

【註】（一）虞：河南虞城縣。（二）謁者：奉皇帝之命，辦理外交事務者。（三）審：徹底瞭解。（四）倍：同「背」，背叛也。（五）太宰：掌膳食之官。以太宰爲主人，即舍於太宰之處也。（六）斧鑕：鑕，斬人之鐵墊也，伏於斬人之鐵墊上，而以斧斬之也。（七）北鄉：即「北向」。（八）板築：建造防禦工事之各種器具。板：築牆用之夾版也。（九）騷：動員。（一〇）鄉：即「向」。（一一）不義：野蠻不講道理，殘酷不講信義。（一二）把守邊險，登城守塞。

（一三）中間隔着梁國的土地。 （一四）致：招來。

楚使者在（一），方急責英布發兵，舍傳舍（二）。隨何直入，坐楚使者上坐，曰：「九江王已歸漢，楚何以得發兵？」布愕然（三）。楚使者起。何因說布曰：「事已搆（四），可遂殺楚使者，無使歸，而疾走漢并力（五）。」布曰：「如使者教，因起兵而擊之耳。」於是殺使者，因起兵而攻楚。楚使項聲、龍且攻淮南，項王留而攻下邑（六）。數月，龍且擊淮南，破布軍。布欲引兵走漢，恐楚王殺之，故間行與何俱歸漢（七）。

【註】（一）在淮南。 （二）住於傳舍之中。 （三）愕然：大吃一驚。 （四）搆：作成。 （五）并力：合力，集中力量。 （六）下邑：秦置下邑縣，故城在今江蘇碭山縣東。後魏移置於今河南之夏邑縣。始改字爲夏邑縣。 （七）間行：偷偷的從偏僻而捷徑的路行走。

淮南王至，上方踞牀洗（一），召布入見，布（甚）大怒，悔來，欲自殺。出就舍，帳御飲食從官如漢王居，布又大喜過望（二）。於是迺使人入九江。楚已使項伯收九江兵，盡殺布妻子。布使者頗得故人幸臣，將衆數千人歸漢。漢益分布兵而與俱北，收兵至成皋。四年七月，立布爲淮南王，與擊項籍。

【註】（一）踞牀而洗，其狀甚不恭敬，等於慢待客人。（二）漢高祖先封布爲王，恐其妄自尊大，故箕踞待之以折其氣。繼又以宮室帷帳美女飲食悅其心，使之留戀不舍。這都是權術的手段。

漢五年，布使人入九江，得數縣。六年，布與劉賈入九江，誘大司馬周殷，周殷反楚，遂舉九江兵與漢擊楚，破之垓下。

項籍死，天下定，上置酒。上折隨何之功，謂何爲腐儒，爲天下安用腐儒（一）。隨何跪曰：「夫陛下引兵攻彭城，楚王未去齊也，陛下發步卒五萬人，騎五千，能以取淮南乎？」上曰：「不能。」隨何曰：「陛下使何與二十人使淮南，至，如陛下之意，是何之功賢於步卒五萬人騎五千也。然而陛下謂何腐儒，爲天下安用腐儒，何也？」上曰：「吾方圖子之功。」迺以隨何爲護軍中尉。布遂剖符爲淮南王，都六，九江、廬江、衡山、豫章郡皆屬布。

【註】（一）腐儒：老朽文弱，無智無勇，不知通權達變的讀書人。

七年，朝陳。八年，朝雒陽。九年，朝長安。

十一年，高后誅淮陰侯，布因心恐。夏，漢誅梁王彭越，醢之，盛其醢徧賜諸侯。

至淮南，淮南王方獵，見醢，因大恐，陰令人部聚兵（一），候伺旁郡警急（二）。布所幸姬疾，請就醫，醫家與中大夫賁赫對門，姬數如醫家，賁赫自以爲侍中，迺厚餽遺，從姬飲醫家。姬侍王，從容語次，譽赫長者也。王怒曰：「汝安從知之？」具說狀。王疑其與亂，赫恐，稱病。王愈怒，欲捕赫。赫言變事，乘傳詣長安。布使人追，不及。赫至，上變，言布謀反有端，可先未發誅也。上讀其書，語蕭相國。相國曰：「布不宜有此，恐仇怨妄誣之。請繫赫，使人微驗淮南王（三）。」淮南王布見赫以罪亡，上變，固已疑其言國陰事；漢使又來，頗有所驗，遂族赫家，發兵反。反書聞，上迺赦賁赫，以爲將軍。

【註】（一）部勒而調集兵力。（二）偵探臨近的郡縣有無動靜，這是準備對抗的舉動。（三）微驗：暗地裡偵察以求徵據。

上召諸將問曰：「布反，爲之柰何？」皆曰：「發兵擊之，阬豎子耳，何能爲乎！」汝陰侯滕公召故楚令尹問之。令尹曰：「是故當反。」滕公曰：「上裂地而王之，疏爵而貴之（一），南面而立萬乘之主，其反何也？」令尹曰：「往年殺彭越，前年殺韓信，此三人者，同功一體之人也。自疑禍及身，故反耳。」滕公言之上曰：「臣客故楚令尹薛公者，其人有籌筴之計，可問。」上迺召見問薛公。薛公對曰：「布反不足怪也。使布出於上計，山東非漢之有也；出於中計，勝敗之數未可知也；出於下計，陛下安枕而臥矣。」上曰：「何謂上計？」令尹對曰：「東取吳，西取楚，幷齊取魯，傳檄燕、趙，固守其所，山東非漢之有也。」「何謂中計？」「東取吳，西取楚，幷韓取魏，據敖庾之粟（二），塞成皐之口，勝敗之數未可知也。」「何謂下計？」「東取吳，西取下蔡（三），歸重於越（四），身歸長沙，陛下安枕而臥，漢無事矣。」上曰：「是計將安出？」令尹對曰：「出下計。」上曰：「何謂廢上中計而出下計？」令尹曰：「布故麗山之徒也，自致萬乘之主，此皆爲身，不顧後爲百姓萬世慮者也，故曰出下計。」上曰：「善。」封薛公千戶。迺立皇子長爲淮南王，上遂發兵自將東擊布。

【註】（一）疏：分賜也。（二）敖庾：卽敖倉也，在河南汜水縣。（三）下蔡：故城在今安徽壽縣北。（四）重：貴重之財物。

布之初反，謂其將曰：「上老矣，厭兵，必不能來。使諸將，諸將獨患淮陰、彭越，今皆已死，餘不足畏也。」故遂反。果如薛公籌之，東擊荆，荆王劉賈走死富陵（一）。盡劫其兵，渡淮擊楚。楚發兵與戰徐、僮閒（二），爲三軍，欲以相救爲奇。或說楚將曰：「布善用兵，民素畏之。且兵法，諸侯戰其地爲散地（三）。今別爲三，彼敗吾一軍，餘皆走，安能相救！」不聽。布果破其一軍，其二軍散走。

【註】（一）富陵：故城在今安徽盱眙縣東北。（二）僮：在今安徽泗縣東北。徐：亦在安徽泗縣北。（三）散地：士兵戀其家鄉，地近而易敗散。

遂西，與上兵遇蘄西，會甀（一）。布兵精甚，上迺壁庸城（二），望布軍置陳如項籍軍，上惡之。與布相望見，遙謂布曰：「何苦而反？」布曰：「欲爲帝耳。」上怒罵之，遂大戰。布軍敗走，渡淮，數止戰，不利，與百餘人走江南。布故與番君婚，以故長沙哀王使人紿布，僞與亡，誘走越，故信而隨之番陽。番陽人殺布茲鄉（三）民田舍，遂滅黥布。

【註】（一）蘄：在今安徽宿縣。甀：音垂，大概在宿縣附近。（二）庸城：即今之河南永城縣。（三）布茲：鄉名，在鄱陽境內。

立皇子長爲淮南王，封賁赫爲期思侯（一），諸將率多以功封者。

【註】（一）期思：在河南固始縣界。

太史公曰：英布者，其先豈春秋所見楚滅英、六，皋陶之後哉？身被刑法，何其拔興（一）之暴也！項氏之所阬殺人以千萬數，而布常爲首虐。功冠諸侯，用此得王，亦不免於身爲世大僇。禍之興自愛姬殖，妒娼（二）生患，竟以滅國！

【註】（一）拔興：突然而興起。（二）娼：忌妬。懷疑其愛姬與他人生情。

卷九十二　淮陰侯列傳第三十二

淮陰侯韓信者，淮陰人也（一）。始爲布衣時，貧無行，不得推擇爲吏，又不能治生商賈，常從人寄食飲，人多厭之者。常數從其下鄉（二）南昌亭長寄食，數月，亭長妻患之，乃晨炊蓐食（三）。食時信往，不爲具食。信亦知其意，怒，竟絕去。

【註】（一）淮陰：江蘇淮陰縣。（二）下鄉：鄉名，屬淮陰縣。（三）提早吃飯，很早把飯做好，於寢牀上爲食也。

信釣於城下，諸母漂（一），有一母見信飢，飯信，竟漂數十日。信喜，謂漂母曰：「吾必有以重報母。」母怒曰：「大丈夫不能自食，吾哀王孫而進食（二），豈望報乎！」

【註】（一）漂：音飄（ㄆㄧㄠ），漂白，以水擊絮，漂之使白。（二）王孫：如言公子也。

淮陰屠中少年有侮信者，曰：「若雖長大（一），好帶刀劍，中情怯耳（二）。」衆辱之曰：「信能死，刺我；不能死，出我袴下（三）。」於是信孰視之（四），俛出袴下，蒲伏（五）。一市人皆笑信，以爲怯。

【註】（一）若：汝，你。（二）內心虛怯。（三）袴：即「胯」（ㄎㄨㄚˋ），兩股之間。（四）孰視：即「熟視」，視之甚久。（五）蒲伏：爬着行進。

及項梁渡淮，信杖劍從之（一），居戲下（二），無所知名。項梁敗，又屬項羽，羽以爲郎中。數以策干項羽，羽不用。漢王之入蜀，信亡楚歸漢，未得知名，爲連敖（三）。坐法當斬，其輩十三人皆已斬，次至信，信乃仰視，適見滕公，曰：「上不欲就天下乎？何爲斬壯士！」滕公奇其言，壯其貌，釋而不斬。與語，大說之。言於上，上拜以爲治粟都尉，上未之奇也。

【註】（一）杖劍：持劍。（二）戲下：戲，同「麾」，指揮之下。（三）連敖，官名，典客也。又解爲司馬。（四）說：同「悅」。（五）未之奇：並不曾特別賞識，以普通人看待。

信數與蕭何語，何奇之。至南鄭（一），諸將行道亡者數十人，信度何等已數言上，上不我用，卽亡。何聞信亡，不及以聞，自追之。人有言上曰：「丞相何亡。」上大怒，如失左右手。居一二日，何來謁上，上且怒且喜，罵何曰：「若亡，何也（二）？」何曰：「臣不敢亡也，臣追亡者。」上曰：「若所追者誰何？」曰：「韓信也。」上復罵曰：「諸將亡者以十數，公無所追；追信，詐也。」何曰：「諸將易得耳。至如信者，國士無雙。王必欲長王漢中，無所事信（三）；必欲爭天下，非信無所與計事者。顧王策安所決耳（四）。」王曰：「吾亦欲東耳，安能鬱鬱久居此乎（五）？」何曰：「王計必欲東，能用信，信卽留；不能用，信終亡耳。」王曰：「吾爲公以爲將。」何曰：「雖爲將，信必不留。」王曰：「以爲大將。」何曰：「幸甚。」於是王欲召信拜之。何曰：「王素慢無禮，今拜大將如呼小兒耳，此乃信所以去也。王必欲拜之，擇良日，齋戒，設壇場，具禮，乃可耳。」王許之。諸將皆喜，人人各自以爲得大將。至拜大將，乃韓信也，一軍皆驚。

【註】（一）南鄭：陝西、南鄭縣。（二）你逃跑是爲什麼？（三）用不着韓信。（四）但看王之計策如何決定罷了。（五）鬱鬱：悶悶不樂。

信拜禮畢，上坐。王曰：「丞相數言將軍，將軍何以教寡人計策？」信謝，因問王曰：「今東鄉爭權天下（一），豈非項王邪？」漢王曰：「然。」曰：「大王自料勇悍仁彊孰與項王？」漢王默然良久（二），曰：「不如也。」信再拜賀曰：「惟信亦為大王不如也。然臣嘗事之，請言項王之為人也。項王喑噁叱咤（三），千人皆廢（四），然不能任屬賢將，此特匹夫之勇耳。項王見人恭敬慈愛，言語嘔嘔（五），人有疾病，涕泣分食飲，至使人有功當封爵者，印刓敝，忍不能予（六），此所謂婦人之仁也。項王雖霸天下而臣諸侯，不居關中而都彭城。有背義帝之約，而以親愛王（七），諸侯不平。諸侯之見項王遷逐義帝置江南，亦皆歸逐其主而自王善地。項王所過無不殘滅者，天下多怨，百姓不親附，特劫於威彊耳（八）。名雖為霸，實失天下心。故曰其彊易弱。今大王誠能反其道：任天下武勇，何所不誅！以天下城邑封功臣，何所不服！以義兵從思東歸之士，何所不散（九）！且三秦王為秦將，將秦子弟數歲矣，所殺亡不可勝計，又欺其衆降諸侯，至新安，項王詐阬秦降卒二十餘萬，唯獨邯、欣、翳得脫，秦父兄怨此三人，痛入骨髓。今楚彊以威王此三人，秦民莫愛也。大王之入武關，秋豪無所害（一〇），除秦苛法，與秦民約法三章耳，秦民無不欲得大王王秦者。於諸侯之約，大王當王關中，關中民咸知之。大王失職入漢中，秦民無不恨者。今大王舉而東，三秦可傳檄而定也（一一）。」於是漢王大喜，自以為得信晚。遂聽信計，部署諸將所擊。

【註】（一）東鄉：即「東向」。東向而爭天下之權。（二）很長的時間才說話。（三）喑：音因（一ㄣ）。噁：音務（ㄨˋ），憎怒。喑噁叱咤：怒聲大罵。（四）廢：聞聲喪膽，站立不住而倒於地。（五）嘔嘔：音歐（ㄡ），言語和善的樣子。（六）刓敝：把印信玩來弄去，以至於弄壞了，還不捨得封賞有功之人。刓：同「玩」字，玩弄。（七）以親愛之人為王。（八）不過是被強大的威力所脅迫，不得不表面服從而已。特：不過是。（九）東歸之士，都想回家，今以義兵而讓東歸之士得以回家，還有什麼力量不被衝散？（一〇）秋毫：比喻最細微之物也。（一一）傳檄而定：不用打仗，只用一紙文告就可以平定三秦了。

八月，漢王舉兵東出陳倉（一），定三秦。漢二年，出關（二），收魏、河南，韓、殷王皆降。合齊、趙共擊楚。四月，至彭城，漢兵敗散而還。信復收兵與漢王會滎陽，復擊破楚京、索之間（三），以故楚兵卒不能西。

【註】（一）陳倉：在今陝西寶雞縣東。（二）關：函谷關。（三）京：在河南滎陽縣東南二十一里。索：滎陽縣，古為大索城。縣北四里有小索城。

漢之敗卻彭城（一），塞王欣、翟王翳亡漢降楚，齊、趙亦反漢與楚和。六月，魏王豹謁歸視親疾，至國，卽絕河關（二）反漢，與楚約和。漢王使酈生說豹，不下。其八月，以信爲左丞相，擊魏。魏王盛兵蒲坂，塞臨晉，信乃益爲疑兵（三），陳船欲度臨晉（四），而伏兵從夏陽以木罌缻渡軍（五），襲安邑（六）。魏王豹驚，引兵迎信，信遂虜豹，定魏爲河東郡。漢王遣張耳與信俱，引兵東，北擊趙、代。後九月，破代兵，禽夏說閼與（七）。信之下魏破代，漢輒使人收其精兵，詣滎陽以距楚。

【註】（一）敗於彭城而退却。（二）河關：卽蒲津關，在山西永濟縣西，陝西朝邑縣東，黃河西岸，亦曰蒲關，一名臨晉關，一名河關。自古以來，爲山河要隘。（三）多張旗幟或多作兵員調動之狀，使敵人認識不清其主力攻擊所在。（四）擺動船勢，好像要從臨晉渡河。（五）而事實上，則從今之陝西韓城縣（夏陽）以木罌渡河。（六）偷襲魏之安邑縣（今山西安邑縣）。（七）擒夏說於閼與。夏說：代國之相。閼與：在山西沁縣西南。

信與張耳以兵數萬，欲東下井陘擊趙（一）。趙王、成安君陳餘聞漢且襲之也，聚兵井陘口，號稱二十萬。廣武君李左車說成安君曰：「聞漢將韓信涉西河，虜魏王，禽夏說，新喋血（二）閼與，今乃輔以張耳，議欲下趙，此乘勝而去國遠鬬，其鋒不可當。臣聞千里餽糧，士有飢色；樵蘇後爨（三），師不宿飽。今井陘之道，車不得方軌，騎不得成列，行數百里，其勢糧食必在其後。願足下假臣奇兵三萬人，從閒道絕其輜重；足下深溝高壘，堅營勿與戰。彼前不得鬭，退不得還，吾奇兵絕其後，使野無所掠，不至十日，而兩將之頭可致於戲下（四）。願君留意臣之計。否，必爲二子所禽矣。」成安君，儒者也，常稱義兵不用詐謀奇計，曰：「吾聞兵法十則圍之，倍則戰。今韓信兵號數萬，其實不過數千。能千里而襲我，亦已罷極。今如此避而不擊，後有大者，何以加之！則諸侯謂吾怯，而輕來伐我。」不聽廣武君策，廣武君策不用。

【註】（一）井陘：山名，在河北井陘縣東北五十里，與獲鹿縣接界，四面高，中央低，故曰井陘，其險爲河北河東之關要，縣境諸山錯列，大約與陘山相接連，皆太行之支脈也。（二）喋血：卽蹀血，血戰，足踏於血泊之中。（三）等着打了柴而後做飯，則軍隊就不能吃飽。樵：打柴。蘇：割草。爨：音篡（ㄘㄨㄢˋ），燒飯。（四）韓信是冒險，如果趙王聽廣武君之策，由間道斷絕其糧道，堅壁淸野不與戰，再以奇兵斷其後路，則韓信難逃失敗之命運，惜乎趙王不用其計。戲下，卽麾下，指揮之下。

韓信使人閒視（一），知其不用，還報，則大喜，乃敢引兵遂下（二）。未至井陘口三十里，止舍。夜半傳發（三），選輕騎二千人，人持一赤幟，從閒道萆山而望趙軍

（四），誡曰：「趙見我走，必空壁逐我，若疾入趙壁，拔趙幟，立漢赤幟（五）。」令其裨將傳飧（六），曰：「今日破趙會食！」諸將皆莫信，詳應曰：「諾（七）。」謂軍吏曰：「趙已先據便地爲壁，且彼未見吾大將旗鼓，未肯擊前行，恐吾至阻險而還。」信乃使萬人先行，出，背水陳（八）。趙軍望見而大笑。平旦，信建大將之旗鼓，鼓行出井陘口，趙開壁擊之，大戰良久。於是信、張耳詳弃鼓旗，走水上軍。水上軍開入之，復疾戰。趙果空壁爭漢鼓旗，逐韓信、張耳。韓信、張耳已入水上軍，軍皆殊死戰（九），不可敗。信所出奇兵二千騎，共候趙空壁逐利，則馳入趙壁，皆拔趙旗，立漢赤幟二千。趙軍已不勝，不能得信等，欲還歸壁，壁皆漢赤幟，而大驚，以爲漢皆已得趙王將矣，兵遂亂，遁走，趙將雖斬之，不能禁也。於是漢兵夾擊，大破虜趙軍，斬成安君泜水上（一〇），禽趙王歇。

【註】（一）閒視：偵察敵情。　（二）引兵入井陘狹道，出趙。　（三）傳發：夜半傳令軍中使出發。　（四）從小路前進，以山之叢草爲隱蔽，不使趙軍知。萆：同「蔽」字，隱蔽也。　（五）你們趕快進入趙之營地，把趙國的旗幟拔掉，把漢家的旗幟豎起。若：你們。　（六）飧：音孫（ㄙㄨㄣ），水和飯，小食也。會食：聚餐，飽餐。　（七）詳：即「佯」，假裝。　（八）背水陣：背水而陣，是死地也—韓信欲其軍隊決一死戰，故陷之死地而後生，置之亡地而後存也。緜蔓水，一名阜將

，一名泗星，自幷州流入井陘界，卽韓信背水陣之地也。（九）殊死戰：以必死之決心而作戰。（一〇）泜水：發源河北、元氏縣西羣山中，東流入槐河，長五十餘里。

信乃令軍中毋殺廣武君，有能生得者購千金。於是有縛廣武君而致戲下者，信乃解其縛，東鄉坐，西鄉對，師事之。

諸將效首虜（一），（休）畢賀，因問信曰：「兵法右倍山陵，前左水澤，今者將軍令臣等反背水陣，曰破趙會食，臣等不服。然竟以勝，此何術也？」信曰：「此在兵法，顧諸君不察耳。兵法不曰『陷之死地而後生，置之亡地而後存』？且信非得素拊循士大夫也（二），此所謂『驅市人而戰之』，其勢非置之死地，使人人自爲戰；今予之生地，皆走，寧尚可得而用之乎！」諸將皆服曰：「善。非臣所及也。」

【註】（一）效：呈獻也。又解爲計算其數也。（二）拊循：安慰。拊，與「撫」同，恤養。

於是信問廣武君曰：「僕欲北攻燕，東伐齊，何若而有功（一）？」廣武君辭謝曰：「臣聞敗軍之將，不可以言勇；亡國之大夫，不可以圖存。今臣敗亡之虜，何足以權大事乎（二）！」信曰：「僕聞之，百里奚居虞而虞亡，在秦而秦霸，非愚於虞而智於秦也，用與不用，聽與不聽也。誠令成安君聽足下計，若信者亦已爲禽矣（三）。以不用足下，故信得侍耳。」因固問曰：「僕委心歸計（四），願足下勿辭。」廣武君曰：「臣聞智者千慮，必有一失；愚者千慮，必有一得。故曰『狂夫之言，聖人擇焉』。顧恐臣計未必足用（五），願效愚忠。夫成安君有百戰百勝之計，一旦而失之，軍敗鄗下（六），身死泜上（七）。今將軍涉西河（八），虜魏王，禽夏說閼與，一舉而下井陘，不終朝破趙二十萬衆，誅成安君。名聞海內，威震天下，農夫莫不輟耕釋耒，褕衣甘食（九），傾耳以待命者（一〇）。若此，將軍之所長也。然而衆勞卒罷，其實難用。今將軍欲舉倦獘之兵，頓之燕堅城之下，欲戰恐久力不能拔，情見勢屈，曠日糧竭，而弱燕不服，齊必距境以自彊也。燕齊相持而不下，則劉項之權未有所分也。若此者，將軍所短也。臣愚，竊以爲亦過矣。故善用兵者不以短擊長，而以長擊短。」韓信曰：「然則何由？」廣武君對曰：「方今爲將軍計，莫如案甲休兵，鎭趙撫其孤，百里之內，牛酒日至，以饗士大夫醳兵（一一），北首燕路，而後遣辯士奉咫尺之書，暴其所長於燕，燕必不敢不聽從。燕已從，使諠言者東告齊（一二），齊必從風而服，雖有智者，亦不知爲齊計矣。如是，則天下事皆可圖也。兵固有先聲而後實者，此之謂也。」韓信曰

：「善。」從其策，發使使燕，燕從風而靡。乃遣使報漢，因請立張耳爲趙王，以鎭撫其國。漢王許之，乃立張耳爲趙王。

【註】（一）怎樣才可以成功？（二）權：量衡，講評。（三）禽：卽「擒」字。（四）委心於你，依從你的計劃。（五）顧：但也。（六）鄗：河北柏鄉縣北，或曰卽高邑縣也。（七）泜水：在河北元氏縣。（八）西河：指由朝邑縣渡河而言。（九）褕衣：卽愉衣，美好而心樂的衣服。（一〇）傾耳：側耳而聽。（一一）醳：卽「釋」，疏散。日以牛酒宴士大夫，疏散其軍隊，往北方走向燕國的路上進行。表示先聲奪人之狀。（一二）諠言：以虛聲嚇人之言論。

楚數使奇兵渡河擊趙，趙王耳、韓信往來救趙，因行定趙城邑，發兵詣漢。楚方急圍漢王於滎陽，漢王南出，之宛、葉閒（一），得黥布，走入成皋，楚又復急圍之。六月，漢王出成皋，東渡河，獨與滕公俱，從張耳軍脩武（二）。至，宿傳舍。晨自稱漢使，馳入趙壁。張耳、韓信未起，卽其臥內上奪其印符，以麾召諸將，易置之，信、耳起，乃知漢王來，大驚。漢王奪兩人軍，卽令張耳備守趙地，拜韓信爲相國，收趙兵未發者擊齊。

【註】（一）宛：河南南陽。葉：河南葉縣。（二）修武：河南修武縣。

信引兵東，未渡平原（一），聞漢王使酈食其已說下齊，韓信欲止。范陽辯士蒯通說信曰：「將軍受詔擊齊，而漢獨發閒使下齊，寧有詔止將軍乎？何以得毋行也！且酈生一士，伏軾掉三寸之舌，下齊七十餘城，將軍將數萬衆，歲餘乃下趙五十餘城，爲將數歲，反不如一豎儒之功乎？」於是信然之，從其計，遂渡河。齊已聽酈生，即留縱酒，罷備漢守禦。信因襲齊歷下軍（二），遂至臨菑（三）。齊王田廣以酈生賣己，乃亨之（四），而走高密（五），使使之楚請救。韓信已定臨菑，遂東追廣至高密西。楚亦使龍且將，號稱二十萬，救齊。

【註】（一）平原：山東平原縣。（二）歷下：在山東歷城縣治東。歷下城，南對歷山，城在山下，故名。（三）臨菑：山東臨菑縣。齊都。（四）亨：同「烹」字。（五）高密：山東高密縣。

齊王廣、龍且幷軍與信戰，未合。人或說龍且曰：「漢兵遠鬬窮戰，其鋒不可當。齊、楚自居其地戰，兵易敗散（一）。不如深壁，令齊王使其信臣招所亡城，亡城聞其王在，楚來救，必反漢。漢兵二千里客居，齊城皆反之，其勢無所得食，可無戰而降也。」龍且曰：「吾平生知韓信爲人，易與耳。且夫救齊不戰而降之，吾何功？今戰而勝之，齊之半可得，何爲止！」遂戰，與信夾濰水陳（二）。韓信乃夜令人爲萬餘囊，滿盛沙，壅水上流，引軍半渡，擊龍且，詳（三）不勝，還走。龍且果喜曰：「固知信怯也。」遂追信渡水。信使人決壅囊，水大至。龍且軍大半不得渡，卽急擊，殺龍且。龍且水東軍散走，齊王廣亡去。信遂追北至城陽（四），皆虜楚卒。

【註】（一）在家鄉作戰，其兵士容易逃散。（二）濰水：源出山東莒縣西北濰山，伏流箕屋山復見，經縣東北，東流至諸城縣東北，折北流經高密、安丘、濰縣、昌邑，入於海。（三）詳：卽「佯」，假裝。（四）城陽：在今山東濮縣東南。

漢四年，遂皆降平齊。使人言漢王曰：「齊僞詐多變，反覆之國也，南邊楚，不爲假王以鎭之，其勢不定。願爲假王便。」當是時，楚方急圍漢王於滎陽，韓信使者至，發書，漢王大怒，罵曰：「吾困於此，旦暮望若來佐我（一），乃欲自立爲王！」張良、陳平躡漢王足（二），因附耳語曰（三）：「漢方不利，寧能禁信之王乎？不如因而立，善遇之，使自爲守。不然，變生。」漢王亦悟，因復罵曰：「大丈夫定諸侯，卽爲眞王耳，何以假爲！」乃遣張良往立信爲齊王，徵其兵擊楚。

【註】（一）朝朝暮暮，無時不在望。（二）躡：以足觸漢王示意阻止。（三）附耳：以口緊對

聽者之耳，小聲語，恐有人聽。

楚已亡龍且，項王恐，使盱眙人武涉往說齊王信曰：「天下共苦秦久矣，相與勠力擊秦。秦已破，計功割地，分土而王之，以休士卒。今漢王復興兵而東，侵人之分，奪人之地，已破三秦，引兵出關，收諸侯之兵以東擊楚，其意非盡吞天下者不休，其不知厭足如是甚也。且漢王不可必，身居項王掌握中數矣，項王憐而活之，然得脫，輒倍約，復擊項王（一），其不可親信如此。今足下雖自以與漢王為厚交，為之盡力用兵，終為之所禽矣（二）。足下所以得須臾至今者（三），以項王尚存也。當今二王之事，權在足下。足下右投則漢王勝，左投則項王勝。項王今日亡，則次取足下。足下與項王有故，何不反漢與楚連和，參分天下王之？今釋此時（四），而自必於漢以擊楚，且為智者固若此乎！」韓信謝曰：「臣事項王，官不過郎中，位不過執戟（五），言不聽，畫不用，故倍楚而歸漢（六）。漢王授我上將軍印，予我數萬眾，解衣衣我，推食食我，言聽計用，故吾得以至於此。夫人深親信我，我倍之不祥，雖死不易（七）。幸為信謝項王！」

【註】（一）有幾次，漢王的生命都在項王的掌握之中，項王可憐他，給他一條活路，但是，他脫身

之後，常常背約，再擊項王。（二）禽：卽「擒」。（三）頃刻存在而至今日。（四）舍去這個時機。（五）執戟：侍衞之人。（六）倍：背也。（七）雖死不易其志節。由此可見韓信對漢王之忠心，而最後仍不免於被誅，則呂后之殘酷致其死也。

武涉已去，齊人蒯通知天下權在韓信，欲爲奇策而感動之，以相人說韓信曰（一）：「僕嘗受相人之術。」韓信曰：「先生相人何如？」對曰：「貴賤在於骨法，憂喜在於容色，成敗在於決斷，以此參之，萬不失一。」韓信曰：「善。先生相寡人何如？」對曰：「願少閒。」信曰：「左右去矣。」通曰：「相君之面，不過封侯，又危不安。相君之背，貴乃不可言。」韓信曰：「何謂也？」蒯通曰：「天下初發難也，俊雄豪桀建號壹呼，天下之士雲合霧集，魚鱗襍遝（二），熛至風起。當此之時，憂在亡秦而已。今楚漢分爭，使天下無罪之人肝膽塗地，父子暴骸骨於中野，不可勝數。楚人起彭城，轉鬭逐北，至於滎陽，乘利席卷，威震天下。然兵困於京、索之閒，迫西山而不能進者，三年於此矣。漢王將數十萬之衆，距鞏、雒，阻山河之險，一日數戰，無尺寸之功，折北不救，敗滎陽，傷成皋，遂走宛、葉之閒，此所謂智勇俱困者也。夫銳氣挫於險塞，而糧食竭於內府，百姓罷極怨望，容容無所倚（三）。以臣料之，其勢非天下之賢聖，固不能息天下之禍。當今兩主之命縣於足下（四）。足下為漢則漢勝，與楚則楚勝。臣願披腹心，輸肝膽，效愚計，恐足下不能用也。誠能聽臣之計，莫若兩利而俱存之，參分天下，鼎足而居，其勢莫敢先動。夫以足下之賢聖，有甲兵之眾，據彊齊，從燕、趙，出空虛之地而制其後，因民之欲，西鄉為百姓請命（五），則天下風走而響應矣，孰敢不聽！割大弱彊，以立諸侯，諸侯已立，天下服聽而歸德於齊。案齊之故，有膠、泗之地，懷諸侯以德，深拱揖讓，則天下之君王相率而朝於齊矣。蓋聞天與弗取，反受其咎（六）；時至不行，反受其殃。願足下孰慮之。」

【註】（一）以相面之術勸說韓信。（二）襍遝：襍，即「雜」字。遝：音踏（ㄊㄚˋ），紛多。（三）容容：苟且偷生。（四）縣：即「懸」，決定。（五）西鄉：即「西向」。（六）上天給於你，而你不取，反而必定受其罪過。

韓信曰：「漢王遇我甚厚，載我以其車，衣我以其衣，食我以其食。吾聞之，乘人之車者載人之患，衣人之衣者懷人之憂，食人之食者死人之事，吾豈可以鄉利倍義乎（一）！」蒯生曰：「足下自以為善漢王，欲建萬世之業，臣竊以為誤矣。始常山王、成安君為布衣時，相與為刎頸之交，後爭張黶、陳澤之事，二人相怨。常山王背項王，奉項嬰頭而竄，逃歸於漢王。漢王借兵而東下，殺成安君泜水之南，頭足異處，卒為天下笑。此二人相與（二），天下至驩也。然而卒相禽者（三），何也？患生於多欲而人心難測也。今足下欲行忠信以交於漢王，必不能固於二君之相與也（四），而事多大於張黶、陳澤。故臣以為足下必漢王之不危己（五），亦誤矣。大夫種、范蠡存亡越，霸句踐，立功成名而身死亡。野獸已盡而獵狗亨（六）。夫以交友言之，則不如張耳之與成安君者也；以忠信言之，則不過大夫種、范蠡之於句踐也。此二人者，足以觀矣。願足下深慮之。且臣聞勇略震主者身危，而功蓋天下者不賞。臣請言大王功略：足下涉西河，虜魏王，禽夏說，引兵下井陘，誅成安君，徇趙，脅燕，定齊，南摧楚人之兵二十萬，東殺龍且，西鄉以報（七），此所謂功無二於天下（八），而略不世出者也（九）。今足下戴震主之威，挾不賞之功，歸楚，楚人不信；歸漢，漢人震恐：足下欲持是安歸乎？夫勢在人臣之位而有震主之威，名高天下，竊為足下危之。」韓信謝曰：「先生且休矣，吾將念之。」

後數日，蒯通復說曰：「夫聽者事之候也，計者事之機也，聽過計失而能久安者，鮮矣。聽不失一二者，不可亂以言；計不失本末者，不可紛以辭。夫隨廝養之役者，失萬乘之權（一〇）；守儋石之祿者，闕卿相之位（一一）。故知者決之斷也，疑者事之害也，審豪氂之小計，遺天下之大數（一二），智誠知之，決弗敢行者，百事之禍也（一三）。故曰『猛虎之猶豫，不若蜂蠆之致螫（一四）；騏驥之跼躅，不如駑馬之安步（一五）；孟賁之孤疑，不如庸夫之必至也；雖有舜禹之智，吟而不言，不如瘖聾之指麾也（一六）』。此言貴能行之。夫功者難成而易敗，時者難得而易失也。時乎時，不再來。願足下詳察之。」韓信猶豫不忍倍漢，又自以爲功多，漢終不奪我齊，遂謝蒯通。蒯通說不聽，已詳狂爲巫（一七）。

【註】（一）鄉利倍義：即「向利背義」。（二）相結交，相贊許。（三）禽：即「擒」。（四）必然不能比張耳、陳餘彼此交情的堅固。（五）必：確定判斷。（六）亨：同「烹」字。（七）西鄉：即「西向」。（八）天下沒有第二個人有你這樣的功勞。（九）世上沒有出過像你這樣高明的智略。（一〇）追隨於僕役的工作者，一輩子就不能得到萬乘之權。（一一）緊抱着儋石的俸祿者，一輩子就不能取到卿相之位。（一二）對於毫氂不足道的小算盤，打的很清楚，而對於爭奪天下的大氣數，却遺棄不顧。（一三）有聰明知道這種情勢，而沒有大膽量以斷然採取行動，這就是百事的禍根。（一四）猛虎而猶豫不動，還不如小蜂蠆能夠螫人。（一五）千里馬而

踽躅不前，還不如駑劣之馬安步而行，速度較快。（一六）雖有舜禹的智能，口吃舌結而不能明言，還不如啞吧聾子用手比畫指點，猶能使人明白其心中之意思。（一七）已：旣而，以後。詳狂，即「佯狂」，假裝是有神經病。

漢王之困固陵（一），用張良計，召齊王信，遂將兵會垓下。項羽已破，高祖襲奪齊王軍。漢五年正月，徙齊王信爲楚王，都下邳。

信至國，召所從食漂母，賜千金。及下鄉南昌亭長，賜百錢，曰：「公，小人也，爲德不卒。」召辱己之少年令出胯下者以爲楚中尉。告諸將相曰：「此壯士也。方辱我時，我寧不能殺之邪？殺之無名，故忍而就於此。」

【註】（一）固陵：在河南淮陽縣西北。

項王亡將鍾離眛家在伊廬（一），素與信善。項王死後，亡歸信。漢王怨眛，聞其在楚，詔楚捕眛。信初之國，行縣邑，陳兵出入。漢六年，人有上書告楚王信反。高帝以陳平計，天子巡狩會諸侯，南方有雲夢，發使告諸侯會陳：「吾將游雲夢。」實欲襲信，信弗知。高祖且至楚（二），信欲發兵反，自度無罪，欲謁上，恐見禽（三）。人或說信曰：「斬眛謁上，上必喜，無患。」信見眛計事。眛曰：「漢所以不擊取楚，以眛在公所。若欲捕我以自媚於漢，吾今日死，公亦隨手亡矣。」乃罵信曰：「公非長者！」卒自剄。信持其首，謁高祖於陳。上令武士縛信，載後車。信曰：「果若人言，『狡兔死，良狗亨（四）；高鳥盡，良弓藏；敵國破，謀臣亡。』天下已定，我固當亨！」上曰：「人告公反。」遂械繫信。至雒陽，赦信罪，以爲淮陰侯。

【註】（一）伊盧：山名，在江蘇灌雲縣東南。亦作伊萊山。（二）且：將也。（三）見禽：即被擒。（四）亨：同「烹」字。

信知漢王畏惡其能，常稱病不朝從。信由此日夜怨望，居常鞅鞅，羞與絳、灌等列。信嘗過樊將軍噲，噲跪拜送迎，言稱臣，曰：「大王乃肯臨臣！」信出門，笑曰：「生乃與噲等爲伍！」上常從容與信言諸將能不，各有差。上問曰：「如我能將幾何？」信曰：「陛下不過能將十萬。」上曰：「於君何如？」曰：「臣多多而益善耳。」上笑曰：「多多益善，何爲爲我禽？」信曰：「陛下不能將兵，而善將將，此乃信之所以爲陛下禽也。且陛下所謂天授，非人力也。」

陳豨拜爲鉅鹿守，辭於淮陰侯。淮陰侯挈其手，辟左右與之步於庭（一），仰天歎曰：「子可與言乎？欲與子有言也。」豨曰：「唯將軍令之。」淮陰侯曰：「公之所居，天下精兵處也；而公，陛下之信幸臣也。人言公之畔，陛下必不信；再至，陛下乃疑矣；三至，必怒而自將。吾爲公從中起，天下可圖也。」陳豨素知其能也，信之，曰：「謹奉教！」漢十年，陳豨果反。上自將而往，信病不從。陰使人至豨所，曰：「弟舉兵，吾從此助公。」信乃謀與家臣夜詐詔赦諸官徒奴，欲發以襲呂后、太子。部署已定，待豨報。其舍人得罪於信，信囚，欲殺之。舍人弟上變，告信欲反狀於呂后。呂后欲召，恐其黨不就，乃與蕭相國謀，詐令人從上所來，言豨已得死，列侯羣臣皆賀。相國紿信曰（二）：「雖疾，彊入賀。」信入，呂后使武士縛信，斬之長樂鍾室。信方斬，曰：「吾悔不用蒯通之計，乃爲兒女子所詐，豈非天哉！」遂夷信三族。

高祖已從豨軍來，至，見信死，且喜且憐之，問：「信死亦何言？」呂后曰：「信言恨不用蒯通計。」高祖曰：「是齊辯士也。」乃詔齊捕蒯通。蒯通至，上曰：「若教淮陰侯反乎（三）？」對曰：「然，臣固教之。豎子不用臣之策，故令自夷於此。如彼豎子用臣之計，陛下安得而夷之乎！」上怒曰：「亨之（四）。」通曰：「嗟乎，冤哉亨也！」上曰：「若教韓信反，何冤？」對曰：「秦之綱絕而維弛，山東大擾，異姓並起，英俊烏集。秦失其鹿，天下共逐之（五），於是高材疾足者先得焉。蹠之狗吠堯，堯非不仁，狗因吠非其主。當是時，臣唯獨知韓信，非知陛下也。且天下銳精持鋒欲為陛下所為者甚衆，顧力不能耳。又可盡亨之邪？」高帝曰：「置之。」乃釋通之罪。

【註】（一）辟：同「避」字。（二）紿：欺騙。（三）若：汝、你。（四）亨：同「烹」字。（五）逐鹿：以鹿比喻政權。

太史公曰：吾如淮陰（一），淮陰人為余言，韓信雖為布衣時，其志與衆異。其母死，貧無以葬，然乃行營高敞地（二），令其旁可置萬家。余視其母冢，良然。假令韓信學道謙讓（三），不伐己功，不矜其能，則庶幾哉，於漢家勳可以比周、召、太公之徒，後世血食矣（四），不務出此，而天下已集（五），乃謀畔逆，夷滅宗族，不亦宜乎！

【註】（一）如：往。（二）埋葬於高敞之地。（三）韓信不能謙讓，所以致禍。（四）血食：世世有人承繼祭祀。（五）集：安定。

卷九十三　韓信、盧綰列傳第三十三

韓王信者，故韓襄王孽孫也（一），長八尺五寸。及項梁之立楚後懷王也，燕、齊、趙、魏皆已前王，唯韓無有後，故立韓諸公子橫陽君成爲韓王，欲以撫定韓故地。項梁敗死定陶，成犇懷王。沛公引兵擊陽城（二），使張良以韓司徒降下韓故地，得信，以爲韓將，將其兵從沛公入武關。

【註】（一）孽孫：庶出之孫，非嫡出之孫。（二）陽城：在河南登封縣東南三十五里。

沛公立爲漢王，韓信從入漢中，迺說漢王曰：「項王王諸將近地，而王獨遠居此，此左遷也（一）。士卒皆山東人，跂而望歸（二），及其鋒東鄉，可以爭天下（三）。」漢王還定三秦，迺許信爲韓王，先拜信爲韓太尉，將兵略韓地。

【註】（一）左遷：降其地位也。古時以右爲尊，故謂降級爲左遷。（二）抬着脚跟盼望着回到東方的老家。跂：音企（ㄑㄧˋ），擧起脚跟。（三）趁着士卒們這種歸心似箭的鋒鋭之氣打回東方去

，就可以爭奪天下。（四）略：同「掠」侵略，奪取也。

項籍之封諸王皆就國，韓王成以不從無功，不遣就國，更以爲列侯（一）。及聞漢遣韓信略韓地，迺令故項籍游吳時吳令鄭昌爲韓王以距漢（二）。漢二年，韓信略定韓十餘城。漢王至河南，韓信急擊韓王昌陽城。昌降，漢王迺立韓信爲韓王，常將韓兵從。三年，漢王出滎陽，韓王信、周苛等守滎陽。及楚敗滎陽，信降楚，已而得亡，復歸漢，漢復立以爲韓王，竟從擊破項籍，天下定。五年春，遂與剖符爲韓王，王潁川（三）。

【註】（一）韓王成被項羽由王降而爲侯。（二）距：卽「拒」字。（三）潁川：河南舊許州、陳州、汝州諸地，治陽翟，故韓都，今河南禹縣。

明年春，上以韓信材武，所王北近鞏、洛，南迫宛、葉，東有淮陽，皆天下勁兵處（一），迺詔徙韓王信王太原以北，備禦胡，都晉陽（二）。信上書曰：「國被邊（三），匈奴數入，晉陽去塞遠，請治馬邑（四）。」上許之，信乃徙治馬邑。秋，匈奴冒頓大圍信，信數使使胡求和解。漢發兵救之，疑信數閒使，有二心，使人責讓信。信恐誅，因與匈奴約共攻漢，反，以馬邑降胡，擊太原。

【註】（一）河南之鞏縣、洛陽、南陽、葉縣、淮陽，皆天下勁兵之處。（二）晉陽：山西太原縣。（三）被邊：言其緊鄰邊疆。（四）馬邑：今山西朔縣。

七年冬，上自往擊，破信軍銅鞮（一），斬其將王喜。信亡走匈奴。（與）其將白土人（二）曼丘臣、王黃等立趙苗裔趙利爲王，復收信敗散兵，而與信及冒頓謀攻漢。匈奴使左右賢王將萬餘騎與王黃等屯廣武以南（三），至晉陽，與漢兵戰，漢大破之，追至于離石（四），復破之。匈奴復聚兵樓煩（五）西北，漢令車騎擊破匈奴。匈奴常敗走，漢乘勝追北，聞冒頓居代（上）谷（六），高皇帝居晉陽，使人視冒頓，還報曰「可擊」。上遂至平城（七）。上出白登（八），匈奴騎圍上，上乃使人厚遺閼氏（九）。閼氏乃說冒頓曰：「今得漢地，猶不能居；且兩主不相戹。」居七日，胡騎稍引去。時天大霧，漢使人往來，胡不覺。護軍中尉陳平言上曰：「胡者全兵（一〇），請令彊弩傅兩矢外嚮（一一），徐行出圍。」入平城，漢救兵亦到，胡騎遂解去。漢亦罷兵歸。韓信爲匈奴將兵往來擊邊。

【註】（一）銅鞮：在山西沁縣西南。（二）白土：在綏遠境鄂爾多斯右翼中旗南。（三）廣武：在山西代縣西十五里。（四）離石：山西離石縣。（五）樓煩：山西樓煩縣，在雁門關以北。

（六）代谷：在山西代縣西北。（七）平城：在山西大同縣東。（八）白登：在山西大同縣東。距平城七里。（九）閼氏：單于嫡妻號，若中國之所謂「皇后」。（一〇）全兵：言胡人所用者爲短武器。（一一）每一弩而加兩矢外向以禦敵。

漢十年，信令王黃等說誤陳豨。十一年春，故韓王信復與胡騎入居參合（一），距漢。漢使柴將軍擊之，遺信書曰：「陛下寬仁，諸侯雖有畔亡，而復歸，輒復故位號，不誅也。大王所知。今王以敗亡走胡，非有大罪，急自歸！」韓王信報曰：「陛下擢僕起閭巷，南面稱孤，此僕之幸也。滎陽之事，僕不能死，囚於項籍，此一罪也。及寇攻馬邑，僕不能堅守，以城降之，此二罪也。今反爲寇將兵，與將軍爭一旦之命，此三罪也。夫種、蠡無一罪，身死亡；今僕有三罪於陛下，而欲求活於世，此伍子胥所以僨於吳也（二）。今僕亡匿山谷閒，旦暮乞貸蠻夷，僕之思歸，如痿人不忘起（三），盲者不忘視也，勢不可耳。」遂戰。柴將軍屠參合，斬韓王信。

【註】（一）參合：在山西陽高縣東北。（二）僨：音奮（ㄈㄣˋ），僵仆。（三）痿：音委（ㄨㄟˇ），痲痺不能行動。筋肉軟弱不能動作。

信之入匈奴，與太子俱；及至穨當城，生子，因名曰穨當。韓太子亦生子，命曰嬰。至孝文十四年，穨當及嬰率其衆降漢。漢封穨當爲弓高侯（一），嬰爲襄城侯（二）。吳楚軍時，弓高侯功冠諸將。傳子至孫，孫無子，失侯。嬰孫以不敬失侯。穨當孼孫韓嫣，貴幸（三），名富顯於當世。其弟說，再封，數稱將軍，卒爲案道侯。子代，歲餘坐法死。後歲餘，說孫曾拜爲龍頟侯，續說後。

【註】（一）弓高：今河北阜城縣西南。（二）襄城：今河南襄城縣。（三）韓嫣：佞幸小人。

盧綰者，豐人也，與高祖同里。盧綰親與高祖太上皇相愛，及生男，高祖、盧綰同日生，里中持羊酒賀兩家。及高祖、盧綰壯，俱學書，又相愛也。里中嘉兩家親相愛，生子同日，壯又相愛，復賀兩家羊酒。高祖爲布衣時，有吏事辟匿，盧綰常隨出入上下。及高祖初起沛，盧綰以客從，入漢中爲將軍，常侍中，從東擊項籍，以太尉常從，出入臥內，衣被飲食賞賜，羣臣莫敢望，雖蕭曹等，特以事見禮，至其親幸，莫及盧綰。綰封爲長安侯。長安，故咸陽也。

漢五年冬，以破項籍，迺使盧綰別將，與劉賈擊臨江王共尉，破之。七月還，從擊燕王臧荼，臧荼降。高祖已定天下，諸侯非劉氏而王者七人。欲王盧綰，爲羣臣觖望

（一）。及虜臧荼，迺下詔諸將相列侯，擇羣臣有功者以爲燕王。羣臣知上欲王盧綰，皆言曰：「太尉長安侯盧綰常從平定天下，功最多，可王燕。」詔許之。漢五年八月，迺立盧綰爲燕王。諸侯王得幸莫如燕王。

【註】（一）觖望：觖，音決（ㄐㄩㄝˊ），心懷不滿或怨望。

漢十一年秋，陳豨反代地，高祖如邯鄲擊豨兵，燕王綰亦擊其東北。當是時，陳豨使王黃求救匈奴。燕王綰亦使其臣張勝於匈奴（一），言豨等軍破。張勝至胡，故燕王臧荼子衍出亡在胡，見張勝曰：「公所以重於燕者，以習胡事也。燕所以久存者，以諸侯數反，兵連不決也。今公爲燕欲急滅豨等，豨等已盡，次亦至燕，公等亦且爲虜矣。公何不令燕且緩陳豨而與胡和？事寬，得長王燕；卽有漢急，可以安國。」張勝以爲然，迺私令匈奴助豨等擊燕。燕王綰疑張勝與胡反，上書請族張勝。勝還，具道所以爲者。燕王寤，迺詐論它人，脫勝家屬，使得爲匈奴閒，而陰使范齊之（二）陳豨所，欲令久亡（三），連兵勿決（四）。

【註】（一）使張勝爲燕王與匈奴之間的聯絡人。（二）之：往也。（三）久亡：長久的打游擊

戰。（四）繼續不斷的有戰爭，但是不要決定性的作戰。

漢十二年，東擊黥布，豨常將兵居代，漢使樊噲擊斬豨。其裨將降，言燕王綰使范齊通計謀於豨所。高祖使使召盧綰，綰稱病。上又使辟陽侯審食其、御史大夫趙堯往迎燕王，因驗問左右。綰愈恐，閉匿，謂其幸臣曰：「非劉氏而王，獨我與長沙耳。往年春，漢族淮陰，夏，誅彭越，皆呂后計。今上病，屬任呂后。呂后婦人，專欲以事誅異姓王者及大功臣。」迺遂稱病不行。其左右皆亡匿。語頗泄，辟陽侯聞之，歸具報上，上益怒。又得匈奴降者，降者言張勝亡在匈奴，爲燕使。於是上曰：「盧綰果反矣！」使樊噲擊燕。燕王綰悉將其宮人家屬騎數千居長城下，候伺，幸上病愈，自入謝。四月，高祖崩，盧綰遂將其衆亡入匈奴，匈奴以爲東胡盧王。綰爲蠻夷所侵奪，常思復歸。居歲餘，死胡中。

高后時，盧綰妻子亡降漢，會高后病，不能見，舍燕邸，爲欲置酒見之。高后竟崩，不得見。盧綰妻亦病死。

孝景中六年，盧綰孫他之，以東胡王降，封爲亞谷侯（一）。

【註】（一）亞谷：在河北雄縣東。

陳豨者，宛朐人也（一），不知始所以得從。及高祖七年冬，韓王信反，入匈奴，上至平城還，迺封豨爲列侯，以趙相國將監趙、代邊兵，邊兵皆屬焉。

【註】（一）宛朐：故城在今山東荷澤縣西南。

豨常告歸過趙，趙相周昌見豨賓客隨之者千餘乘，邯鄲官舍皆滿。豨所以待賓客布衣交，皆出客下（一）。豨還之代，周昌迺求入見。見上，具言豨賓客盛甚，擅兵於外數歲，恐有變。上乃令人覆案豨客居代者財物諸不法事，多連引豨。豨恐，陰令客通使王黃、曼丘臣所。及高祖十年七月，太上皇崩，使人召豨，豨稱病甚。九月，遂與王黃等反，自立爲代王，劫略趙、代。

【註】（一）不以富貴自高，而屈己以禮待客人。

上聞，迺赦趙、代吏人爲豨所詿誤劫略者，皆赦之。上自往，至邯鄲，喜曰「豨不南據漳水，北守邯鄲，知其無能爲也。」趙相奏斬常山守、尉，曰：「常山二十五城，豨反，亡其二十城。」上問曰：「守、尉反乎？」對曰：「不反。」上曰：「是力不足也。」赦之，復以爲常山守、尉。上問周昌曰：「趙亦有壯士可令將者乎？」對曰：「有四人。」四人謁，上謾罵曰：「豎子能爲將乎？」四人慙伏。上封之各千戶，以爲將。左右諫曰：「從入蜀、漢，伐楚，功未徧行，今此何功而封？」上曰：「非若所知！陳豨反，邯鄲以北皆豨有，吾以羽檄徵天下兵（一），未有至者，今唯獨邯鄲中兵耳。吾胡愛四千戶封四人，不以慰趙子弟（二）！」皆曰：「善。」於是上曰：「陳豨將誰？」曰：「王黃、曼丘臣，皆故賈人。」上曰：「吾知之矣。」迺各以千金購黃、臣等。

【註】（一）羽檄：文告命令。（二）胡愛：何必愛惜這四千戶，不以安慰趙國的青年。

十一年冬，漢兵擊斬陳豨將侯敞、王黃於曲逆下（一），破豨將張春於聊城（二），斬首萬餘。太尉勃入定太原、代地。十二月，上自擊東垣，東垣不下，卒罵上；東垣降，卒罵者斬之，不罵者黥之。更命東垣爲眞定。王黃、曼丘臣其麾下受購賞之，皆生得，以故陳豨軍遂敗。

【註】（一）曲逆：在河北完縣東南。（二）聊城：山東聊城縣。

上還至洛陽。上曰：「代居常山北，趙迺從山南有之，遠。」迺立子恆爲代王，都中都（一），代、鴈門皆屬代。

【註】（一）中都：山西平遙縣西南。

高祖十二年冬，樊噲軍卒追斬豨於靈丘（一）。

【註】（一）靈丘：在今山西靈丘縣東。

太史公曰：韓信、盧綰非素積德累善之世，徼一時權變，以詐力成功，遭漢初定，故得列地，南面稱孤。內見疑彊大，外倚蠻貊以爲援，是以日疏自危，事窮智困，卒赴匈奴，豈不哀哉！陳豨，梁人，其少時數稱慕魏公子；及將軍守邊，招致賓客而下士，名聲過實（一）。周昌疑之，疵瑕頗起，懼禍及身，邪人進說，遂陷無道（二）。於戲悲夫（三）！夫計之生孰成敗於人也深矣（四）！

【註】（一）陳豨以招賢納士而被周昌所疑，這是因好名而招實禍，並不是有心叛漢。（二）周昌以讒言，使高祖與陳豨之間發生裂隙，害怕被殺，遂起而反叛，此皆邪人進讒陷陳豨於無道，故太史

公深爲陳豨悲惜。（三）於戲：卽「嗚乎」！（四）生孰：卽「生熟」，言計劃之粗忽與詳善，關係於人之成敗也甚深。

卷九十四　田儋列傳第三十四

田儋者，狄人也（一），故齊王田氏族也。儋從弟田榮，榮弟田橫，皆豪，宗彊（二），能得人。

【註】（一）狄：故城在今山東高苑縣西北。（二）豪：地方土著領袖。（三）宗強：宗姓強大，在地方有勢力。

陳涉之初起王楚也，使周市略定魏地，北至狄，狄城守。田儋詳（一）為縛其奴，從少年之廷，欲謁殺奴。（三）見狄令，因擊殺令，而召豪吏子弟曰：「諸侯皆反秦自立，齊，古之建國，儋，田氏，當王。」遂自立為齊王，發兵以擊周市。周市軍還去，田儋因率兵東略定齊地（四）。

【註】（一）詳：即「佯」，假裝。（二）之：往。（三）古者殺奴婢皆當告官，儋欲殺令，故假裝縛奴而謁見縣令。（四）略定：略佔而平定之。

秦將章邯圍魏王咎於臨濟（一），急。魏王請救於齊，齊王田儋將兵救魏。章邯夜銜枚擊（二），大破齊、魏軍，殺田儋於臨濟下。儋弟田榮收儋餘兵東走東阿。

【註】（一）臨濟：在河南陳留縣西北五十里。（二）銜枚：古時夜行軍以箸橫銜於人馬之口中，使其不得偶語喧嘩或鳴嘶，以免爲敵人所驚覺。這是偷襲敵人時的緊急動作。

齊人聞王田儋死，迺立故齊王建之弟田假爲齊王，田角爲相，田閒爲將，以距諸侯（一）。

田榮之走東阿，章邯追圍之。項梁聞田榮之急，迺引兵擊破章邯軍東阿下。章邯走而西，項梁因追之，而田榮怒齊之立假，迺引兵歸，擊逐齊王假。假亡走楚。齊相角亡走趙；角弟田閒前求救趙，因留不敢歸。田榮乃立田儋子市爲齊王，榮相之，田橫爲將，平齊地。

【註】（一）距：同「拒」，抗拒諸侯之入侵。（二）東阿：山東東阿縣。

項梁既追章邯，章邯兵益盛，項梁使使告趙、齊，發兵共擊章邯。田榮曰：「使楚殺田假，趙殺田角、田閒，迺肯出兵。」楚懷王曰：「田假與國之王，窮而歸我，殺之不義。」趙亦不殺田角、田閒以市於齊。齊曰：「蝮螫手則斬手（一），螫足則斬足。何者？爲害於身也。今田假、田角、田閒於楚、趙，非直手足戚也（二），何故不殺？且秦復得志於天下，則齮齕用事者墳墓矣（三）。」楚、趙不聽，齊亦怒，終不肯出兵。章邯果敗殺項梁，破楚兵，楚兵東走，而章邯渡河圍趙於鉅鹿。項羽往救趙，由此怨田榮。

【註】（一）蝮：音復（ㄈㄨˋ），毒蛇，全體灰褐色，長尺餘，頭大頸細。（二）非直：沒有手足的親切關係。（三）齮齕：齮，音以（ㄧˇ）。齕，音合（ㄏㄜˊ），忌人才能而排擠之。如果秦國再得志於天下，那麼，一切排擠人才的當政之人，都要進入墳墓裡了。

項羽既存趙，降章邯等，西屠咸陽，滅秦而立侯王也，迺徙齊王田市更王膠東，治即墨。齊將田都從共救趙，因入關，故立都爲齊王，治臨淄。故齊王建孫田安，項羽方渡河救趙，田安下濟北數城，引兵降項羽，項羽立田安爲濟北王，治博陽。田榮以負項梁不肯出兵助楚、趙攻秦，故不得王；趙將陳餘亦失職，不得王：二人俱怨項王。

項王既歸，諸侯各就國，田榮使人將兵助陳餘，令反趙地，而榮亦發兵以距擊田都，田都亡走楚。田榮留齊王市，無令之膠東。市之左右曰：「項王彊暴，而王當之膠東，不就國，必危。」市懼，迺亡就國。田榮怒，追擊殺齊王市於卽墨，還攻殺濟北王安。於是田榮迺自立爲齊王，盡幷三齊之地。

項王聞之，大怒，迺北伐齊。齊王田榮兵敗，走平原（一），平原人殺榮。項王遂燒夷齊城郭，所過者盡屠之，齊人相聚畔之（二）。榮弟橫，收齊散兵，得數萬人，反擊項羽於城陽（三）。而漢王率諸侯敗楚，入彭城。項羽聞之，迺醳齊而歸（四），擊漢於彭城，因連與漢戰，相距滎陽。以故田橫復得收齊城邑，立田榮子廣爲齊王，而橫相之，專國政，政無巨細皆斷於相。

【註】（一）平原：山東平原縣。（二）項羽燒城屠人，故齊人相聚而叛之。（三）城陽：山東濮縣東南。（四）醳：同「釋」字，捨棄不攻。

橫定齊三年，漢王使酈生往說下齊王廣及其相國橫。橫以爲然，解其歷下軍。漢將韓信引兵且東擊齊。齊初使華無傷、田解軍於歷下以距漢，漢使至，迺罷守戰備，縱酒，且遣使與漢平。漢將韓信已平趙、燕，用蒯通計，度平原，襲破齊歷下軍，因入臨淄。齊王廣、相橫怒，以酈生賣己，而亨酈生（一）。齊王廣東走高密（二），相橫走博（

陽）（三），守相田光走城陽，將軍田既軍於膠東。楚使龍且救齊，齊王與合軍高密。漢將韓信與曹參破殺龍且，虜齊王廣。漢將灌嬰追得齊守相田光。至博（陽），而橫聞齊王死，自立爲齊王，還擊嬰，嬰敗橫之軍於嬴下（四）。田橫亡走梁，歸彭越。彭越是時居梁地，中立，且爲漢，且爲楚。韓信已殺龍且，因令曹參進兵破殺田既於膠東，使灌嬰破殺齊將田吸於千乘（五）。韓信遂平齊，乞自立爲齊假王，漢因而立之。

【註】（一）漢王派酈生赴齊修和，齊許和而罷除守備之軍，乃韓信突然攻齊，故齊怒而烹酈生。（二）高密：山東高密縣。（三）博陽：在山東泰安縣東南。（四）嬴下：在山東萊蕪縣西北四十里北汶水之北。（五）千乘：在山東高苑縣北二十五里。

後歲餘，漢滅項籍，漢王立爲皇帝，以彭越爲梁王。田橫懼誅，而與其徒屬五百餘人入海，居島中。高帝聞之，以爲田橫兄弟本定齊，齊人賢者多附焉，今在海中不收，後恐爲亂，迺使使赦田橫罪而召之。田橫因謝曰：「臣亨陛下之使酈生（一），今聞其弟酈商爲漢將而賢，臣恐懼，不敢奉詔，請爲庶人，守海島中。」使還報，高皇帝迺詔衞尉酈商曰：「齊王田橫卽至（二），人馬從者敢動搖者致族夷！」迺復使使持節具告

以詔商狀，曰：「田橫來，大者王，小者迺侯耳；不來，且舉兵加誅焉。」田橫迺與其客二人乘傳詣雒陽。（三）

【註】（一）亨：即「烹」字。（二）即：如果。（三）傳：轉也。沿途在相當距離中有驛站，乘傳車則車馬繼續不斷的接力。可以致速也。

未至三十里，至尸鄉廄置（一），橫謝使者曰：「人臣見天子當洗沐。」止留。謂其客曰：「橫始與漢王俱南面稱孤，今漢王爲天子，而橫迺爲亡虜而北面事之，其恥固已甚矣。且吾亨人之兄，與其弟並肩而事其主，縱彼畏天子之詔，不敢動我，我獨不愧於心乎？且陛下所以欲見我者，不過欲一見吾面貌耳。今陛下在洛陽，今斬吾頭，馳三十里閒，形容尚未能敗，猶可觀也。」遂自剄，令客奉其頭，從使者馳奏之高帝。高帝曰：「嗟乎，有以也夫！起自布衣，兄弟三人更王，豈不賢乎哉！」爲之流涕，而拜其二客爲都尉，發卒二千人，以王者禮葬田橫。

【註】（一）尸鄉：在河南偃師縣境內，將到洛陽之地。（二）有以也夫：眞不是偶然的啊！是有原因啊！

既葬，二客穿其冢旁孔，皆自剄，下從之。高帝聞之，迺大驚，以田橫之客皆賢。吾聞其餘尚五百人在海中，使使召之。至則聞田橫死，亦皆自殺。於是迺知田橫兄弟能得士也。

太史公曰：甚矣蒯通之謀，亂齊驕淮陰，其卒亡此兩人！（一）蒯通者，善爲長短說（二），論戰國之權變，爲八十一首（三）。通善齊人安期生，安期生嘗干項羽，項羽不能用其筴。已而項羽欲封此兩人，兩人終不肯受，亡去。田橫之高節，賓客慕義而從橫死，豈非至賢！余因而列焉。不無善畫者，莫能圖，何哉？（四）

【註】（一）蒯通以權詐之術誘惑韓信，致韓信於死。而信又攻齊，亦使高祖和齊之既定政策破壞，因而田家死滅，酈生亦遭烹。（二）長短說：戰國游說之士，掉其三寸不爛之舌，揑造是非，欲令其事長，則長說之；欲令其事短，則短說之，故戰國策亦名曰長短書也。（三）首：篇也，八十一首，即言八十一篇也。（四）不無善畫者：並不是沒有善於策畫的人。莫能圖：但是，竟然不能有所成就。何哉？是什麼道理呢？

卷九十五　樊、酈、滕、灌列傳第三十五

舞陽侯（一）樊噲者，沛人也。以屠狗爲事（二），與高祖俱隱。

【註】（一）舞陽：河南舞陽縣。（二）屠宰狗肉而賣之。（三）俱隱：樊噲與高祖俱隱於芒碭山下。

初從高祖起豐（一），攻下沛（二）。高祖爲沛公，以噲爲舍人。從攻胡陵（三）、方與（四），還守豐，擊泗水監豐下，破之。復東定沛，破泗水守薛西（五）。與司馬𡰱（六）戰碭東（七），卻敵，斬首十五級，賜爵國大夫（八）。常從，沛公擊章邯軍濮陽，攻城先登，斬首二十三級，賜爵列大夫（九）。復常從，從攻城陽（一〇），先登。下戶牖（一一），破李由軍，斬首十六級，賜上閒爵。（一二）從攻圍東郡守尉於成武（一三），卻敵，斬首十四級，捕虜十一人，賜爵五大夫。從擊秦軍，出亳南（一四）

。河閒守軍於杠里（一五），破之。擊破趙賁軍開封北，以卻敵先登，斬侯一人，首六十八級，捕虜二十七人。賜爵卿。從攻破楊熊軍於曲遇（一六）。攻宛陵（一七），先登，斬首八級，捕虜四十四人，賜爵封號賢成君。從攻長社（一八）、轘轅（一九），絕河津（二〇），東攻秦軍於尸（二一），南攻秦軍於犨（二二）。破南陽守齮於陽城東（二三），攻宛城（二四），先登。西至酈（二五），以卻敵，斬首二十四級，捕虜四十人，賜重封。攻武關（二六），至霸上（二七），斬都尉一人，首十級，捕虜百四十六人，降卒二千九百人。

【註】（一）豐：江蘇豐縣。（二）沛：江蘇沛縣。（三）胡陵：在今山東魚台縣東南六十里。（四）方與：在今山東魚台縣北。（五）薛：在今山東滕縣東南四十里。（六）𡰥：同「尼」。（七）碭：江蘇碭山縣。（八）國大夫：卽官大夫，爵第六級。（九）列大夫：卽公大夫，爵第七級。（一〇）城陽：在山東濮縣東南。（一一）戶牖：在河南蘭封縣東北二十里。（一二）上閒爵：或作上聞爵。（一三）成武：山東城武縣。（一四）亳南：在今河南商丘縣東南四十里。（一五）河閒：此所謂河閒，決不是河北省之河間，而是在河南江蘇邊區作戰之地。在河南商丘縣東南有杜集，居於南岔北岔二沙河中間。則所謂河閒，可能就是指的二沙河之間。所謂「杠里」，「杠」字與「杜」字極似，里，卽集，「杠里」可能為「杜集」之誤。總之，在高祖與秦軍初期作戰地區

，決不出山東、江蘇、河南邊界之地。（一六）曲遇：河南中牟縣有曲遇聚。（一七）宛陵：在河南新鄭縣東北三十八里。（一八）長社：河南長葛縣。（一九）轘轅：在河南偃師縣東南，接登封、鞏縣二縣界。（二〇）河津：黃河渡口，古平陰津，在洛陽東北五十里之處。（二一）尸：在河南偃師縣西南，稱曰尸鄉。（二二）犨：音抽（ㄔㄡ），故城在今河南魯山縣東南五十五里。（二三）陽城：大概在河南南陽附近之地。（二四）宛城：河南南陽。（二五）酈：在河南內鄉縣東北。（二六）武關：在河南陝西交界之處，在陝西商縣東一百八十五里。以上所經各地，正係高祖由河南西南部打入陝西之路線。秦集重兵於北路，南路薄弱，故高祖得以先入關也。（二七）霸上：在陝西長安縣東。

項羽在戲下（一），欲攻沛公。沛公從百餘騎因項伯面見項羽，謝無有閉關事（二）。項羽既饗軍士（三），中酒，亞父謀欲殺沛公，令項莊拔劍舞坐中，欲擊沛公，項伯常（肩）〔屏〕蔽之。時獨沛公與張良得入坐，樊噲在營外，聞事急，乃持鐵盾入到營。營衞止噲，噲直撞入，立帳下。項羽目之，問爲誰。張良曰：「沛公參乘樊噲。」項羽曰：「壯士。」賜之卮酒彘肩。噲既飲酒，拔劍切肉食，盡之。項羽曰：「能復飲乎？」噲曰：「臣死且不辭，豈特卮酒乎！且沛公先入定咸陽，暴師霸上，以待大王。大王今日至，聽小人之言，與沛公有隙，臣恐天下解（四），心疑大王也。」項羽默然。

沛公如廁，麾樊噲去（五）。既出，沛公留車騎，獨騎一馬，與樊噲等四人步從，從閒道山下歸走霸上軍，而使張良謝項羽。項羽亦因遂已（六），無誅沛公之心矣。是日微樊噲犇入營譙讓項羽（七），沛公事幾殆（八）。

【註】（一）戲下：在陝西臨潼縣東。（二）謝：極力說明沒有閉關之事。（三）中酒：爲酒所中，言酒酣也。（四）解：解體，離散。（五）如：往也。麾：以手示意使出。（六）遂已：滿足了自己的心意。（七）微：若是沒有樊噲的話。譙讓：責怪。（八）沛公幾乎就危險了。

明日，項羽入屠咸陽，立沛公爲漢王。漢王賜噲爵爲列侯，號臨武侯（一）。遷爲郎中，從入漢中。

【註】（一）臨武：湖南臨武縣。

還定三秦（一），別擊西丞白水北（二），雍輕車騎於雍南，破之（三）。從攻雍、斄城先登（四）。擊章平軍好畤（五），攻城，先登陷陣，斬縣令丞各一人，首十一級，虜二十人，遷郎中騎將。從擊秦車騎壤東（六），卻敵，遷爲將軍。攻趙賁，下郿、（七）槐里（八）、柳中（九）、咸陽；灌廢丘（一〇），最（一一）。至櫟陽，（一二）

賜食邑杜之樊鄉（一三）。從攻項籍，屠煑棗（一四）。擊破王武、程處軍於外黃（一五）。攻鄒、魯、瑕丘、薛（一七）。項羽敗漢王於彭城，盡復取魯、梁地。噲還至滎陽，益食平陰二千戶，以將軍守廣武（一八）。一歲，項羽引而東。從高祖擊項籍，下陽夏（一九），虜楚周將軍卒四千人。圍項籍於陳，大破之。屠胡陵（二〇）。

【註】（一）三秦：項羽三分關中，以秦之降將章邯為雍王，王咸陽以西。以司馬欣為塞王，王咸陽以東至河。以董翳為翟王，王咸陽以北之地。（二）西縣：在甘肅天水縣西南一百二十里。白水：出甘肅之武都，經西縣東南流。此言樊噲擊西縣之丞於白水之北。（三）又出擊雍王（章邯）的車騎於雍縣之南，破之。（四）又從攻雍縣（在陝西鳳翔縣南）。斄城（今陝西武功縣）。斄：音胎（ㄊㄞ），即后稷所封之地。（五）又攻擊章平（章邯之子）軍於好畤（在陝西乾縣東十里）。（六）壤鄉：在陝西武功縣東南二十里。（七）郿：陝西郿縣。（八）槐里：故城在陝西興平縣東南十里。（九）柳中：即細柳，在陝西長安縣西南。（一〇）廢丘：即槐里，在陝西興平縣。（一一）最：以他灌廢丘之功勞為最大。（一二）櫟陽：在陝西臨潼縣東北七十里。（一三）杜陵有樊鄉，一名樊川，在長安之正南。（一四）煑棗：功臣表有煑棗侯，但不詳其地。（一五）外黃：故城在今河南杞縣東六十里。（一六）鄒：今山東鄒平縣。魯：山東曲阜縣。瑕丘：在今山東滋陽縣西二十五里。薛：在山東滕縣東南四十四里。（一七）平陰：在山東平陰縣東北。（一八）廣武：河南廣武縣。（一九）陽夏：河南太康縣。（二〇）胡陵：在山東魚台縣東南六十里。

項籍既死，漢王爲帝，以噲堅守戰有功，益食八百戶。從高帝攻反（一）燕王臧荼，虜荼，定燕地。楚王韓信反，噲從至陳，取信，定楚。更賜爵列侯，與諸侯剖符，世世勿絕，食舞陽，號爲舞陽侯，除前所食。以將軍從高祖攻反韓王信於代（二）。自霍人以往（三）至雲中（四），與絳侯等共定之，益食千五百戶。因擊陳豨與曼丘臣軍，戰襄國（五），破柏人（六），先登，降定清河、常山凡二十七縣，殘東垣（七），遷爲左丞相。破得綦毋卬、尹潘軍於無終、廣昌（八），破豨別將胡人王黃軍於代南，因擊韓信軍於參合（九）。軍所將卒斬韓信，破豨胡騎橫谷（一〇），斬將軍趙既，虜代丞相馮梁、守孫奮、大將王黃、將軍、（太卜）太僕解福等十人。與諸將共定代鄉邑七十三。其後燕王盧綰反，噲以相國擊盧綰，破其丞相抵薊南（一一），定燕地，凡縣十八，鄉邑五十一。益食邑千三百戶，定食舞陽五千四百戶。從，斬首百七十六級，虜二百八十八人。別，破軍七，下城五，定郡六，縣五十二，得丞相一人，將軍十二人，二千石已下至三百石十一人。

【註】（一）攻反：攻擊反叛的燕王，攻擊反叛的楚王。（二）以將軍的名義，從高祖攻擊反叛的韓王信。（三）霍人：在山西繁峙縣南。（四）雲中：今綏遠托克托縣。（五）襄國：在河北

邢台縣西南。柏人：在河北唐山縣西。（六）清河：河北清河縣。常山：在今河北正定縣西南。（七）東垣：在今河北正定縣南。（八）無終：河北薊縣。廣昌：在今河北淶源縣北。（九）參合：在今山西陽高縣東北。（一〇）橫谷：在察哈爾蔚縣西北。（一一）抵：人名，燕王丞相之名。

噲以呂后女弟呂須爲婦，生子伉，故其比諸將最親。

先黥布反時，高祖嘗病甚，惡見人，臥禁中，詔戶者無得入羣臣（一）。羣臣絳、灌等莫敢入。十餘日，噲乃排闥直入，（二）大臣隨之。上獨枕一宦者臥。噲等見上流涕曰：「始陛下與臣等起豐沛，定天下，何其壯也！今天下已定，又何憊也（三）！且陛下病甚，大臣震恐，不見臣等計事，顧獨與一宦者絕乎（四）？且陛下獨不見趙高之事乎？」高帝笑而起。

【註】（一）不得讓羣臣進來。（二）闥：音榻（ㄊㄚˋ），宮中的小門。（三）憊：音倍（ㄅㄟˋ）疲倦，無精打采的樣子。（四）顧：却，但，言大臣等都不得進見，却獨獨的與一個宦者倒臥嗎？絕：倒臥也。

其後盧綰反，高帝使噲以相國擊燕。是時高帝病甚，人有惡噲黨於呂氏（一），卽上一日宮車晏駕（二），則噲欲以兵盡誅滅戚氏、趙王如意之屬（三），高帝聞之大怒，乃使陳平載絳侯代將，而卽軍中斬噲。陳平畏呂后，執噲詣長安（四）。至則高祖已崩，呂后釋噲，使復爵邑。

【註】（一）有人在高祖的跟前說樊噲的壞話，說他是呂后的一黨。（二）如果（卽）皇上一旦死了。（三）那麼，樊噲就要以武力盡殺戚氏、趙王如意之輩。（四）詣：赴。

孝惠六年，樊噲卒，謚爲武侯。子伉代侯。而伉母呂須亦爲臨光侯，高后時用事專權，大臣盡畏之。伉代侯九歲，高后崩。大臣誅諸呂、呂須婘屬，因誅伉（一）。舞陽侯中絕數月。孝文帝既立，乃復封噲他庶子市人爲舞陽侯，復故爵邑。市人立二十九歲卒，謚爲荒侯。子他廣代侯。六歲，侯家舍人得罪他廣，怨之，乃上書曰：「荒侯市人病不能爲人（二），令其夫人與其弟亂而生他廣，他廣實非荒侯子，不當代後。」詔下吏。孝景中六年，他廣奪侯爲庶人，國除。

【註】（一）婘屬：卽「眷屬」，大臣誅諸呂，呂須是呂后的妹妹，亦係戚屬，故亦被誅，其子伉亦被誅。（二）不能與其夫人行人道之事。

曲周侯酈商者，高陽人（一）。陳勝起時，商聚少年東西略人，得數千。沛公略地至陳留，六月餘，商以將卒四千人屬沛公於岐（二）。從攻長社（三），先登，賜爵封信成君。從沛公攻緱氏（四），絕河津（五），破秦軍洛陽東。從攻下宛、穰（六），定十七縣。別將攻旬關（七），定漢中。

【註】（一）曲周：河北曲周縣。高陽：在河南杞縣西。（二）岐：此地大概在河南開封附近，而決非陝西之岐也。（三）長社：河南長葛縣。（四）緱氏：在河南偃師縣。（五）河津：黃河渡口。古平陰津，在洛陽東北五十里之處。（六）宛：河南南陽。穰：河南鄧縣。（七）旬關：在陝西洵陽縣東。

項羽滅秦，立沛公為漢王。漢王賜商爵信成君，以將軍為隴西都尉（一）。別將定北地、上郡（二）。破雍將軍焉氏（三），周類軍栒邑（四），蘇駔軍於泥陽（五）。賜食邑武成六千戶。以隴西都尉從擊項籍軍五月，出鉅野，與鍾離昧戰，疾鬭，受梁相國印，益食邑四千戶。以梁相國將從擊項羽二歲三月，攻胡陵（六）。

【註】（一）隴西：甘肅隴西縣。如擴大範圍而講，則隴西即指甘肅言也。（二）北地：治地在甘肅寧縣西北。上郡：治地在陝西綏德縣。（三）焉氏：地名，在甘肅涇川縣。（四）栒邑：在陝

西栒邑縣。（五）泥陽：故城在甘肅寧縣東南。（六）胡陵：在山東魚台縣東南六十里。

項羽既已死，漢王爲帝。其秋，燕王臧荼反，商以將軍從擊荼，戰龍脫（一），先登陷陣，破荼軍易下（二），卻敵，遷爲右丞相，賜爵列侯，與諸侯剖符，世世勿絕，食邑涿五千戶（三），號曰涿侯。以右丞相別定上谷，因攻代，受趙相國印。以右丞相趙相國別與絳侯等定代、鴈門（四），得代丞相程縱、守相郭同、將軍已下至六百石十九人。還，以將軍爲太上皇衞一歲七月。以右丞相擊陳豨，殘東垣（五）。又以右丞相從高帝擊黥布，攻其前拒（六），陷兩陳，得以破布軍，更食曲周五千一百戶，除前所食。凡別破軍三，降定郡六，縣七十三，得丞相、守相、大將各一人，小將二人，二千石已下至六百石十九人。

【註】（一）龍脫：地名，大概在燕、趙之界。（二）易：河北易縣。（三）涿：河北涿縣。（四）雁門：山西雁門。（五）東垣：在河北正定縣南。（六）前拒：前哨陣地。

商事孝惠、高后時，商病，不治（一）。其子寄，字況，與呂祿善。及高后崩，大臣欲誅諸呂，呂祿爲將軍，軍於北軍，太尉勃不得入北軍，於是乃使人劫酈商，令其子況紿呂祿（二），呂祿信之，故與出游，而太尉勃乃得入據北軍，遂誅諸呂。是歲商卒，謚爲景侯。子寄代侯。天下稱酈況賣交也（三）。

【註】（一）不治：不能辦治公事也。（二）紿：欺騙。（三）賣交：出賣朋友。班固曰：「夫賣交者，謂見利而忘義也。若寄父爲功臣，而又執劫，雖摧呂祿以安社稷，義在君親，可也」。班氏之批評甚當。

孝景前三年，吳、楚、齊、趙反，上以寄爲將軍，圍趙城，十月不能下。得俞侯（一）欒布自平齊來，乃下趙城，滅趙，王自殺，除國。孝景中二年，寄欲取平原君爲夫人（二），景帝怒，下寄吏（三），有罪，奪侯。景帝乃以商他子堅封爲繆侯，續酈氏後。繆靖侯卒，子康侯遂成立。遂成卒，子懷侯世宗立。世宗卒，子侯終根立，爲太常，坐法，國除。

【註】（一）俞：音舒，大概在河東之地。（二）景帝王皇后母臧兒也。（三）交付於吏，議罪。

汝陰侯（一），夏侯嬰，沛人也。爲沛廄司御（二），每送使客還，過沛泗上亭，與高祖語，未嘗不移日也（三）。嬰已而試補縣吏，與高祖相愛。高祖戲而傷嬰，人有告高祖（四）。高祖時爲亭長，重坐傷人（五），告故不傷嬰（六），嬰證之（七）。後獄覆（八），嬰坐高祖繫歲餘（九），掠笞數百（一〇），終以是脫高祖（一一）。

【註】（一）汝陰：今安徽阜陽縣。（二）廐：音救（ㄐㄧㄡˋ），馬房。（三）移日，日影移動，言其相談投契，不知不覺，時間已過了很長。（四）告：告發高祖傷害罪於官府。（五）高祖當時爲亭長，是公務員身份，以公務員而傷人，其罪加重。所以公務員很害怕犯了傷人之罪。以犯了傷人之罪爲苦痛。（六）高祖自白，言並不曾傷害嬰。（七）嬰也自證，謂並未受高祖的傷害。（八）以後這個案子判決了，判爲「誣告反坐」（覆）。（本來嬰並沒有告高祖，那是別人告的，而法官以爲原初就是嬰告的，儘管嬰說沒有受傷，而法官不採信）。（九）嬰爲了這件事，等於替高祖坐了一年多的監牢。（一〇）也挨了幾百棍子。（一一）因此使高祖脫於罪刑。

高祖之初與徒屬欲攻沛也，嬰時以縣令史爲高祖使。上降沛一日，高祖爲沛公，賜嬰爵七大夫，以爲太僕。從攻胡陵，嬰與蕭何降泗水監平，平以胡陵降，賜嬰爵五大夫。從擊秦軍碭東，攻濟陽（一），下戶牖（二），破李由軍雍丘下（三），以兵車趣攻戰疾（四），賜爵執帛。常以太僕奉車從擊章邯軍東阿、濮陽下（五），以兵車趣攻戰疾，破之，賜爵執珪。復常奉車從擊趙賁軍開封，楊熊軍曲遇。嬰從捕虜六十八人，降卒八百五十人，得印一匱（六）。因復常奉車從擊秦軍雒陽東，以兵車趣攻戰疾，賜爵封轉爲滕公。因復奉車從攻南陽，戰於藍田、芷陽（七），以兵車趣攻戰疾，至霸上。項羽至，滅秦，立沛公爲漢王。漢王賜嬰爵列侯，號昭平侯，復爲太僕，從入蜀、漢。

【註】（一）濟陽：故城在今河南蘭封縣東北。（二）戶牖：在河南蘭封縣東北二十里。（三）雍丘：今河南杞縣。（四）趣攻：急攻、猛攻。趣：讀「促」。（五）東阿：山東東阿縣。濮陽：山東濮陽縣。（六）匱：匣也。（七）藍田：陝西藍田縣。芷陽：在陝西長安縣東。

還定三秦，從擊項籍。至彭城，項羽大破漢軍。漢王敗，不利，馳去。見孝惠、魯元，載之。漢王急，馬罷，虜在後（一），常蹶兩兒（二）欲弃之，嬰常收，竟載之，徐行，面雍樹乃馳。（三）漢王怒，行欲斬嬰者十餘，卒得脫，而致孝惠、魯元於豐。

【註】（一）馬已經疲乏不堪，而敵人（虜）在後緊追。（二）蹶：以足踶之，以足踏之。（三）面雍樹，乃馳：面：對面。雍：同「擁」字，遮蔽。樹：形容其擋遮的如樹一般。即言高祖於被敵人追得危急之時，常以脚踢兩兒，欲棄之，嬰常拾起來，載在車上。因爲馬已經疲困了，只好慢慢的走。馬越是走得慢，高祖越是又急又怒，當他踢那兩個小兒的時候，嬰常當面遮蔽，使高祖踢不到。高祖越發生氣，在半路上，有十幾次就想拔劍把嬰殺了，以洩怒。這樣，才得以逃脫（馳，在此當逃脫講，不是飛奔之馳，因爲馬久已疲困了，不能飛奔。）

漢王既至滎陽，收散兵，復振，賜嬰食祈陽（一）。復常奉車從擊項籍，追至陳（二），卒定楚，至魯，益食茲氏（三）。

【註】（一）祈陽：以祈陽爲其食邑。（二）陳：河南淮陽。（三）茲氏：增加茲氏爲其食邑。

漢王立爲帝。其秋，燕王臧荼反，嬰以太僕從擊荼。明年，從至陳，取楚王信。更食汝陰（一），剖符世世勿絕。以太僕從擊代，至武泉、雲中（二），益食千戶。因從擊韓信軍胡騎晉陽旁（三），大破之。追北至平城（四），爲胡所圍，七日不得通。高帝使使厚遺閼氏，冒頓開圍一角。高帝出欲馳，嬰固徐行，弩皆持滿外向，卒得脫。益食嬰細陽（五）千戶。復以太僕從擊胡騎句注北（六），大破之。以太僕擊胡騎平城南，三陷陳，功爲多，賜所奪邑五百戶。以太僕擊陳豨、黥布軍，陷陳卻敵（七），益食千戶，定食汝陰六千九百戶，除前所食。

【註】（一）汝陰：安徽阜陽縣。（二）武泉：綏遠武川縣。雲中：綏遠托克托縣。（三）晉陽：山西太原。（四）平城：在山西大同縣東。（五）細陽：安徽太和縣。（六）句注：在山西代縣西北二十五里，卽雁門山。（七）陷陳：卽「陷陣」。攻陷敵人之陣壘。

嬰自上初起沛，常爲太僕，竟高祖崩。以太僕事孝惠。孝惠帝及高后德嬰之脫孝惠、魯元於下邑之閒也（一），乃賜嬰縣北第第一，曰「近我」，以尊異之。孝惠帝崩，以太僕事高后。高后崩，代王之來，嬰以太僕與東牟侯入淸宮，廢少帝，以天子法駕迎代王代邸，與大臣共立爲孝文皇帝，復爲太僕。八歲卒，謚爲文侯，子夷侯竈立，七年卒。子共侯賜立，三十一年卒，子侯頗尚平陽公主。立十九歲，元鼎二年，坐與父御婢姦罪，自殺，國除。

【註】（一）孝惠帝及高后感激嬰在夏邑之間救命的恩德。那時，高祖要棄掉他們，而嬰救之，得以逃出。

潁陰侯（一）灌嬰者，睢陽販繒者也（二），高祖之爲沛公，略地至雍丘下（三），章邯敗殺項梁，而沛公還軍於碭，嬰初以中涓（四）從擊破東郡尉於成武（五）及秦軍於扛里（六），疾鬬，賜爵七大夫。從攻秦軍亳南（七）、開封、曲遇（八），戰疾力，賜爵執帛，號宣陵君。從攻陽武（九）以西至雒陽，破秦軍尸北（一〇），北絕河津（一一），南破南陽守齮陽城東（一二），遂定南陽郡。西入武關，戰於藍田，疾力

（一三），至霸上，賜爵執珪，號昌文君（一四）。

【註】（一）潁陰：今河南許昌縣。（二）睢陽：河南商丘縣南。（三）雍丘：河南杞縣。（四）中涓：內侍也。（五）成武：山東城武縣。（六）扛里：大概是「杜集」之誤。在河南商丘縣東南。（七）亳南：在河南商丘縣東南。（八）曲遇：在河南中牟縣。（九）陽武：河南陽武縣。（一〇）尸：河南偃師縣之尸鄉。（一一）河津：黃河渡口，在河南洛陽縣東北五十里。（一二）陽城：河南汝南。（一三）疾力：猛戰、力戰之意。（一四）昌文君：乃美號，而非土地。

沛公立爲漢王，拜嬰爲郎中，從入漢中，十月，拜爲中謁者。從還定三秦，下櫟陽，降塞王（一），還圍章邯於廢丘（二），未拔。從東出臨晉關（三），擊降殷王，定其地（四）。擊項羽將龍且、魏相項他軍定陶南，疾戰，破之。賜嬰爵列侯，號昌文侯，食杜平鄉（五）。

【註】（一）塞王：項羽封秦之降將司馬欣爲塞王，王咸陽以東之地。（二）項羽封秦之降將章邯爲雍王，王咸陽以西之地。廢丘：陝西興平縣，在咸陽以西。（三）臨晉關：在陝西朝邑縣東，黃河西岸。（四）殷王：項羽封趙將司馬卬爲殷王，王河內之地。（五）杜縣之平鄉。杜縣在陝西長安縣東南。

復以中謁者從降下碭，以至彭城。項羽擊，大破漢王。漢王遁而西，嬰從還，軍於雍丘。王武、魏公申徒反（一），從擊破之。攻下黃（二），西收兵，軍於滎陽。楚騎來衆，漢王乃擇軍中可爲（車）騎將者，皆推故秦騎士重泉人（三）李必、駱甲習騎兵，今爲校尉，可爲騎將。漢王欲拜之，必、甲曰：「臣故秦民，恐軍不信臣，臣願得大王左右善騎者傅之。」灌嬰雖少，然數力戰，乃拜灌嬰爲中大夫，令李必、駱甲爲左右校尉，將郎中騎兵擊楚騎於滎陽東，大破之。受詔別擊楚軍後，絕其餉道，起陽武（四）至襄邑（五）。擊項羽之將項冠於魯下（六），破之，所將卒斬右司馬、騎將各一人。擊破柘公王武（七），軍於燕西，所將卒斬樓煩將五人，連尹一人。擊王武別將桓嬰白馬下（八），破之，所將卒斬都尉一人。以騎渡河南，送漢王到雒陽，使北迎相國韓信軍於邯鄲。還至敖倉，嬰遷爲御史大夫。

【註】（一）秦將，降爲公，又反叛。（二）下黃：在河南考城縣東二十四里。（三）重泉：在陝西蒲城縣東南四十五里。（四）陽武：河南陽武縣。（五）襄邑：在河南睢縣。（六）魯下：魯山之下，在河南魯山縣。（七）柘：音蔗（ㄓㄜˋ）河南柘城縣。（八）白馬下：白馬關下，在河北密雲縣西北八十里。

三年，以列侯食邑杜平鄉（一）。以御史大夫受詔將郎中騎兵東屬相國韓信，擊破齊軍於歷下（二），所將卒虜車騎將軍華毋傷及將吏四十六人。降下臨菑，得齊守相田光。追齊相田橫至嬴、博，破其騎，所將卒斬騎將一人，生得騎將四人。攻下嬴、博，（三）破齊將軍田吸於千乘（四），所將卒斬吸。東從韓信攻龍且、留公旋於高密（五）卒斬龍且，生得右司馬、連尹各一人，樓煩將十人，身生得亞將周蘭（六）。

【註】（一）食邑杜縣之平鄉。（二）歷下：歷山之下，在山東歷城縣。（三）嬴：在山東萊蕪縣西北四十里，俗名城子縣。博：在山東泰安縣東南。（四）千乘：在山東高苑縣北二十五里。（五）高密：山東高密縣。（六）身生得：親身活捉。

齊地已定，韓信自立爲齊王，使嬰別將擊楚將公杲於魯北，破之。轉南，破薛郡長，身虜騎將一人。攻（博）〔傅〕陽（一），前至下相（二）以東南僮（三）、取慮、徐（四）。度淮，盡降其城邑，至廣陵（五）。項羽使項聲、薛公、郯公復定淮北。嬰度淮北，擊破項聲、郯公下邳（六），斬薛公，下下邳，擊破楚騎於平陽（七），遂降彭城，虜柱國項佗，降留、薛、沛、酇、（八）蕭、相。攻苦、譙（九），復得亞將周蘭。與漢王會頤鄉（一〇）。從擊項籍軍於陳下（一一），破之，所將卒斬樓煩將二人，虜騎將八人。賜益食邑二千五百戶。

【註】（一）博陽：山東泰安縣。有人以爲應當是「傅陽」。傅陽在山東嶧縣。（二）下相：在今江蘇宿遷縣西七里。（三）僮：在安徽泗縣東北。（四）取慮：在江蘇睢寧縣西南。徐：在安徽泗陽。（五）廣陵：在江蘇江都縣東北。（六）下邳：江蘇邳縣。（七）平陽：山東鄒縣。（八）酇：在河南永城縣西南。蕭：江蘇蕭縣。相：在安徽宿縣西北。（九）苦：在河南鹿邑縣東十里。譙：安徽亳縣。（一〇）頤鄉：在河南鹿邑縣境內。（一一）陳：河南淮陽縣。

項籍敗垓下去也（一），嬰以御史大夫受詔將車騎別追項籍至東城（二），破之。所將卒五人共斬項籍，皆賜爵列侯。降左右司馬各一人，卒萬二千人，盡得其軍將吏。下東城、歷陽（三）。渡江，破吳郡長吳下（四），得吳守，遂定吳、豫章、會稽郡（五）。還定淮北，凡五十二縣。

【註】（一）垓下：在今安徽靈壁縣東南。（二）東城：在今安徽定遠縣東南。（三）歷陽：安徽和縣。（四）吳：江蘇吳縣，即蘇州。（五）會稽：江蘇吳縣。豫章：江西南昌。

漢王立爲皇帝，賜益嬰邑三千戶。其秋，以車騎將軍從擊破燕王臧荼。明年，從至陳，取楚王信。還，剖符，世世勿絕，食潁陰（一）二千五百戶，號曰潁陰侯。

以車騎將軍從擊反韓王信於代，至馬邑（二），受詔別降樓煩（三）以北六縣，斬代左相，破胡騎於武泉北（四）。復從擊韓信胡騎晉陽下，所將卒斬胡白題將一人（五）。受詔幷將燕、趙、齊、梁、楚車騎，擊破胡騎於硰石（六）。至平城（七），為胡所圍，從還軍東垣。（八）

【註】（一）潁陰：今河南許昌縣。（二）馬邑：山西朔縣。（三）樓煩：在雁門關外。（四）武泉：在綏遠武川縣北。（五）白題：胡種之名，有所謂「白題國」，蓋指其為白額頭之胡也，即所謂白色人種。（六）硰石：地名，硰，音沙（ㄕㄚ）。（七）平城：在山西大同縣東。（八）東垣：在河北正定縣南。

從擊陳豨，受詔別攻豨丞相侯敞軍曲逆下（一），破之，卒斬敞及特將五人。降曲逆、盧奴、上曲陽、安國、安平（二）。攻下東垣。

【註】（一）曲逆：在河北完縣東南。（二）盧奴：今河北定縣。上曲陽：河北曲陽縣西。安國：河北安國縣。安平：河北安平縣。

黥布反，以車騎將軍先出，攻布別將於相（一），破之，斬亞將樓煩將三人。又進擊破布上柱國軍及大司馬軍。又進破布別將肥誅。嬰身生得左司馬一人，所將卒斬其小將十人，追北至淮上。益食二千五百戶。布已破，高帝歸，定令嬰食潁陰五千戶，除前所食邑。凡從得二千石二人，別破軍十六，降城四十六，定國一，郡二，縣五十二，得將軍二人，柱國、相國各一人，二千石十人。

【註】（一）相：故城在今安徽宿縣西北。

嬰自破布歸，高帝崩，嬰以列侯事孝惠帝及呂太后。太后崩，呂祿等以趙王自置爲將軍，軍長安，爲亂。齊哀王聞之，舉兵西，且入誅不當爲王者。上將軍呂祿等聞之，乃遣嬰爲大將，將軍往擊之。嬰行至滎陽，乃與絳侯等謀，因屯兵滎陽，風齊王以誅呂氏事（一），齊兵止不前。絳侯等既誅諸呂，齊王罷兵歸，嬰亦罷兵自滎陽歸，與絳侯、陳平共立代王爲孝文皇帝。孝文皇帝於是益封嬰三千戶，賜黃金千斤，拜爲太尉。

【註】（一）風：暗示。

三歲，絳侯勃免相就國，嬰爲丞相，罷太尉官。是歲，匈奴大入北地、上郡（一），令丞相嬰將騎八萬五千往擊匈奴。匈奴去，濟北王反，詔乃罷嬰之兵。後歲餘，嬰以丞相卒，謚曰懿侯。子平侯阿代侯。二十八年卒，子彊代侯。十三年，彊有罪，絕二歲。元光三年，天子封灌嬰孫賢爲臨汝侯，續灌氏後，八歲，坐行賕有罪，國除。

【註】（一）北地：統甘肅舊寧夏慶陽二府之地，治地在今甘肅環縣東南。上郡：今陝西省北部及綏遠鄂爾多斯左翼之地。

太史公曰：吾適豐沛，問其遺老，觀故蕭、曹、樊噲、滕公之家，及其素（一），異哉所聞！方其鼓刀屠狗賣繒之時，豈自知附驥之尾，垂名漢廷，德流子孫哉？余與他廣通（二），爲言高祖功臣之興時若此云。

【註】（一）素：生平故事。（二）他廣：樊噲之孫。通：互相來往交好。

卷九十六　張丞相列傳第三十六

張丞相蒼者，陽武人也（一）。好書律曆（二）。秦時爲御史（三），主柱下方書（四）。有罪，亡歸。及沛公略地過陽武，蒼以客從攻南陽。蒼坐法當斬，解衣伏質（五），身長大，肥白如瓠，時王陵見而怪其美士，乃言沛公　赦勿斬。遂從西入武關，至咸陽。沛公立爲漢王，入漢中，還定三秦。陳餘擊走常山王張耳，耳歸漢，漢乃以張蒼爲常山守。從淮陰侯擊趙，蒼得陳餘。趙地已平，漢王以蒼爲代相，備邊寇。已而徙爲趙相，相趙王耳。耳卒，相趙王敖。復徙相代王。燕王臧荼反，高祖往擊之，蒼以代相從攻臧荼有功，以六年中封爲北平侯，食邑千二百戶。

【註】（一）陽武：河南陽武縣。（二）律曆：帝王之治天下，以律曆爲先；儒者之通天人，至律曆而止。曆以數始，數自曆生，故律曆既正，寒暑以節，歲功以成。律曆二字連用，卽作音律與曆數而講。但分而解之，則律亦可作法律解，其函義尚不止於音律之一端也。（三）御史：官名，周時

掌贊書而授法令，秦漢並爲親近之職，長官曰御史大夫，掌副丞相。次曰御史中丞，掌秘書，兼司糾察，官署曰御史府。（四）柱下史：侍立殿柱之下以擔任文書工作之官，即所謂侍御史也。周之時，老聃曾爲柱下史。方書：謂將重要事件，書之於方版之上，以備皇帝之詢問與記憶者也。非所謂四方文書也。（五）伏身於鐵墊之上以待行斬。質：鑕也，斬人之墊板也。

遷爲計相（一），一月，更以列侯爲主計四歲。是時蕭何爲相國，而張蒼乃自秦時爲柱下史，明習天下圖書計籍。蒼又善用算律曆，故令蒼以列侯居相府，領主郡國上計者（二）。黥布反亡，漢立皇子長爲淮南王，而張蒼相之。十四年，遷爲御史大夫。

【註】（一）計相：主管中央財賦收支之首長。（二）郡國上計：各郡國每年呈報其錢穀收支於中央。

周昌者，沛人也。其從兄曰周苛，秦時皆爲泗水卒史。及高祖起沛，擊破泗水守監，於是周昌、周苛自卒史從沛公，沛公以周昌爲職志（一），周苛爲客。從入關，破秦。沛公立爲漢王，以周苛爲御史大夫，周昌爲中尉。

【註】（一）職志：即「幟誌」，掌旗幟之官。

漢王四年，楚圍漢王滎陽急，漢王遁出去，而使周苛守滎陽城。楚破滎陽城，欲令周苛將。苛罵曰：「若趣降漢王（一）！不然，今爲虜矣！」項羽怒，亨周苛（二）。於是乃拜周昌爲御史大夫。常從擊破項籍。以六年中與蕭、曹等俱封：封周昌爲汾陰侯；周苛子周成以父死事，封爲高景侯。

【註】（一）趣：讀「促」，速也。（二）亨：同「烹」字。

昌爲人彊力，敢直言，自蕭、曹等皆卑下之（一）。昌嘗燕時入奏事（二），高帝方擁戚姬，昌還走，高帝逐得，騎周昌項，問曰：「我何如主也？」昌仰曰：「陛下卽桀紂之主也。」於是上笑之，然尤憚周昌。及帝欲廢太子，而立戚姬子如意爲太子，大臣固爭之（三），莫能得；上以留侯策卽止。而周昌廷爭之彊，上問其說，昌爲人吃，（四）又盛怒，曰：「臣口不能言，然臣期期知其不可（五）。陛下雖欲廢太子，臣期期不奉詔。」上欣然而笑。既罷，呂后側耳於東箱聽（六），見周昌，爲跪謝曰：「微君，太子幾廢（七）。」

【註】（一）卑視蕭何曹參等。（二）燕時：休息之時，非辦公時間。（三）固爭：堅決反對。（四）吃：說話口吃。（五）期期：卽口吃者急欲說而說不出之聲調。（六）傾偏着耳朵在偸聽。（七）如果沒有你的堅決反對，太子幾幾乎就要被廢除了。

是後戚姬子如意爲趙王，年十歲，高祖憂卽萬歲之後不全也（一），趙堯年少，爲符璽御史（二）。趙人方與公（三）謂御史大夫周昌曰：「君之史趙堯，年雖少，然奇才也，君必異之，是且代君之位（四）。」周昌笑曰：「堯年少，刀筆吏耳，何能至是乎！（五）」居頃之，趙堯侍高祖。高祖獨心不樂，悲歌，羣臣不知上之所以然。趙堯進請問曰：「陛下所爲不樂，非爲趙王年少而戚夫人與呂后有郤邪？（六）備萬歲之後而趙王不能自全乎？（七）」高祖曰：「然。吾私憂之，不知所出。」堯曰：「陛下獨宜爲趙王置貴彊相（八），及呂后、太子、羣臣素所敬憚乃可。」高祖曰：「然。吾念之欲如是，而羣臣誰可者？」堯曰：「御史大夫周昌，其人堅忍質直，且自呂后、太子及大臣皆素敬憚之，獨昌可。」高祖曰：「善。」於是乃召周昌，謂曰：「吾欲固煩公，公彊爲我相趙王。」（九）周昌泣曰：「臣初起從陛下，陛下獨柰何中道而弃之於諸侯乎？（一〇）」高祖曰：「吾極知其左遷，然吾私憂趙王，念非公無可者。公不得已彊行！（一一）」於是徙御史大夫周昌爲趙相。

【註】（一）高祖發愁如果（卽）一旦死了（萬歲之後），趙王的生命難以保全。（二）符璽御史：掌管符璽之近侍御史。（三）不知其名，而知其爲方與縣的一位老人，故曰方與公。（四）「

你的書記官趙堯，雖然年少，但是有奇才，你一定要優待他，他將來會代替你的職位。」（五）刀筆吏：古用簡牘，如書寫有錯誤，即以刀削改之，故號曰刀筆吏。周昌笑着說：「趙堯年少，不過是一個區區的書記官而已，怎麼能夠代替我的副丞相之職位？」（六）郤：同「隙」有仇恨。（七）備：提防，提心吊膽的防備。（八）貴强相：地位高而性格强之輔相。（九）高祖對周昌說：「無論如何，我一定要勞你的駕，替我勉强輔佐趙王！」（一〇）周昌哭着說：「我一起初，就追隨陛下，陛下怎可以在半路之中就把我拋棄於諸侯之國呢？」（一一）高祖說：「我也深切知道，把你派到趙國，對於你可以說是降級（左遷），我十分的抱歉！但是我擔憂趙王的將來，想來想去，除了你，沒有再合適的人可派，眞是難爲你了，請你勉强的走一趟吧！」

既行，久之，高祖持御史大夫印弄之，曰：（一）「誰可以爲御史大夫者？」孰視趙堯（二），曰：「無以易堯（三）。」遂拜趙堯爲御史大夫（四）。堯亦前有軍功食邑，及以御史大夫從擊陳豨有功，封爲江邑侯。

【註】（一）弄：把玩。（二）孰視：即「熟視」注目的細看。（三）再沒有比趙堯更合適的人了。（四）御史大夫：副丞相。

高祖崩，呂太后使使召趙王，其相周昌令王稱疾不行。使者三反，周昌固（一）爲不遣趙王。於是高后患之，乃使使召周昌。周昌至，謁高后，高后怒而罵周昌曰：「爾不知我之怨戚氏乎？而不遣趙王，何？」昌既徵，高后使使召趙王，趙王果來。至長安月餘，飲藥而死。周昌因謝病不朝見，三歲而死。

【註】（一）固：堅決的。

後五歲，高后聞御史大夫江邑侯趙堯高祖時定趙王如意之畫（一），乃抵堯罪（二），以廣阿侯任敖為御史大夫。

【註】（一）畫：計策。（二）抵罪：以為趙堯是罪禍之根而治之以相當之罪。

任敖者，故沛獄吏。高祖嘗辟吏（一），吏繫呂后（二），遇之不謹（三）。任敖素善高祖（四），怒，擊傷主呂后吏（五）。及高祖初起，敖以客從為御史，守豐二歲。高祖立為漢王，東擊項籍，敖遷為上黨守。陳豨反時，敖堅守，封為廣阿侯，食千八百戶。高后時為御史大夫。三歲免，以平陽侯曹窋為御史大夫。高后崩，（不）與大臣共誅呂祿等。免，以淮南相張蒼為御史大夫。

【註】（一）辟：即「避」字。（二）繫：拘捕。（三）遇之不謹：待呂后不恭敬。（四）善

：友善。（五）主吏：管理呂后之吏。

蒼與絳侯等尊立代王爲孝文皇帝。四年，丞相灌嬰卒，張蒼爲丞相。

自漢興至孝文二十餘年，會天下初定，將相公卿皆軍吏。張蒼爲計相時，緒正律曆（一）。以高祖十月始至霸上，因故秦時本以十月爲歲首，弗革（二）。推五德之運，（三）以爲漢當水德之時尙黑如故（四）。吹律調樂，入之音聲，及以比定律令（五）。若百工，天下作程品（六）。至於爲丞相，卒就之，故漢家言律曆者，本之張蒼。蒼本好書，無所不觀，無所不通，而尤善律曆。

【註】（一）緒正律曆：給律曆以有條理有系統（緒）的定正。（二）不加以變革。（三）推衍五德運行的規律。（四）崇尙黑色如故。（五）比定者，排定其次序也。律者，音律也。令者，時令也，四季變化之程序也。（六）若者，順也。音律與時令定好之後，宣示於天下人民，使一切工作（百工者，諸種的工作，尤其是農作），皆能順此程規而進行，所以謂之「天下作程品」。這段話的意思就如同尙書所謂：「乃命羲和，欽若昊天，歷象日月星辰，敬授民事，歲三百有六旬有六日，以閏月定四時成歲。允釐百工，庶績咸熙。」所以這裡所謂之「律令」，不是狹義的法律與命令，而是廣義的有關於國計民生社會經濟之音律與時令，古時以養民爲本，故聖君明王注意於音律與時令。

張蒼德王陵。王陵者，安國侯也。及蒼貴，常父事王陵。陵死後，蒼爲丞相，洗沐，常先朝陵夫人上食，然后敢歸家。

蒼爲丞相十餘年，魯人公孫臣上書言漢土德時，其符有黃龍當見。詔下其議張蒼，張蒼以爲非是，罷之。其後黃龍見成紀，於是文帝召公孫臣以爲博士，草土德之曆制度，更元年。張丞相由此自絀，謝病稱老。蒼任人爲中候，大爲姦利（一），上以讓蒼，（二）蒼遂病免。蒼爲丞相十五歲而免。孝景前五年，蒼卒，謚爲文侯。子康侯代，八年卒。子類代爲侯，八年，坐臨諸侯喪後就位不敬，國除。

【註】（一）張蒼保薦某人爲中候官，假公濟私，大爲姦利。（二）文帝責斥張蒼。

初，張蒼父長不滿五尺，及生蒼，蒼長八尺餘，爲侯、丞相。蒼子復長。及孫類，長六尺餘，坐法失侯。蒼之免相後，老，口中無齒，食乳，女子爲乳母（一）。妻妾以百數，嘗孕者不復幸。蒼年百有餘歲而卒。

【註】（一）老人食人乳，活至百餘歲。

申屠丞相嘉者，梁人，以材官蹶張（一）從高帝擊項籍，遷爲隊率（二）。從擊黥布軍，爲都尉（三）。孝惠時，爲淮陽守。孝文帝元年，舉故吏士二千石從高皇帝者，悉以爲關內侯，食邑二十四人，而申屠嘉食邑五百戶。張蒼已爲丞相，嘉遷爲御史大夫。張蒼免相，孝文帝欲用皇后弟竇廣國爲丞相，曰：「恐天下以吾私廣國。」廣國賢有行。故欲相之，念久之不可，而高帝時大臣又皆多死，餘見無可者，乃以御史大夫嘉爲丞相，因故邑封爲故安侯。

【註】（一）材官：有材力之武官。蹶張：如淳曰：「材官之多力，能腳踏強弩而張之，故曰「蹶張」。顏師古曰：「弩，以手張者，曰擘弩；以足踏者，曰蹶張」。（二）隊率：領隊之人。（三）都尉：官名，漢時，都尉官最多，一爲侍從官，如奉車都尉，駙馬都尉，騎都尉。一爲職事官，如水衡都尉，搜粟都尉。一爲郡將，如各郡都尉及屬國都尉。（四）見：卽「現」，當時。

嘉爲人廉直，門不受私謁（一）。是時太中大夫鄧通方隆愛幸（二），賞賜累巨萬。文帝嘗燕飲通家，其寵如是。是時丞相入朝，而通居上傍，有怠慢之禮。丞相奏事畢，因言曰：「陛下愛幸臣，則富貴之；至於朝廷之禮，不可以不肅！」上曰：「君勿言，吾私之（三）。」罷朝坐府中，嘉爲檄召鄧通詣丞相府，不來，且斬通（四）。通恐，入言文帝。文帝曰：「汝第往，吾今使人召若（五）。」通至丞相府，免冠，徒跣，頓首謝（六）。嘉坐自如，故不爲禮（七），責曰：「夫朝廷者，高皇帝之朝廷也。通小臣，戲殿上，大不敬，當斬。吏今行斬之！」通頓首，首盡出血，不解（八）。文帝度丞相已困通，使使者持節召通，而謝丞相曰：「此吾弄臣，君釋之（九）。」鄧通既至，爲文帝泣曰：「丞相幾殺臣（一〇）。」

【註】（一）家中不受私人的進謁與請託。（二）正在受愛幸的巔峰。（三）「你不要公開的講，我私下告訴他一聲好了。」（四）且：即將。（五）「你只管先去，回頭我就派人去叫你」。（六）脫下帽子，赤着脚，叩頭謝罪。（七）申屠嘉大模大樣的坐着，故意不以禮待他。（八）鄧通叩頭如搗蒜一般的磕個不止，頭都出血了，而還不能罷休。（九）文帝猜想丞相已經給鄧通吃的苦頭夠了，就派人去叫鄧通，並且懇求丞相說：「這是我的私人，請你放了他吧！」（一〇）鄧通回殿，見了文帝大哭着說：「丞相幾乎把我殺了。」

嘉爲丞相五歲，孝文帝崩，孝景帝卽位。二年，鼂錯爲內史（一），貴幸用事，諸法令多所請變更，議以謫罰侵削諸侯（二）。而丞相嘉自絀所言不用（三），疾錯（四）。錯爲內史，門東出，不便，更穿一門南出。南出者，太上皇廟堧垣。（五）嘉聞之，欲因此以法錯擅穿宗廟垣爲門，奏請誅錯。錯客有語錯，錯恐，夜入宮上謁，自歸景帝。（六）至朝，丞相奏請誅內史錯。景帝曰：「錯所穿非眞廟垣，乃外堧垣，故他官居其中，且又我使爲之，錯無罪（七）。」罷朝，嘉謂長史曰：「吾悔不先斬錯，乃先請之，爲錯所賣。」至舍，因歐血而死（八）。謚爲節侯。子共侯蔑代，三年卒。子侯去病代，三十一年卒。子侯與代，六歲，坐爲九江太守受故官送有罪，國除。

【註】（一）內史：在宮中，助皇帝辦理政事，如後世之中書令。（二）鼂錯建議以罪罰的手段，削減諸侯的權力與封地，以免造成尾大不掉之勢。（三）自絀：有自卑的感覺。認爲鼂錯的建議被採用，而自己的建議無效，故有自卑之感。（四）於是就更加仇視鼂錯。（五）堧垣：廟外空地之短牆。（六）自己到景帝那裡去認罪，請景帝治其罪。事實上，明知景帝不會治他以罪。而等於請景帝爲他擋一陣。自歸者，即自己歸案，自己自首。（七）到了臨朝的時候丞相上奏以鼂錯爲私穿廟牆，請誅之以治其罪。景帝果然替鼂錯打圓場，說是鼂錯所穿的不是宗廟的眞牆，不過是廟外空垣子的短牆罷了，那空垣子裡本來就住了一些冗散的官員。並且事前都經過我的允許。鼂錯本人實在沒有犯罪。（八）退朝之後，丞相嘉對他的秘書長說：「我眞後悔不把鼂錯先斬後奏。我被他所暗算了。」到了家，就吐血而死。

自申屠嘉死之後，景帝時開封侯陶青、桃侯劉舍爲丞相。及今上時，柏至侯許昌、平棘侯薛澤、武彊侯莊青翟、高陵侯趙周等爲丞相。皆以列侯繼嗣（一），娖娖廉謹（

二），爲丞相備員而已（三），無所能發明功名有著於當世者。（四）

【註】（一）自從申屠嘉死了以後，爲丞相的，如陶青、劉舍、許昌、薛澤、莊青翟、趙周等，都是以其先人爲列侯的家世而爲丞相。（二）娖娖：音促（ㄘㄨˋ），拘謹自守，沒膽量，沒魄力。（三）備員：掛個名義，備個員額，並非名符其實也。（四）沒有一點的創作，沒有一點的建樹，以表現於當世。

太史公曰：張蒼文學律曆，爲漢名相，而絀賈生、公孫臣等言正朔服色事而不遵，明用秦之顓頊曆，何哉？（一）周昌，木彊人也。任敖以舊德用。申屠嘉可謂剛毅守節矣，然無術學，殆與蕭、曹、陳平異矣（二）。

【註】（一）張蒼文學律曆，爲漢名相，而排斥（絀）賈生、公孫臣等所建議之改正朔、易服色的事情，執意要用秦朝的顓頊曆，是什麼原故呢？（不明言其爲頑固，而事實上卽指斥其爲頑固。太史公是贊成賈生之建議的）。（二）漢初丞相以蕭、曹、陳平爲具有見識，故太史公稱之。

孝武時丞相多甚，不記，莫錄其行起居狀略，且紀征和以來。（一）

有車丞相，長陵人也。卒而有韋丞相代。韋丞相賢者，魯人也。以讀書術爲吏，至大鴻臚。有相工相之，當至丞相。有男四人，使相工相之，至第二子，其名玄成。相工曰：「此子貴，當封。」韋丞相言曰：「我卽爲丞相（二），有長子，是安從得之？」後竟爲丞相，病死，而長子有罪論，不得嗣，而立玄成。玄成時佯狂，不肯立，竟立之。有讓國之名，後坐騎至廟，不敬，有詔奪爵一級，爲關內侯，失列侯，得食其故國邑。韋丞相卒，有魏丞相代。

【註】（一）此車千秋以下，皆褚先生等所記，非太史公之文也。征和：武帝年號，西曆紀元前九二年。再過四年，武帝便去世了。（二）卽：如果。

魏丞相相者，濟陰人也。以文吏至丞相。其人好武，皆令諸吏帶劍，帶劍前奏事。或有不帶劍者，當入奏事，至乃借劍而敢入奏事。其時京兆尹趙君，丞相奏以免罪，使人執魏丞相，欲求脫罪而不聽。復使人脅恐魏丞相，以夫人賊殺侍婢事而私獨奏請驗之，發吏卒至丞相舍，捕奴婢笞擊問之，實不以兵刃殺也。而丞相司直繁君（一）奏京兆尹趙君迫脅丞相，誣以夫人賊殺婢，發吏卒圍捕丞相舍，不道；又得擅屏騎士事，趙京兆坐要斬。又有使掾陳平等劾中尙書，疑以獨擅劫事而坐之，大不敬，長史以下皆坐死，或下蠶室（二）。而魏丞相竟以丞相病死。子嗣。後坐騎至廟，不敬，有詔奪爵一級，爲關內侯，失列侯，得食其故國邑。魏丞相卒，以御史大夫邴吉代。

【註】（一）司直：官名，漢置，佐丞相擧奏不法，位在司隸校尉上。（二）蠶室：執行宮刑之獄名，受刑者，畏風須煖，作暗室蓄火如蠶室，因以爲名焉。

邴丞相吉者，魯國人也。以讀書好法令至御史大夫。孝宣帝時，以有舊故，封爲列侯，而因爲丞相。明於事，有大智，後世稱之。以丞相病死，子顯嗣。後坐騎至廟，不敬，有詔奪爵一級，失列侯，得食故國邑。顯爲吏至太僕，坐官秏亂（一），身及子男有姦贓，免爲庶人。

邴丞相卒，黃丞相代。長安中有善相工田文者，與韋丞相、魏丞相、邴丞相微賤時會於客家，田文言曰：「今此三君者，皆丞相也。」其後三人竟更相代爲丞相，何見之明也。

黃丞相霸者，淮陽人也。以讀書爲吏，至潁川太守。治潁川，以禮義條敎喻告化之。犯法者，風曉令自殺（二）。化大行，名聲聞。孝宣帝下制曰：「潁川太守霸，以宣布詔令治民，道不拾遺，男女異路，獄中無重囚（三）。賜爵關內侯，黃金百斤。」徵爲京兆尹而至丞相，復以禮義爲治。以丞相病死。子嗣，後爲列侯。黃丞相卒，以御史大夫于定國代，于丞相已有廷尉傳，在張廷尉語中，于丞相去，御史大夫韋玄成代。

韋丞相玄成者，即前韋丞相子也。代父，後失列侯。其人少時好讀書，明於詩、論語。爲吏至衞尉，徙爲太子太傅。御史大夫薛君免，爲御史大夫。于丞相乞骸骨免，而爲丞相，因封故邑爲扶陽侯。數年，病死。孝元帝親臨喪，賜賞甚厚。子嗣後。其治容容隨世俗浮沈（四），而見謂諂巧（五）。而相工本謂之當爲侯代父，而後失之；復自游宦而起，至丞相。父子俱爲丞相，世閒美之，豈不命哉！相工其先知之。韋丞相卒，御史大夫匡衡代。

【註】（一）秏：同「穢」，貪汚，贓官。（二）風：暗示。（三）重犯：犯重罪之囚人。（四）容容：苟且求容。（五）見謂諂巧：被稱爲諂媚巧言之臣。

丞相匡衡者，東海人也。好讀書，從博士受詩。家貧，衡傭作以給食飲。才下（一），數射策不中（二），至九，乃中丙科。其經以不中科故明習。補平原文學卒史。數年，郡不尊敬。御史徵之，以補百石屬薦爲郎，而補博士，拜爲太子少傅，而事孝元帝。孝元好詩，而遷爲光祿勳，居殿中爲師，授教左右，而縣官（三）坐其旁聽，甚善之，日以尊貴。御史大夫鄭弘坐事免，而匡君爲御史大夫。歲餘，韋丞相死，匡君代爲丞相，封樂安侯。以十年之閒，不出長安城門而至丞相，豈非遇時而命也哉！

太史公曰：深惟士之游宦所以至封侯者，微甚（四）。然多至御史大夫卽去者。諸爲大夫而丞相次也，其心冀幸丞相物故也（五）。或乃陰私相毀害，欲代之。然守之日久不得，或爲之日少而得之（六），至於封侯，眞命也夫！御史大夫鄭君守之數年不得，匡君居之未滿歲，而韋丞相死，卽代之矣，豈可以智巧得哉！多有賢聖之才，困戹不得者衆甚也。

【註】（一）才下：才智低下，聰明不夠。（二）射策：投考，參加考試。古時，考試發策問，使考生對之，以對策之高下而決定取舍。（三）縣官：指皇帝而言。（四）深惟：深深的推想。微甚：很少有。（五）物故：死去。（六）有的當了很久的御史大夫而升不到丞相，有的很短的時間就升丞相。

卷九十七　酈生、陸賈列傳第三十七

酈生食其者，陳留高陽人也。（一）好讀書，家貧落魄（二），無以爲衣食業，爲里監門吏（三），然縣中賢豪不敢役，縣中皆謂之狂生。

【註】（一）高陽：在河南杞縣西。（二）落魄：喪志失意，百無聊賴之狀。（三）監門：爲里閭守門之人。

及陳勝、項梁等起，諸將徇地（一）過高陽者數十人，酈生聞其將皆握齱（二）好苛禮（三）自用，不能聽大度之言（四），酈生乃深自藏匿。後聞沛公將兵略地陳留郊，沛公麾下騎士適酈生里中子也（五），沛公時時問邑中賢士豪俊。騎士歸，酈生見謂之曰：「吾聞沛公慢而易人（六），多大略（七），此眞吾所願從游（八），莫爲我先（九）。若見沛公（一〇），謂曰『臣里中有酈生，年六十餘，長八尺，人皆謂之狂生，生自謂我非狂生』。」騎士曰：「沛公不好儒，諸客冠儒冠來者，沛公輒解其冠，溲溺其中（一一）。與人言，常大罵。未可以儒生說也。」酈生曰：「弟言之（一二）。」騎士從容言如酈生所誡者。

【註】（一）徇地：帶着軍隊佔領地方。（二）握齱：即「齷齪」，（齷ㄨㄛ。齪ㄔㄨㄛ。）器量狹小，局促瑣碎的樣子。（三）喜歡苛細的禮節。（四）不能接收大氣度的議論。（五）適：恰好是。（六）態度怠慢而輕看人。（七）有很多遠大的謀略。（八）這眞是我所願結交的朋友。（九）可惜沒有人先替我介紹一下。（一〇）若：你。（一一）有客人帶着儒者之冠而來者，高祖就把他的帽子脫下，往帽子裡小便。溲溺：小便。（一二）弟：即「第」，但，只管去說。

沛公至高陽傳舍，使人召酈生。酈生至，入謁，沛公方倨牀使兩女子洗足（一），而見酈生。酈生入，則長揖不拜，曰：「足下欲助秦攻諸侯乎？且欲率諸侯破秦也？」沛公罵曰：「豎儒！（二）夫天下同苦秦久矣，故諸侯相率而攻秦，何謂助秦攻諸侯乎？」酈生曰：「必聚徒合義兵誅無道秦，不宜倨見長者（三）。」於是沛公輟洗，起攝衣，延酈生上坐（四），謝之。酈生因言六國從橫時。沛公喜，賜酈生食，問曰：「計將安出？」酈生曰：「足下起糾合之衆（五），收散亂之兵（五），不滿萬人，欲以徑入強秦（六），此所謂探虎口者也。夫陳留，天下之衝（七），四通五達之郊也，今其城又多積粟。臣善其令（八），請得使之，令下足下（九）。即不聽，足下舉兵攻之，臣爲內應。」於是遣酈生行，沛公引兵隨之，遂下陳留。號酈食其爲廣野君。

【註】（一）倨牀：躺在牀上。（二）豎儒：傻蛋的讀書人。（三）假定你眞是要結合義兵，誅滅無道之秦，你就不應該躺在牀上而接待長者。（四）於是沛公停止洗腳，站起身來，整飭衣服，請酈生上座。（五）糾合之衆：即言其「烏合之衆」，無訓練無節制之軍隊。（六）徑直而打入強秦。（七）衝：四通八達兵家必爭之地。（八）善：友善。（九）使他投降足下。（一〇）如果不聽。即：如果。

酈生言其弟酈商，使將數千人從沛公西南略地。酈生常爲說客，馳使諸侯。

漢三年秋，項羽擊漢，拔滎陽，漢兵遁保鞏、洛。楚人聞淮陰侯破趙，彭越數反梁地，則分兵救之。淮陰方東擊齊，漢王數困滎陽、成皋，計欲捐成皋以東，屯鞏、洛以拒楚。酈生因曰：「臣聞知天之天者，王事可成；不知天之天者，王事不可成（一）。王者以民人爲天（二），而民人以食爲天（三）。夫敖倉（四），天下轉輸久矣，臣聞其下迺有藏粟甚多。楚人拔滎陽，不堅守敖倉，迺引而東，令適卒（五）分守成皋，此乃天所以資漢也（六）。方今楚易取而漢反郤，自奪其便（七），臣竊以爲過矣。且兩雄不俱立，楚漢久相持不決，百姓騷動。海內搖蕩，農夫釋耒，工女下機，天下之心未有所定也（八）。願足下急復進兵（九），收取滎陽，據敖倉之粟（一〇），塞成皋之險（一一），杜大行之道，（一二）距蜚狐之口（一三），守白馬之津（一四），以示諸侯效實形制之勢（一五），則天下知所歸矣（一六）。方今燕、趙已定，唯齊未下。今田廣據千里之齊，田閒將二十萬之衆，軍於歷城（一七），諸田宗彊，負海阻河濟（一八），南近楚，人多變詐，足下雖遣數十萬師，未可以歲月破也。臣請得奉明詔說齊王，使爲漢而稱東藩。」上曰：「善。」

【註】（一）天之天者：上一個「天」字是名詞，指天道，宇宙之道，大自然之道而言。下一個「天」字是形容詞，指主要的，基本的，可貴的，至高無上的，主宰一切的因素、條件而言。這段話的意思就是說：能夠瞭解天道所認爲最基本的生存條件者，則王業就可以成功；不能瞭解天道所認爲最基本的生存條件者，則王業就不能夠成功。（二）王者以人民爲最基本的生存條件。（三）人民以食物爲最基本的生存條件。（四）敖倉：在河南滎陽縣西十五里，石門之東，北臨汴水，南環三皇山，秦始皇時置倉於敖山之上，故名之曰敖倉。（五）適卒：卽「謫卒」。因犯罪而服兵役之人。

（六）資漢：幫助漢家。（七）當今楚國容易擒取而漢家反而退却，這就是自棄其有利的時機。（八）由於戰亂，農夫放棄其耕具，工女離開其織機，大家都不能安居樂業，從事生產，所以天下人民的心理都在搖蕩不定。（九）現在應當趕快進兵，收取滎陽。（一〇）佔據敖山的倉庫。（一一）堵塞成皐的險隘。（一二）杜絕太行山的通道。（一三）擋住飛狐嶺（在河南登封）的山喉。（一四）把守白馬津（在洛陽東五十里）的渡口。（一五）以對各國諸侯表示我們的强大實力與有利的形勢。（一六）則天下之人就知道什麼是他們歸心之所在了。（一七）歷城：山東歷城縣。（一八）負海：背後有海，以海爲靠山。阻河濟：面前有河濟，以河濟爲阻擋。

迺從其畫，復守敖倉，而使酈生說齊王曰：「王知天下之所歸乎？」王曰：「不知也。」曰：「王知天下之所歸，則齊國可得而有也；若不知天下之所歸，卽齊國未可得保也。」齊王曰：「天下何所歸？」曰：「歸漢。」曰：「先生何以言之？」曰：「漢王與項王勠力西面擊秦，約先入咸陽者王之。漢王先入咸陽，項王負約不與而王之漢中（一）。項王遷殺義帝，漢王聞之，起蜀漢之兵擊三秦，出關而責義帝之處，收天下之兵，立諸侯之後。降城卽以侯其將，得賂卽以分其士，與天下同其利，豪英賢才皆樂爲之用。諸侯之兵四面而至，蜀漢之粟方船而下（二）。項王有倍約之名，殺義帝之負；於人之功無所記，於人之罪無所忘；戰勝而不得其賞，拔城而不得其封，非項氏莫得用事；爲人刻印，刓而不能授；（三）攻城得賂，積而不能賞；天下畔之（四），賢才怨之，而莫爲之用。故天下之士歸於漢王，可坐而策也（五）。夫漢王發蜀漢，定三秦；涉西河之外，援上黨之兵；下井陘，誅成安君；破北魏，舉三十二城：此蚩尤之兵也，非人之力也，天之福也。今已據敖倉之粟，塞成皋之險，守白馬之津，杜大行之阪，距蜚狐之口，天下後服者先亡矣。王疾先下漢王（六），齊國社稷可得而保也；不下漢王，危亡可立而待也。」田廣以爲然，迺聽酈生，罷歷下兵守戰備，與酈生日縱酒。

【註】（一）負約：背叛諾言，違棄誓約。（二）方船：並船而航行也。（三）有功者應得封侯之印，但項王手玩印信，戀惜不舍的，不願給於該封之人。（四）畔：同「叛」字。（五）策：推斷其必然的結果。（六）你趕快歸降於漢王。

淮陰侯聞酈生伏軾下齊七十餘城（一），迺夜度兵平原襲齊（二）。齊王田廣聞漢兵至，以爲酈生賣己，迺曰：「汝能止漢軍，我活汝；不然，我將亨汝！」酈生曰：「舉大事不細謹，盛德不辭讓。而公不爲若更言！（三）」齊王遂亨酈生（四），引兵東走。

漢十二年，曲周侯酈商以丞相將兵擊黥布有功。高祖舉列侯功臣，思酈食其。酈食其子疥數將兵，功未當侯，上以其父故，封疥爲高粱侯。後更食武遂（五），嗣三世。元狩元年中，武遂侯平坐詐詔衡山王取百斤金，當弃市，病死，國除也。

【註】（一）伏軾：軾，車前橫木。伏者，憑也，乘車而憑於橫木也。此言酈生以單車之使，運三寸之舌，使齊王降漢，垂手而得齊國七十餘城。韓信率兵數十萬，而功遠不及酈生，故韓信羞憤交加而攻齊。（二）平原：山東平原縣，距歷城甚近。（三）而：同「爾」。若：你、汝。你老子不爲你再多說了。（四）亨：同「烹」字。（五）武遂：在河北武强縣東北。

陸賈者，楚人也。以客從高祖定天下，名爲有口辯士，居左右，常使諸侯。

及高祖時，中國初定，尉他平南越（一），因王之。高祖使陸賈賜尉他印爲南越王。陸生至，尉他魋結，箕倨見陸生（二）。陸生因進說他曰：「足下中國人，親戚昆弟墳墓在眞定（三）。今足下反天性，弃冠帶，欲以區區之越與天子抗衡（四）爲敵國，禍且及身矣（五）。且夫秦失其政，諸侯豪桀並起，唯漢王先入關，據咸陽。項羽倍約，自立爲西楚霸王，諸侯皆屬，可謂至彊。然漢王起巴蜀，鞭笞天下，刼略諸侯，遂誅項羽滅之。五年之閒，海內平定，此非人力，天之所建也。天子聞君王王南越，不助天下誅暴逆，將相欲移兵而誅王，天子憐百姓新勞苦，故且休之，遣臣授君王印，剖符通使。君王宜郊迎，北面稱臣，迺欲以新造未集之越（六），屈彊於此（七）。漢誠聞之，掘燒王先人冢，夷滅宗族，使一偏將將十萬衆臨越，則越殺王降漢，如反覆手耳。」（八）

【註】（一）南越：即南粵，今廣東廣西之地。（二）魋結：即「椎髻」，言其爲髻一撮而結之，其形如錐。箕倨：盤曲兩脚而坐，其形如箕，言其傲慢不敬也。（三）眞定：河北正定縣。（四）抗衡：抵抗、戰鬥。（五）且：將。（六）剛剛造形而實力並不堅結。（七）屈彊：即「倔強」，頑強不服從。（八）如同把手掌一反一覆那樣的容易。

於是尉他迺蹶然（一）起坐，謝陸生曰：「居蠻夷中久，殊失禮義。」因問陸生曰：「我孰與蕭何、曹參、韓信賢？」陸生曰：「王似賢。」復曰：「我孰與皇帝賢？」陸生曰：「皇帝起豐沛，討暴秦，誅彊楚，爲天下興利除害，繼五帝三王之業，統理中國。中國之人以億計，地方萬里，居天下之膏腴，人衆車轝（二），萬物殷富，政由一家，自天地剖泮未始有也（三）。今王衆不過數十萬，皆蠻夷，崎嶇山海閒，譬如漢一郡，王何乃比於漢！」尉他大笑曰：「吾不起中國，故王此。使我居中國，何渠不若漢（四）？」迺大說陸生（五），留與飲數月。曰：「越中無足與語，至生來，令我日聞所不聞。」賜陸生橐中裝直千金（六），他送亦千金。陸生卒拜尉他為南越王，令稱臣奉漢約。歸報，高祖大悅，拜賈為太中大夫。

【註】（一）蹶然：突然而起。（二）轝：同輿，衆多也。（三）剖泮：即「剖判」，分開。（四）渠：同詎，豈也，豈不如漢家？（五）說：同「悅」。（六）橐：音拓（ㄊㄨㄛˋ），有底曰囊，無底曰橐。直：同「值」。

陸生時時前說稱詩書。高帝罵之曰：「迺公居馬上而得之，安事詩書（一）！」陸生曰：「居馬上得之，寧可以馬上治之乎？（二）且湯武逆取而以順守之，文武並用，長久之術也。昔者吳王夫差、智伯極武而亡（三），秦任刑法不變，卒滅趙氏（四）。鄉使秦已并天下（五），行仁義，法先聖，陛下安得而有之？」高帝不懌而有慚色（六），迺謂陸生曰：「試為我著秦所以失天下，吾所以得之者何，及古成敗之國。」陸生迺粗述存亡之徵，凡著十二篇。每奏一篇，高帝未嘗不稱善，左右呼萬歲，號其書曰「新語」（七）。

【註】（一）你老子居馬上而得天下，搞那些詩書幹什麼？（迺：你。公：老子）。（二）居馬上而得天下，難道也可以馬上而治天下嗎？（三）極武：窮兵黷武，極度崇拜武力，極度發揮武力的

功能。（四）秦之先祖，姓趙。（五）鄉使：即「向使」，倘使。（六）不懌：不快樂。
（七）陸賈著新語二卷。

孝惠帝時，呂太后用事，欲王諸呂，畏大臣有口者（一），陸生自度不能爭之，迺病免家居。以好時田地善（二），可以家焉。有五男，迺出所使越得橐中裝賣千金，分其子，子二百金，令為生產。陸生常安車駟馬，從歌舞鼓琴瑟侍者十人，寶劍直百金，謂其子曰：「與汝約：過汝，汝給吾人馬酒食，極欲，十日而更。所死家，得寶劍車騎侍從者（三）。一歲中往來過他客，率不過再三過，數見不鮮，無久慁公為也。」（四）

【註】（一）有口者：有口才，善於議論政治者。（二）地善：土地肥沃。（三）陸賈告訴他的五個兒子說：「和你們約定：我無論到你們那一家，你們給我人馬酒食，滿足我的欲望。十天換一家，死在那一家，我的寶劍車騎侍從，就歸於那一家所得。（四）一年之中，來來往往還有別的客人那裡，我也得去。大概每一年輪流到你們那裡，每家不過兩次，三次，常常見面，也不新鮮，你們不要害怕我會長久打擾你們的。」無久慁公為也：即「勿以公為久慁也」。慁，打擾。不要以為老子會常久打擾你們的。慁，音混（ㄏㄨㄣ）打擾。

呂太后時，王諸呂，諸呂擅權，欲劫少主，危劉氏。右丞相陳平患之，力不能爭，恐禍及己，常燕居深念（一）。陸生往請（二），直入坐（三），而陳丞相方深念，不時見陸生（四）。陸生曰：「何念之深也？」陳平曰：「生揣我何念？」陸生曰：「足下位爲上相，食三萬戶侯，可謂極富貴無欲矣。然有憂念，不過患諸呂、少主耳（六）。」陳平曰：「然，爲之柰何？」陸生曰：「天下安，注意相；天下危，注意將。將相和調，則士務附；士務附，天下雖有變，卽權不分（七）。爲社稷計，在兩君掌握耳。臣常欲謂太尉絳侯，絳侯與我戲，易吾言。君何不交驩太尉，深相結（八）？」爲陳平畫呂氏數事。陳平用其計，迺以五百金爲絳侯壽，厚具樂飲；太尉亦報如之，此兩人深相結，則呂氏謀益衰。陳平迺以奴婢百人，車馬五十乘，錢五百萬，遺陸生爲飲食費（九）。陸生以此游漢廷公卿閒，名聲藉甚（一〇）。

【註】（一）閒居私念，大大的發愁。（二）請：訪問，問好。（三）直入客廳而坐。（四）陳平正在私房深思，所以沒有立刻接見陸賈。（五）你測我考慮的是什麼？（六）陸賈說：「你所考慮的事，不過是擔憂着諸呂和少主罷了。」（七）卽：同「則」字。（八）我常想和太尉絳侯談一談這個問題，但是，我們兩個開玩笑，我說話，他常常不重視。你爲什麼不和太尉加强友誼的關係呢？（九）遺：餽贈。（一〇）名聲藉甚：言其名聲響亮，到處都有人緣。

及誅諸呂，立孝文帝，陸生頗有力焉。孝文帝卽位，欲使人之南越。陳丞相等乃言陸生爲太中大夫，往使尉他，令尉他去黃屋稱制，令比諸侯，皆如意旨（一）。語在南越語中。陸生竟以壽終。

【註】（一）尉他僭擬皇帝，車輿飾黃屋，詔令稱制。由於陸賈的勸導，而尉他撤消其僭擬之行爲。

平原君朱建者，楚人也。故嘗爲淮南王黥布相，有辠去，後復事黥布。布欲反時，問平原君，平原君非之，布不聽而聽梁父侯，遂反。漢已誅布，聞平原君諫不與謀（一），得不誅，語在黥布語中。

【註】（一）與。：參與。不參與其反叛計劃。

平原君爲人辯有口，刻廉剛直（一），家於長安。行不苟合，義不取容（二）。辟陽侯行不正（三），得幸呂太后。時辟陽侯欲知平原君，平原君不肯見。及平原君母死，陸生素與平原君善，過之。平原君家貧，未有以發喪，方假貸服具，陸生令平原君發喪。陸生往見辟陽侯，賀曰：「平原君母死。」辟陽侯曰：「平原君母死，何乃賀我乎？」陸賈曰：「前日君侯欲知平原君，平原君義不知君，以其母故。今其母死，君誠厚送喪，則彼爲君死矣。」辟陽侯乃奉百金往稅（四）。列侯貴人以辟陽侯故，往稅凡五百金。

【註】（一）刻苦廉潔剛强正直。（二）堅持正義不求他人之容悅。（三）辟陽侯：即審食其，與呂后私通。（四）稅：致禮弔喪。以百金作爲弔喪之贈禮。

辟陽侯幸呂太后，人或毁辟陽侯於孝惠帝，孝惠帝大怒，下吏，欲誅之。呂太后慚，不可以言。大臣多害辟陽侯行，欲遂誅之。辟陽侯急，因使人欲見平原君。平原君辭曰：「獄急，不敢見君。」迺求見孝惠幸臣閎籍孺（一），說之曰：「君所以得幸帝，天下莫不聞。今辟陽侯幸太后而下吏，道路皆言君讒，欲殺之。今日辟陽侯誅，旦日太后含怒，亦誅君。何不肉袒爲辟陽侯言於帝？帝聽君出辟陽侯，太后大驩（二）。兩主共幸君，君貴富益倍矣。」於是閎籍孺大恐，從其計，言帝，果出辟陽侯。辟陽侯之囚，欲見平原君，平原君不見辟陽侯，辟陽侯以爲倍己（三），大怒。及其成功出之，迺大驚。

【註】（一）閎籍孺：佞幸傳云：「高祖時有籍孺，孝惠時有閎孺。渾合言之爲「閎籍孺」。（二）驩：同「歡」。（三）倍：同「背」。

呂太后崩，大臣誅諸呂，辟陽侯於諸呂至深（一），而卒不誅。計畫所以全者，皆陸生、平原君之力也。

【註】（一）辟陽侯與諸呂關係最深。

孝文帝時，淮南厲王殺辟陽侯，以諸呂故。文帝聞其客平原君爲計策，使吏捕欲治。聞吏至門，平原君欲自殺。諸子及吏皆曰：「事未可知，何早自殺爲？」平原君曰：「我死禍絕，不及而身矣。（一）」遂自剄。孝文帝聞而惜之，曰：「吾無意殺之。」迺召其子，拜爲中大夫。使匈奴，單于無禮，迺罵單于，遂死匈奴中。

【註】（一）而：同「爾」，你。

初，沛公引兵過陳留，酈生踵軍門上謁曰：「高陽賤民酈食其，竊聞沛公暴露，將兵助楚討不義，敬勞從者，願得望見，口畫天下便事。」使者入通，沛公方洗，問使者曰：「何如人也？」使者對曰：「狀貌類大儒，衣儒衣，冠側注。」（一）沛公曰：「爲我謝之，言我方以天下爲事，未暇見儒人也。」使者出謝曰：「沛公敬謝先生，方以天下爲事，未暇見儒人也。」酈生瞋目案劍叱使者曰（二）：「走！復入言沛公，吾高陽酒徒也，非儒人也。」使者懼而失謁（三），跪拾謁，還走，復入報曰：「客，天下壯士也，叱臣，臣恐，至失謁。曰『走！復入言，而公高陽酒徒也』。」沛公遽雪足杖矛曰：「延客入！」

【註】（一）側注：冠名，一名高山冠。（二）瞋目：怒目相視。瞋：音琛（ㄔㄣ）。案劍：持劍。（三）謁：晉見之名片也。

酈生入，揖沛公曰：「足下甚苦，暴衣露冠（一），將兵助楚討不義，足下何不自喜也？臣願以事見，而曰『吾方以天下爲事，未暇見儒人也』。夫足下欲興天下之大事而成天下之大功，而以目皮相（二），恐失天下之能士。且吾度足下之智不如吾，勇又不如吾。若欲就天下而不相見，竊爲足下失之。」沛公謝曰：「鄉者聞先生之容，今見先生之意矣（三）。」迺延而坐之，問所以取天下者。酈生曰：「夫足下欲成大功，不如止陳留。陳留者，天下之據衝也，兵之會地也，積粟數千萬石，城守甚堅。臣素善其令，願爲足下說之。不聽臣，臣請爲足下殺之，而下陳留。足下將陳留之衆，據陳留之城，而食其積粟，招天下之從兵；從兵已成，足下橫行天下，莫能有害足下者矣。」沛公曰：「敬聞命矣。」

於是酈生迺夜見陳留令，說之曰：「夫秦爲無道而天下畔之，今足下與天下從則可以成大功。今獨爲亡秦嬰城而堅守（四），臣竊爲足下危之。」陳留令曰：「秦法至重也，不可以妄言，妄言者無類，吾不可以應。先生所以教臣者，非臣之意也，願勿復道。」酈生留宿臥，夜半時斬陳留令首，踰城而下報沛公。沛公引兵攻城，縣（五）令首於長竿以示城上人，曰：「趣下（六），而令頭已斷矣！今後下者必先斬之！」於是陳留人見令已死，遂相率而下沛公。沛公舍陳留南城門上，因其庫兵，食積粟，留出入三月，從兵以萬數，遂入破秦。

【註】（一）暴：音曝（ㄆㄨˋ），晒也。言其受日晒露浸之辛苦。（二）以表面來看人。（三）鄉者：即向者，剛才。（四）嬰城：閉城而固守。（五）縣：同「懸」，高掛。（六）趣下：即「促下」，速速的投降。（七）而：同「爾」字。

太史公曰：世之傳酈生書，多曰漢王已拔三秦，東擊項籍而引軍於鞏洛之閒，酈生被儒衣往說漢王。迺非也。自沛公未入關，與項羽別而至高陽，得酈生兄弟。余讀陸生新語書十二篇，固當世之辯士。至平原君子與余善，是以得具論之。

卷九十八　傅、靳、蒯成列傳第三十八

陽陵侯（一），傅寬，以魏五大夫騎將從，爲舍人，起橫陽。（二）從攻安陽（三）、杠里（四），擊趙賁軍於開封，及擊楊熊曲遇（五）、陽武（六），斬首十二級，賜爵卿。從至霸上。沛公立爲漢王，漢王賜寬封號共德君。從入漢中，遷爲右騎將。從定三秦，賜食邑雕陰（七）。從擊項籍，待懷（八），賜爵通德侯。從擊項冠、周蘭、龍且，所將卒斬騎將一人敖下（九），益食邑。

【註】（一）陽陵：故城在今陝西咸陽縣東。（二）橫陽：在河南商丘縣附近。（三）安陽：在山東曹縣東南。（四）杠里：大概係「杜集」之誤，在河南商丘縣東南。（五）曲遇：河南中牟縣。（六）陽武：河南陽武縣。（七）雕陰：在陝西鄜縣北。（八）懷：今河南沁陽縣。（九）敖下：敖山之下，在河南滎澤縣西北。

屬淮陰，擊破齊歷下軍，擊田解。屬相國參，殘博（一），益食邑。因定齊地，剖符世世勿絕，封為陽陵侯，二千六百戶，除前所食。為齊右丞相，備齊。五歲為齊相國。

【註】（一）殘破博縣。博縣在今山東泰安縣東南。

四月，擊陳豨，屬太尉勃，以相國代丞相噲擊豨。一月，徙為代相國，將屯（一）。二歲，為代丞相，將屯。

【註】（一）將屯：帶領屯田之兵。

孝惠五年卒，謚為景侯。子頃侯精立，二十四年卒。子共侯則立，十二年卒。子侯偃立，三十一年，坐與淮南王謀反，死，國除。

信武侯靳歙（一），以中涓從（二），起宛朐（三）。攻濟陽（四）。破李由軍。擊秦軍亳南、開封東北，斬騎千人將一人，首五十七級，捕虜七十三人，賜爵封號臨平君。又戰藍田北，斬車司馬二人，騎長一人，首二十八級，捕虜五十七人。至霸上。沛公立為漢王，賜歙爵建武侯，遷為騎都尉。

【註】（一）歙：音翕（ㄒㄧ）。（二）中涓：官名，侍奉於宮中者。（三）宛朐：在山東荷澤縣西南。（四）濟陽：山東濟陽縣。

從定三秦。別西擊章平軍於隴西（一），破之，定隴西（二）六縣，所將卒斬車司馬、候各四人，騎長十二人。從東擊楚，至彭城。漢軍敗還，保雍丘（三），去擊反者王武等。略梁地，別將擊邢說軍菑南（四），破之，身得說都尉二人，司馬、候十二人，降吏卒四千一百八十人。破楚軍滎陽東。三年，賜食邑四千二百戶。

【註】（一）章平：秦降將章邯之子。（二）隴西：甘肅隴西縣。（三）雍丘：河南杞縣。（四）菑：在河南考城。

別之河內，擊趙將賁郝軍朝歌（一），破之，所將卒得騎將二人，車馬二百五十匹。從攻安陽以東（二），至棘蒲（三），下七縣。別攻破趙軍，得其將司馬二人，候四人，降吏卒二千四百人。從攻下邯鄲。別下平陽（四），身斬守相，所將卒斬兵守、郡守各一人，降鄴。從攻朝歌、邯鄲，及別擊破趙軍，降邯鄲郡六縣。還軍敖倉，破項籍軍成皋南，擊絕楚饟道，起滎陽至襄邑。破項冠軍魯下（五）。略地東至繒、郯、下邳，（六）南至蘄、竹邑（七）。擊項悍濟陽下。還擊項籍陳下，破之。別定江陵，降江陵柱國、大司馬以下八人，身得江陵王，生致之雒陽，因定南郡。從至陳，取楚王信，剖符世世勿絕，定食四千六百戶，號信武侯。

【註】（一）朝歌：河南淇縣。（二）安陽：河南北部之安陽縣。（三）棘蒲：河北趙縣。（四）平陽：在河南臨漳縣西。（五）魯下：魯城之下，在山東曲阜縣。（六）繒：在山東嶧縣東八十里。郯：山東郯城縣。下邳：在江蘇邳縣東。（七）蘄：音其（ㄑㄧ），安徽宿縣。竹邑：安徽宿縣北二十里之符離集。

以騎都尉從擊代，攻韓信平城下，還軍東垣。有功，遷爲車騎將軍，幷將梁、趙、齊、燕、楚車騎，別擊陳豨丞相敞，破之（一），因降曲逆。從擊黥布有功，益封定食五千三百戶。凡斬首九十級，虜百三十二人；別破軍十四，降城五十九，定郡、國各一，縣二十三；得王、柱國各一人，二千石以下至五百石三十九人。

【註】（一）敞：侯敞，陳豨之丞相。

高后五年，歙卒，謚爲肅侯。子亭代侯。二十一年，坐事國人過律（一），孝文後三年，奪侯，國除。

【註】（一）事：役使。因役使國人超過法律之規定而犯罪。

蒯成侯緤者（一），沛人也，姓周氏。常爲高祖參乘，以舍人從起沛。至霸上，西入蜀、漢，還定三秦，食邑池陽（二）。東絕甬道，從出度平陰（三），遇淮陰侯兵襄國（四），軍乍利乍不利，終無離上心，以緤爲信武侯，食邑三千三百戶。高祖十二年，以緤爲蒯成侯，除前所食邑。

【註】（一）蒯成：在陝西寶鷄縣東。緤：音謝（ㄒㄧㄝˋ）。（二）池陽：在陝西涇陽縣西北。（三）平陰：河南孟津縣東。（四）襄國：河北冀縣。

上欲自擊陳豨，蒯成侯泣曰：「始秦攻破天下，未嘗自行。今上常自行，是爲無人可使者乎？」上以爲「愛我」，賜入殿門不趨，殺人不死（一）。

至孝文五年，緤以壽終，謚爲貞侯。子昌代侯，有罪，國除。至孝景中二年，封緤子居代侯。至元鼎三年，居爲太常，有罪，國除。

【註】（一）高祖賜蒯成侯以特權：入殿門不趨，殺人不死。

太史公曰：陽陵侯傅寬、信武侯靳歙皆高爵，從高祖起山東，攻項籍，誅殺名將，破軍降城以十數，未嘗困辱，此亦天授也。蒯成侯周緤操心堅正，身不見疑，上欲有所之，未嘗不垂涕，此有傷心者然，可謂篤厚君子矣。

卷九十九　劉敬、叔孫通列傳第三十九

劉敬（一）者，齊人也。漢五年，戍隴西，過洛陽，高帝在焉。婁敬脫輓輅（二），衣其羊裘，見齊人虞將軍曰：「臣願見上言便事。」虞將軍欲與之鮮衣（三），婁敬曰：「臣衣帛，衣帛見；衣褐，衣褐見：終不敢易衣（四）。」於是虞將軍入言上。上召入見，賜食。

【註】（一）劉敬：本爲婁敬，因高祖賜其姓劉，故爲劉敬。（二）輅：用人力推挽之小車。輓：同「挽」，拉也。脫：卸下。言婁敬卸下其所牽拉之小車。（三）鮮衣：鮮美的衣服。（四）我原來穿的是帛衣，我以帛衣進見；我原來穿的是褐衣，就以褐衣進見，絕對不敢更換衣服。（由此可見劉敬之本色。帛衣與褐衣，代表着貴賤之分，貴人衣帛，賤人衣褐。）

已而問婁敬，婁敬說曰：「陛下都洛陽，豈欲與周室比隆哉？」上曰：「然。」婁敬曰：「陛下取天下與周室異。周之先自后稷，堯封之邰（一），積德累善十有餘世。

公劉避桀居豳。太王以狄伐故，去豳，杖馬箠居岐（二），國人爭隨之。及文王爲西伯，斷虞芮之訟，始受命，呂望、伯夷自海濱來歸之。武王伐紂，不期而會孟津之上八百諸侯，皆曰紂可伐矣，遂滅殷。成王卽位，周公之屬傅相焉，迺營成周洛邑，以此爲天下之中也。諸侯四方納貢職，道里均矣，有德則易以王，無德則易以亡。凡居此者，欲令周務以德致人，不欲依阻險，令後世驕奢以虐民也。及周之盛時，天下和洽，四夷鄉風（三），慕義懷德，附離（四）而並事天子，不屯一卒，不戰一士，八夷大國之民莫不賓服，效其貢職。及周之衰也，分而爲兩，天下莫朝，周不能制也。非其德薄也，而形勢弱也。今陛下起豐沛，收卒三千人，以之徑往而卷（五）蜀漢，定三秦，與項羽戰滎陽，爭成皐之口，大戰七十，小戰四十，使天下之民肝腦塗地，父子暴骨中野，不可勝數，哭泣之聲未絕，傷痍者未起，而欲比隆於成康之時，臣竊以爲不侔也。且夫秦地被山帶河，四塞以爲固，卒然有急，百萬之衆可具也。因秦之故，資甚美膏腴之地，此所謂天府者也。陛下入關而都之，山東雖亂，秦之故地可全而有也。夫與人鬭，不搤其亢，（六）拊其背（七），未能全其勝也。今陛下入關而都，案秦之故地，此亦搤天下之亢而拊其背也。」

【註】（一）邰：在陝西武功縣西南二十三里。（二）持着一條馬鞭子而居於岐山之下。言其空身而赴岐也。（三）鄉風：卽「向風」。（四）附離：卽「附麗」，歸附順從。（五）卷蜀漢：卽「捲蜀漢」。（六）亢：卽「吭」。咽喉：控捏其喉嚨。（七）拊：打擊。

高帝問羣臣，羣臣皆山東人，爭言周王數百年，秦二世卽亡，不如都周。上疑未能決。及留侯明言入關便，卽日車駕西都關中。

於是上曰：「本言都秦地者婁敬，『婁』者乃『劉』也。」賜姓劉氏，拜爲郎中，號爲奉春君。

漢七年，韓王信反，高帝自往擊之。至晉陽（一），聞信與匈奴欲共擊漢，上大怒，使人使匈奴。匈奴匿其壯士肥牛馬，但見老弱及羸畜（二）。使者十輩來（三），皆言匈奴可擊。上使劉敬復往使匈奴，還報曰：「兩國相擊，此宜夸矜見所長。今臣往，徒見羸瘠（四）老弱，此必欲見短，伏奇兵以爭利。愚以爲匈奴不可擊也。」是時漢兵已踰句注（五），二十餘萬兵已業行。上怒，罵劉敬曰：「齊虜！以口舌得官，今迺妄言沮吾軍。（六）」械繫敬廣武（七）。遂往，至平城，匈奴果出奇兵圍高帝白登，七日然後得解。高帝至廣武，赦敬，曰：「吾不用公言，以困平城。吾皆已斬前使十輩言可擊者矣。」迺封敬二千戶，爲關內侯，號爲建信侯。

【註】（一）晉陽：山西太原。（二）羸：音雷（ㄌㄟˊ），瘦弱的。（三）十輩：十次。（四）見：音現，表示。（五）句注：在山西代縣西北二十五里，卽雁門山。（六）洩我的軍隊之士氣。（七）廣武：縣名，在今山西代縣西十五里。

高帝罷平城歸，韓王信亡入胡。當是時，冒頓爲單于，兵彊，控弦三十萬，數苦北邊。上患之，問劉敬。劉敬曰：「天下初定，士卒罷於兵，未可以武服也。冒頓殺父代立，妻羣母，以力爲威，未可以仁義說也。獨可以計久遠子孫爲臣耳（一），然恐陛下不能爲。」上曰：「誠可，何爲不能！顧爲柰何？（二）」劉敬對曰：「陛下誠能以適長公主妻之（三），厚奉遺之（四），彼知漢適女送厚，蠻夷必慕以爲閼氏（五），生子必爲太子，代單于。何者？貪漢重幣。陛下以歲時漢所餘彼所鮮數問遺（六），因使辯士風諭以禮節（七）。冒頓在，固爲子婿；死，則外孫爲單于。豈嘗聞外孫敢與大父抗禮者哉？（八）兵可無戰以漸臣也。若陛下不能遣長公主，而令宗室及後宮詐稱公主，彼亦知，不肯貴近，無益也。」高帝曰：「善。」欲遣長公主。呂后日夜泣，曰：「

妾唯太子、一女，柰何弃之匈奴！」上竟不能遣長公主，而取家人子名爲長公主（九），妻單于。使劉敬往結和親約。

【註】（一）唯一的辦法是作長久打算，使其後世子孫爲我們中國之臣。（二）如果眞是可以的話，爲什麼不能辦呢？但是怎麼樣去辦呢？（三）皇后所生之長女，曰「嫡長公主」。（四）送嫁的禮物很厚。（五）閼氏：匈奴稱皇后爲閼氏。閼氏讀音爲胭脂，婦人之化裝品，亦可解爲美如胭脂也。（六）每年定時的以漢家所餘的而爲匈奴所缺少的東西，常常餽送於他。（七）利用親善的機會，派遣能言善道之人到匈奴教導他以中國的禮節。（這就是文化同化的方法）。（八）那有外孫敢與其外祖父相抗衡的道理呢？（九）家人子：在宮中沒有名號的宮女之子。有上家人子下家人子之分。

劉敬從匈奴來，因言「匈奴河南白羊、樓煩王（一），去長安近者七百里，輕騎一日一夜可以至秦中（二）。秦中新破，少民，地肥饒，可益實。夫諸侯初起時，非齊諸田，楚昭、屈、景莫能興。今陛下雖都關中，實少人。北近胡寇，東有六國之族，宗彊，一日有變，陛下亦未得高枕而臥也。臣願陛下徙齊諸田，楚昭、屈、景，燕、趙、韓、魏後，及豪桀名家居關中。無事，可以備胡；諸侯有變，亦足率以東伐。此彊本弱末之術也」。（三）上曰：「善。」迺使劉敬徙所言關中十餘萬口。

【註】（一）王先謙曰：「白羊，樓煩，乃匈奴二王名。衞青傳可證」。（二）言匈奴如來爲寇，一日一夜可以至秦中。（秦中，卽關中也）。（三）從六國之族十餘萬口於關中。這是強本弱末之術。

叔孫通者，薛人也。秦時以文學徵，待詔博士。數歲，陳勝起山東，使者以聞，二世召博士諸儒生問曰：「楚戍卒攻蘄入陳，於公如何？」博士諸生三十餘人前曰：「人臣無將，將卽反，罪死無赦（一）。願陛下急發兵擊之。」二世怒，作色（二）。叔孫通前曰：「諸生言皆非也。夫天下合爲一家，毀郡縣城，鑠其兵（三），示天下不復用。且明主在其上，法令具於下，使人人奉職，四方輻輳，安敢有反者！（四）此特羣盜鼠竊狗盜耳，何足置之齒牙閒（五）。郡守尉今捕論，何足憂（六）。」二世喜曰：「善。」盡問諸生，諸生或言反，或言盜。於是二世令御史案諸生言反者下吏，非所宜言。諸言盜者皆罷之（七）。迺賜叔孫通帛二十匹，衣一襲，拜爲博士。叔孫通已出宮，反舍，諸生曰：「先生何言之諛也？（八）」通曰：「公不知也，我幾不脫於虎口！」迺亡去，之薛，薛已降楚矣。及項梁之薛，叔孫通從之。敗於定陶，從懷王。懷（九）

王爲義帝，徙長沙，叔孫通留事項王。漢二年，漢王從五諸侯入彭城，叔孫通降漢王。漢王敗而西，因竟從漢。

【註】（一）人臣不准私自帶兵有軍事行動，如果私自有軍事行動，那便是反叛，罪大惡極，殺無赦。（二）作色：變色。（三）銷燬其兵器。鑠：音朔（ㄕㄨㄛˋ），銷燬也。（四）輻輳：輳，聚也，如車輻之聚於轂，言四方皆團聚於二世皇帝領導之下而無反叛也。（五）現在這幾個小小的戍卒，不過是（特）衆竊狗盜而已，何足以掛齒？（六）各地的郡守郡尉們，正在捉拿他們，依法論罪，値不得擔憂。（七）於是二世就命令御史審判諸生：凡是以爲楚戍卒之行動是造反者，就交付法官，治之以罪，凡是以爲楚戍卒之行動是盜竊者，就罷除不用。（八）先生說話爲什麼那樣的諂媚呢？（九）叔孫通說：「你們不知道，我幾乎脫離不了虎口！」

叔孫通儒服，漢王憎之；迺變其服，服短衣，楚製，漢王喜。

叔孫通之降漢，從儒生弟子百餘人，然通無所言進，專言諸故羣盜壯士進之。弟子皆竊罵曰：「事先生數歲，幸得從降漢，今不能進臣等，專言大猾，何也？（一）」叔孫通聞之，迺謂曰：「漢王方蒙矢石爭天下，諸生寧能鬭乎（二）？故先言斬將搴旗之士（三）。諸生且待我，我不忘矣（四）。」漢王拜叔孫通爲博士，號稷嗣君。（五）

【註】（一）先生不引進我們，而專一提出那些姦邪狡猾之人，是什麼意思？（二）漢王正在蒙被矢石以爭天下，你們難道能夠戰鬥嗎？（三）現在正是作戰的時候，所以我先介紹那些能夠斬敵人之將，拔敵人之旗的勇士。（四）你們稍微等我一時，我不會忘記你們的。（五）稷嗣：言其德業，足以繼承齊國稷下之風流也。

漢五年，已幷天下，諸侯共尊漢王爲皇帝於定陶（一）。叔孫通就其儀號。高帝悉去秦苛儀法，爲簡易。羣臣飲酒爭功，醉或妄呼，拔劍擊柱，高帝患之。叔孫通知上益厭之也，說上曰：「夫儒者難與進取，可與守成。臣願徵魯諸生，與臣弟子共起朝儀。」高帝曰：「得無難乎？」叔孫通曰：「五帝異樂，三王不同禮。禮者，因時世人情爲之節文者也（二）。故夏、殷、周之禮所因損益可知者，謂不相復也。臣願頗采古禮與秦儀雜就之。」上曰：「可試爲之，令易知，度吾所能行，爲之。」（三）

於是叔孫通使徵魯諸生三十餘人。魯有兩生不肯行，曰：「公所事者且十主，皆面諛以得親貴。今天下初定，死者未葬，傷者未起，又欲起禮樂。禮樂所由起，積德百年而後可興也。吾不忍爲公所爲。公所爲不合古，吾不行。公往矣，無汙我！（四）」叔孫通笑曰：「若眞鄙儒也，不知時變。（五）」

遂與所徵三十人西，及上左右爲學者與其弟子百餘人爲緜蕞（六）野外。習之月餘。叔孫通曰：「上可試觀。」上既觀，使行禮，曰：「吾能爲此。」迺令羣臣習肄，（七）。

【註】（一）定陶：山東定陶縣。（二）禮是根據於世事人情的需要而制定的規範與條文。（三）推想我所能行得到的來制定。（四）你走好了，不要汚辱我。（五）若：汝，你。你眞是粗野執固的書生啊！不知道時勢的變化。（六）緜蕞：於野外畫地爲宮，引繩爲緜，立表爲蕞，著其位置，以習儀禮。蕞：音蕝（ㄐㄩㄝˊ），束茅以表位也。（七）肄：習也。

會十月漢七年，長樂宮成，諸侯羣臣皆朝十月。（一）儀：先平明（二），謁者治禮（三），引以次入殿門，廷中陳車騎步卒衞宮，設兵張旗志（四）。傳言「趨」（五）。殿下郎中俠陛，陛數百人（六）。功臣列侯諸將軍軍吏以次陳西方，東鄉（七）；文官丞相以下陳東方，西鄉（八）。大行設九賓，臚傳（九）。於是皇帝輦出房，百官執職（一〇）傳警（一一），引諸侯王以下至吏六百石以次奉賀。自諸侯王以下莫不振恐肅敬（一二）。至禮畢，復置法酒（一三）。諸侍坐殿上皆伏抑首，以尊卑次起上壽。觴九行，謁者言「罷酒」。御史執法舉不如儀者輒引去。竟朝置酒，無敢讙譁失禮者。於是高帝曰：「吾迺今日知為皇帝之貴也（一四）。」迺拜叔孫通為太常，賜金五百斤。

【註】（一）漢時，尚以十月為正月。（二）在未平明之先。（三）謁者：即司儀之人。（四）旗志：即「旗幟」。（五）傳聲，使入者皆令「趨」，蓋以小步疾行為敬也。（六）俠：同「挾」，挾其兩旁，每陛皆數百人。（七）武官：站在西方，面向東。（八）文官：站在東方，面向西。（九）大行：掌賓客之禮，即大鴻臚是也。大行設置九人以司臚傳之任。上傳語告下為臚，下告上為句。（一〇）職：同「幟」，百官執幟。（一一）傳聲而唱警。（一二）振恐：即「震恐」也。（一三）擺設法酒（象徵性之酒，所以備禮，非以實歛）。（一四）得意忘形之言。

叔孫通因進曰：「諸弟子儒生隨臣久矣，與臣共為儀，願陛下官之。」高帝悉以為郎。叔孫通出，皆以五百斤金賜諸生。諸生迺皆喜曰：「叔孫生誠聖人也，知當世之要務。」（一）

【註】（一）讀此可知叔孫通的一羣弟子，都是現實主義者。老師不引進他們，他們便罵老師，老師給他們以官職與金錢，便說老師是聖人。

漢九年，高帝徙叔孫通為太子太傅。漢十二年，高祖欲以趙王如意易太子，叔孫通諫上曰：「昔者晉獻公以驪姬之故廢太子，立奚齊，晉國亂者數十年，為天下笑。秦以不蚤定扶蘇，令趙高得以詐立胡亥，自使滅祀，此陛下所親見。今太子仁孝，天下皆聞之；呂后與陛下攻苦食啖（一），其可背哉（二）！陛下必欲廢適而立少（三），臣願先伏誅，以頸血汙地。」高帝曰：「公罷矣，吾直戲耳。（四）」叔孫通曰：「太子天下本，本一搖天下振動，柰何以天下爲戲！」高帝曰：「吾聽公言。」及上置酒，見留侯所招客從太子入見，上迺遂無易太子志矣（五）。

【註】（一）攻苦：夫婦共同向艱苦進攻。食啖：夫婦在窮困時共同吃粗淡之飯。此言夫婦已經長期共過窮苦患難，不可背棄。（二）其：同「豈」。（三）適：同「嫡」。（四）直：僅僅，只是。我不過是說玩話而已。（五）高祖於是乎才沒有更換太子的心了。

高帝崩，孝惠卽位，迺謂叔孫生曰：「先帝園陵寢廟，羣臣莫（能）習。」徙爲太常，定宗廟儀法。及稍定漢諸儀法，皆叔孫生爲太常所論箸也。

孝惠帝爲東朝長樂宮，（一）及閒往（二），數蹕煩人（三），迺作複道（四），方築武庫南（五）。叔孫生奏事，因請閒曰：「陛下何自築複道高寢，衣冠月出游高廟？高廟，漢太祖，柰何令後世子孫乘宗廟道上行哉？」（六）孝惠帝大懼，曰：「急壞之。」叔孫生曰：「人主無過擧（七）。今已作，百姓皆知之，今壞此，則示有過擧。

願陛下為原廟渭北，衣冠月出游之，益廣多宗廟，大孝之本也。」上迺詔有司立原廟。原廟起，以複道故。（八）

【註】（一）長樂宮：太后所在之地。惠帝赴長樂宮，所以朝其母也。（二）閒往：非大朝之時，中間之小謁見。（三）數蹕：因為皇帝經過，所以常常止人行以清道。煩人：禁止人行就是煩擾人民。（四）複道：閣道也，於原有道路之上，以木架以通車之道路，謂之複道。（五）武庫：王先謙曰：「黃圖：武庫在未央宮，蕭何造以藏兵器。畢沅彙訂長安圖志載故長安城圖，自未央宮而東，越武庫南，過鼎路門，取道高帝廟南，達長樂宮也。」（六）複道行於高空，故曰上行宗廟之道也。（七）人主作事，不當有過。（八）原廟之所以興作，就是由於要彌補作複道之過失。所以說原廟之起，由於複道。

孝惠帝曾春出游離宮，叔孫生曰：「古者有春嘗果，方今櫻桃孰（一），可獻，願陛下出，因取櫻桃獻宗廟。」上迺許之。諸果獻由此興（二）。

【註】（一）孰：同「熟」。（二）供獻新鮮水果於祖廟，由此時而興。

太史公曰：語曰：「千金之裘，非一狐之腋也（一）；臺榭之榱（二），非一木之枝也；三代之際，非一士之智也（三）。」信哉！夫高祖起微細，定海內，謀計用兵，可謂盡之矣。然而劉敬脫輓輅一說，建萬世之安，智豈可專邪（四）！叔孫通希世度務，制禮進退，與時變化，卒爲漢家儒宗。「大直若詘（五），道固委蛇」（六），蓋謂是乎？

【註】（一）腋：音掖（ㄧㄝ），肩臂內面交接之部分。千金的狐裘，係集織許多的狐腋部分而成，並不是一狐之腋所能成。（二）榱：音崔（ㄘㄨㄟ），臺榭所用的椽子。（三）三代盛世的政教，不是一個智謀之士所能建立。以上三段，皆言一切成功，必賴於集體努力，團隊精神。（四）智謀豈是一人所可以獨有？（五）大直若詘：詘，同「屈」。眞正的大直，好像是彎彎曲曲似的。從每一小段而看，好像是彎曲不直，但從整個的全段而看，則是極其直正的。所以評斷一個人，不能從其小段看，而要從其全段看，不能從其局部論，而要從其整體論。（六）道：眞理。委蛇：同逶迤，委移。言眞理的進行，原來是曲曲折折，委委彎彎的。

卷一百　季布、欒布列傳第四十

季布者，楚人也。爲氣任俠，有名於楚。項籍使將兵，數窘漢王（一）。及項羽滅，高祖購求布千金（二），敢有舍匿，罪及三族。季布匿濮陽周氏。周氏曰：「漢購將軍急，迹且至臣家（三），將軍能聽臣，臣敢獻計；卽不能（四），願先自剄。」季布許之。迺髡鉗季布（五），衣褐衣，置廣柳車中（六），幷與其家僮數十人，之魯朱家所賣之。朱家心知是季布，迺買而置之田。誡其子曰：「田事聽此奴，必與同食。」朱家迺乘軺車（七）之洛陽，見汝陰侯滕公（八）。滕公留朱家飲數日。因謂滕公曰：「季布何大罪，而上求之急也？」滕公曰：「布數爲項羽窘上，上怨之，故必欲得之。」朱家曰：「君視季布何如人也？」曰：「賢者也。」朱家曰：「臣各爲其主用，季布爲項籍用，職耳。項氏臣可盡誅邪？今上始得天下，獨以己之私怨求一人，何示天下之不廣也！（九）且以季布之賢而漢求之急如此，此不北走胡卽南走越耳。夫忌壯士以資敵國，此伍子胥所以鞭荊平王之墓也（一〇）。君何不從容爲上言邪（一一）？」汝陰侯滕公心知朱家大俠，意季布匿其所，迺許曰：「諾。」待閒，果言如朱家指（一二）。上迺赦季布。當是時，諸公皆多（一三）季布能摧剛爲柔，朱家亦以此名聞當世。季布召見，謝，上拜爲郎中。

【註】（一）常常使漢王困窘，言其將兵常把漢王打得走投無路。（二）高祖懸賞千金，捉拿季布。（三）馬上就要搜索（迹）到我家。（四）即：如果。（五）髡鉗：髡，音坤（ㄎㄨㄣ），截去頭髮也。鉗，音前（ㄑㄧㄢˊ），以鐵束頸也。古時的一種刑罰，爲髡鉗。（六）廣柳車：廣，大也。柳車：柳衣之車，喪車也。把季布置於大喪車之中，以免有人知道。（七）軺車：小車，一馬駕行之車。（八）滕公：夏侯嬰也。（九）今上初得天下，獨獨的爲個人的私怨而搜求一人，爲什麼對天下人表示自己這樣的度量狹小呢？（一〇）伍子胥鞭打楚平王之屍。（一一）你何不平心靜氣的把這種道理爲漢王講一講呢？（一二）等待漢王閒暇的時候，滕公果然照着朱家的意思（指），在高祖面前講了一下。（一三）多：贊揚，稱道。

孝惠時，爲中郎將。單于嘗爲書嫚呂后，不遜（一），呂后大怒，召諸將議之。上將軍樊噲曰：「臣願得十萬衆，橫行匈奴中。」諸將皆阿呂后意（二），曰：「然。」季布曰：「樊噲可斬也！夫高帝將兵四十餘萬衆，困於平城，今噲柰何以十萬衆橫行匈奴中，面欺！且秦以事於胡，陳勝等起。于今創痍未瘳（三），噲又面諛，欲搖動天下。是時殿上皆恐，太后罷朝，遂不復議擊匈奴事。

【註】（一）單于曾經寫信侮辱呂后。（二）阿：曲意附和。（三）戰爭所造成的瘡傷，尚未治癒。

使酒難近。至，留邸一月，見罷。季布爲河東守，孝文時，人有言其賢者，孝文召，欲以爲御史大夫。復有言其勇，使酒難近。至，留邸一月，見罷。季布因進曰：「臣無功竊寵，待罪河東（一）。陛下無故召臣，此人必有以臣欺陛下者，今臣至，無所受事，罷去，此人必有以毀臣者。夫陛下以一人之譽而召臣，一人之毀而去臣，臣恐天下有識聞之有以闚陛下也。」（二）上默然慙（三），良久曰：「河東吾股肱郡，故特召君耳。」布辭之官。（四）

【註】（一）待罪：擔任某種工作，時時憂慮不能勝任而獲罪，故曰：「待罪」。（二）以一人之譽而召臣，以一人之毀而去臣，可見毀譽不是取決於多數，而是取決於一二人，這就不是公開的政治，所以天下有識之士，必以此窺見皇帝之深淺了。（三）文帝無話可講，而現愧色。（四）之：往也。

楚人曹丘生，辯士，數招權顧金錢（一）。事貴人趙同等（二），與竇長君善（三）。季布聞之，寄書諫竇長君曰：「吾聞曹丘生非長者，勿與通。」及曹丘生歸，欲得書請季布（四）。竇長君曰：「季將軍不說足下（五），足下無往。」固請書，遂行。使人先發書，季布果大怒，待曹丘。曹丘至，即揖季布曰：「楚人諺曰『得黃金百（斤），不如得季布一諾（六）』，足下何以得此聲於梁楚閒哉？且僕楚人，足下亦楚人也。僕游揚足下之名於天下，顧不重邪（七）？何足下距僕之深也！」（八）季布迺大說，引入，留數月，爲上客，厚送之。季布名所以益聞者，曹丘揚之也。（九）

【註】（一）招權：結託有權有勢的特權階層之人。顧金錢：以非常手段取得金錢，即藉政治優勢取得經濟利益。（二）趙同：宦官。（三）竇長君：景帝之舅父。（四）請：晉見季布請問安好。（五）說：同「悅」。（六）得到黃金百斤，不如得到季布一言。可見人格有貴於黃金者。（七）顧：豈也。（八）距：拒絕。（九）揚：宣傳。

季布弟季心，氣蓋關中，遇人恭謹，爲任俠，方數千里，士皆爭爲之死。嘗殺人，亡之吳，從袁絲匿。長事袁絲（一），弟畜灌夫、籍福之屬（二）。嘗爲中司馬，中尉郅都不敢不加禮（三）。少年多時時竊籍其名（四）以行。當是時，季心以勇，布以諾，著聞關中。

【註】（一）以兄長之禮，事袁絲。（二）以對待弟弟之禮，養灌夫、籍福等。（三）郅都：是一個很暴橫的酷吏，時人都說「寧逢猛虎，勿逢郅都」，可見郅都令人恐怖之狀。但郅都見季心，猶不敢不加禮，可見季心之勇。（四）一般少年常常假借季心的名義以行事。

季布母弟丁公，爲楚將。丁公爲項羽逐窘高祖彭城西，短兵接，高祖急，顧丁公曰：「兩賢豈相戹哉！（一）」於是丁公引兵而還，漢王遂解去。及項王滅，丁公謁見高祖。高祖以丁公徇軍中（二），曰：「丁公爲項王臣不忠，使項王失天下者，迺丁公也。」（三）遂斬丁公，曰：「使後世爲人臣者無效丁公！」

【註】（一）我們兩個賢者，何必互相殘殺呢？（二）高祖以丁公巡行於軍中而數其罪。（三）由於丁公當時不殺高祖，而使項羽失了天下，所以就項羽而言，丁公不是忠臣。

欒布者，梁人也。始梁王彭越爲家人時，（一）嘗與布游。窮困，賃傭於齊，爲酒人保。（二）數歲，彭越去之巨野中爲盜，而布爲人所略賣，爲奴於燕。爲其家主報仇，燕將臧荼舉以爲都尉。臧荼後爲燕王，以布爲將。及臧荼反，漢擊燕，虜布。梁王彭越聞之，迺言上，請贖布以爲梁大夫。

【註】（一）家人：庶人，無官職之人。（二）保：傭工。

使於齊，未還，漢召彭越，責以謀反，夷三族。已而梟彭越頭於雒陽下，詔曰：「有敢收視者，輒捕之。」布從齊還，奏事彭越頭下（一），祠而哭之。吏捕布以聞。上召布，罵曰：「若與彭越反邪？（二）吾禁人勿收，若獨祠而哭之，與越反明矣。趣亨之。（三）」方提趣湯（四），布顧曰：「願一言而死。」上曰：「何言？」布曰：「方上之困於彭城，敗滎陽、成皋閒，項王所以（遂）不能〔遂〕西，徒以彭王居梁地，與漢合從苦楚也。當是之時，彭王一顧，與楚則漢破，與漢而楚破。且垓下之會，微彭王，項氏不亡（五）。天下已定，彭王剖符受封，亦欲傳之萬世。今陛下一徵兵於梁，彭王病不行，而陛下疑以爲反，反形未見，以苛小案誅滅之（六），臣恐功臣人人自危也。今彭王已死，臣生不如死，請就亨。」於是上迺釋布罪，拜爲都尉。

【註】（一）報告事情的經過。（二）若：汝、你。（三）趣：讀「促」，速速的。亨：同「烹」。即謂趕快把他烹了。（四）正在把他舉起來要往湯鑊中扔下去烹的時候。（五）假定不是彭王，項羽就不會亡。（六）以苛細之過失，交付法辦而誅滅之。

孝文時，爲燕相，至將軍。布迺稱曰：「窮困不能辱身下志，非人也（一）；富貴不能快意，非賢也。」於是嘗有德者厚報之，有怨者必以法滅之。吳（軍）〔楚〕反時，以軍功封俞侯，復爲燕相。燕齊之閒皆爲欒布立社，號曰欒公社。

【註】（一）辱其身而下其志，卽是忍耐，窮困之時要能忍耐。

景帝中五年薨。子賁嗣，爲太常，犧牲不如令，國除。

太史公曰：以項羽之氣，而季布以勇顯於楚，身屨（典）軍搴旗者數矣（一），可謂壯士。然至被刑戮，爲人奴而不死，何其下也！彼必自負其材，故受辱而不羞，欲有所用其未足也，故終爲漢名將。賢者誠重其死。夫婢妾賤人感慨而自殺者，非能勇也，其計畫無復之耳（二）。欒布哭彭越趣湯如歸者（三），彼誠知所處（四），不自重其死（五）。雖往古烈士，何以加哉！

【註】（一）親身困滅敵人的軍隊（屨、困也，）拔去（搴）敵人的旗幟有許多次了。（二）婢妾賤人有所感慨而自殺者，並不是他們能夠勇敢，乃是除此以外，別無他法罷了。（三）赴湯鑊而如歸者。（四）他實在是知道如何自處。（五）所以不吝惜（重）於一死。

卷一百零一　袁盎、鼂錯列傳第四十一

袁盎（一）者，楚人也，字絲。父故爲羣盜（二），徙處安陵（三）。高后時，盎嘗爲呂祿舍人。及孝文帝卽位，盎兄噲任盎爲中郎（四）。

【註】（一）盎：音骯去聲（尢）。（二）故：原來，舊日。（三）安陵：在陝西咸陽縣東。（四）任：保任。

絳侯爲丞相（一），朝罷趨出，意得甚。上禮之恭，常自送之。袁盎進曰：「陛下以丞相何如人？」上曰：「社稷臣。」盎曰：「絳侯所謂功臣，非社稷臣。社稷臣主在與在，主亡與亡。方呂后時，諸呂用事，擅相王，劉氏不絕如帶。是時絳侯爲太尉，主兵柄，弗能正。呂后崩，大臣相與共畔諸呂，太尉主兵，適會其成功，所謂功臣，非社稷臣。丞相如有驕主色。陛下謙讓，臣主失禮，竊爲陛下不取也。」後朝，上益莊，丞相益畏。已而絳侯望袁盎曰：「吾與而兄善，今兒廷毀我！（二）」盎遂不謝。

【註】（一）周勃封於絳，故絳侯卽指周勃也。（二）我與你哥哥彼此交好，現今你這個小娃娃在朝廷之前，竟然毀壞我。

及絳侯免相之國（一），國人上書告以爲反，徵繫清室（二），宗室諸公莫敢爲言，唯袁盎明絳侯無罪，絳侯得釋，盎頗有力，絳侯乃大與盎結交。

【註】（一）之：往。（二）繫：拘囚也。清室：卽請室，請罪之室，獄也。

淮南厲王朝，殺辟陽侯（一），居處驕甚。袁盎諫曰：「諸侯大驕必生患，可適削地。」上弗用。淮南王益橫。及棘蒲侯柴武太子謀反事覺，治，連淮南王，淮南王徵，上因遷之蜀，轞車傳送（二）。袁盎時爲中郎將，乃諫曰：「陛下素驕淮南王，弗稍禁，以至此，今又暴摧折之（三）。淮南王爲人剛，如有遇霧露行道死，陛下竟爲以天下之大弗能容，有殺弟之名，柰何？」上弗聽，遂行之。

淮南王至雍，病死，聞，上輟食，哭甚哀。盎入，頓首請罪。上曰：「以不用公言至此。」盎曰：「上自寬，此往事，豈可悔哉！且陛下有高世之行者三，此不足以毀名。」上曰：「吾高世行三者何事？」盎曰：「陛下居代時，太后嘗病，三年，陛下不交睫，不解衣，湯藥非陛下口所嘗弗進。夫曾參以布衣猶難之，今陛下親以王者脩之，過曾參孝遠矣。夫諸呂用事，大臣專制，然陛下從代乘六乘傳馳不測之淵，雖賁育之勇不及陛下。陛下至代邸，西向讓天子位者再，南面讓天子位者三。夫許由一讓，而陛下五以天下讓，過許由四矣。且陛下遷淮南王，欲以苦其志，使改過，有司衞不謹，故病死。」於是上乃解，曰：「將柰何？」盎曰：「淮南王有三子，唯在陛下耳。」於是文帝立其三子皆爲王，盎由此名重朝廷。

【註】（一）辟陽侯：卽與高后淫亂之審食其也。（二）轞車：有欄柵之車，專以載囚犯者。（二）聞：新聞傳之於中外。（三）暴摧折：猛然的加以摧折。

袁盎常引大體、忼慨（一）。宦者趙同以數幸（二），常害袁盎，袁盎患之。盎兄子種爲常侍騎，持節夾乘，說盎曰：「君與鬬（三），廷辱之（四），使其毀不用（五）。」孝文帝出，趙同參乘，袁盎伏車前曰：「臣聞天子所與共六尺輿者，皆天下豪英。今漢雖乏之人，陛下獨柰何與刀鋸餘人載！」（六）於是上笑，下趙同。趙同泣下車。

【註】（一）常談論國家大事，有憤激與感慨之意。（二）數：星曆之術數。（三）你若是要與

趙同鬥。（四）最好在皇帝之面前侮辱他。（五）使得他被毀壞而不見用。（六）宦官係受過腐刑的人，故曰「刀鋸餘人」。

文帝從霸陵上，欲西馳下峻阪（一）。袁盎騎，並車擥轡。上曰：「將軍怯邪？」盎曰：「臣聞千金之子坐不垂堂（二），百金之子不騎衡（三），聖主不乘危而徼幸。今陛下騁六騑（四），馳下峻山（五），如有馬驚車敗，陛下縱自輕（六），柰高廟、太后何？」上乃止。

【註】（一）乘車而下很陡的坡道。（二）不坐在房簷之下，怕的是瓦礫下來會打傷人。（三）不騎衡：騎，倚也，靠也。衡：同「橫」，橫木欄杆之類，不倚身於欄杆等物，怕的是欄杆易斷，而墜身於樓下也。（四）六騑：六匹駿馬，其馳如飛，故又稱「六飛」。（五）奔馳而下坡度極陡的山。（六）縱：卽使，縱然不自重其生命。

上幸上林，皇后、愼夫人從。其在禁中，常同席坐。及坐，郎署長布席（一），袁盎引卻愼夫人坐（二）。愼夫人怒，不肯坐，上亦怒，起，入禁中。盎因前說曰：「臣聞尊卑有序則上下和。今陛下既已立后，愼夫人乃妾，妾主豈可與同坐哉！適所以失尊卑矣。且陛下幸之，卽厚賜之。陛下所以爲愼夫人，適所以禍之。陛下獨不見『人彘』

乎？」（三）於是上乃說（四），召語愼夫人。愼夫人賜盎金五十斤。

【註】（一）布席：佈置席位。（二）袁盎把愼夫人的座位，拉在後邊。（三）人彘：呂后性狠毒，忌妬戚夫人之得寵，於是於高祖死後，斷戚夫人手足，挖去其眼睛，燻聾其兩耳，強飲之以使人啞叭之藥，使居於厠中，命之曰「人彘」。（四）說：同「悅」。

然袁盎亦以數直諫（一），不得久居中（二），調爲隴西都尉。仁愛士卒，士卒皆爭爲死。遷爲齊相。徙爲吳相，辭行，種謂盎曰：「吳王驕日久，國多姦（三）。今苟欲劾治，彼不上書告君，卽利劍刺君矣（四）。南方卑濕，君能日飲（五），毋何（六），時說王曰毋反而已（七）。如此幸得脫。（八）」盎用種之計，吳王厚遇盎。

【註】（一）因爲常常直言諫諍。（二）所以不得長久在朝中任職。（三）吳王日益驕縱，國多姦邪。（四）假定你要彈劾他，他不是上書告你，便是以利劍刺殺你。（五）南方卑濕，你最好天天喝酒。（六）不要多管閒事。（七）不過常常勸王不要造反就算了。（八）能夠這樣，大概可以僥倖而免於難。

盎告歸，道逢丞相申屠嘉，下車拜謁，丞相從車上謝袁盎（一）。袁盎還，愧其吏，乃之丞相舍上謁，求見丞相。丞相良久而見之。盎因跪曰：「願請閒。」丞相曰：「

使君所言公事，之曹與長史掾議，吾且奏之（二）；即私邪，吾不受私語。（三）」袁盎即跪說曰：「君爲丞相，自度孰與陳平、絳侯？（四）」丞相曰：「吾不如。」袁盎曰：「善，君即自謂不如。夫陳平、絳侯輔翼高帝，定天下，爲將相，而誅諸呂，存劉氏；君乃爲材官蹶張，遷爲隊率，積功至淮陽守，非有奇計攻城野戰之功。且陛下從代來，每朝，郎官上書疏，未嘗不止輦受其言，言不可用置之，言可受採之，未嘗不稱善。何也？則欲以致天下賢士大夫（五）。上日聞所不聞，明所不知，日益聖智；君今自閉鉗天下之口而日益愚（六）。夫以聖主責愚相，君受禍不久矣。」丞相乃再拜曰：「嘉鄙野人，乃不知，將軍幸教。」引入與坐，爲上客。

【註】（一）袁盎在路上遇見丞相申屠嘉，趕快下車表示敬禮，丞相還禮，但是仍在車上，並不下車。（二）假定你所說的是公事，你可以到有關的機關和他們的主管人員談，我替你呈奏於皇帝。（三）如果是私話嗎？對不起，我不接受任何私人的請託。（四）絳侯：周勃也。（五）致：招徠。（六）閉鉗：封鎖天下人之口而不准說話。

盎素不好鼂錯，鼂錯所居坐，盎去；盎坐，錯亦去：兩人未嘗同堂語（一）。及孝文帝崩，孝景帝即位，鼂錯爲御史大夫，使吏案袁盎受吳王財物，抵罪，詔赦以爲庶人

。（二）

吳楚反，聞，鼂錯謂丞史曰：「夫袁盎多受吳王金錢，專爲蔽匿，言不反。今果反，欲請治盎宜知計謀。」丞史曰：「事未發，治之有絕（三）。今兵西鄉，治之何益（四）！且袁盎不宜有謀（五）。」鼂錯猶與未決。人有告袁盎者，袁盎恐，夜見竇嬰，爲言吳所以反者，願至上前口對狀。竇嬰入言上，上乃召袁盎入見。鼂錯在前，及盎請辟人賜閒（六），錯去，固恨甚。（七）。袁盎具言吳所以反狀，以錯故（八），獨急斬錯以謝吳，吳兵乃可罷（九）。其語具在吳事中。使袁盎爲太常，竇嬰爲大將軍。兩人素相與善。逮吳反（一〇），諸陵長者長安中賢大夫爭附兩人，車隨者日數百乘。

【註】（一）袁盎與鼂錯感情不好，鼂錯在辦公室的時候，袁盎就走；袁盎在辦公室的時候，鼂錯就走，兩個人永遠不曾在辦公室說過一句話。（二）鼂錯當了御史大夫，便派人查辦袁盎，說他貪受了吳王的財物，判之以罪。景帝下命赦了袁盎的罪，只是罷了他的官。（三）絕：過甚。言事情沒有發作，而治之以罪，有失於過甚。（四）現在吳國的軍隊，已經向西進攻，治他以罪，有什麼益處？（五）並且按理而論，袁盎似乎不至於和吳國有勾結。（六）辟人：即「避人」。避開別的人。賜閒：賜給他以單獨談話的空隙。（七）鼂錯見景帝與袁盎單獨談話，恨恨而去。（八）袁盎對景帝說：「吳楚等國所以反叛，完全是由於鼂錯要削奪他們的權勢，他們才起來反叛。（九）

現在只有趕快把鼂錯殺了，就可以使吳楚退兵。（一〇）逮：及也。

及鼂錯已誅，袁盎以太常使吳。吳王欲使將，不肯。欲殺之，使一都尉以五百人圍守盎軍中。袁盎自其為吳相時，（嘗）有從史（一）嘗盜愛盎侍兒（二），盎知之，弗泄，遇之如故。人有告從史，言「君知爾與侍者通」，乃亡歸（三）。袁盎驅自追之，（四）遂以侍者賜之（五），復為從史。及袁盎使吳見守，從史適為守盎校尉司馬（六），乃悉以其裝齎置二石醇醪（七），會天寒，士卒飢渴，飲酒醉，西南陬（八）卒皆臥，司馬夜引袁盎起，曰：「君可以去矣，吳王期旦日斬君。」盎弗信，曰：「公何為者？（九）」司馬曰：「臣故為從史盜君侍兒者（一〇）。」盎乃驚謝曰：「公幸有親，吾不足以累公（一一）。」司馬曰：「君弟去，臣亦且亡，辟吾親，君何患！（一二）」乃以刀決張，道從醉卒（直）隧（直）出（一三）。司馬與分背（一四）。袁盎解節毛懷之（一五），杖，步行七八里（一六），明，見梁騎（一七），騎馳去，遂歸報（一八）。

【註】（一）從史：隨從人員，不主文書。（二）偷偷的與袁盎的侍女發生戀愛關係。（三）隨從以為袁盎知道其事，就逃跑了。（四）袁盎親自駕車把他追回來。（五）並且以侍女賞給他。（六）吳王所派包圍袁盎的頭目，恰好正是袁盎以前的隨從。（七）裝齎：儲蓄的財物。置：購買

。醇醪：醇，音純（ㄔㄨㄣˊ），濃厚的酒。醪，音勞（ㄌㄠˊ），濁重的酒。言以其所儲蓄的全部金錢，買了兩石很烈性的酒。（八）陬：音鄒（ㄗㄡ）隅，角落。（九）你是幹什麼的人？（一〇）我本是與你的侍女私相戀愛的隨從。（一一）袁盎大吃一驚而謝道：「你上有老母，我不可連累你。」（一二）隨從道：「你只管（弟，同第，但也）離去好了，我也馬上逃亡，藏匿我的母親，你何必憂愁呢？」（一三）於是用刀子把帳（張）幕剪開，從醉兵堆（隧，同堆）中跑出。（一四）隨從和他分手，背道而馳。（一五）袁盎把他所佩帶的節（符節）旄，藏在懷中。（一六）柱着拐杖，步行了七八里。（一七）到了天明，遇見了梁國的馬匹。（一八）遂騎馬回去，報告經過。

吳楚已破，上更以元王子平陸侯禮爲楚王，袁盎爲楚相。嘗上書有所言，不用。袁盎病免居家，與閭里浮沈，相隨行，鬭鷄走狗。雒陽劇孟嘗過袁盎（一），盎善待之。安陵富人有謂盎曰：「吾聞劇孟博徒（二）；將軍何自通之（三）？」盎曰：「劇孟雖博徒，然母死，客送葬車千餘乘，此亦有過人者。且緩急人所有（四）。夫一旦有急叩門，不以親爲解（五），不以存亡爲辭（六），天下所望者，獨季心（七）、劇孟耳。今公常從數騎，一旦有緩急，寧足恃乎！（八）」罵富人，弗與通。諸公聞之，皆多袁

盎。（九）

【註】（一）劇孟：洛陽人，以俠義顯名於當時。（二）博徒：賭博之徒。（三）將軍何必和他相往來？（四）緩急：患難危急之事。（五）不以父母爲解釋。（六）不以生死爲藉口。（七）季心：季布之弟，以任俠聞於關中。（八）現在跟從你的，雖然有幾四人馬，但是，一旦有了危急，難道就可以仗恃嗎？（九）多：贊許。

袁盎雖家居，景帝時時使人問籌策（一）。梁王欲求爲嗣，袁盎進說（二），其後語塞（三）。梁王以此怨盎，曾使人刺盎。刺者至關中，問袁盎（四），諸君譽之皆不容口（五）。乃見袁盎曰：「臣受梁王金來刺君（六），君長者（七），不忍刺君（八）。然後刺君者十餘曹，備之！（九）」袁盎心不樂，家又多怪，乃之棓生所問占（一〇）。還，梁刺客後曹輩果遮刺殺盎安陵郭門外。（一一）

【註】（一）籌策：計策。（二）袁盎主張不宜立梁王。（三）以後立梁王的建議就停止了。（四）打聽袁盎的爲人。（五）人人都稱讚袁盎，簡直是說不完的好處。（六）我受梁王的金錢收買來暗殺你。（七）我一打聽你的爲人，才知道你是一個大大的忠厚長者。（八）我不忍心暗殺你。（九）但是，以後要來暗殺你的，還有十幾個人，你要小心防備啊！（一〇）棓生：人名，善於占卜吉凶者。（一一）遮：跟踪而截殺之於安陵城門外。

鼂錯（一）者，潁川人也（二）。學申商刑名於軹張恢先所（三），與雒陽宋孟及劉禮同師。以文學爲太常掌故（四）。

【註】（一）鼂錯：姓鼂，名錯。鼂，音晁（ㄔㄠˊ）。（二）潁川：今河南禹縣。（三）申：申不害。商：商鞅。刑名：刑名法術之學說，主張嚴刑峻法以治民，反對仁義道德之論。軹：縣名，在河南濟源縣。張恢先：人名，習刑名法術之學者。所：處，地方。（四）太常：官名，秦曰奉常，漢改名太常，主管宗廟禮儀之事。太常有博士弟子之考試，中甲科者，補爲郎，中乙科者，補爲掌故。掌故者，主故事，百石之吏也。

錯爲人陗直刻深（一）。孝文帝時，天下無治尚書者（二），獨聞濟南伏生故秦博士，治尚書，年九十餘，老不可徵（三），乃詔太常使人往受之。太常遣錯受尚書伏生所（四）。還，因上便宜事，以書稱說（五）。詔以爲太子舍人、門大夫、家令（六）。以其辯得幸太子，太子家號曰「智囊」（七）。數上書孝文時，言削諸侯事（八），及法令可更定者。書數十上，孝文不聽，然奇其材，遷爲中大夫。當是時，太子善錯計策，袁盎諸大功臣，多不好錯。

【註】（一）陗：同「峭」，嚴峻冷酷。刻深：苛刻陰沉。（二）天下沒有研究尚書、通達尚書的

人。（三）人已老了，不能應徵到京師來。（四）太常派鼂錯到濟南伏生之家，學習尚書。（五）便宜事：有利於當世之事務。上呈文，論析政事，根據尚書之理論而演述其見解。（六）太子舍人：秦置，爲太子官屬，漢因之，選良家子弟，更值宿衞。家令：官名，秦置，漢因之，主倉穀飲食。（七）智囊：聰明智計的袋子。（八）削弱諸侯的土地及權力。

景帝卽位，以錯爲內史（一）。錯常數請閒言事（二），輒聽（三），寵幸傾九卿（四），法令多所更定。丞相申屠嘉心弗便，力未有以傷。內史府居太上廟壖中，門東出，不便，錯乃穿兩門南出，鑿廟壖垣（五）。丞相嘉聞，大怒，欲因此過爲奏請誅錯。錯聞之，卽夜請閒，具爲上言之。丞相奏事，因言錯擅鑿廟垣爲門，請下廷尉誅。上曰：「此非廟垣，乃壖中垣，不致於法。」丞相謝。罷朝，怒謂長史曰：「吾當先斬以聞，乃先請，爲兒所賣，固誤（六）。」丞相遂發病死，錯以此愈貴。

【註】（一）內史：首都長官。（二）單獨與皇帝談話，商議政事。（三）常常聽從。（四）寵愛親幸，壓倒於九卿之上。秦以奉常、郎中令、衞尉、太僕、廷尉、典客、宗正、治粟內史、少府爲九卿。漢以奉常爲太常，郎中令爲光祿勳，典客爲大鴻臚，治粟內史爲大司農。（五）壖：同「堧」，音軟陽平（ㄖㄨㄢˊ），廟外餘地。垣：短牆。（六）固誤：根本錯誤。

遷爲御史大夫，請諸侯之罪過（一），削其地（二），收其枝郡（三）。奏上，上令公卿列侯宗室集議，莫敢難，獨竇嬰爭之，由此與錯有郤（四）。錯所更令三十章，諸侯皆喧嘩疾鼂錯。錯父聞之，從潁川來，謂錯曰：「上初卽位，公爲政用事，侵削諸侯，別疏人骨肉，人口議（五）多怨公者，何也？」鼂錯曰：「固也（六）。不如此，天子不尊，宗廟不安。」錯父曰：「劉氏安矣，而鼂氏危矣，吾去公歸矣！（七）」遂飲藥死，曰：「吾不忍見禍及吾身。」死十餘日，吳楚七國果反，以誅錯爲名。及竇嬰、袁盎進說，上令鼂錯衣朝衣斬東市。

【註】（一）尋找諸侯的罪過。（二）剝奪其土地。（三）收回其附屬的郡邑。（四）郤：同「隙」，仇怨。（五）口議：口頭上議論紛紛。（六）固也：這是必然的結果。（七）劉家是安全了，而我們鼂家就危險了，我要遠離你而永歸了。

鼂錯已死，謁者僕射鄧公爲校尉，擊吳楚軍爲將。還，上書言軍事，謁見上。上問曰：「道軍所來（一），聞鼂錯死，吳楚罷不？」鄧公曰：「吳王爲反數十年矣，發怒削地，以誅錯爲名，其意非在錯也。且臣恐天下之士噤口（二），不敢復言也！」上曰：「何哉？」鄧公曰：「夫鼂錯患諸侯彊大不可制，故請削地以尊京師，萬世之利也。

計畫始行，卒受大戮（三），內杜忠臣之口，外爲諸侯報仇，臣竊爲陛下不取也。」於是景帝默然良久，曰：「公言善，吾亦恨之（四）。」乃拜鄧公爲城陽中尉。

【註】（一）你是從前方（軍事區域）回來。（二）噤口：閉口。（三）卒：同「猝」，忽然。（四）恨：後悔。

鄧公，成固人也（一），多奇計。建元中，上招賢良，公卿言鄧公，時鄧公免，起家爲九卿。一年，復謝病免歸。其子章以脩黃老言，顯於諸公閒。

【註】（一）成固：即城固，陝西城固縣，即漢中也。

太史公曰：袁盎雖不好學，亦善傅會（一），仁心爲質，引義忼慨。遭孝文初立，資適逢世（二）。時以變易（三），及吳楚一說，說雖行哉（四），然復不遂（五）。好聲矜賢，竟以名敗。鼂錯爲家令時，數言事不用；後擅權，多所變更。諸侯發難，不急匡救，欲報私讎，反以亡軀。語曰「變古亂常，不死則亡」，豈錯等謂邪！

【註】（一）傅會：即「附會」，牽强湊合。（二）適逢其世，得以騁其才資。（三）隨時局而變化。（四）殺鼂錯之建議雖行。（五）但是，景帝以後悔恨，覺得殺鼂錯用法過當。所以以後也不信袁盎之爲人，不用其意見。

卷一百零二　張釋之、馮唐列傳第四十二

張廷尉（一）釋之者，堵陽人也（二），字季。有兄仲同居。以訾爲騎郎（三），事孝文帝，十歲不得調（四），無所知名。釋之曰：「久宦減仲之產，不遂（五）。」欲自免歸（六）。中郎將袁盎知其賢，惜其去，乃請徙釋之補謁者（七）。釋之既朝畢，因前言便宜事。文帝曰：「卑之，毋甚高論，令今可施行也（八）。」於是釋之言秦漢之閒事，秦所以失而漢所以興者久之。文帝稱善，乃拜釋之爲謁者僕射（九）。

【註】（一）廷尉：官名，主持刑獄，漢曾改名大理，不久仍用此名。（二）堵陽：地名，河南方城縣。（三）訾：同貲：納錢或穀，得以爲官，曰「貲郎」。（四）調：升遷。（五）不遂：不得志。（六）辭職。（七）謁者：官名，辦理賓讚受事，秩比六百石。（八）說得淺近一點，不要講很高的論調，只求其今日能夠實行的。（九）謁者之首長。

釋之從行，登虎圈。上問上林尉（一）諸禽獸簿（二），十餘問，尉左右視，盡不

能對。虎圈嗇夫（三）從旁代尉對上所問禽獸簿甚悉，欲以觀其能口對響應無窮者。文帝曰：「吏不當若是邪（四）？尉無賴（五）！」乃詔釋之拜嗇夫爲上林令。釋之久之前曰：「陛下以絳侯周勃何如人也？」上曰：「長者也。」又復問：「東陽侯張相如何如人也？」上復曰：「長者。」釋之曰：「夫絳侯、東陽侯稱爲長者，此兩人言事曾不能出口（六），豈斅此嗇夫諜諜利口捷給哉（七）！且秦以任刀筆之吏（八），吏爭以亟疾苛察相高（九），然其敝徒文具耳，無惻隱之實（一〇）。以故不聞其過，陵遲而至於二世（一一），天下土崩。今陛下以嗇夫口辯而超遷之（一二），臣恐天下隨風靡靡，爭爲口辯而無其實。且下之化上，疾於景響（一三），舉錯不可不審也（一四）。」文帝曰：「善。」乃止，不拜嗇夫。

【註】（一）上林有八丞十二尉，尉秩三百石。（二）有關禽獸名稱、數目，及各種情形。（三）管理虎圈之人。（四）邪：同「耶」字，疑問詞。（五）沒有才能可恃。（六）不善於說話，遲鈍好像說不出口似的。（七）斅：音效（ㄒㄧㄠ），效法，倣效。諜：同喋，多說話的。捷給：對答迅速，滔滔無窮。（八）刀筆吏：古代簡牘，用竹木，以刀代筆，故曰刀筆。書吏之掌案牘者，謂之刀筆吏。（九）刑獄之吏爭着以急切疾速苛刻細察爲高明。（一〇）其毛病是徒具空文而沒有惻隱仁慈的眞誠。（一一）陵遲：一天一天的走下坡。（一二）超遷：不以程序而越級升

遷。（一三）景：即「影」，如影隨形，如響斯應。（一四）擧錯：即「擧措」，一切動作處置。

上就車，召釋之參乘（一），徐行，問釋之秦之敝。具以質言（二）。至宮，上拜釋之爲公車令（三）。

【註】（一）參乘：陪乘，陪坐於車之右旁。古者乘車之法，導者居左，御者居中，參乘居右。（二）具：即「俱」，完全以實際情形報告。（三）公車令：公車官署之首長。

頃之，太子與梁王共車入朝，不下司馬門，於是釋之追止太子、梁王無得入殿門。遂劾不下公門不敬，奏之（一）。薄太后聞之，文帝免冠謝曰：「教兒子不謹。」薄太后乃使使承詔赦太子、梁王，然后得入。文帝由是奇釋之，拜爲中大夫。

【註】（一）宮衞令：凡出入殿門公車司馬門，乘軺傳者皆下。不如令，罰金四兩。

頃之，至中郎將。從行至霸陵，居北臨廁（一）。是時愼夫人從，上指示愼夫人新豐道，曰：「此走邯鄲道也。」（二）使愼夫人鼓瑟，上自倚瑟而歌（三），意慘悽悲懷，顧謂羣臣曰：「嗟乎！以北山石爲椁，用紵絮斮陳，蕠漆其閒，豈可動哉（四）！」左右皆曰：「善。」釋之前進曰：「使其中有可欲者，雖錮南山猶有郄；使其中無可欲者，雖無石椁，又何戚焉（五）！」文帝稱善。其後拜釋之為廷尉。

【註】（一）廁：同「側」，邊側也。霸陵北頭，側近霸水，文帝登高遠望。（二）愼夫人、邯鄲人，故文帝指新豐道路對她說：「這條路是走向邯鄲之路」。（三）依着瑟聲的調子而歌。（四）斮陳：即錯陳，交雜舖置，即用麻與緜交雜舖置，然後加上一層漆，這樣，一層麻絮一層漆，棺椁就非常之結實了。（五）假使椁中有引人貪心的東西，即使把整個的南山封閉起來，還是有空隙（郄）的；假使椁中沒有可以引起人們貪心的東西，雖是沒有石椁，又何必戚戚然而擔憂呢？

頃之，上行出中渭橋（一），有一人從橋下走出，乘輿馬驚（二）。於是使騎捕，屬之廷尉（三）。釋之治問。曰：「縣人來（四），聞蹕（五），匿橋下。久之，以為行已過，即出，見乘輿車騎，即走耳。」廷尉奏當，一人犯蹕，當罰金。文帝怒曰：「此人親驚吾馬，吾馬賴柔和（六），令他馬（七），固不敗傷我乎？而廷尉乃當之罰金！」釋之曰：「法者天子所與天下公共也（八）。今法如此而更重之，是法不信於民也。且方其時（九），上使立誅之則已（一〇）。今既下廷尉，廷尉，天下之平也（一一），一傾而天下用法皆為輕重（一二），民安所措其手足（一三）？唯陛下察之。」良久，上曰：「廷尉當是也（一四）。」

【註】（一）在渭橋中途。（二）乘輿：天子之乘車。（三）屬：交付廷尉法辦。（四）縣人：一般老百姓稱公務人員都是縣人。（五）蹕：禁止行人以清道。（六）幸賴我馬溫和。（七）假如是其他的馬。（八）法律是天子與天下人民所共同遵守的。（九）當其時。（一○）天子使人立刻殺之也就罷了。（一一）廷尉執法，是天下的平衡器，在法律之前，人人平等。（一二）稍一偏差，而天下用法隨意輕重。（一三）人民還有什麼措手立足之地呢？（一四）文帝思之很久，說道：「廷尉的判處很對！」

其後有人盜高廟坐前玉環，捕得，文帝怒，下廷尉治。釋之案律盜宗廟服御物者爲奏，奏當弃市（一）。上大怒曰：「人之無道，乃盜先帝廟器，吾屬廷尉者，欲致之族（二），而君以法奏之，非吾所以共承宗廟意也（三）。」釋之免冠頓首謝曰：「法如是足也（四）。且罪等（五），然以逆順爲差（六）。今盜宗廟器而族之（七），有如萬分之一，假令愚民取長陵一抔土，陛下何以加其法乎（八）？」久之，文帝與太后言之，乃許廷尉當。是時，中尉條侯周亞夫與梁相山都侯王恬開見釋之持議平，乃結爲親友。張廷尉由此天下稱之。

【註】（一）刑人於市，與衆棄之，死刑也。（二）族：一人有罪，殺其父母妻子。（三）共：同「恭」字。（四）依法判死罪是足夠的了。（五）俱是死罪。（六）但是要看他犯罪之逆順

爲差別。（七）現在他偷盜宗廟玉環而殺其父母妻子。（八）假定無知的愚民偷盜長陵上的一把土，陛下將以何種法律判之呢？抔：音剖（ㄆㄡˇ），一握也。抔土，一握之土也。

後文帝崩，景帝立，釋之恐（一），稱病。欲免去，懼大誅至；欲見謝，則未知何如。用王生計，卒見謝，景帝不過也（二）。

【註】（一）景帝爲太子時，乘車不下司馬門，違法，被釋之所劾奏，今爲皇帝，釋之恐其挾怨而加之以罪。（二）景帝不以釋之昔日之劾奏爲過而罪之。

王生者，善爲黃老言，處士也（一）。嘗召居廷中，三公九卿盡會立，王生老人，曰「吾韈解（二）」，顧謂張廷尉：「爲我結韈！」釋之跪而結之。既已，人或謂王生曰：「獨柰何廷辱張廷尉，使跪結韈？」王生曰：「吾老且賤，自度終無益於張廷尉（三）。張廷尉方今天下名臣，吾故聊辱廷尉，使跪結韈，欲以重之。」諸公聞之，賢王生而重張廷尉。

【註】（一）不出仕之人。（二）韈：同襪（ㄨㄚˋ）足衣。解：開了。（三）自己揣測，自以爲。

張廷尉事景帝歲餘，爲淮南王相，猶尚以前過也。久之，釋之卒。其子曰張摯，字長公，官至大夫，免。以不能取容當世，故終身不仕（一）。

【註】（一）生性正直，不肯降志辱身，取容悅於當世，故至於免官而終身不仕。

馮唐者，其大父趙人。父徙代。漢興徙安陵（一）。唐以孝著，為中郎署長（二），事文帝。文帝輦過（三），問唐曰：「父老何自為郎（四）？家安在？」唐具以實對（五）。文帝曰：「吾居代時，吾尚食監高祛數為我言趙將李齊之賢，戰於鉅鹿下。今吾每飯，意未嘗不在鉅鹿也。父知之乎？」唐對曰：「尚不如廉頗、李牧之為將也。」上曰：「何以？」唐曰：「臣大父在趙時，為官（卒）〔率〕將，善李牧。臣父故為代相，善趙將李齊，知其為人也。」上既聞廉頗、李牧為人，良說（六），而搏髀曰（七）：「嗟乎！吾獨不得廉頗、李牧時為吾將，吾豈憂匈奴哉！」唐曰：「主臣（八）！陛下雖得廉頗、李牧，弗能用也。」上怒，起入禁中。良久，召唐讓（九）曰：「公柰何眾辱我，獨無閒處乎？」唐謝曰：「鄙人不知忌諱。」

【註】（一）安陵：地名，西漢所置縣，在陝西咸陽縣東。（二）為郎署之長。（三）輦：音捻（ㄋㄧㄢˇ），帝王的乘車，稱輦。（四）老人家這麼大的年紀，為什麼還是個郎官？（何自為郎：即何以為郎。）（五）具：同「俱」，盡也，完全。（六）良說，即良悅，甚是喜歡。（七）搏髀：拍股也。髀：音俾（ㄅㄧˋ），膝以上之大骨也。（八）驚歎之詞。（九）讓：音壤去聲（ㄖㄤˋ

），責備。

當是之時，匈奴新大入朝𨚗（一），殺北地（二）都尉卬（三）。上以胡寇爲意，乃卒復問唐曰：「公何以知吾不能用廉頗、李牧也？」唐對曰：「臣聞上古王者之遣將也，跪而推轂（四），曰閫以內者，寡人制之；閫以外者，將軍制之（五）。軍功爵賞皆決於外，歸而奏之。此非虛言也。臣大父言，李牧爲趙將居邊，軍市之租（六）皆自用饗士（七），賞賜決於外，不從中擾也（八）。委任而責成功（九），故李牧乃得盡其智能，遣選車千三百乘（一〇），彀騎萬三千（一一），百金之士十萬（一二），是以北逐單于，破東胡（一三），滅澹林（一四），西抑彊秦，南支韓、魏（一五）。當是之時，趙幾霸（一六）。其後會趙王遷立，其母倡也（一七）。王遷立，乃用郭開讒（一八），卒誅李牧，令顏聚代之。是以兵破士北（一九），爲秦所禽滅（二〇）。今臣竊聞魏尚爲雲中守，其軍市租盡以饗士卒，〔出〕私養錢（二一），五日一椎牛（二二），饗賓客軍吏舍人（二三），是以匈奴遠避，不近雲中之塞（二四）。虜曾一入，尚率車騎擊之，所殺甚衆。夫士卒盡家人子，起田中從軍（二五），安知尺籍伍符（二六）終日力戰，斬首捕虜，上功莫府（二七），一言不相應（二八），文吏以法繩之（

二九）。其賞不行而吏奉法必用（三〇）。臣愚，以為陛下法太明，賞太輕，罰太重。且雲中守魏尚坐上功首虜差六級，陛下下之吏，削其爵，罰作之（三一）。由此言之，陛下雖得廉頗、李牧，弗能用也。臣誠愚，觸忌諱，死罪死罪！」文帝說（三二）。是日令馮唐持節赦魏尚，復以為雲中守，而拜唐為車騎都尉，主中尉及郡國車士（三三）。

【註】（一）匈奴初次大舉侵入朝那。朝那：縣名，在甘肅平涼縣西北。匈奴老單于以十四萬騎侵入。（二）北地：郡名，統甘肅舊寧夏、慶陽二府之地，治馬領，故城在環縣東南。（三）都尉姓孫名卬。（四）推轂：推其車輪使前進也。轂：音穀（ㄍㄨˇ），車輪中心的圓木。（五）閫：音悃（ㄎㄨㄣˇ），國門也。國門以內，寡人制之；國門以外，將軍制之，此即表示委託以制軍之全權。（六）軍中置有市場，有租稅之收入。（七）宴待軍士。（八）不從中干擾。（九）任之以任務而責求其成功，至於如何達成其任務，則全由將帥當機規劃，天子不加干涉。（一〇）六韜書有選車之法。（一一）彀騎：張弓而射之騎兵。彀：音構（ㄍㄡˋ），張弓至於極滿。（一二）言其戰功之強，待遇之高，價值一百斤的金子。（一三）東胡：種族名，烏丸之祖，其別為鮮卑，在匈奴東，故名。今稱通古斯族。（一四）澹林：種族名。不知其詳。（一五）支：抵當。（一六）幾乎稱霸。（一七）倡妓，樂戶之女。（一八）郭開，趙之寵臣，暗地與秦勾結，受秦國之金，使為反間，終於殺忠良之將李牧，而趙國遂亡。（一九）打敗仗而逃。（二〇）禽：同擒。（二一）私自俸祿所得之錢。（二二）以椎擊牛而殺之。（二三）左右親近之人，亦可稱為舍人。

（二四）雲中郡故城在陝西榆林縣東北三十里。　（二五）農家子弟，素無軍事訓練及軍事知識。　（二六）記載軍事法令的書籍，曰尺籍。行伍節制的符信與證件，曰伍符。　（二七）呈報功勞於元帥之幕府。莫府：卽幕府。　（二八）一句話不相對照。　（二九）辦文書的法官便以軍法治之。　（三〇）作戰有功不一定能得賞，而一言不對，文吏們便執法必罰。　（三一）雲中郡守魏尚作戰有了大功，只因爲呈報首級的時候，差了六個人頭，便算犯罪，下之於獄，削除其官爵，加以刑罰。　（三二）說：同悅。　（三三）車戰之士。

七年，景帝立，以唐爲楚相，免。武帝立，求賢良，擧馮唐。唐時年九十餘，不能復爲官，乃以唐子馮遂爲郎。遂字王孫，亦奇士，與余善。

太史公曰：張季之言長者，守法不阿意；馮公之論將率，有味哉！有味哉！語曰「不知其人，視其友」。二君之所稱誦，可著廊廟。書曰「不偏不黨，王道蕩蕩；不黨不偏，王道便便（一）。」張季、馮公近之矣。

【註】　（一）書經洪範：「無偏無黨，王道蕩蕩；無黨無偏，王道平平」。平平，很容易瞭解。但此處改爲「王道便便」，便不容易瞭解了。我們根據尚書原意，以「便便」爲「平平」，則此「便」字，可能同於「辨」字，亦可能同於「偏」字，這兩個字的意思，也都是平，所以在堯典上之「平章百姓」，亦可解爲「辨章百姓」；至於普徧之「徧」，則其意義更是「平平」了。

卷一百零三　萬石、張叔列傳第四十三

萬石君（一）名奮，其父趙人也（二），姓石氏。趙亡，徙居溫（三）。高祖東擊項籍，過河內，時奮年十五，爲小吏，侍高祖。高祖與語，愛其恭敬，問曰：「若何有？（四）」對曰：「奮獨有母，不幸失明。家貧。有姊，能鼓琴。」高祖曰：「若能從我乎？」曰：「願盡力。」於是高祖召其姊爲美人，以奮爲中涓（五），受書謁，徙其家長安中戚里（六），以姊爲美人故也。其官至孝文時，積功勞至大中大夫（七）。無文學，恭謹無與比。

【註】（一）以父及四子皆位至二千石，故稱奮爲萬石君。（二）河北邯鄲本爲趙國都。（三）河南溫縣。（四）若：汝，你。（五）中涓：官名，宮內之侍臣，傳達書謁及命令。（六）與帝室有親戚關係者，皆住於此里，故曰戚里。（七）大夫中之高級官稱。

文帝時，東陽侯張相如爲太子太傅，免。選可爲傅者，皆推奮，奮爲太子太傅。及孝景即位，以爲九卿；迫近，憚之（一），徙奮爲諸侯相。奮長子建，次子甲，次子乙，次子慶，皆以馴行孝謹（二），官皆至二千石。於是景帝曰：「石君及四子皆二千石，人臣尊寵乃集其門。」號奮爲萬石君。

【註】（一）以奮過於謹嚴，且爲前代元老，故憚之。（二）馴行：遜順的行爲。即「遜行」。

孝景帝季年，萬石君以上大夫祿歸老于家，以歲時爲朝臣（一）。過宮門闕，萬石君必下車趨，見路馬必式焉（二）。子孫爲小吏，來歸謁，萬石君必朝服見之，不名。子孫有過失，不譙讓（三），爲便坐（四），對案不食。然后諸子相責，因長老肉袒固謝罪，改之，乃許。子孫勝冠者在側，雖燕居必冠（五），申申如也（六）。僮僕訢訢如也（七），唯謹。上時賜食於家，必稽首俯伏而食之，如在上前。其執喪，哀戚甚悼。子孫遵教，亦如之。萬石君家以孝謹聞乎郡國，雖齊魯諸儒質行，皆自以爲不及也。

【註】（一）過年過節，才去朝見，平時不朝見，此爲優遇元老之禮。（二）俯而憑式，表示敬禮。（三）不責罵。（四）再三謝罪。（五）燕居：閒居。（六）申申：寬舒的樣子。（七）訢訢：即忻忻，亦即欣欣，和悅的樣子。

建元二年，郎中令（一）王臧以文學獲罪。皇太后以爲儒者文多質少，今萬石君家不言而躬行，乃以長子建爲郎中令，少子慶爲內史（二）。

【註】（一）官名，掌居宮殿門戶。（二）內史：主管京師政治，武帝時改名京兆尹，即首都市長。

建老白首，萬石君尚無恙。建爲郎中令，每五日洗沐歸謁親，入子舍，竊問侍者，取親中帬廁牏（一），身自浣滌，復與侍者，不敢令萬石君知，以爲常。建爲郎中令，事有可言，屏人恣言，極切；至廷見，如不能言者（二）。是以上乃親尊禮之。

【註】（一）中帬：內褲。同裙。廁牏：廁所的穴洞之旁。牏，音頭（ㄊㄡˊ）穴洞。（二）在天子之前，私下無人，該說的話，就毫無保留的極言直諫；但是，在公開場合大庭廣坐之中，好像是不會說話一樣。爲的是尊重天子的威信。

萬石君徙居陵里（一）。內史慶醉歸，入外門不下車。萬石君聞之，不食。慶恐，肉袒請罪，不許。舉宗及兄建肉袒，萬石君讓曰：「內史貴人，入閭里，里中長老皆走匿，而內史坐車中自如，固當！」乃謝罷慶。慶及諸子弟入里門，趨至家（二）。

【註】（一）陵里：在茂陵之里居。茂陵在陝西興平縣東北。（二）趨：小步疾走。

萬石君以元朔五年中卒。長子郎中令建哭泣哀思。扶杖乃能行。歲餘，建亦死。諸子孫咸孝，然建最甚，甚於萬石君。

建爲郎中令，書奏事，事下，建讀之，曰：「誤書！『馬』者與尾當五，今乃四，不足一。上譴死矣！」甚惶恐（一）。其爲謹愼，雖他皆如是。

【註】（一）建上書把「馬」字少寫了一點，就惶恐的說：「皇上要把我責備死了」，可見其恭謹。

萬石君少子慶爲太僕（一），御出，上問車中幾馬，慶以策數馬畢（二），舉手曰：「六馬。」慶於諸子中最爲簡易矣，然猶如此。爲齊相，舉齊國皆慕其家行（三），不言而齊國大治，爲立石相祠。

【註】（一）太僕：官名，九卿之一，主管輿馬及牧畜之事。（二）策：馬鞭子。（三）舉國：全國。

元狩元年，上立太子，選羣臣可爲傅者，慶自沛守爲太子太傅，七歲遷爲御史大夫。元鼎五年秋，丞相有罪，罷。制詔御史：「萬石君先帝尊之，子孫孝，其以御史大夫慶爲丞相，封爲牧丘侯。」是時漢方南誅兩越，東擊朝鮮，北逐匈奴，西伐大宛（一）

，中國多事。天子巡狩海內，修上古神祠，封禪，興禮樂。公家用少（二），桑弘羊等致利，王溫舒之屬峻法，兒寬等推文學至九卿，更進用事，事不關決於丞相（三），丞相醇謹而已。在位九歲，無能有所匡言。嘗欲請治上近臣所忠、九卿減宣罪，不能服，反受其過，贖罪。

【註】（一）大宛：古國名，今俄領之中亞細亞、佛爾阿那州。（二）國家財政困難。（三）關決：取決。

元封四年中，關東流民二百萬口，無名數者四十萬（一），公卿議欲請徙流民於邊以適之（二）。上以爲丞相老謹，不能與其議，乃賜丞相告歸，而案御史大夫以下議爲請者。丞相慙不任職，乃上書曰：「慶幸得待罪丞相，罷駑無以輔治，城郭倉庫空虛，民多流亡，罪當伏斧質（三），上不忍致法。願歸丞相侯印，乞骸骨歸，避賢者路。」天子曰：「倉廩既空，民貧流亡，而君欲請徙之，搖蕩不安，動危之，而辭位，君欲安歸難乎（四）？」以書讓慶，慶甚慙，遂復視事。

【註】（一）無戶口登記者。（二）適：同「實」，謂徙流民於邊地以充實邊防。（三）伏：受刑。斧質：即斧鑕，古時戮人，置於鑕上，以斧斫之。（四）你想把這種困難歸之於誰呢？

慶文深審謹，然無他大略，爲百姓言（一）。後三歲餘，太初二年中，丞相慶卒，謚爲恬侯。慶中子德，慶愛用之，上以德爲嗣，代侯。後爲太常（二），坐法當死，贖免爲庶人。慶方爲丞相，諸子孫爲吏更至二千石者十三人。及慶死後，稍以罪去，孝謹益衰矣。

【註】（一）言論庸俗，沒有高明之見。（二）太常：官名，掌宗廟禮儀。

建陵侯（一），衞綰者，代大陵人也（二）。綰以戲車爲郎（三），事文帝，功次遷爲中郎將，醇謹無他。孝景爲太子時，召上左右飲（四），而綰稱病不行（五）。文帝且崩時（六），屬孝景曰（七）：「綰長者，善遇之。」及文帝崩，景帝立，歲餘不噍呵綰（八），綰日以謹力。

【註】（一）建陵：縣名，故城在今江蘇沭陽縣西北建陵山下。（二）大陵：縣名，故城在山西文水縣北十二里。（三）弄車之戲，能左右超乘。（四）太子召請皇帝左右之人飲酒。（五）恐文帝謂豫有二心以事太子。（六）且崩：將死。（七）屬：同囑，囑咐。（八）噍呵：同譙呵，言不責讓。

景帝幸上林，詔中郎將參乘（一），還而問曰：「君知所以得參乘乎？」綰曰：「

臣從車士幸得以功次遷爲中郎將，不自知也。」上問曰：「吾爲太子時召君，君不肯來，何也？」對曰：「死罪，實病！」上賜之劍。綰曰：「先帝賜臣劍凡六，劍不敢奉詔。」上曰：「劍，人之所施易（二），獨至今乎（三）？」綰曰：「具在。」上使取六劍，劍尚盛（四），未嘗服也。郎官有譴，常蒙其罪，不與他將爭；有功，常讓他將。上以爲廉，忠實無他腸（五），乃拜綰爲河閒王太傅。吳楚反，詔綰爲將，將河閒兵擊吳楚有功，拜爲中尉。三歲，以軍功，孝景前六年中封綰爲建陵侯。

【註】（一）陪乘。（二）劍是人們互相贈餽交換的物品。（三）難道你的都保存至於今日嗎？（四）劍還原封未動的在劍匣裏盛着。（五）忠實沒有二心。

其明年，上廢太子，誅栗卿之屬（一）。上以爲綰長者，不忍，乃賜綰告歸，而使郅都治捕栗氏（二）。既已，上立膠東王爲太子（三），召綰，拜爲太子太傅。久之，遷爲御史大夫。五歲，代桃侯舍爲丞相，朝奏事如職所奏（四）。然自初官以至丞相，終無可言。天子以爲敦厚，可相少主，尊寵之，賞賜甚多。

【註】（一）栗姬之兄弟，栗太子之舅輩。（二）郅都：漢景帝時爲濟南太守，後遷中尉，是有名的酷吏。（三）即日後之漢武帝。（四）仍按其御史大夫之本職而奏事。

爲丞相三歲，景帝崩，武帝立。建元年中，丞相以景帝疾時諸官囚多坐不辜者，而君不任職，免之。其後綰卒，子信代。坐酎金失侯（一）。

【註】（一）酎金：諸侯貢金以助祭，曰「酎金」。酎：音宙（ㄓㄡˋ）。

塞侯（一）直不疑者（二），南陽人也。爲郎，事文帝。其同舍有告歸，誤持同舍郎金去，已而金主覺，妄意不疑（三），不疑謝有之，買金償。而告歸者來而歸金，而前郎亡金者大慙，以此稱爲長者。文帝稱擧，稍遷至太中大夫。朝廷見，人或毀曰：「不疑狀貌甚美，然獨無柰其善盜嫂（四）何也！」不疑聞，曰：「我乃無兄。」然終不自明也。

【註】（一）塞侯：古塞國，陝州桃林縣以西至潼關，皆桃林塞地。（二）姓直，名不疑。（三）妄自猜度爲不疑所盜。（四）姦私其嫂。

吳楚反時，不疑以二千石將兵擊之。景帝後元年，拜爲御史大夫。天子修吳楚時功，乃封不疑爲塞侯。武帝建元年中，與丞相綰俱以過免。

不疑學老子言。其所臨，爲官如故（一），唯恐人知其爲吏跡也。不好立名稱，稱爲長者。不疑卒，子相如代。孫望，坐酎金失侯。

【註】（一）雖爲官而如同往日未爲官時一樣。

郎中令周文者，名仁，其先故任城人也（一）。以醫見。景帝爲太子時，拜爲舍人，積功稍遷，孝文帝時至太中大夫。景帝初卽位，拜仁爲郎中令。

【註】（一）任城：山東濟寧縣。

仁爲人陰重不泄（一），常衣敝補衣溺袴（二），期爲不絜清（三），以是得幸。景帝入臥內，於後宮祕戲，仁常在旁（四）。至景帝崩，仁尙爲郎中令，終無所言。上時問人，仁曰：「上自察之。」然亦無所毁。以此景帝再自幸其家（五）。家徙陽陵。上所賜甚多，然常讓，不敢受也。諸侯羣臣賂遺，終無所受。

【註】（一）陰柔深沉，不泄露心跡。（二）常常穿着破衣濕袴。（三）有意裝作是「不潔清」。（婦女在行經之時，謂之「不潔清」。）（四）景帝在臥房之內，與宮女秘密戲樂，仁常在旁。（五）景帝一再親幸其家。可以見出仁與景帝的關係不正常。

武帝立，以爲先帝臣，重之。仁乃病免，以二千石祿歸老，子孫咸至大官矣。

御史大夫張叔者，名歐，安丘侯說（一）之庶子也（二）。孝文時以治刑名言（三）事太子。然歐雖治刑名家，其人長者。景帝時尊重，常爲九卿。至武帝元朔四年，韓安國免，詔拜歐爲御史大夫。自歐爲吏，未嘗言案人（四），專以誠長者處官。官屬以爲長者，亦不敢大欺。上具獄事，有可卻，卻之（五）；不可者，不得已，爲涕泣面對而封之（六）。其愛人如此。

【註】（一）張說起於方與縣，從高祖以入漢。（二）妾所生之子，謂之庶子。（三）研究刑法名家的學說。（四）以刑法懲人於罪。（五）往上邊呈報刑獄案子，得能撤消就撤消。（六）不能撤消者，不得已，只好面對被控之當事人，垂涕泣而封書呈報。

老病篤，請免。於是天子亦策罷，以上大夫祿歸老于家。家於陽陵。子孫咸至大官矣。

太史公曰：仲尼有言曰「君子欲訥於言而敏於行（一）」，其萬石、建陵、張叔之謂邪？是以其教不肅而成，不嚴而治。塞侯微巧（二），而周文處讇（三），君子譏之，爲其近於佞也。然斯可謂篤行君子矣！

【註】（一）訥：音吶（ㄋㄜˋ），說話遲鈍的樣子。（二）巧用心計。（三）讇：同諂，音產（ㄔㄢˇ），獻媚，佞諛。

卷一百零四　田叔列傳第四十四

田叔者（一），趙陘城人也（二）。其先，齊田氏苗裔也。叔喜劍，學黃老術於樂巨公（三）所。叔爲人刻廉自喜，喜游諸公（四）。趙人舉之趙相趙午，午言之趙王張敖所，趙王以爲郎中。數歲，切直廉平，趙王賢之，未及遷。

【註】（一）田叔：字少卿。（二）陘城：縣名，屬中山。陘，音刑。（三）燕人樂毅之後，姓樂，名巨公。（四）諸公：謂丈人行也。

會陳豨反代，漢七年，高祖往誅之（一），過趙，趙王張敖自持案進食（二），禮恭甚，高祖箕踞罵之（三）。是時趙相趙午等數十人皆怒，謂趙王曰：「王事上禮備矣，今遇王如是，臣等請爲亂。」趙王齧指出血，曰：「先人失國，微陛下，臣等當蟲出（四）。公等奈何言若是！毋復出口矣！」於是貫高等曰：「王長者，不倍德（五）。

」卒私相與謀弒上。會事發覺，漢下詔捕趙王及羣臣反者。於是趙午等皆自殺，唯貫高就繫。是時漢下詔書：「趙有敢隨王者辠三族（六）。」唯孟舒、田叔等十餘人赭衣（七）自髡鉗（八），稱王家奴，隨趙王敖至長安。貫高事明白，趙王敖得出，廢爲宣平侯，乃進言田叔等十餘人。上盡召見，與語，漢廷臣毋能出其右者（九），上說，盡拜爲郡守、諸侯相。叔爲漢中守十餘年，會高后崩，諸呂作亂，大臣誅之，立孝文帝。

【註】（一）漢高帝七年，陳豨在代地造反。（此是十年之事，記載矛盾。）（二）持案：捧着木製的飲食盤子。（三）箕踞：古者無椅凳之具，席地而坐，以兩足向後跪於席上爲敬。高祖蹲於席上，其形如箕，最是慢待人。（四）假定沒有陛下，你們早已變爲蟲子而出現了（言其早已死了）。（五）倍：同背，背棄。（六）辠三族：父族，母族，妻族，三族連帶處死。（七）赭衣：罪囚之衣。赭：音者（ㄓㄜˇ），紅色。（八）髡鉗：截去頭髮以鐵束頸之刑。髡：音坤（ㄎㄨㄣ）。（九）沒有人能比他們幾個強的。古時以右方爲上，爲強。

孝文帝既立，召田叔問之曰：「公知天下長者乎？」對曰：「臣何足以知之！」上曰：「公，長者也，宜知之。」叔頓首曰：「故雲中守孟舒，長者也。」是時孟舒坐虜大入塞盜劫，雲中尤甚（一），免。上曰：「先帝置孟舒雲中十餘年矣，虜曾一入，孟舒不能堅守，毋故士卒戰死者數百人（二）。長者固殺人乎？公何以言孟舒爲長者也？」叔叩頭對曰：「是乃孟舒所以爲長者也。夫貫高等謀反，上下明詔（三），趙有敢隨張王，罪三族。然孟舒自髡鉗，隨張王敖之所在，欲以身死之，豈自知爲雲中守哉！漢與楚相距，士卒罷敝。匈奴冒頓新服北夷，來爲邊害，孟舒知士卒罷敝，不忍出言，士爭臨城死敵，如子爲父，弟爲兄，以故死者數百人。孟舒豈故驅戰之哉（四）！是乃孟舒所以爲長者也。」於是上曰：「賢哉孟舒！」復召孟舒以爲雲中守。

【註】（一）坐：由於……而被治罪。（二）毋故：卽無故，沒有什麼原因。（三）上下明詔：天子發下了明白的詔令。（四）孟舒豈是故意強迫他們作戰？

後數歲，叔坐法失官。梁孝王使人殺故吳相袁盎，景帝召田叔案梁（一），具得其事（二），還報。景帝曰：「梁有之乎？」叔對曰：「死罪！有之。」上曰：「其事安在？」田叔曰：「上毋以梁事爲也。」上曰：「何也？」曰：「今梁王不伏誅，是漢法不行也；如其伏法，而太后食不甘味，臥不安席，此憂在陛下也。」景帝大賢之，以爲魯相。

【註】（一）查辦梁孝王的案子。（二）具：同「俱」。

魯相初到，民自言相，訟王取其財物百餘人（一）。田叔取其渠率二十人（二），各笞五十，餘各搏二十（三），怒之曰：「王非若主邪（四）？何自敢言若主！」魯王聞之大慙，發中府錢（五），使相償之。相曰：「王自奪之，使相償之，是王爲惡而相爲善也。相毋與償之。」於是王乃盡償之。

【註】（一）有百餘人控訴王強奪其財物。（二）渠率：首先倡事之領導人物。（三）搏：音博：打板子。（四）若：汝等。（五）中府：王藏財物之處。

魯王好獵（一），相常從入苑中（二），王輒休相就館舍，相出，常暴坐（三）待王苑外。王數使人請相休，終不休，曰：「我王暴露苑中，我獨何爲就舍！」魯王以故不大出游。

【註】（一）魯共王，景帝子，都兗州曲阜縣故魯城中。（二）苑在曲阜縣南三十里。（三）暴：讀鋪（ㄆㄨˋ），露天而坐。

數年，叔以官卒，魯以百金祠（一），少子仁不受也，曰：「不以百金傷先人名

（二）。」

【註】（一）魯國以百金贈送田家作爲喪祭之費。（二）不以百金而傷損先人之名譽。

仁以壯健爲衞將軍（一）舍人，數從擊匈奴。衞將軍進言仁，仁爲郎中。數歲，爲二千石丞相長史（二），失官。其後使刺舉三河（三）。上東巡，仁奏事有辭（四），上說（五），拜爲京輔都尉（六）。月餘，上遷拜爲司直（七）。數歲，坐太子事（八）。時左丞相自將兵，令司直田仁主閉守城門，坐縱太子，下吏誅死。仁發兵，長陵令車千秋上變仁，仁族死。陘城今在中山國（九）。

【註】（一）衞靑。（二）長史：官名，丞相府置有此官。（三）三河：河南、河東、河內。（四）有辭：有條理。（五）說：同「悅」。（六）百官表云：「右扶風、左馮翊、京兆尹，是爲三輔。元鼎四年，置三輔都尉」。（七）百官表云：「武帝元狩五年，初置司直，其職務在於佐助丞相檢舉不法」。（八）爲戾太子事。（九）陘城：縣名，正義謂：「今定州」。

太史公曰：孔子稱曰：「居是國必聞其政」，田叔之謂乎！義不忘賢，明主之美以救過（一）。仁與余善，余故幷論之。

【註】（一）此指魯王事，魯王奪民財，而田叔設辭以爲魯王辯護，使魯王慚愧而自動償還民財，即所謂「明主之美以救過」也。

褚先生曰：臣爲郎時，聞之曰田仁故與任安相善。任安，滎陽人也。少孤貧困，爲人將車（一）之長安（二），留，求事爲小吏，未有因緣也，因占著名數。武功（三），扶風西界小邑也，谷口蜀剗道近山（四）。安以爲武功小邑，無豪，易高也（五），安留，代人爲求盜亭父（六）。後爲亭長（七）。邑中人民俱出獵，任安常爲人分麋鹿雉兔，部署老小當壯劇易處（八），衆人皆喜，曰：「無傷也，任少卿分別平，有智略。」明日復合會，會者數百人。任少卿曰：「某子甲何爲不來乎？」諸人皆怪其見之疾也。其後除爲三老（九），舉爲親民，出爲三百石長，治民。坐上行出游共帳不辦，斥免（一〇）。

【註】（一）將車：御車。（二）之：往。（三）藉占卜以謀生活，因而報戶籍住於武功縣。（四）括地志云：「漢武功縣在渭水南，今盩厔縣西界也。駱谷間在雍州之盩厔縣西南二十里，開駱谷道以通梁州也」。剗道：同「棧道」，在山谷險絕之處，傍山架木，以通道路，曰「棧道」。（五）沒有勢力豪強之人，容易出人頭地。（六）十里爲亭，亭有兩卒，其一爲亭父，掌關閉掃除

；一爲求盜，掌逐捕盜賊。（七）十里一亭，亭有長。（八）分配老小及壯年担任艱劇或容易的工作都很得當。（九）十亭一鄉，鄉有三老一人，掌教化。（一〇）共：同「供」，供給。

乃爲衞將軍舍人，與田仁會，俱爲舍人，居門下，同心相愛。此二人家貧，無錢用以事將軍家監，家監使養惡齧馬（一）。兩人同牀臥，仁竊言曰：「不知人哉家監也！」任安曰：「將軍尚不知人，何乃家監也（二）！」衞將軍從此兩人過平陽主，主家令兩人與騎奴同席而食（三），此二子拔刀列斷席別座（四）。主家皆怪而惡之，莫敢呵（五）。

【註】（一）惡齧馬：生性兇惡，好咬好踶的馬。齧：音臬（ㄋㄧㄝˋ），以齒咬物。（二）將軍尚且不知人，豈只是家監呢！（三）騎奴：牽馬的奴僕。（四）拔出刀子割了一片席，另外去坐。（五）呵：音訶（ㄏㄜ），怒責。

其後有詔募擇衞將軍舍人以爲郎，將軍取舍人中富給者，令具鞌（一）馬絳衣玉具劍，欲入奏之。會賢大夫少府（二）趙禹來過衞將軍，將軍呼所擧舍人以示趙禹。趙禹以次問之，十餘人無一人習事有智略者。趙禹曰：「吾聞之，將門之下必有將類。傳曰

『不知其君視其所使，不知其子視其所友』。今有詔舉將軍舍人者，欲以觀將軍而能得賢者文武之士也。今徒取富人子上之，又無智略，如木偶人衣之綺繡耳（三），將柰之何？」於是趙禹悉召衞將軍舍人百餘人，以次問之，得田仁、任安，曰：「獨此兩人可耳，餘無可用者。」衞將軍見此兩人貧，意不平。趙禹去，謂兩人曰：「各自具鞌馬新絳衣（四）。」兩人對曰：「家貧無用具也（五）。」將軍怒曰：「今兩君家自爲貧，何爲出此言？鞅鞅如有移德於我者，何也（六）？」將軍不得已，上籍以聞（七）。有詔召見衞將軍舍人，此二人前見，詔問能略相推第也（八）。田仁對曰：「提桴鼓立軍門（九），使士大夫樂死戰鬬，仁不及任安。」任安對曰：「夫決嫌疑，定是非，辯治官，使百姓無怨心，安不及仁也。」武帝大笑曰：「善。」使任安護北軍，使田仁護邊田穀於河上。此兩人立名天下。

【註】（一）鞌：即「鞍」字。（二）少府：官名，主管山海地澤之稅，以給供養，爲天子之私府。（三）把木偶人穿上綢子緞子，有什麼用處呢？（四）絳：音匠（ㄐㄧㄤˋ），深紅色的。（五）家貧，沒有辦法自備鞍馬絳衣。（六）鞅鞅：即怏怏，牢騷不滿意的樣子。好像要叫我替你們準備鞍馬似的。（七）把他兩個人的名字以書面上奏於天子。（八）叫他們兩人彼此互推對方的能略。（九）桴鼓：桴，擊鼓之棒。音浮（ㄈㄨˊ）。與枹鼓同。

其後用任安爲益州刺史（一），以田仁爲丞相長史（二）。

【註】（一）益州：今四川省。地理志云：武帝改曰梁州。百官表云：「元封五年，初置部刺史，主管奉詔條察州，秩六百石，員十三。（二）長史輔佐丞相處理政務，有兩員，秩千石。

田仁上書言：「天下郡太守多爲姦利，三河尤甚，臣請先刺舉三河。三河太守皆內倚中貴人，與三公有親屬（一），無所畏憚，宜先正三河以警天下姦吏。」是時河南、河內太守皆御史大夫杜父兄子弟也（二），河東太守石丞相子孫也（三）。是時石氏九人爲二千石，方盛貴。田仁數上書言之。杜大夫及石氏使人謝，謂田少卿曰：「吾非敢有語言也，願少卿無相誣汙也。」仁已刺三河，三河太守皆下吏誅死。仁還奏事，武帝說（四），以仁爲能不畏彊禦（五），拜仁爲丞相司直，威振天下（六）。

【註】（一）中貴人與三公都是特權人物，三河太守皆依爲靠山以圖姦利。（二）杜：杜周。（三）石慶爲丞相。（四）說：同「悅」。（五）彊禦：豪強有勢力之人。（六）司直：專檢舉特權勢力之違法作惡。秩比二千石。

其後逢太子有兵事，丞相自將兵，使司直主城門。司直以爲太子骨肉之親，父子之閒不甚欲近，去之諸陵過（一）。是時武帝在甘泉，使御史大夫暴君（二）下責丞相「何爲縱太子」，丞相對言「使司直部守城門而開太子」。上書以聞，請捕繫司直。司直下吏（三），誅死。

【註】（一）離開京城而往諸陵。（二）暴勝之。（三）交付法官審判。

是時任安爲北軍使者護軍，太子立車北軍南門外，召任安，與節令發兵。安拜受節，入，閉門不出。武帝聞之，以爲任安爲詳邪（一），不傅事，何也（二）？任安笞辱北軍錢官小吏，小吏上書言之，以爲受太子節，言「幸與我其鮮好者（三）。」書上聞，武帝曰：「是老吏也，見兵事起，欲坐觀成敗，見勝者欲合從之，有兩心。安有當死之罪甚衆，吾常活之，今懷詐，有不忠之心。」下安吏，誅死。

【註】（一）詳邪：卽「佯耶」，假裝的嗎？（二）爲什麼受太子之符節而不附從太子兵變的行動呢？（傅：同「附」，附和。）（三）希望能發給我以鮮好的甲兵。鮮：新的。

夫月滿則虧，物盛則衰，天地之常也。知進而不知退，久乘富貴，禍積爲祟。故范蠡之去越，辭不受官位，名傳後世，萬歲不忘，豈可及哉！後進者愼戒之。

史記今註／馬持盈註. -- 初版. --臺北市：
臺灣商務，1979[民68]
冊； 公分. --(古藉今註今譯)
ISBN 957-05-0932-5(第一冊：平裝).
ISBN 957-05-1177-X(第五冊：平裝).

1. 史記 - 註釋

610.11 83005085

史記今註 第五冊

平裝本定價新臺幣 380 元

主編者 中華文化復興運動推行委員會
國立編譯館中華叢書編審委員會
註者 馬持盈
發行人 王學哲
出版者 印刷所 臺灣商務印書館股份有限公司
臺北市 10036 重慶南路 1 段 37 號
電話：(02)23116118 · 23115538
傳眞：(02)23710274 · 23701091
讀者服務專線：0800056196
E-mail：cptw@ms12.hinet.net
郵政劃撥：0000165 — 1 號
出版事業登記證：局版北市業字第 993 號

· 1979 年 7 月初版第一次印刷
· 2003 年 5 月初版第六次印刷

ISBN 957-05-1177-X（第五冊；平裝） 50800041